经以济世
建德崇美
贺教育部
新文科项目
心正立德

教育部哲学社會科學研究重大課題攻闌項目

"十四五"时期国家重点出版物出版专项规划项目

传统中国之治的历史与逻辑

THE HISTORY AND LOGICS OF
TRADITIONAL CHINESE GOVERNANCE

彭新武 著

中国财经出版传媒集团

经济科学出版社
Economic Science Press

·北京·

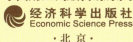

图书在版编目（CIP）数据

传统中国之治的历史与逻辑／彭新武著. -- 北京 ：
经济科学出版社，2024.12. -- ISBN 978 - 7 - 5218 - 6607
- 0

Ⅰ. D621

中国国家版本馆 CIP 数据核字第 20246EB681 号

责任编辑：孙丽丽　　胡蔚婷
责任校对：郑淑艳
责任印制：范　艳

传统中国之治的历史与逻辑

彭新武　著

经济科学出版社出版、发行　新华书店经销
社址：北京市海淀区阜成路甲 28 号　邮编：100142
总编部电话：010 - 88191217　发行部电话：010 - 88191522
网址：www. esp. com. cn
电子邮箱：esp@ esp. com. cn
天猫网店：经济科学出版社旗舰店
网址：http：//jjkxcbs. tmall. com
北京季蜂印刷有限公司印装
787 × 1092　16 开　23.25 印张　450000 字
2024 年 12 月第 1 版　2024 年 12 月第 1 次印刷
ISBN 978 - 7 - 5218 - 6607 - 0　定价：95.00 元

总　序

哲学社会科学是人们认识世界、改造世界的重要工具，是推动历史发展和社会进步的重要力量，其发展水平反映了一个民族的思维能力、精神品格、文明素质，体现了一个国家的综合国力和国际竞争力。一个国家的发展水平，既取决于自然科学发展水平，也取决于哲学社会科学发展水平。

党和国家高度重视哲学社会科学。党的十八大提出要建设哲学社会科学创新体系，推进马克思主义中国化、时代化、大众化，坚持不懈用中国特色社会主义理论体系武装全党、教育人民。2016 年 5 月 17 日，习近平总书记亲自主持召开哲学社会科学工作座谈会并发表重要讲话。讲话从坚持和发展中国特色社会主义事业全局的高度，深刻阐释了哲学社会科学的战略地位，全面分析了哲学社会科学面临的新形势，明确了加快构建中国特色哲学社会科学的新目标，对哲学社会科学工作者提出了新期待，体现了我们党对哲学社会科学发展规律的认识达到了一个新高度，是一篇新形势下繁荣发展我国哲学社会科学事业的纲领性文献，为哲学社会科学事业提供了强大精神动力，指明了前进方向。

高校是我国哲学社会科学事业的主力军。贯彻落实习近平总书记哲学社会科学座谈会重要讲话精神，加快构建中国特色哲学社会科学，高校应发挥重要作用：要坚持和巩固马克思主义的指导地位，用中国化的马克思主义指导哲学社会科学；要实施以育人育才为中心的哲学社会科学整体发展战略，构筑学生、学术、学科一体的综合发展体系；要以人为本，从人抓起，积极实施人才工程，构建种类齐全、梯队衔

1

接的高校哲学社会科学人才体系；要深化科研管理体制改革，发挥高校人才、智力和学科优势，提升学术原创能力，激发创新创造活力，建设中国特色新型高校智库；要加强组织领导、做好统筹规划、营造良好学术生态，形成统筹推进高校哲学社会科学发展新格局。

哲学社会科学研究重大课题攻关项目计划是教育部贯彻落实党中央决策部署的一项重大举措，是实施"高校哲学社会科学繁荣计划"的重要内容。重大攻关项目采取招投标的组织方式，按照"公平竞争，择优立项，严格管理，铸造精品"的要求进行，每年评审立项约40个项目。项目研究实行首席专家负责制，鼓励跨学科、跨学校、跨地区的联合研究，协同创新。重大攻关项目以解决国家现代化建设过程中重大理论和实际问题为主攻方向，以提升为党和政府咨询决策服务能力和推动哲学社会科学发展为战略目标，集合优秀研究团队和顶尖人才联合攻关。自2003年以来，项目开展取得了丰硕成果，形成了特色品牌。一大批标志性成果纷纷涌现，一大批科研名家脱颖而出，高校哲学社会科学整体实力和社会影响力快速提升。国务院副总理刘延东同志做出重要批示，指出重大攻关项目有效调动各方面的积极性，产生了一批重要成果，影响广泛，成效显著；要总结经验，再接再厉，紧密服务国家需求，更好地优化资源，突出重点，多出精品，多出人才，为经济社会发展做出新的贡献。

作为教育部社科研究项目中的拳头产品，我们始终秉持以管理创新服务学术创新的理念，坚持科学管理、民主管理、依法管理，切实增强服务意识，不断创新管理模式，健全管理制度，加强对重大攻关项目的选题遴选、评审立项、组织开题、中期检查到最终成果鉴定的全过程管理，逐渐探索并形成一套成熟有效、符合学术研究规律的管理办法，努力将重大攻关项目打造成学术精品工程。我们将项目最终成果汇编成"教育部哲学社会科学研究重大课题攻关项目成果文库"统一组织出版。经济科学出版社倾全社之力，精心组织编辑力量，努力铸造出版精品。国学大师季羡林先生为本文库题词："经时济世　继往开来——贺教育部重大攻关项目成果出版"；欧阳中石先生题写了"教育部哲学社会科学研究重大课题攻关项目"的书名，充分体现了他们对繁荣发展高校哲学社会科学的深切勉励和由衷期望。

伟大的时代呼唤伟大的理论，伟大的理论推动伟大的实践。高校哲学社会科学将不忘初心，继续前进。深入贯彻落实习近平总书记系列重要讲话精神，坚持道路自信、理论自信、制度自信、文化自信，立足中国、借鉴国外，挖掘历史、把握当代，关怀人类、面向未来，立时代之潮头、发思想之先声，为加快构建中国特色哲学社会科学，实现中华民族伟大复兴的中国梦做出新的更大贡献！

教育部社会科学司

摘　要

本书立足于历史情境，在对传统"中国之治"的演变历程进行真实描绘的基础上，力图客观、全面、准确地阐述其基本特质和历史局限，并充分挖掘其中可资利用或转化的思想资源，以期为当代"中国之治"的建构有所借鉴。

历史地看，传统"中国之治"的形成是一个漫长的历史过程，大体可划分为王权时代、皇权时代两个阶段。而衔接这两个历史阶段的一个重要事件，便是所谓"周秦之变"，即从"周制"到"秦制"的转换。究其实质，在"周制"与"秦制"之间，并不存在绝对的分野，秦制也继承了周制中的王权世袭、"家天下"、"大一统"等内涵。不仅如此，自汉以降的政治实践并非"秦制"对"周制"的完全替代，而呈现出二者相"混溶"的特征：在官僚体制上，秦代三公九卿制虽然成为汉代以降的基本模式，但其间多有变革，一个总的发展态势是君主权力和威势的不断加强；从中央与地方的权力结构上看，虽然秦汉以降郡县制日益占据主导地位，但分封制始终与郡县制相伴随；从政权基础来看，先秦时代的"家国一体"模式在秦汉之后得以重构，实现了皇权政治与地域性宗族组织的有效结合；就治理规范而言，自汉代儒法合流，先秦礼法制度又重新焕发生机，这一礼法一体化进程至隋唐基本定型，最终形成独特的"礼法之治"，等等。因此，秦汉之后的中国政治是"周制"和"秦制"的相互渗透和复杂融合，"百代皆秦政"之说是与历史事实不相吻合的。

从实践上看，正是在周制与秦制的复杂融合中，以皇权为核心的"大一统"政治体制得以进一步强固，并日趋形成对整个社会进行全面控制的全能治理模式。这一"大一统"体制虽然呈现出"治乱相循"的特征，但无论王朝如何更迭，其间却没有根本性的体制变革，所谓"王道恒常"。因此，中国传统"王朝周期律"这一历史问题的真正症结，不仅在于人们所期盼的如何维持一个社会的"长治久安"，更在于破解这一体制在中国传统社会中如何得以"万世一系"。现时代，冲决传统体制罗网的关键在于，走出视"民"为工具的传统"固本"思维，确立"人民主体"的价值定位，真正把人的解放和权利保障作为国家治理的根本目的，进而建立起一套与之相适应的管理体制和施政模式。有了好的制度，还需要正确的作为。只有通过民主政治推动社会系统的变革，不断以"自我革命"推动"社会革命"，持续增进社会的开放度和自组织能力，才是走出"历史周期律"的根本所在。当然，要实现社会的"长治久安"，不能对人类的智识和行为抱有过于乐观的预期，我们还需要不断反省自己的思维和行为模式，不断探索进入未来的有效方式。

从历史上的国际格局来看，中华帝国相对封闭的地理环境，在很大程度上也决定了其独特的"天下"观念——以"华夏中心观"为基石的"华夷之辨"和"华夷一统"观念。这看似相悖的两种观念与中国传统社会相始终，并在实践中形成一种以中华帝国为核心而羁縻四夷的邦交格局。而随着中原地区与周边少数民族联系的加强，治理方式的"一体化"和族群整合则成必然之势，并最终造就出中华文明多元一体的格局。"中华民族共同体"概念的提出，在承认"多元一体"这一现实格局的基础上，扬弃传统的华夷之辨、正统之争和羁縻之治，从而成为民族理论的重要创新。当下中华民族共同体的建构，需要在强化观念自觉和深化价值认同的基础上，以促进平等团结、互助和谐、共同繁荣的生活共同体为宗旨，进一步改善民族治理模式，推进中华民族的伟大复兴。与此同时，基于霸权主义、强权政治所造成的不平等外交及全球治理的困境，故而，才有了当下中国建构"人类命运共同体"的诉求。然而，国家利益本位和主权林立的国际体系构成了解决全人类共同问题的最大屏障。为此，我们需要进一步致力于真正的对话，超越利益与观念的藩篱，促使人类走向更高形式和更高层次的合作。

Abstract

Based on the historical context and a true depiction of the evolution of the tradition-al "Chinese governance", this book seeks to objectively, comprehensively and accu-rately describe the basic characteristics and historical limitations of the traditional "Chi-nese governance", and fully excavate the ideological resources that can be utilized or transformed in order to provide reference for the construction of the contemporary "Chi-nese governance".

From a historical perspective, the formation of traditional "Chinese governance" was a long process, which can be broadly divided into two phases: the era of king and the era of emperor. An important event that bridges these two historical phases is the re-gime subrogation of two dynasties, the transition from the "Zhou system" to the "Qin system". According to the historic facts, there is no radical distinction between the "Zhou system" to the "Qin system", since the Qin system inherited the connotations of the hereditary power of the king, the family rule, the centralized rule, and so on, from the Zhou system. Moreover, the political practice since the Han Dynasty was not a complete replacement of the Qin system for the Zhou system, but showed the character-istics of the two "blended": as for the bureaucratic system, while the "three prime ministers and nine departmental ministers" system (三公九卿制) of Qin became the basic model from the Han dynasty onwards, there were many changes within it, with a general trend of the continuous strengthening of emperor's power and authority, as for the political power structure between the central government and local branches, al-though the system of prefectures and counties gradually dominated since the Qin and Han dynasties, the system of enfeoffment persisted alongside it, as for the foundation of political power, the model of "family-state unification" (家国一体) from the pre-Qin period was reconstructed after the Qin and Han dynasties, achieving an effective combi-nation of imperial power and regional clan organizations, as for the governance norms, when Confucianism and Legalism merged since the Han Dynasty, the pre-Qin ritual and law system has been revitalized, and this process of integration of ritual and law was basically finalized in the Sui and Tang dynasties, eventually leading to the formation of the distinctive "rule of ritual and law", and so on. Therefore, the politics of China after the Qin and Han dynasties involved the mutual infiltration and complex integration of the Zhou system and the Qin system, and the notion that "the Qin system was inherited by hundreds of succedent dynasties" does not align with historical facts.

From a practical perspective, it is precisely within the complex integration of the Zhou system and the Qin system that a centralized political system centered on imperial power was further strengthened, gradually forming a comprehensive governance model that exerted full control over the entire society. Although this centralized system exhibited a cycle of "order and chaos" (治乱相循), there was no fundamental systemic change despite the succession of dynasties, hence it just as the proverb goes "benevolent governance remains constant" (王道恒常). Therefore, the real crux of the historical problem of the traditional Chinese "periodicity of dynastic succession" (王朝周期律) lies not only in how to maintain the "long-term peace and stability" (长治久安) of a society, but also in how to achieve the goal of "a longer regin for the emperor descendant" (万世一系) with this system in traditional Chinese society. In the modern era, the key to get rid of the traditional institutional constraints lies in moving away from the traditional mindset called "Guben" (固本) that views "the public" as mere tools, establishing the valuable position of "regarding the public as the mainstay" (人民主体), and truly making the liberation and protection of human rights the fundamental purpose of national governance, thereby establishing a management system and governing model that align with this purpose. With good institutions, there is still a need of proper action. Only by promoting social system transformation through democratic politics, continuously advancing "self-revolution" to drive "social revolution", and continually enhancing the openness and self-organizing capabilities of society, can governors fundamentally break free from the "periodicity of history" (历史周期律). Certainly, to achieve "long-term peace and stability" (长治久安), it is inadequate to have overly optimistic expectations of human intellect and behavior. We should keep introspecting into our own thinking and behavioral patterns, and exploring an effective way to enter the future.

From the perspective of the historical international pattern, the relatively closed geographical environment of the Chinese Empire determines its unique worldview called

"Tianxia" to a large extent, namely a perception called "a distinction between the Middle Kingdom citizen and the barbarian" (华夷之辨), and "an unification between the Middle Kingdom citizen and the barbarian" (华夷一统), based on the view of "the Middle Kingdom-centric" (华夏中心观). These two seemingly contradictory concepts have always been consistent with traditional Chinese society, and in practice have formed a pattern of diplomatic relations with the Chinese Empire as the core, controlling and collecting the barbarian from four areas (羁縻四夷) as the supplement. With the strengthening ties between the Middle Kingdom and the peripheral minority ethnic groups, the "integration" (一体化) of governance methods and the integration of ethnic groups became an inevitable trend, leading to the formation of a pluralistic and unified pattern (多元一体) of Chinese civilization. The contemporary concept of "a community for the Chinese national" (中华民族共同体) is proposed based on the recognition of the reality of "pluralism and unity" (多元一体) and the abandonment the traditional views called "a distinction between the Middle Kingdom citizen and the barbarian" (华夷之辨), "a dispute about the legal inheritance" (正统之争), "governing by controlling and collecting the barbarian" (羁縻之治). Thus, it becomes an important innovation in the ethnic theory. The construction of the "a community for the Chinese national" (中华民族共同体) requires strengthening ideological consciousness and deepening value identification to promote the fundamental goal of equal unity, mutual assistance, harmony, and common prosperity in the living community, further improve the ethnic governance model, and advance the great rejuvenation of the Chinese nation. Meanwhile, based on the dilemma of unequal diplomacy and global governance caused by hegemonism and power politics, China produced the demand of building "a community with a shared future for mankind" (人类命运共同体). However, the international system, which is based on national interests and sovereignty, constitutes the greatest barrier to solving the common problems of all mankind. Therefore, we need to be more committed to genuine dialogue, to transcend the barriers of interests and perceptions, and to move humanity towards higher forms and higher levels of cooperation.

目 录

Contents

Contents

Contents

绪　论

在当下，推进国家治理体系和治理能力现代化，建构适应中国国情的治理体系——"中国之治"，已成为坚持和完善中国特色社会主义制度的一项重要战略选择。"中国之治"的当代建构，既需要基于当下中国的现实需要进行理论创新，也需要对古今中外的一切优秀思想资源和治理实践进行合理的"扬弃"。其中，对传统"中国之治"的鉴别与汲取，构成了一个极为重要的方面。可以说，经过数千年的积累和沉淀，传统"中国之治"已形成一个十分庞大的关于治国安邦的理论体系。这不仅包括历代一切优秀思想家与政论家的所谓"圣人之教"，更有对历朝治国理政的经验总结。按照马克思主义的观点，"历史从哪里开始，思想进程也应当从哪里开始"。① 为此，本书立足于历史情境，在对传统"中国之治"的演变历程进行真实描绘的基础上，力图客观、全面、准确地阐述其基本特质和历史局限，并充分挖掘其中可资利用或转化的思想资源，以期为当代"中国之治"的建构有所借鉴。

一、"周秦之变"中的"变"与"不变"

传统中国的国家治理大体可划分为王权时代和皇权时代两个阶段。与之相适应的国家政治体制分别体现为宗法分封制（又称"王制"或"周制"）和中央集权的君主专制（又称"帝制"或"秦制"）。而衔接这两个历史阶段的一个重要事件，便是所谓"周秦之变"。

历史地看，从部落联盟时代到夏、商、周三代王朝，构成了中华民族国家形态的开端。作为最早的社会形态，部落联盟的统治权最初并没有固定于一人之

---

① 《马克思恩格斯选集》第 2 卷，人民出版社 2012 年版，第 14 页。

手，而是由结盟的各氏族首领分别担任、轮流执掌，权力的获取往往需要经过"联盟会议"之类的民主程序以及"禅让"之类的交接方式。然而，到了部落联盟后期，禹通过对不欲臣服的部落的战争，确立了天下共主地位，进而确立起君主的独裁权力。随后，禹之子夏启更是废除禅让制，确立了王位世袭制度，中华家国"家天下"的局面由此发端。

正是基于"家天下"的政治思维，夏商周三代确立起以血缘为纽带的宗法制度，即统治者以自己的家族为中心，按血缘关系的亲疏远近，明确人的身份等级，以之作为建立和巩固政权的社会基础。这以周代最为典型。西周伊始，通过大规模分封王室宗亲和重要功臣，建立起一个贵贱有序、亲疏有统的统治秩序。在这一治理结构中，王室、公室、家构成了从上到下的三级政权，统治者分别是天子、诸侯、卿大夫。而在周王与庶民之间，既有严格的"君臣"政治关系，又有严密的"父子"式的血缘关系。由此，周代便出现了一个上自天子、中为各级贵族、下至平民和庶人的金字塔式的等级秩序。这一体制既存在一个名义上统一的国家和天下"共主"，又存在众多分地而治的诸侯国和等级有别的独立自主的君主。这种君权相对分割的多元化等级结构，可称之为"贵族君主制"或"王制"。基于明确尊卑秩序的目的，周代进一步建立起一整套以宗法等级制度为核心的典章制度和礼仪规范，严格规定了君臣、父子、兄弟、夫妻、朋友之间的名分和特权，此即所谓"周礼"。在明辨等级的前提下，周制还通过提倡"乐"，以增进各阶层之间的亲和性，有效减少等级之间的对立、冲突，从而使社会表现得既等级分明，又和谐有序。周代的这种礼乐传统，上承夏商，下启儒学，为后世历代王朝提供了基本的制度模板。

实际上，宗法分封制伊始，便已埋下了分裂割据的祸根。在西周前期，诸侯国还较为弱小、落后，需要宗周庇护，诸侯国内的卿大夫也需要各诸侯国的庇护，故而尚能彼此相安。然而，遵照惯例，继世的周王依然要分封其姻亲，王权由此每况愈下。至春秋时期，周王直辖的只是王畿内的土地和人民，势力不断缩小。而以晋、齐、楚、秦为代表的华夏地理边缘国家，则通过开疆拓土而羽翼渐丰，最终造成诸侯争霸的局面。与此同时，各诸侯国内部在权力争夺的过程中，不断涌现出许多实力雄厚的强宗大族（即私家大夫），致使"公室"卑弱，弑君、僭越层出不穷。

面对这种"礼崩乐坏"的局面，作为传统秩序的代言人，孔子提倡"克己复礼"，要求人们把外在的规范转化为人的内在自觉，实现德治和礼治相结合。而作为社会下层的理论代表，墨子提倡"兼爱""非攻"，以规范统治者的行为。老子开创的道家学派则站在儒墨的对立面，主张"绝圣弃智"，崇尚"小国寡民"。而法家人物则理性地认识到，只有富国强兵才有可能与列国逐鹿中原。由此，谋求"霸道"的战国变法运动走向历史的前台。而要做到这一切，必须仰赖君主统一全民的意志、整合一切资源和力量。因此，尽管先秦诸子分歧犹存，但战国时代"尚力"的社会现实，最终促使各家学说以法家学说为"基调"，共同奏响了强化君主集权的时代旋律。而现实中"集权"的实现，有赖于观念上的"尊君"。在战国晚期，韩非依据道家对"道"的超越性理解和普遍性解释，为君主的"至高无上"提供了哲学论证。在韩非看来，宇宙的最高本体"一"（"道"），它是秩序的象征；人应法天道，应有最高的"一"，而君主正是这个最高的"一"。相比之下，儒家尽管也推崇君主，但依然坚持"以道事君""从道不从君"，这实际上否定了君主的绝对性。而韩非的"君道同体"论则终结了"道高于君"的人文理念，君主从此不必再为身份的合法性而困扰。

从春秋到战国的时代变迁，不仅是一场社会形态的转变，也是一场精神形态的转换，即从春秋"尚礼仪"到战国"尚功利"的价值转换。如果说春秋五霸的"尊王攘夷"尚能够体现一种"内敛"精神，那么，到了战国时期，这种"内敛"精神也渐趋衰退，诸侯兼并和利益纷争的时代大潮，使得功利主义成为一种"主旋律"。而在当时民本思想盛行的精神氛围中，比较具体的立君为"民"开始向比较抽象的立君为"公"、为"天下"转换。这种将为天下众生谋福利转换成为国家共同体谋公益的思路，就是"天下为公"论。依据法家"立公灭私"的原则，所有民众都必须纳入"编户齐民"的行政系统，人们除垂直隶属于君主外，完全没有任何横向的自由空间。显然，在庞大的君主权力面前，人们越是孤立，就越便于君主专制。因此，这种"公"胜"私"的过程，也就是从分封制国家转向君主集权国家的过程。与之相适应，整个战国变法运动的重要内容，就是打破贵族世袭制，而代之以惟才是举、尚贤使能的官僚体制。法家正是在相对公平的规则下，通过把个人命运和国家富强相结合，保证了人们通过自身努力而改变命运的机会，"布衣卿相"也由此成为当时屡见不鲜的现实。

可以说，历史选择了法家，而法家造就了历史。从实践上看，秦国"以法为教"，统一六国，融华夷文化于一体，废封建为郡县，推行官僚制，并采取了一整套专制主义文化措施，最终促成了君主专制的奠基，史称"周秦之变"。在君主专制体制下，地方长官职位不能世袭，中央和地方所有重要官吏皆由皇帝任免调动，定期加以考核，从而铲除了地方割据的可能性，由此解决了西周"王制中国"天子不能挟制诸侯的内在困境。尽管这一体制以君主利益为本位，但其实现天下一统的目标则表现出其切合历史维度的进步性。

尽管如此，在"周制"到"秦制"之间，并不存在绝对的分野。事实上，秦制也继承了周制中的王权世袭、"家天下"、"大一统"等内涵。这主要表现在：其一，王权的世袭。君主世袭制在夏朝已基本确立，从此，"父死子继"或

3

"兄终弟及"成为权力继承的"不二法门"。秦朝尽管瓦解了世卿世禄制，废除了皇家子弟的分封，开放了面向全社会的仕途之路，但在皇权的传承方面依然保留了血亲世袭制度。秦始皇的初衷原本就是将皇位传之二世，乃至无穷。秦国尽管"二世而亡"，但皇帝制度及其传承模式则与整个中国皇权时代相始终。其二，"家天下"的传承。自战国时代以来，天下为公、崇公抑私的观念一直备受推崇，从而缔造了中国传统文化中崇尚群体和整体利益的精神。尽管如此，在君权日盛的中国，"公"的主体是"朝廷"而非"国家"，"公"是以政权来体现的，政权又是以君主为代表的。由此，"公天下"也就变成了"君天下""家天下"。其三，"大一统"的沿革。西周以宗法血缘为基础确立起一个空前广泛的"大一统"的社会格局，只是王权被层层分割。而秦始皇将天下大权集于中央，中央大权集于皇帝，开创了"一国之政犹一身之治"的行政格局，从而把一个幅员广阔、风俗各异的国家置于一人统治之下，所谓："人迹所至，无不臣者。"（《史记·秦始皇本纪》）秦汉之后，中国社会尽管呈现出分合无定的状态，但"大一统"观念一直得到强化，由此逐渐积淀为一种牢固的"天下"情结和国家一统大业。

二、"周制"与"秦制"的混溶

秦国"以法为教"的制度化建设，再加上秦帝国的成功奠基，似乎可以证明法家理论的成功。然而，当专制君主大权独揽并纵情恣睢，最终导致秦帝国"二世而亡"。秦灭汉兴，为寻求长治久安，追讨"秦过"遂成为一股时代潮流。在这一过程中，汉初儒生几乎众口一词地认为，秦帝国的过错是摒弃仁道、专任刑罚。尽管如此，批判者在一定程度上又认同法家文化的精髓。作为汉初的主要治国思想，黄老之学兼采道、儒、法等各家思想，倡导"无为自化，清静自正"，主张"刑德相养""文武并用"。在黄老之道盛行之时，汉初统治者开放书禁，儒生日渐活跃，"仁义礼乐"的观念重新得到重视。到了汉武帝时期，西汉政权所面临的各种社会问题变得更加尖锐。在内政方面，尽管"七国之乱"已被平定，但宗藩隐患犹存。更为严重的是，当时匈奴南下侵犯日增的严峻形势，构成了对西汉政权的重大威胁。在这种情势下，董仲舒审时度势，摒弃"无为""恭俭"的思想，建构起一个庞大的"新儒学"的思想体系。这一新儒学所体现的重名分、贵礼法、别尊卑、君权神授和"大一统"思想，迎合了汉武帝意欲强化君王权力和权威的心理。故而，汉武帝接受了董仲舒的建议，结束了汉初的黄老政治，建立起以儒家思想为核心的意识形态霸权。至此，先秦的儒法之争走向了汉代的儒法合流，儒家和法家也真正开始了锻造和粉饰专制皇权的"共谋"。

儒法两家之所以走向合流，基于二者在思想根源上的同一性。虽然自孟子以来，王道与霸道便有了价值上的分殊，但事实上，二者在维护君尊臣卑的等级秩序方面则是一致的。诚如司马迁所言："若尊主卑臣，明分职不得相逾越，虽百家弗能改也。"（《史记·太史公自序》）不仅如此，儒法两家之所以走向结合，还在于二者的互补性。法家的制度设计虽然构成了君主专制的基本框架，但其局限在于：它以君主利益最大化为唯一指向，统治者缺乏适度的自我约束以及与臣民的利益平衡，并过于强调权术和暴力。而儒家有法家所不及的地方，就是它强调君主的自我约束、宽厚待民，有利于缓解君、民之间的紧张关系，并能够通过儒家伦理的温情脉脉而增进君主的道德权威，等等。故此，这种"王霸杂用"的"仁政"成为西汉以降历代王朝的治国方略。

正是传统治国之道的这种"调和"与"致用"的基本特质，事实上也决定了在政治体制的选择上，自汉以降的整个皇权时代并不纯粹是秦制，而呈现为一种秦制与周制的一种混合形态。具体而言：

其一，汉承秦制与君权的强化。秦灭汉兴，尽管在意识形态领域实现了从以法为教到儒法合流的转变，但"汉承秦制"，并经过历朝历代的不断加甄，以强化皇权为基本旨趣的秦制成为秦汉以降两千余年的制度主流，所谓"百代皆秦政"。然而，从真实的历史演绎来看，其间在制度设计上多有变革。汉初开国功臣占据权力要津，甚至能与皇帝分庭抗礼，故而汉武帝即位伊始，极力从制度上强化君主权力。其中，一个重要举措，就是创立内朝制，即通过选拔一批亲信臣僚参与政事，形成一个宫内决策机构。而此前以丞相为首的官僚集团则成为"外朝"，蜕变为一种执行机构。隋唐时期推行的三省六部制度将宰相的权力一分为三，进一步加强皇权。宋朝伊始，基于安史之乱和五代时期出现的藩镇割据、武将称雄的教训，逐渐将政权、兵权、财权、司法权集中于君主一人之手。明朝立国之初，朱元璋犹以宋代积弱为由，竭力加强集权统治，取消三省，废除宰相，由"六部"分管全国政务，直接对皇帝负责。清朝初期，在内阁六部之上设立军机处，以处理全国军政的常设机构，至此，三省制度被彻底废止。综观中国历史上中央权力机关的变迁，以皇帝的"内朝"替代宰相的"外朝""内朝"又逐渐变成"外朝"，后又出现新的"内朝"。这种制度变迁所体现出的一个总的发展态势，便是君主权力和威势的不断加强。

其二，郡县与分封的间杂。秦汉以降，郡县制虽然占据了主导地位，但分封制一直贯穿于整个中国历史的长河。西汉之初，刘邦基于"亡秦"之鉴，大封同姓诸侯，由此秦朝的"皇帝—郡县"结构演变为汉朝的"皇帝—诸侯—郡县"和"皇帝—郡县"两种结构。然而，最终导致"七国之乱"。曹魏时期，虽然分封宗室为王，但徒有虚名，致使政权为司马氏所"禅代"。鉴于曹魏宗室孤弱的教训，西晋立国之际，晋武帝分封子弟为王，却又酿成"八王之乱"。明朝立国之初，朱元璋分封诸子为王，替代开国功臣掌握地方军权，结果酿成"靖难之变"。历史证明，宗亲屏藩是一把"双刃剑"，始终存在着"内讧"的危险。在帝国体制下，唯有君、臣权势悬殊，才能彼此相安。而实行分封制必然导致君臣之间的猜忌、对抗甚至仇杀。纵观历史上郡县与分封的历史演变，唐代之前大都着眼于王朝的安全，基于"尊主安上"的宗旨，体现的是"亲亲之道"。此后，关于分封与郡县的讨论，则更多指涉中央和地方之间的"权力制衡"。历史地看，郡县制虽然是大势所趋，但又无法充分满足屏藩皇权的需要。一旦中央集权的统治秩序失控，君主便会陷入孤立无援的困局。故而，分封制始终存在于历代王朝。

其三，宗法传承与家国重构。汉代以降分封制不绝如缕的事实充分表明，宗法因素在帝王继统和血亲屏藩层面并未彻底消除。不仅如此，两汉之际，由于个体家庭的发展，加上贫富分化和土地兼并，汉朝政府为改变父子分家异财、不相救助的局面，大力倡导大家族同居共财的生活方式，由此宗法性豪强势力崛起，形成门阀世族。魏晋之后，宗族势力逐渐形成地方割据势力，甚至与中央政权分庭抗礼。隋唐时期，基于科举制的文官集团开始形成，宗族的政治凝聚力才开始大为消解。有宋一代，平民出身的士大夫通过科举成为官僚的主体。这些政治精英与地方士绅一道，共同组成了宋代国家机器的骨干，实现了士绅官僚宗族与帝王皇家政权的有效衔接。到了明清时期，在宗族共同体内部，逐渐形成以族长权力为核心，以家谱、族规、祠堂、族田为手段的宗族制度。这种宗法家族作为一种基层地区性势力，日渐成为基层政权处理地方事务的重要依托。显然，这正是"周制"的遗风流韵。

其四，礼法合流与术治主义。先秦时期，无论是国家施政还是个体言行，一概以"礼"为规范。当时的"法"（主要指"刑"），依附于"礼"而存在，礼、法未分。先秦诸子争鸣之际，法家以"法"的确定性取代"礼"的随意性，讲究"一断于法"。由此，礼与法日渐对立而不可调和。汉代以降，儒法合流，礼寓于法，法糅于礼，礼、法之争遂消弭于无形，最终形成传统中国独特的"礼法之治"。究其实，无论是礼治还是法治，还是礼法之治，最终都不可避免落入"人治"的窠臼。先秦法家虽然强调"君臣上下贵贱皆从法"（《管子·法法》），但"法自君出"决定了"专制"破坏"法治"的必然性。儒家传统的"君权天授"主张虽然包含着制约君主的意味，但儒家的"天"缺乏对君权的神圣约束力，而素来主张民众"唯君是从"。在这种"人治"格局下，权力凌驾于法律之上，规则常因人而异，人们总是依照由亲及疏、由近及远的逻辑行动，且将道德的威力看得比法律更为重要和有效。而"人治"落实到具体操作上，便是"术"治。这种以权术来主导社会、政治生活的现象和倾向，可称之为"术治主义"，这正是中国历朝腐败频发、吏治紊乱乃至政局动荡的一个重要根源。

总的来看，秦汉之后的中国政制建构，一方面沿袭了秦制中君权至上、"大一统"、公天下、三公九卿制、郡县制等基本内核，另一方面又充分吸收了周制中的礼法合一、分封制、家国同构等治理要素，充分体现为周制和秦制的相互渗透和复杂融合。因此，"百代皆秦政"之说是与历史不相吻合的。周制和秦制的融合，一方面保持了秦制的"威权"，又避开了秦制的"严酷"；另一方面克服了周制下君权的相对"乏力"，又保持了周制的"温情"，从而成为皇权社会的现实选择："这种既盛称仁义又力行威权的刚柔相济体制，正是两汉至明清的皇权政治的常态。"①

三、"治乱相循"与"王道恒常"的迷局

从实践上看，正是在周制与秦制的复杂融合中，以皇权为核心的"大一统"政治体制得以进一步强固，并日趋形成对整个社会的全面控制体系——全能主义的社会管理模式。具体而言：其一，从政治上看，自秦汉时代奠定了"家天下"、"大一统"的基本格局，以中央集权统治和皇权至高无上为核心的"大一统"体制在全社会得以确立，并一直沿用至清末。尽管作为道德修养的最高境界，"内圣外王"论适用于一切人，但能兼备"圣道王功"的唯有"王者"。这样一来，理论上的圣人与理想中的圣王合而为一，导致了两千余年一以贯之的权力崇拜。与此同时，传统的天命观念依然被用来对皇权进行神化。在漫长的中国古代社会中，这种神化的君主固守着"予一人"的专制与独尊。其二，从经济上看，先秦诸子争鸣的结果，就是"崇公抑私"成为响彻时代的口号。这种观念体现在经济上，就是政府以"强国"为目的，实现利权独断，全面控制民众的经济命脉。正是通过这种"利出一孔"的手段，使得一切利达之路皆由国家或君主颁赐。当然，基于"固本"的需要，历代一些开明的统治者一般都能够高扬儒家"仁政"理想，但在实践中，"让利于民"常常演变为"与民争利"。其三，全能主义的社会管理模式，反映在思想意识形态领域，就是力图实现全社会的"思想一统"。自汉代以来，随着儒家被定于一尊，文化一律遂成为历代王朝思想统治的既定方针。从此，任何理论创新的尝试都不可避免被贴上"离经叛道"的标签，从而断送了一个民族进步的活力。

尽管中国传统社会形态总的来看是"大一统"，但总会出现"合久必分，分久必合"，所谓"治乱相循"。人类社会发展至今，许多文明都曾经历过兴盛衰

---

① 冯天瑜：《中国文化生成史》（下册），武汉大学出版社 2013 年版，第 547 页。

亡的过程。而中国传统社会演化的特殊之处在于，无论政治秩序如何更迭，其间却没有根本性的体制变革，所谓"王道恒常"或者说"君道不废"。因此，中国传统"王朝周期律"这一历史问题的真正症结，不仅在于人们所期盼的如何维持一个社会的"长治久安"，更在于破解这一体制在中国传统社会中如何得以代代相承、万世一系。

中国君主专制制度之所以能够长期延续，根源何在？其一，社会经济生活的单调重复。华夏文明作为农耕文明的典型，分散性的家庭生产构成其基本单元。由于生产力始终没有质的突破，故而中华帝国长时间的王朝更迭，实际上只是农耕文明的自身演化。在这种相对封闭、简单的大陆文明中，由于缺乏与之相对比的政体形态，故而在大多数人的心目当中，君主专制是唯一合理的。人们所关注的焦点，只是如何在现有制度下进行政策性的适时调整，而非制度性的根本变革。其二，宗法关系和家国伦理的稳固性。纵观中国历史，宗法关系始终根深蒂固。而维护这种宗法关系的，便是千百年来一直强调血缘亲情和等级尊卑的儒家礼治秩序。这种家国伦理的温情脉脉，使人们沉醉其中而不自知。这决定了专制体制形态的"超稳定性"。在"家天下"的框架下，国家利益至上，国家利益实质上也就是君主利益，而民众的个人权利意识极其淡薄，更缺乏有效保护。历次的农民起义和改朝换代并没有改变这种法权结构和宗法伦理，故而便只能是王朝更替的单调重复。其三，"官本位"体制的利益与价值驱动。中国两千余年的专制社会，是以皇权为核心并辅之以官僚制度而实现运作的，并发展出以"官本位"为主要特征的政治、文化秩序。可以说，这种体制和文化模式是一种非常安全、有益的体制安排。凡能进入体制者，即可分享权力和利益，并由此形成崇拜权力、敬畏官员的价值观念。其四，意识形态的完善性。自孔子、孟子、荀子始，以儒学为核心的那幅王道、仁政的理想政治蓝图经过长时间的演化，形成一种非常成熟、完备的理论形态，并成为居于支配地位的统治方略，从而"顺理成章"地把集权模式推及整个国家政治生活。

应该承认，君主专制在维持国家统一、抵制外来侵略等方面曾发挥过重大作用，也有利于统一调配资源、组织大规模劳动、快速应对各种突发事件。然而，千百年来，仅成此一治一乱之局而半步未进的社会现实，迫使人们究诘这一体制的流弊：其一，高压统治。自秦始皇始，几乎每一朝代的君主们所苦心孤诣地思考着一个问题，便是如何才能皇位永固，传承无穷？这成了中国政治的全部焦虑所在。而解决这一问题的基本方式，无非是强权的高压。此后，经过历代帝王和思想家们的不断接力，中国社会走向越来越严密的专制，进而造成社会对国家强制力的全面依赖，以及民众自组织能力的严重衰弱。其二，奴才体制。在专制主义支配下，官僚体制表现为一种以权力为核心的等级结构，这种"权力—依附"

关系延伸至社会生活的各个层面，造就出国民屈从、迎合威权的卑劣性格，扼杀了社会进步的活力。其三，政治格局的僵化和腐败。在专制体制下，君主权力过于集中，决策失误便在所难免，并相应造成官吏的普遍无能和僵化、麻痹的社会政治局面。不仅如此，官僚集团作为一个利益群体，有一种不断扩大自身的权力与利益的本能取向，而中国古代家国不分、公私无界的社会格局，恰恰为官员的腐败提供了"温床"。其四，"人治"的弊端。在传统礼治秩序下，一切都要以"君臣之义"为原则，不可能有下对上、卑贱对尊贵的监督与制约，人们唯一期盼的是"治人者"有德，能行一点"善政"，所以，儒家的理想政治必然走向依赖于"圣君贤相"的"人治"，从而使得论资排辈、任人唯亲、徇私舞弊等现象在所难免。

四、"主体"的重塑及其制度化

面对王朝更替、王道恒常的千年困局，我们需要一场深刻的文化自省。此其中，最为关键的，莫过于对"君"与"民"关系的重新定位。历史地看，基于对于民众在争取和维护政权作用的深刻体认，汉代以降，民本思想不仅成为官方学说，且日渐成为全社会的一种普遍政治意识。由此，产生出徐复观所言的中国传统政治的"二重主体性"问题："在中国过去，政治中存有一个基本的矛盾问题。政治的理念，民才是主体，而政治的现实，则君又是主体。"[1] 在这一治国方略中，"民本"与"尊君"相互抗衡又互为依存，共同维系着君主专制统治。然而，在实践中，无论统治者如何高调宣扬"民本"，事实上都改变不了民众作为"工具"的特征。近代以降，受西方启蒙思潮的影响，康有为等维新志士极力提倡废专制、开议院、兴民权。之后，孙中山等革命派通过以现代民主政治制度为诉求的政治革命，旨在使"民"真正成为政治主体。然而，在当时中国面临着深刻民族危机的情势下，宪政更多地被视为推进国家独立富强的工具。这种思想氛围正好为国民党以内乱外患为由确立领袖独裁的"党国体制"提供了口实。

1945 年黄炎培先生在访问延安时，曾向毛泽东提出中国共产党能否跳出历史上"其兴也勃焉，其亡也忽焉"的问题。毛泽东当时的回答是："我们已经找到了新路，我们能跳出这周期率。这条新路，就是民主。只有让人民来监督政府，政府才不敢松懈。只有人人起来负责，才不会人亡政息。"[2] 对答虽寥寥数语，但涉及"人人负责""人人监督"的民主政治转型，包含了两千年来沉重的

---

① 徐复观：《徐复观文集》第 2 卷，湖北人民出版社 2002 年版，第 272 页。
② 黄炎培：《八十年来》，文史资料出版社 1982 年版，第 148～149 页。

历史积累和殷殷期待。习近平同志在庆祝中国共产党成立 95 周年大会上宣告：
"尊重人民主体地位，保证人民当家作主，是我们党的一贯主张。"① 此后，
习近平在一系列讲话中反复强调"人民主体"理念，赋予其更为丰富的内涵：其
一，人民是实践的主体。人民群众是历史的创造者和推动社会变革的决定力量。
国家要富强，就要坚持"一切要依靠人民"，实现"全民共建"。当然，实现国
家富强并非只是以民众为工具，相反，实现民众的权益与幸福生活才是根本目
的，故而，应实现"以人民为中心"的"全民共享"。其二，人民是权力的主
体。人民既然是历史的创造者，自然就应该是国家和社会的主人。而社会主义公
有制的确立，使得"人民当家作主"比以往具有了更为广阔的空间。其三，人民
是权利的主体。现时代，公民权利作为政治的终极目的，既是人的基本价值追
求，也是社会文明演化进取所不可少的力量。因而，在逐步走向民主法治的当下
中国，国家的一切活动都必须以人民权利为根本出发点和立足点，等等。

显然，实现"人民主体"的价值理念，不能仅仅停留于形而上学的层面，还
需要建立起一套与之相适应的管理体制和施政模式。具体而言：

其一，塑造参与、开放型的治理模式。在中国传统治理模式中，政府是唯一
的权力主体，展现出的是一种"统治"的逻辑。而按照当今流行的"治理"理
念，应在公共部门与私人部门之间寻求一种多元、合作与互动机制，以使"民
主"真正落实到实践中。为此，我国政府明确提出了"政府主导"与"公众参
与"的协同治理方针。这种共同治理模式显然是对古代"为民做主"的彻底否
定，意味着从传统君主及其文官集团作为主体的统治逻辑转换到"政府主导"与
"公众参与"的协同治理。当然，中国的历史传统和现实情境决定了治理模式的
特殊性。其中，"党的领导"构成了中国社会主义民主政治的突出特色。党的领
导之所以重要，基于其"作为人民利益的忠实代表"的性质与"实现最广大人
民群众的根本利益"的宗旨。这决定了中国共产党领导人民进行治国理政的基本
体制设定，即中国共产党主导国家的政治方向，引领并统合多元利益诉求、聚合
力量。

其二，实现"服务"与"责任"的统一。社会主义民主政治从根本上确立
了人民的主人翁地位，奉行"国民利益至上"和全心全意为人民服务的观念，因
此，建设服务型政府是社会主义民主政治的内在要求。既如此，就存在着一个如
何更好地发挥其服务功能的问题。历史表明，没有责任羁绊的公共权力，将会导
致对公共权力的滥用。对此，最为重要的，就是要建立一种人人参与、人人负责
的权力运行机制。只有通过公民的广泛介入来实施监督，才能充分保证行政责任

---

① 《习近平谈治国理政》第二卷，外文出版社 2017 年版，第 40 页。

的落实，才能确保权力在阳光下运行。

其三，建构公平而高效的治理体系。就政府施政的价值目标而言，在西方现代公共行政理论中，以威尔逊、韦伯等人以及新公共管理理论等为代表的管理主义路线，奉行的是一种效率优先原则，以实现组织效率的最大化为目标；而新公共行政理论、新公共服务理论等宪政主义路线，则更多关注民主价值和公共利益。应该承认，效率固然是公共行政价值追求的目标，但不应该是其惟一价值，公共行政最重要的目的在于促进人类幸福，促进社会公平。当然，对公平行政的倡导并不是对效率或效益的排斥和忽视，相反，打造高效能的政府应是政府行为的一贯追求。只有建立起一个公平而高效的治理体系，才能促进一个社会的基本稳定和持续繁荣。

其四，坚持"依法治国"的基本准则。人类发展的历史证明，民主如果没有在法律上得以确认和保障，则形同虚设。首先，按照形式理性的信念，法治作为一种常态化的规则治理，避免了恣意、激情、非理性，使人类社会得以有序化发展。对于正在迈向现代化的中国而言，由于理性化仍然是一个还没有完成的目标，故而，我们迫切需要弘扬和恪守法治的理性精神。其次，从法律的价值诉求的角度看，与西方法治定位于"权利""自由""正义"等价值理念不同，在中国的传统语境中，"法治"是一个关乎"秩序"的概念。这种"秩序"不是从保障个人的"私权利"出发来促进个性自由，而是以社会整体的统一、稳定为诉求的。应该说，秩序的稳定固然是社会发展的保障，但对此过分强调，势必使公民的财产、自由等基本权利受到相应的限制，因此，中国的法治建设必须适度增加个体权利的法治内涵。当然，对于个人主义的过分强调与放纵，会妨碍社会群体的互惠合作，因此，当下中国的法治价值诉求，需要在国家与社会、权力与权利之间寻求某种协调与平衡。此外，按照现代法治理念，要使法律能够得以遵守，关键在于保证法律的权威，坚持"法律至上"。如此，才能真正保障"人民主体地位"，进而在法治轨道上推进国家治理体系和治理能力现代化。

当然，没有任何一种体制和模式是绝对完美的，民主也不可能解决人类的所有问题。有了好的制度，还需要有正确的作为。历史一再证明，由于得天下者往往不能解决好自身存在的问题，从而不可避免地走向懈怠和腐化。这成为执政者无法跳出历史周期率的关键症结。为此，习近平总书记提出了通过"自我革命"以跳出历史周期率这一重要举措："我们党历史这么长、规模这么大、执政这么久，如何跳出治乱兴衰的历史周期率？毛泽东同志在延安窑洞里给出了第一个答案，这就是'只有让人民来监督政府，政府才不敢松懈'；经过百年奋斗特别是党的十八大以来新的实践，我们党又给出了第二个答案，这就是自我革命。"① 与毛泽东同志提出的强调外部约束的"人民监督"相比，"自我革命"则强调自律自为、内部动能的重要性。两者均遵循人民至上的价值理念，注重对公共权力的监督制约，致力于维护党的执政安全，从而构成一个相互制约、相互促进的内在统一体。

党的自我革命的根本目标，最主要的是始终保持党的先进性与纯洁性，通过改造主观世界方式来引领对客观世界进行改造的"社会革命"。现时代，只有冲决传统体制的罗网，通过民主政治推动社会组织系统的变革，培育具有自由精神与主体性的公民人格，从根本上解放人的潜力，不断增强社会的自组织能力，才能够确保社会的"长治久安"。在当今知识经济时代，个人再不像以前那样被视作巨大复杂机器中的一颗小小齿轮。相反，组织的生存和发展越来越决定于个体主动性的发挥；个人不再只是听命行事，而是通过自我管理的方式，在实现组织目标的同时实现自我价值。这正是当今人本管理的本质要义。换言之，"以人为本"的含义，不仅仅是道义论的"人为目的而非手段"，而是从根本上发挥人的内在潜力。当然，由于人类能力的有限性，人类的知识和解决问题的方式在客观上总是不完备的，因此，我们不能对人类的智识和行为抱有不切实际的乐观预期。历史的最大教训在于，我们总是不能从历史中吸取教训。因此，我们唯一能够做的，就是不断反省我们自己的思维和行为模式，不断试探并摸索进入未来的有效方式。

五、从"大一统"到"共同体"

从世界格局来看，中华帝国相对封闭的地理环境，在很大程度上也决定了其独特的"天下"观念。中国古代的"天下"观念主要建立在如下两种认知的基础上：一是地理学的认知，认为天圆地方，中国位于天下的中心。在夏商周时期，"天下"一般指直接统治的实际区域，即"中国"。后来，这一概念又从"中国"逐渐扩展到涵盖"四夷"的整个区域。二是文化学的认知，即华夏文化中心主义。西周初年，随着中原华夏文化中心的形成，从周天子到中原各诸侯国，开始以诗书礼乐法度等相标榜，而滋生出浓厚的华夏族优越感。春秋时期，就整个"华""夷"称呼而言，齐、鲁、晋、郑等奉行周礼的中原诸侯国，自称"中国""中华"或"华夏"；而居住在中原地带的不奉行周礼的方国及中原外缘的秦、楚、吴、越乃至于燕等，则被称为"夷狄"。这种从文化上对"华夏"与"夷狄"的严格区分，就是所谓"华夷之辨"，其实质，便是"贵中华"而"贱

---

① 习近平：《以史为鉴、开创未来、埋头苦干、勇毅前行》，载于《求是》2022 年第 1 期。

夷狄"的华夏正统论。

问题在于，以"华夷之辨"来解释民族关系、国家关系，不仅时常会陷入"非华即夷"的二元悖论，而且由于其中所蕴含的"高贵"与"低贱"、"文明"与"野蛮"之分殊，会导致各民族之间的不平等关系及其紧张状态。春秋时期，西方的秦，南方的楚，东南之地的吴、越，先后逐鹿中原，并开始与齐、晋等中原诸国同称"诸夏"。在这种情势下，王者"不与四夷之主中国"的政治观念已名存实亡。于是，儒家人士便开始标榜"王者无外"的理念，认为王者的目标是一统天下，并不是要刻意区分内、外。到了战国时期，周初的数百个诸侯已大体重组为"战国七雄"。在这种情势下，"大一统"几近成为先秦诸子共同追求的目标。秦王朝的建立，意味着先秦诸子"天下一统"的目标终成现实，中原王朝周围所分布着的众多蛮夷戎狄地区，遂被纳入"大一统"范围。到了汉代，华夏族与蛮、夷、戎、狄各族融合成了汉民族，华夷一统、夷夏一体的思想开始形成。由此，"大一统"的内涵，除了指地理意义上的国土统一和时间意义上的江山永固及政治意义上的国家集权外，又指民族一统。

历史的复杂性在于，"华夷之辨"与"华夷一统"的观念在中国历史的长河中始终是交织在一起的。当中原王朝强大之时，便采用"华夷一统"论证其统治和扩张的合法性；当国势日衰并遇到异族的挑战之时，则又会提出"华夷之辨"和"攘夷"的问题来。而在中原王朝与异族政权并存的时期，自然也牵涉到彼此的"正统"与"非正统"之争。综观历史上的正统之争，虽然都以各自利益为本位且不乏自我标榜，但也意味着一种文化上的认同，从而使"华夷一体"的观念得到强化。而"异族"政权入主中原的行动，客观上也促进了文化交流与民族融合。不过，在中华多民族国家建构的实践中，由于"夏""夷"二元族群结构的长期存在，因而，无论主张"汉夷大防"还是"华夷一统"，历代中原王朝对于周边少数民族的治理，都脱离不开"羁縻"之意。"羁縻"一词在具体使用中比较宽泛、灵活，仅仅保持名义上的"朝贡"联系可称为"羁縻"，通过设置机构进行非直接或直接管理也可以称为"羁縻"。这种含混应用实际上取决于双方现实力量的对比：如果影响力不足，羁縻更意味着"笼络""怀柔"；如果影响力足够强大，则羁縻更接近于"控制""干预"。综观中原王朝邦交关系的发展，随着中央王朝力量的强大，及其与周边民族地区联系的加强，一个总的发展趋势是治理方式的"一体化"和族群整合。正是在一波一波的边疆内地化浪潮中，"夏""夷"之间差异逐渐缩小，中华文明多元一体的格局渐趋形成。

历史发展到今天，中华境内各民族经过数千年血与火的洗礼，已然发展成为一个休戚相关、荣辱与共的"中华民族共同体"。在这一大家庭中，随着中央政权统一领导下的民族区域自治制度的确立，各族人民在历史上第一次真正获得了平等的政治权利，从而终结了旧中国民族压迫、纷争的痛苦历史，开辟出各民族平等、团结、互助、和谐的新局面。这自然终结了以册封和朝贡为内核的不平等的邦交关系及其"羁縻"之治，也避免了历史上中原王朝与"异族"政权之间的所谓"正统"与"非正统"之争。

在当下，如何进一步增强各民族的"共同性"，加快实现经济发展上的基本平衡和共同发展，便成为当今民族工作的迫切任务和努力方向：其一，加强和完善党对民族工作的领导。实践证明，只有中国共产党才能实现中华民族的大团结，只有中国特色社会主义才能实现各民族的凝聚、发展和繁荣。这是实现中华民族共同体的根本保证。其二，坚持各民族一律平等，剔除大汉族主义和狭隘的地方民族主义，并充分保证各民族"共同当家作主"，参与国家事务管理，保障各族群众的合法权益。这是实现民族大团结的"题中之义"和基本前提。其三，要认识和处理好增进共同性与尊重、包容差异性二者之间的辩证关系：一方面，要引导各民族始终把中华民族利益放在首位，坚决维护国家主权和国家安全、自觉维护祖国统一；另一方面，要充分保障和实现各民族的具体利益，增进各民族的交往、交流与交融，最终促使各民族走向"共同繁荣"。这是建构中华民族共同体的最终目的。其四，要提升民族事务治理体系和治理能力现代化水平，并实现民族区域自治和中央统筹的有机结合，从而逐渐走向"一体化治理"。这是建设中华民族共同体建设的必由之路。

从国际秩序来看，中国传统天下主义的观念构造和羁縻之治经过长时期的凝练和提粹，成为中原王朝处理邦交关系的基本原则和策略选择。在这种邦交体系下，中原王朝常以"礼仪之邦"自居，而难以与"夷狄"确立起平等的交往意识。这种"天朝想象"最终在近代西方列强"坚船利炮"的震撼中梦醒影碎。经过这一痛苦的观念转换过程，天朝君臣也终于认识到：中国只是世界许多国家之中的一个，且必须遵守新的规则（即使有些规则并不合理）。尽管羁縻意识并未彻底抛弃，拒外、畏外和媚外心理并存，但中国外交已出现了新的趋向，即中国与各属国之间的关系不再是不平等的朝贡关系，而是主权国家之间的平等关系。

自第二次世界大战以来，随着殖民体系的解体，以民族国家为主体的国际秩序日趋形成。然而，伴随资本主义工业文明的发展和世界市场的扩张，在发达国家和发展中国家之间造成了巨大的不平等。即便在当今全球化时代，这种长期由少数发达国家主导的不公正的国际格局依然得以延续，进而造成全球发展的不平衡，且引发了一系列全球性问题，诸如资源枯竭、环境污染、气候变暖、传染性疾病蔓延、毒品泛滥及其恐怖主义等。显然，对于这些全球性问题，任何一个国家都不能置身事外，且需要通力合作才能解决问题。惟其如此，才有了20世

90 年代初的"全球治理"运动的兴起。

问题在于：全球治理应当是多元主体共同参与，但是，当下由发达国家主导下建立的现行治理体系，固化了"中心—外围"结构，无法满足大多发展中国家的利益诉求。同时，各主权国家、公民社会和国际组织利益取向、价值理念的多元化，也使得全球治理在基本理念、治理议题、政策选择等方面达成共识的难度日渐加大，等等。为此，才有了构建"人类命运共同体"这一"中国方案"的出场：其一，这一新型理念充分吸收了传统天下观的优秀成分，通过"推己及人"的方式来理解文化的多元性。同时，它也超越了传统狭隘的华夏中心主义和"万邦来朝"的朝贡体系，以及"不臣夷狄"的排斥性观念。其二，这一理念通过呼吁主权平等，建立伙伴关系，推动经济全球化朝着更加开放、包容、普惠、平衡、共赢的方向发展，打破了由资本主义主宰的不公正的世界秩序、西方中心论和霸权主义。其三，这一理念坚持"和而不同"：一方面，它坚持人类社会是一个相互依存的共同体，追求自由、平等、民主、法治、公平和正义等人类共同价值；另一方面，它又正视民族和国家之间的差异，尊重世界文明多样性，求同存异。故而，这一理念日渐得到世界各国的重视和欢迎。

当然，我们应看到：尽管世界日趋趋同，但一些发达资本主义国家会尽一切办法维持其政治、经济、文化等各方面的强权地位。不仅如此，在可以预料的将来，世界政治结构依然是以民族国家为基础，国际事务仍然属于主权国家的"国际游戏"；而国家主体背后所隐藏的民族国家利益、文化传统、基本制度，与全球治理整体性、公共性及其全球利益之间始终存在着必然的、长期的冲突。为此，我们需要进一步致力于真正的对话，超越利益与观念的藩篱，保持开放及理性沟通，以谋求最大程度的共识和更高层次的合作。

第一章

夏商周三代的政治叙事

夏商周三代王朝，作为中华民族国家形态的开端，历时弥久而意蕴深邃。传统"中国之治"的关键要素，诸如王权、分封、天命、宗法、德刑、礼乐等，正是在这一时期萌发的。这以周代的秩序建构和统治意识形态最为成熟，也最为典型。在意识形态领域，周代统治者通过对传统天命观进行"以德配天"的改造，促成了以德治为理念的治国之道的系统化——这成为后世"王道"政治的滥觞。而就社会秩序而言，统治者通过"裂土分封"，确立起一套尊卑有别的社会等级结构，由此产生出中国传统社会最早的政治形态——贵族君主制（也称之为"王制"）。此外，在社会治理规范上，周代统治者以宗法分封制为基础，进一步确立起先秦时代独特的"礼乐文明"。

第一节　天命与王权的联姻

历史地看，从传说中的"三皇五帝"到夏、商、周三代王朝，构成了中华民族国家形态的开端。随着王权世袭制度的确立，中华一以贯之的"家天下"的局面也由此形成。在后世意识形态领域中，这种王权世袭观念逐渐得以牢固扎根，并在全社会范围内被广泛认同。这使得后世任何不同于此的权力更迭方式，都必须对统治的合法性作出解释。于是，在神话笼罩的上古时代，天命与王权的联姻便成为必然。而维护王权最有效和最直接的方式，就是垄断对天命或者说神意的解释。由此，王权被笼罩上一层天命的光环而具有了神圣权威，并为世俗政权的正当性辩护打开了一道方便之门。

一、王权与"家天下"的滥觞

根据考古史料，中国的成文历史大概只能上溯到殷商。至于之前的历史，比如尧舜禅让，夏禹传子，商汤放桀等，或许有些史实影迹，但大都已无稽可考，更多的是儒家的托古造作，所谓"三皇五帝神圣事，骗了无涯过客"（毛泽东：《贺新郎·读史》）。不过，有一点是明确的，那就是世界几个主要文明古国的国家形态，一般都经历过"酋邦—民族国家—领土国家—帝国"这样一种演变途径，中国自然也不例外。而无论何种社会形态，其中的一个关键要素，便是王权的产生和归属。

从字的形态看，甲骨文中的"王"字的形象是斧钺，类同于权杖，这是军事统率权和刑赏大权的象征。作为权力的拥有者，"王"者顶天立地、唯我独尊。对此，东汉时期的许慎曾解释道："王，天下所归往也。"（许慎：《说文解字·卷一·王部》）这既可理解为"王者"实现了对"天下"的占有与控制，也可理解为"王者"是受人拥戴的人，又可理解为人们对权力的追逐与归附。可以说，在王者自称为"余一人"或"予一人""孤家""寡人""朕"等这些略显"形单影只"的自谦之辞的背后，无不彰显出一种"舍我其谁"的强势威力，以及常人难以企及的"无出其右"的慑人魅力。

王权产生的根源，一般应归结于原始部落维护自身秩序和应对外界竞争等公共事务的客观需要。在这一过程中，一些才能优异、体格强悍或做出杰出贡献的"出类拔萃"者，往往会受到人们的拥戴而成为"王者"。如《韩非子·五蠹》所言："上古之世，人民少而禽兽众，人民不胜禽兽虫蛇。有圣人作，构木为巢以避群害，而民悦之，使王天下，号之曰有巢氏。民食果蓏蚌蛤，腥臊恶臭而伤害腹胃，民多疾病。有圣人作，钻燧取火以化腥臊，而民说之，使王天下，号之曰燧人氏。"与此类似，《易传·系辞下》中也描绘了古代伏羲氏（包牺氏）通过"观象于天，观法于地"创始"八卦"，"以绳结网"而引导人们猎兽和捕鱼，以及神农氏制作农具和引导人们进行物物交换的情景："古者包牺氏之王天下也，仰则观象于天，俯则观法于地，观鸟兽之文，与地之宜，近取诸身，远取诸物，于是始作八卦，以通神明之德，以类万物之情。作结绳而为罔罟，以佃以渔，盖取诸《离》。包牺氏没，神农氏作，斫木为耜，揉木为耒，耒耨之利，以教天下，盖取诸《益》。日中为市，致天下之民，聚天下之货，交易而退，各得其所，盖取诸《噬嗑》。"如上出现的有巢氏、燧人氏、伏羲氏、神农氏等这些"圣人"，实际上正是中国远古最早出现的"王者"。作为中国上古时代的杰出领袖，这些人便被后世纳入"三皇五帝"这一帝王谱系当中。不过，由于历史久远，因而其成员一直很难确证。例如，被称为"三皇"的，通常有伏羲、神农、黄帝、祝融、女娲、燧人等人；"五帝"则有太昊、神农、黄帝、少昊、颛顼、帝喾、唐尧、虞舜等人。

在三皇五帝时代的黄河流域，存在着数以千计的农耕部落，它们为了争夺土地、水源等生存资源而频繁发生争夺。这种严酷的无休止的生存竞争，可以说是远古时代的先民所面临的共同困境。而克服这种困局的方式，便是以"庇护扈从"关系为基础的酋邦制度。这种"庇护扈从"结构通过保护与效忠关系，把生活中的强者与弱者结合到一起，形成最初级的社会组织，然后再由这种小共同体聚合而成为酋邦国家。萧功秦先生将此比喻为"猴山结构"：各个部落如同猴群中的猴子，许多部落之间彼此争斗，如同众多猴子打架。其中，最强势的部落成为霸主部落，其他部落都归顺于它以求得庇护，如同众猴归顺于猴王。这种朴素的"庇护扈从"关系，同时满足了强者与弱者各自的需要，从而形成一种自愿性的聚合。只要存在着外部环境的压力与危险，人们出于安全与竞争的需要，就会促发庇护扈从关系的形成。在这种庇护扈从关系中，作为天下共主的首领，有权命令参盟者为其出征，对其效忠。而各参盟部落则通过对霸主的效忠，成为酋主的扈从，遵从霸主的旨令，并享有这一秩序下的安全保护，等等。①

《史记·五帝本纪》记载，神农（炎帝）曾经是叱咤风云的联盟霸主，在其衰落之后，炎帝、蚩尤与黄帝争夺霸主地位，双方激烈争夺的结果，便是黄帝成为联盟的酋主："轩辕之时，神农氏世衰。诸侯相侵伐，暴虐百姓，而神农氏弗能征。于是轩辕乃习用干戈，以征不享，诸侯咸来宾从。而蚩尤最为暴，莫能伐。炎帝欲侵陵诸侯，诸侯咸归轩辕。轩辕乃修德振兵，治五气，艺五种，抚万民，度四方……以与炎帝战于阪泉之野。三战，然后得其志。""蚩尤作乱，不用帝命。于是黄帝乃征师诸侯，与蚩尤战于涿鹿之野，遂禽杀蚩尤。而诸侯咸尊轩辕为天子，代神农氏，是为黄帝。"之后，黄帝进一步强化自己的权威与势力："……（轩辕氏）迁徙往来无常处，以师兵为营卫。官名皆以云命，为云师。置左右大监，监于万国。万国和，而鬼神山川封禅与为多焉。获宝鼎，迎日推策。举风后、力牧、常先、大鸿以治民。顺天地之纪，幽明之占，死生之说，存亡之难。"这一史料表明：黄帝建立了自己的私人卫队，以"云"来命名这些卫队以维持王权，并以颁布历法与封禅的方式加强自己的权威。正由于黄帝具有统一的

---

① 参见萧功秦：《华夏国家起源新论——从"猴山结构"到中央集权国家》，载于《文史哲》2016年第5期，第5~22页。

业绩，为众多邦国建立起一种基本秩序，从而被后世誉为"中华始祖"。这一时期，实际上正是中原地区"方国"林立的部落联盟时代。

作为最早的社会形态，部落联盟的统治权最初并没有固定于一人之手，而是由结盟的各氏族首领分别担任、轮流执掌，权力的产生和获取往往需要经过"联盟会议"之类的民主程序以及"禅让"之类的交接方式。史载："尧立七十年得舜，二十年而老，令舜摄行天子之政，荐之于天。……尧知子丹朱之不肖，不足授天下，于是乃权授舜。……诸侯朝觐者不之丹朱而之舜……。舜曰'天也'，夫而后之中国践天子位焉，是为帝舜。"（《史记·五帝本纪》）舜之后，众多部落首领转向归顺并效忠于新的主人禹："帝舜荐禹于天……天下诸侯皆去商均而朝禹。禹于是遂即天子位，南面朝天下，国号曰夏后，姓姒氏。"（《史记·夏本纪》）后世的儒家曾把这种温良谦让的禅让制作了泛道德化的解释而大力宣扬，但究其实，这一过程却是充满了诸多的争夺与血腥。史载，尧原本想把氏族首领的职位传给儿子丹朱，这一举动激起了强烈反对，于是，舜采取行动，"囚尧，复偃塞丹朱，使不与父相见也"（《竹书纪年·五帝纪》），随后又"放尧于平阳"（《史通·疑古》），从而取得了首领之权。历史仿佛总是充满了轮回，舜临死前也曾想把首领职权传给儿子商均，禹同样采取了强制手段，把舜流放到南方的苍梧，又"辞避舜之子商均于阳城"，最终"即天子位"（《史记·夏本纪》）。

按照《史记》中的说法，夏朝的祖先是有崇氏部落。大禹继位之后，因为治水深得民心，政权稳固，将部落名称改为"夏后氏"。"后"这个词，有着掌管的意思，所以被用来作为首领称谓。禹为了进一步巩固王权，先后发动了对共工和三苗等不欲臣服的部落的战争。相传，在与共工决战之际，大禹与各部族首领在涂山（今安徽蚌埠西郊怀远县境）会盟，史称"涂山之会"："禹会诸侯于涂山，执玉帛者万国。"（《左传·哀公七年》）在涂山大会上，禹论功行赏，对有功者赏，对作恶者惩，从而使众人咸服，由此确立了天下共主的地位。这被认为是夏朝建立的标志。在这种权力机制下，原先的众多部落首领，此时大都转化成世袭贵族，成为各自邦国的君长。此后，大禹又分封了很多诸侯国，并彻底征服了三苗等部落。在制度上，禹把本来应征询于"四岳"（氏族部落的一种组织或联盟议事会议）的大权集中到自己一人手里，从而使君主的独裁权力得以确立："令民皆则禹。不如言，刑从之。"（《史记·夏本纪》）从史籍来看，禹在当时的权力已足以让人望而生畏："昔禹致群臣于会稽之山，防风氏后至，禹杀而戮之。"（《国语·鲁语上》）。

禹虽然取得了极大的独裁权力，但并没有妄想权力世袭，他在涂山之会上曾宣誓：天下受之于舜，将来亦必定传之贤人，决不私之于一家一姓。然而，到了其子启那里，情况却发生了改变。启倚仗家势，明确提出了世代为王的要求，并采取强迫手段，促使各部落臣服于他。随后，启把自己家族的姓氏"夏后氏"作为部落联盟的称号，中国历史上的第一个王朝——夏朝由此建立。夏政权尽管曾经受东方偃姓之族的首领伯益和西方的有扈氏的反叛，但夏启通过武力征伐，最终促使"天下咸朝"（《史记·夏本纪》）。之后，夏启于都城阳翟（今河南禹州）召集诸侯进行会盟，史称"钧台之享"。在盟会上，夏启宣布废除禅让制，确立了自己作为各部落的"共主"地位以及王位世袭制度，中华家国"家天下"的局面由此发端。

在"家天下"的权力体制下，君主的生活与部落联盟时代躬亲劳动、以身作则相比，已迥然有别。据《韩非子·五蠹》说："尧之王天下也，茅茨不翦，采椽不斫；粝粢之食，藜藿之羹；冬日麑裘，夏日葛衣。虽监门之服养，不亏于此矣。禹之王天下也，身执耒臿以为民先，股无胈，胫不生毛，虽臣虏之劳，不苦于此矣。"大意是说：尧统治天下之时，住房简陋，屋顶茅草都不加修剪，栎木做的椽子都不加砍削；吃粗糙之粮食，喝野菜之羹；冬天穿小鹿皮做的袍子，夏天穿葛布做的衣服；即使看门人，穿的吃的都不会比他更差了。禹统治天下之时，亲自干活，累得大腿上没有肌肉，小腿上不长毛；即使奴隶的劳动都不会比这更苦了。然而，到了夏启时代，生活开始变得奢侈。启死之后，王室内乱，启的五个儿子展开了激烈的争斗，最终权位被太康所得。但是，太康即位后，更是变本加厉，"盘于游田，不恤民事"（《尚书·五子之歌》）。东夷的有穷氏部落首领后羿趁太康田猎之时，将太康射杀，立太康之弟仲康为傀儡君主。这就是历史上的"太康失国"。

可悲的是，后羿和太康一样，也终日沉湎于田猎、酒色，不问政事，而被其亲信寒浞伺机暗杀。为防止夏后势力的复兴，寒浞在仲康死后，又灭掉了继承仲康之位的仲康的儿子相，即史书中所说的"灭夏后相"（《左传·哀公元年》）。后来，相的遗腹子少康长大后经过周密策划，最终诛杀寒浞，夺回王位。史载，少康在位期间，"能布其德，而兆其谋，以收夏众，抚其官职"（《左传·哀公元年》），夏王朝一度出现过"回光返照"的局面，史称"少康中兴"。然而，少康死后，夏朝再度陷入君主碌碌无为的境地，孔甲在位之时，肆意淫乱，不修朝政，使得夏朝国势迅速走向衰落，史称"孔甲乱夏"。自此，"诸侯多畔夏"（《史记·夏本纪》）。

到了夏代末年，夏桀"残贼海内，赋敛无度，万民甚苦"（《韩诗外传》卷十），对内"武伤百姓，百姓弗堪"（《史记·夏本纪》），外部"为仍之会，有缗叛之"（《左传·昭公四年》）。在这种情势下，商人首领成汤乘机扩大自己的势力，经过鸣条之战击败夏桀，建立了商王朝："汤乃践天子位，平定海内。"（《史记·殷本纪》）在政治上，商朝和夏朝均属于保持部落联盟形态的"家天下"政权，但商朝在文化上对华夏文明的贡献要比夏王朝深刻得多。商朝时期，青铜器和甲骨文的出现，极大促进了商朝社会的发展。五帝时代和夏朝时期，华夏帝王的姓中通常都需要带上"女"字，如"姜""姬""姚""嬴""姒"等，这是母系社会的遗留印记，但到了商朝，王族以子为姓，母系社会的印记日渐褪去。

自商王仲丁起，商朝连续发生王位纷争，又屡次迁都，致使王朝中衰、诸侯离叛，史称"九世之乱"。后来盘庚迁殷（今河南安阳），"行汤之政，然后百姓由宁，殷道复兴。诸侯来朝"（《史记·殷本纪》）。武丁继位后，励精图治，并对周围的鬼方、土方、羌方、人方、虎方等方国进行征讨，国势日盛，史称"武丁中兴"。然而，自武丁之子祖甲后，商王日渐追求安逸："自时厥后立王，生则逸，不知稼穑之艰难，不闻小人之劳，惟耽乐之从。"（《尚书·无逸》）在这一过程中，诸侯逐渐不再依附商王："殷道衰，诸侯或不至。"（《史记·殷本纪》）之后，连续几代商王都需要应对东南方向的方国叛乱。到了末代君主商纣王（帝辛）时期，商朝国库空虚、兵力不足。与此同时，商纣王穷奢极欲，造"酒池""肉林"，"为长夜之饮"，并随意杀戮（《史记·殷本纪》）。在此情势下，周部落的首领西伯昌（即后来的周文王）暗中拉拢各部落，密筹灭商。经过多年筹备，最终到了西伯之子（即后来的周武王）时期对商王朝大肆讨伐，战于牧野，血流浮杵，大胜。之后，商朝灭亡，周朝建立。

在社会结构上看，周与夏、商一样，总体上都是方国或侯国林立："昔者，周盖千八百国，以九州之民养千八百国之君。"（《汉书·贾邹枚路传》）值得注意的是，夏、商、周原本各有其"国"，当其有天下时，就不再是边缘性的方国，而是位于天下之中的中国。作为方国，它们是"平行并进式"，在未有天下之前与被夺取天下之后，它们都仍然作为方国而存在；但作为"中国"，作为有天下者，它们则是前仆后继的"三代"，各自成为"天下共主"，因此，"夏商周三代的关系，不仅是前仆后继的朝代继承关系，而且一直是同时的列国之间的关系。"①

就王位继承而言，据《史记·夏本纪》记载，夏王朝先后有 14 世、17 王，其中两次是弟继兄位。在商代，"兄终弟及"的有 14 王，"父死子继"的有 18 王。而到了西周时期，除孝王继其兄赘王之外，其他帝王都是传子的。这一历史事实表明，"父死子继"的君主世袭制在周代已基本确立。从此，传子制成为权力继承的"不二法门"。韩非子言："舜逼尧，禹逼舜，汤放桀，武王伐纣，此四王者，人臣弑其君者也"（《韩非·说疑》），这实际上正是从"父死子继"这一君主世袭原则出发来谴责"僭取"王位的行为的。

---

① 张光直：《中国青铜时代》，生活·读书·新知三联书店 1983 年版，第 31 页。

21

　　问题在于，国君往往有着众多的子嗣，为避免王位争位，周朝统治者确立了嫡长子继承制："立适以长不以贤，立子以贵不以长。"（《公羊传·隐公元年》）就是说，如有嫡子，则从嫡子中选年岁最长的；若无嫡子，则从众庶子中选地位最贵的，即"子以母贵，母以子贵"（《公羊传·隐公元年》）。然而，这种制度难免使许多平庸之人成为嗣子，如王国维所言："古人非不知官天下之名美于'家天下'，立贤之利过于立嫡，人才之用优于资格，而终不以此易彼者，盖惧夫名之可藉而争之易生，其弊将不可胜穷，而民将无时或息也。故衡利而取重，絜害而取轻，而定为立子立嫡之法，以利天下后世。"[1] 从现实来看，嫡长子继承制并未换来太平盛世，反而频频出现弑君篡权之事。这些内乱的产生除了诸多社会、政治原因之外，其实还与嫡长子继承制本身存在着很大的关联。这是因为，嫡长子继承制以出生资格来确定继承权的客观要求，有时往往由于其才德不济而引起国君其他子嗣的觊觎与争夺，有时也由于国君自身的偏爱与喜好而常常置嫡长子继承制于不顾，从而给国家带来了或大或小的动乱，所谓："并后、匹嫡、两政、耦国，乱之本也。"（《左传·桓公十八年》）

二、从"绝地天通"到"以德配天"

　　历史地看，王权在其产生之初，就与先民们的神灵信仰密切结合在一起。天命的起源，客观的原因在于自然的神秘、强大，主观上则应归因于原始先民的蒙昧、虚弱与无奈。在古代，由于农业生产更多地受制于天时、地利，这使人们习惯于对自然抱有一种人格意义上的情感，从而使人表现出对自然的顺应与屈从，对"风雨时至""媚神求福"的祈求，其中也不乏"过则为菑"（《左传·昭公元年》）的畏惧心理，等等。

　　作为人格化的至上神，"天"在上古时代的宇宙观念中具有无与伦比的神性和不可逾越、不可侵凌的权威。在这一点上，世界各个文明可以说概莫能外。有所差异的是，西方基督教文明中的"原罪"意识承认世俗权力具有不可避免的罪恶之性，因而，其律法精神和对神的信仰建立在以抑制王权为特征的意识形态的基础之上，神通过对人的惩罚来展现他的意志。而中国人的天命信仰不是为了贬抑现实权力的罪性，而是为了印证现实权力的正当性。站在神坛上的帝王及其诸侯大夫等众多家族领袖，别出心裁地借助天命来诠释政治的合法性，以维护自身的权力与权威。按照当时盛行的"天佑王权"的观念，"天"支配着宇宙万事万物、社会现象和人的命运，王权代表着天意和神权，服从王权就是服从神权。

---

① 王国维：《观堂集林》卷十，中华书局 1959 年版，第 458 页。

由此，在中国传统社会中，神没有成为现实权力的监督者和惩罚者，反而成了现实权力的合谋者，所谓"善言天者，必应于人"（《黄帝内经·素问·气交变大论》）。

在中国古人的视野中，山高而为通天捷径，通天亦即通神。在古代传说中，巫师或者说巫觋（女曰巫，男曰觋）通过神魂附体或使鬼神降临的方式，以实现与鬼神的沟通，感召一切，从而逐渐凌驾于社会之上，树立起不容置疑的庄严权威。《左传》称"国之大事，在祀与戎"（《左传·成公十三年》），这表明，祭祀与征伐在当时都是相当重要的事。在这一过程中，一些巫师利用他们的声望和人们的信任，实现了对现实中政治权力的集结。中国历史传说中的颛顼时期重、黎二人"绝地天通"的事件所包含的深层意味，便是将原本是巫师的职能转变为世俗帝王的特权。

按照《国语·楚语下》的记载，中国古代宗教的发展经历过三个阶段：其一，"民神不杂"，即神事与民事有着明确的区分，由少数有巫术之人主持宗教事务，而普通民众则只能听命行事。其二，"民神不分"，"夫人作享"，即人人都能进行祭祀活动，并与神灵进行沟通，神、民同位。这展示出在部落融合过程中出现的宗教冲突，从而使得宗教权威受到威胁。其三，"绝地天通"，即垄断通天、通神的手段。史载，黄帝在统一黄河流域过程中，也有意识地统一宗教信仰，并对不服从者进行军事打击："黄帝且战且学仙。患百姓非其道者，乃断斩非鬼神者"，"黄帝时万诸侯，而神灵之封居七千。"（《史记·封禅书》）经过几次部落联盟大战，黄帝在逐渐聚合起众多部落的同时，也基本实现了宗教信仰的统一。但是，南方的九黎、三苗等部族仍保存着"家为巫史"的传统。于是，黄帝之孙颛顼派遣重、黎二人分别执掌当地的神事和民事，且不准一般人拥有通天的权利，从而实现了像中原地区一样的官方宗教垄断。

这种对神权的掌握，意味着统治者独占了"通天地"的特权。《论语·泰伯下》说："唯天为大，唯尧则之"，就是说只有尧作为中介，才能沟通天人。正是这种特权，为后世对王权的神话提供了可能。对此，董仲舒解释道："古之造文者，三画而连其中，谓之王。三画者，天地与人也，而连其中者，通其道也。取天地与人之中以为贯而参通之，非王者孰能当是?"（《春秋繁露·王道通三》）按照这一解释，王者既然是能通天地的人，天下之人自然都应服从于他："唯天子受命于天，天下受命于天子。"（《春秋繁露·为人者天》）可见，董仲舒神化王权的思路与"绝地天通"绝无二致。在现实中，正是由于对祭祀天神的垄断，帝王对世俗政治权力的获取以及征战杀伐，便具有了"受命于天"的借口与庇护。史载，大禹在征伐三苗时曾宣称："非唯小子敢行称乱，蠢兹有苗，用天之罚。"（《墨子·兼爱下》）夏启也曾在讨伐有扈氏前宣誓："有扈氏威侮五行，怠

23

弃三正，天用剿绝其命，今予惟恭行天之罚。"（《尚书·甘誓》）在这里，对异己的征讨被说成是天命所归、替天行道。夏代少康复国之时，曾将此称之为"复禹之迹，祀夏配天"（《左传·哀公元年》）。在这里，所谓"复禹之迹"就是恢复禹的业绩，以佐证自身就是禹的合法继承者；所谓"祀夏配天"，是指将祭天与祭祖相结合，以表明夏王之权力合乎"天命"。

而作为商朝的开国之君，商汤的权力既不是由氏族成员选举产生的，也不是因禅让得到的，更不像夏启那样是由世袭得来的，而是通过"革命"手段夺取来的。为此，商汤需要对权力的合法性进行辩护。于是，便有了如下说辞："有夏多罪，天命殛之"（《尚书·汤誓》），"天惟时求民主，乃大降显休命于成汤"（《尚书·多方》）。不仅如此，商人在继承夏朝天命观的基础上，还把夏朝所尊奉的"天神"改称为"帝"或"上帝"，并直接视"上帝"为祖先："有娀方将，帝立子生商""天命玄鸟，降而生商"（《诗经·商颂·玄鸟》）。殷商之王既然为上帝的后裔，这便从血缘上找到了作为"上帝"代理人的合法依据。商王也因为这种人、神结合的性质，而独享"步于上帝"（《尚书·大传》）的特权。

在商王的意识中，自己"受命于天"，自然就要担当起养育万民的责任："予迓续乃命于天，予岂汝威，用奉畜汝众。"（《尚书·盘庚中》）故而，历代商王都以神王自居，集神权和王权于一身。而传说中"武乙射天"之举，则表明随着王权的日渐增长，商王甚至已经不能容忍神或天居于自己之上。《史记·殷本纪》记载：商朝第八个帝王武乙在位时，巫教势力经常假借天意钳制商王的行动，于是，武乙便想方设法打击巫权。有一次，武乙命人制作了一只皮袋，盛满兽血，挂在树枝上，他亲自挽弓仰射，射破皮袋，兽血喷出，名曰"射天"。经过种种斗争，武乙终于使王权大为上升。这种观念根深蒂固，以至于到了殷商王朝即将崩溃之际，纣王仍然迷狂宣称："我生不有命在天！"（《尚书·西伯戡黎》）在司马迁看来，殷纣王自恃王权乃天所授予，所以别人对他是无可奈何的："不有天命乎？是何能为！"（《史记·周本纪》）至此，天命论最终变成了绝对排斥"人为"主观因素的命定论。

与商灭夏一样，周灭商也是通过武力手段而得逞的。这就要求周人对灭商做出一个终极解释。于是，就有了周文王"受命"之说："有周佑命，将天明威，致王罚，敕殷命终于帝"（《尚书·周书·多士》），"有命自天，命此文王"（《诗经·大雅·大明》）。而周武王克殷之事，则被视为文王"受命"之功的继续和最终完成："皇天改大殷之命，维文王受之，维武王大克之，咸茂厥功。"（《逸周书·祭公解》）史载，牧野之战后，武王在对殷商遗民发表的讲话中，把商纣统治权被夺去的原因归结为"昏虐百姓"（《逸周书·商誓解》），伐商只是为了完成上天赐予的任务，从而将自己放在合法的"继统者"的位置上："今在商纣，昏扰天下，弗显上帝，昏虐百姓，弃天之命。上帝弗显，乃命朕文考曰：
殪商之多罪纣。肆予小子发，不敢忘天命。……予惟甲子，克致天之罚。"（《逸
周书·商誓解》）故此，周公还曾煞有介事地宣称，真正导致商朝覆灭的不是周
人，而是商人不恭天命遭到天弃："予惟小子，不敢替上帝命。天休于宁王，兴
我小邦周。"（《尚书·周书·大诰》）

　　值得注意的是，"帝""天"原本是殷、周两族不同的宗教信仰，但经过周
人的刻意接合，便成为一神之异名："昔我先王之有天下也，规方千里以为甸服，
以供上帝山川百神之祀。"（《国语·周语中》）就是说，包括五岳河海在内的自
然神和以文王为代表的祖先神均受"帝"支配。周人本有自己信奉之神，何故却
要把殷人崇拜的上帝请入自己的神殿？历史地看，在神权弥漫的时代，周人要推
翻殷政权，不只需借助武力，还要借助于神力。由于殷人的祖先神不便为周人所
用，而殷人崇拜的"上帝"与周人崇奉的"天"具有相同的自然品格，且较
"天"而言更具人格化特征，因而周人通过对殷人的宗教观念予以损益，并与自
己原有的宗教信仰接合，承认帝、天为一物，从而形成"帝天合一"的宗教观
念。《诗经·大雅·皇矣》云："皇矣上帝，临下有赫。监观四方，求民之莫。
维此二国，其政不获。……上帝耆之，憎其式廓。乃眷西顾，此维与宅。"大意
是说，鉴于夏、商为政失德，上帝才付与周人统治天下的大任。《诗经·大雅·
大明》更写道："维此文王，小心翼翼。昭事上帝，聿怀多福。厥德不回，以受
方国。天监在下，有命既集。文王初载，天作之合。"意思是说，周文王小心恭
谨地侍奉上帝，所以福气多多。他有德行而又不迷糊，所以得到四方诸侯的尊
敬。上天始终监视着人间的善恶，天的命令如果人遵守的话，人就有福了。因
而，文王登上王位，正好是一种"天作之合"。由此，周统治者便塑造出夏、
商、周三代在法统上的连续性以及文化上的统一性，并由此表明周朝政权的合
法性。

　　问题的真正实质在于，在周人的观念里，"受命"意味着"受民""受疆
土"："皇天既付中国民越厥疆土于先王，肆王惟德用……用怿先王受命。"（《尚
书·梓材》）这就是说，君主拥土治民的权力来源于天神的赐予。文王和武王既
已经受命，那么，其后的"继体之君"自然就成为天命合法的承担者，故而，
"保命受祀"便成为其维持政权的重要目标："……欲至于万年，惟王子子孙孙
永保民。"（《尚书·梓材》）周王之所以称"天子"，显然并不意味着是血统意义
的天之嫡子，而在于他作为天命的代理人，象征着政治、道德的最高权威，死后
也要回到上帝之侧："文王陟降，在帝左右。"（《诗经·大雅·文王》）就这样，
以君权神授为契机，人世间的政治领袖被推上神坛，由此获得了至高无上的地位
和权威。此后，历代王朝的最高统治者均以"天子"自居，就是这种君权神授观

念的延伸。

周人的天命观固然强化了对政权的合法性解释，但是，一个不可回避的问题是：夏、商、周三代的兴亡更替既然以天命为转移，自然便引出"天命靡常"（《诗经·大雅·文王》）的结论，即天命并非一成不变，永远付与一姓一王。既如此，"天命靡常"是否对周人也适用？"君权天授"说虽然将王权合法性的最终根据都归结于"天"，但是，对"天"的随意性则缺乏把握。商代夏、周代商的事实充分说明，"君权天授"使君权获得了一种绝对性与神圣性，却不一定能保证其延续性、永恒性。

从当时的政治现实来看，武王去世后，成王继位，周公辅政。当时，依然存在两股政治势力威胁着王朝的政治稳定：一方面是来自周政治集团内部的以伯夷、叔齐为代表的反对势力，他们视武王伐纣是"以臣弑君"的不仁之举，"叩马而谏"未成，"义不食周粟，隐于首阳山"（《史记·伯夷列传》）。虽然伯夷、叔齐是极少数人的代表，但作为一种政治倾向显然是一种不稳定的因素。另一方面，则是以纣王之子武庚为代表的"殷顽民"，虽然武王"封子武庚禄父，以续殷祀"（《史记·殷本纪》），但武庚不服，曾联合管叔、蔡叔发动叛乱。在这种内忧外患之下，周公高举文王旗帜，反复强调自己继承文王事业的责任感："天亦惟休于前宁人""予不敢不极卒宁王图事"（《史记·大诰》）。最终，周公经过三年的东征平叛，周的政权才得以真正巩固。

即便如此，"殷顽民"的复辟思想并未被彻底消除。"殷鉴"不远，这便是周朝伊始统治者不得不面对的一个深层隐忧。周公为此发出"天命不易"（《尚书·周书·君奭》），"天难忱斯"（《诗经·大雅·大明》）的感叹。所谓"天命不易"，并非说天命不可改易，而是说天命是很难保持的。所谓"天难忱斯"，也并非否认天的权威，而意在强调天威可畏。既然威严显赫的上帝随时都可能改变天命，故而便不能一味消极地安于天命，而应对无常的天命保持一种自我惕惧之心。在周公看来，人的现世作为决定着自身的祸福，夏商天命的丧失完全是它们的君王咎由自取的结果："非天庸释有夏，非天庸释有殷。"（《尚书·多方》）

正是通过对夏商周三代天命转移的不断反思，周公最终得出结论：天命是不断转移的，而转移的依据则是德和德政："我闻曰：上帝引逸，有夏不适逸；则惟帝降格，向于时夏。弗克庸帝，大淫泆有辞。惟时天罔念闻，厥惟废元命，降致罚；乃命尔先祖成汤革夏，俊民甸四方。自成汤至于帝乙，罔不明德恤祀。亦惟天丕建，保乂有殷，殷王亦罔敢失帝，罔不配天其泽。"（《尚书·多士》）所以，只有"敬德"，才能永远保有"天命"。为此，周初统治者对传统的"天命"观念进行了大胆改造，将"德"的范畴融入"天"的观念中，实现了从"以祖配天"到"以德配天"的认识转变。周公说："天不可信，我道惟宁（文）王德延。"(《尚书·周书·君奭》)就是说,一味依赖上天是靠不住的,还必须敬修自己的德行。所谓"皇天无亲,惟德是辅"(《尚书·蔡仲之命》),就是说,"天"平等地养育着各个部族和每个子民而没有任何偏颇和亲疏,它对世俗生活的干预是依德而取舍的。既如此,君主惟有"聿修厥德,永言配命"(《诗经·大雅·文王》),即通过修德勤政和蓄养万民,才能得到天命的眷顾和认可。而上天则会时时监视人间统治者,以考察其是否按照天意行事:"惟天监下民,典厥义。"(《尚书·高宗肜日》)总之,周欲"受天永命"(《尚书·召诰》),可以通过"修德"来影响甚至引导天命。这便是周初统治者形成的基本政治共识。

这种"天德合一"的文化理念所表达的是,天、神虽然控制历史,但归根结底,掌握自己命运的是人而不是神。君主虽然是由"天"所立,受鬼神庇佑,但是,君主维护其权力的关键,还在于能否以德事天。如果君主失德,那么贤臣可取而代之,所谓"社稷无常奉,君臣无常位"(《左传·昭公三十二年》)。正是这种"以德配天"意识,使得周民族逐渐摆脱对"神"的依赖,而走上了一条更接近于现实的道路。而现实政治的实施对象,就是民众。历史地看,中国传统政治对于"民"之地位和作用的认识,经历了一个长期的历史过程。《尚书》作为我国最早的一部史书,包含丰富的民本思想,如帝舜说:"天聪明,自我民聪明;天明畏,自我民明威。"(《尚书·虞书·皋陶谟》)就是说,上天和民众的意志是相通一致的。在夏代,人们就已经认识到了"民可近,不可下""民为邦本,本固邦宁"(《尚书·五子之歌》)的道理。商王朝的统治者也已领悟到,政治首先要勤于民事,否则,就会重蹈夏桀灭亡的覆辙:"夏王灭德作威,以敷虐于尔万方百姓。"(《尚书·汤诰》)而汤武革命的成功,则被认为是顺应天意和民心的结果:"天地革而四时成,汤武革命,顺乎天而应乎人,革之时大矣哉。"(《周易·革·彖辞》)

周公在参加伐纣灭商和东征平叛的过程中,亲身体会到民众在天命转移中的决定性作用,为此,他谆谆告诫执政者及子孙后代要"用康保民"(《尚书·康诰》),"怀保小民,惠鲜鳏寡"(《尚书·无逸》)。在这种观念中,天命的垂注或转移,取决于王者的统治能否使人民安定。类似的表述还有许多,诸如:"视民如子,见不仁者诛之"(《左传·襄公二十五年》),"是宜为君,有恤民之心"(《左传·庄公十一年》),"德以治民,君请用之"(《左传·僖公三十三年》),等等。因此,通过分析民情向背,便可以探知天命:"天畏棐忱,民情大可见。"(《尚书·康诰》)相应地,当政者应把民情当作检验治国理政成败得失的"镜子":"人无于水监,当于民监。"(《尚书·酒诰》)

周人正是通过将民情内化为现实的政治方略,确立了周初"敬德保民"的政治路线,从而使周朝政治驰入一个更为健康、理性的方向。所谓"敬德",就是严格约束自己的欲望和行为："无康好逸豫"（《尚书·康诰》）；要不断反省自己的行为，提升自己的修养和德行，做到"治民祗惧，不敢荒宁"（《尚书·无逸》），甚至要"战战兢兢，如临深渊，如履薄冰"（《诗经·小雅·小旻》）。"敬德保民"的基本内涵，就是以"敬德"为前提，在实践中落实"保民"的原则："天视自我民视，天听自我民听"（《尚书·泰誓中》），"民之所欲，天必从之"（《尚书·泰誓上》）。周公强调，统治者要设身处地体味民众的痛苦，处理政务要"往敬用治"（《尚书·君奭》），甚至要像父亲慈爱孩子一样去感化民众："若保赤子，惟民其康义。"（《尚书·康诰》）由此，对民生之现实情态的关切，便成为周代统治者从事政治事务的关注重点："君子所其无逸。先知稼穑之艰难乃逸，则知小人之依。"（《尚书·无逸》）正是在这种观念的指引下，周初统治者开启了饮誉后世的德治实践，其举措主要有：

其一，息武勉农。史载，武王虽然取得了牧野之战的胜利，但殷民未服，故而召集众大臣商讨对策。姜太公基于"爱其人者，兼爱屋上之乌；憎其人者，恶其余胥"（《说苑·贵德》）的理由，主张对殷商顽民进行武力镇压，格杀勿论："咸刘厥敌，使靡有余"（《说苑·贵德法》）；召公主张"有罪者杀之，无罪者活之"（《说苑·贵德》）；周公则主张推行宽缓怀柔的政策，利用殷商的贵族进行统治，消除民族隔阂，使人们安居乐业："各安其宅，各田其田，毋故毋私，惟仁之亲"（《尚书·牧誓》）。周武王最后采纳了周公的意见，实行休养生息。周穆王将去征讨犬戎，祭公谋父曾劝阻说："不可。先王耀德不观兵。夫兵戢而时动，动则威，观则玩，玩则无震。"（《国语·周语上》）意思是说，先王以道德昭示天下而不炫耀武力。平时敛藏军队，只在适当的时候动用，这样它才会显示出威力，炫耀就会滥用，滥用便失去了威慑作用。《诗经》中还记载了周宣王中兴时期征伐和平定淮泗流域的东南夷族群，以及册命封赏召穆公姬虎的历史事件："四方既平，王国庶定。时靡有争，王心载宁。"（《诗经·大雅·江汉》）就是说，四方叛国均已平定，但愿周朝安定昌盛，从此没有纷争战斗，我王之心宁静安详，等等。

其二，在施行息武政策的同时，国家还应该劝民务农："民无悬耜，野无奥草。不夺民时，不蔑民功。有优无匮，有逸无罢。"（《国语·周语中》）西周统治者还通过专职行政机构的设置来实施社会救济政策，即"司民协孤终"（《国语·周语上》），并有着充分细化的救荒备灾对策："民饥则勤而不宾，举祭以薄，乐无锺鼓，凡美禁；畜不阜群，车不雕攻，兵备不制，民利不淫；征当商旅，以救穷乏，问随乡，不鬻熟，分助有匡，以绥无者，于是救困。"（《逸周书·籴匡解》）而遭遇"大荒"之时，则要进一步采取对策："有祷无祭，国不称乐，企［途］不满壑，刑法不修，舍用振穷；君亲巡方，卿参告籴，余子运，开口同食，民不藏粮，曰有匡；俾民畜，唯牛羊，与民大疾惑，杀一人无赦；男守疆，戎禁不出，五库不膳，丧处无度，祭以薄资；礼无乐，宫不帏，嫁娶不以时，宾旅设位有赐。"（《逸周书·籴匡解》）

其三，选贤纳谏。史载，周文王"礼下贤者，日中不暇食以待士，士以此多归之。"（《史记·周本纪》）周公认为，王不能以一人之力治理国家，应任用贤明之人辅佐："继自今立政，其勿以憸人，其惟吉士，用励相我国家。"（《尚书·立政》）故而，周公为了得到人才，"一沐三捉发，一饭三吐哺，起以待士"（《史记·鲁周公世家》）。同时，选才时要注意德才兼备的标准，所谓"誉髦斯士"（《诗经·大雅·思齐》）。对于执政者自身而言，则要有包容、纳谏、敢于自我批评的胸襟，面对小民的怨言，统治者应诚惶诚恐，以德自责："厥或告之曰：'小人怨汝詈汝。'则皇自敬德，厥愆，曰：'朕之愆'。"（《尚书·无逸》）。

其四，明德慎罚。史载，被现代人公认为"司法鼻祖"的舜帝时代的皋陶（也称为"咎陶"或"咎由"），就极力强调刑事审判的审慎精神，主张在刑事裁判难以决断时，与其错杀无辜的人，不如让通常适用的法律不适用，所谓"与其杀不辜，宁失不经。"（《尚书·虞书·大禹谟》）这与现代"疑罪从无"的刑法原则相一致。皋陶还强调应以"法治"辅助"德治"，最终实现没有犯罪的局面："明于五刑，以弼五教，期于予治。刑期于无刑"（《尚书·虞书·大禹谟》），等等。周初统治者继承了这种审慎的司法精神。史载，周文王崇尚德教、慎用刑罚，不欺侮无依无靠之人，任用那些所应任用之人，尊敬那些所应尊敬之人，镇压那些所应镇压之人，从而让庶民了解他的治国之道："惟乃丕显考文王，克明德慎罚；不敢侮鳏寡，庸庸，祇祇，威威，显民。"（《尚书·康诰》）总之，为实现长治久安，周初统治者在崇尚德治的同时，也主张慎用刑罚，而不是随心所欲。

周穆王时期，统治者在法制建设上取得的一个重大成就，就是他根据吕侯的建议，制定了中国古代第一部成文法《吕刑》。该法明确宣示，刑罚的目的不是威慑人民，而是为民谋福："非讫于威，惟讫于富"（《尚书·吕刑》）。故而，在刑罚中应贯彻德治的精神。对待犯罪的人当以同情教育的态度，所谓"哀敬折狱"，比如，对"幼弱、老耄、蠢愚"之人的犯罪，不予追究刑事责任（《周礼·秋官·司刺》）。但是，对公然杀人越货、悍不畏死的犯罪行为，则要严惩不贷："自得罪：寇攘奸宄，杀越人于货，暋不畏死，罔弗憝"；对于那些破坏家庭伦理秩序的"不孝""不慈""不恭""不友"之人，也必须严惩，"刑兹无赦"（《尚书·康诰》）。

《吕刑》及其他文献还提出了一系列刑罚原则：（1）刑罚适用要适当、适中、公正，所谓"罔非在中""咸庶中正"（《尚书·吕刑》）。（2）要听取双方的口供，查清事实，不凭自己的主观断案，即"听狱之两辞"（《尚书·吕刑》）。（3）要做到廉明执法，不得在诉讼中私自谋利："无或私家于狱之两辞！狱货非宝。"（《尚书·吕刑》）（4）严禁滥杀无辜，反对族诛连坐："奸宄杀人，历人宥"（《尚书·梓材》），"乱罚无罪，杀无辜。怨有同，是丛于厥身"（《尚书·无逸》），"父子兄弟，罪不相及"（《尚书·康诰》）。（5）要注意区分犯罪的故意与过失、惯犯与偶犯。比如，有人罪过虽小，但因是故意或一贯犯罪，不可不杀；反之，有人犯了大罪，但是由于过失或偶犯，也可不杀："人有小罪，非眚，乃惟终，自作不典，式尔，有厥罪小，乃不可不杀。乃有大罪，非终，乃惟眚灾，适尔，既道极厥辜，时乃不可杀。"（《尚书·康诰》）（6）处罚犯罪，不能根据自己的私见而任意行事，并规定"三刺"制度："一曰讯群臣，二曰讯群吏，三曰讯万民"（《周礼·秋官·小司寇》），即对于重大疑难案件要求首先交给大臣们来讨论；如不能决定，再交给百官讨论；还不能决定的话，交给国人讨论；等等。

当然，实行敬德保民路线的关键，还在于统治者要注重自身的品行修养。为此，周初统治者勉励自己应做到克制己性。史载，周成王告诫诸侯要辛勤王事、无所懈怠："治民祗惧，不敢荒宁"（《尚书·无逸》），"无康好逸豫"（《尚书·康诰》）。所谓"节性，惟日其迈"（《尚书·召诰》），就是说只要时时克制贪欲、闲奢，就会天天有长进，并提出"往敷求于殷先哲王用保乂民"（《尚书·康诰》），就是说，要仿效殷商之前的贤明君主，寻求安民养民的方法。比如，尧的"文武并用"之术："帝德广运，乃圣乃神，乃武乃文。皇天眷命，奄有四海，为天下君。"（《尚书·虞书·大禹谟》）

总的来看，对人民实行德政，而不一味依靠天意的蒙骗和暴力的强制，这就是周初德治的基本政治原则。这也是周代得以国祚绵长的一个重要因素。从实践上看，周人以"德"治国，带来了社会文明的进步。史载，文王修政明德："维天之命，於穆不已；於乎不（丕）显，文王之德之纯。"（《诗经·周颂·维天之命》）武王灭殷后，"散鹿台之财，发巨桥之粟，以振贫弱萌隶"（《史记·周本纪》）。之所以说"周虽旧邦，其命维新"（《诗经·大雅·文王》），新就新在确立了"王其德之用，祈天永命"（《尚书·召诰》）的信念。正是在此信念的激励下，周初的开国之主和守成明君几乎都堪称勤勉、谦逊的典范："比于文王，其德靡悔。既受帝祉，施于孙子。"（《诗经·大雅·皇矣》）成王大力赞扬武王能继文王之业，并表示自己也将像武王继文王那样来继承武王的事业："仪式刑文王之典"（《诗经·周颂·我将》）、"不愆不忘，率由旧章"（《诗经·大雅·假乐》）。成王及其后的康王正是由于传承了先王的勤政爱民策略，而成就了为后世盛赞的"成康之治"。周初国泰民安的德治实践，为后世统治者提供了一个成功的"治世"样板。经过后世以孔子为代表的儒家学派的"继志述事"(《宣和书谱·第一卷》),以德治为理念的政治制度逐渐得以系统化和强化,并成为中国传统社会统治阶层所极力标榜和推崇的理想政治——"王道"或者说"仁政"。

第二节　宗法分封制

纵观整个夏、商、周三代,王权正是在天命的庇护下,确立了以血缘关系为纽带的宗法制度。与此同时,在社会秩序的建构上,统治阶层以宗法制为基础,通过"裂土分封",进一步确立起一套尊卑有别的社会等级结构,并产生出中国传统社会最早的政治形态——"贵族君主制"或者说"王制"。

一、宗法制度

在农业文明时代,个人单凭自身的力量很难独立、安全地生存。因此,自然选择的结果,便是具有相同血缘的"聚族而居",相互协作、扶助,共御外侮。在这种社会形态下,自然产生出"同姓则同德,同德则同心,同心则同志"(《国语·晋语四》)以及"非我族类,其心必异"(《左传·成公四年》)的社会文化心理。显然,这种政治关系的根基,正是血缘纽带。鉴于血亲情感亲和力的强大凝聚效应,故而,这种社会关系结构表现出其超稳态的特征。如李泽厚所言:"中国古代思想传统最值得注意的重要社会根基,我以为,是氏族宗法血亲传统遗风的强固力量和长期延续。它在很大程度上影响和决定了中国社会及其意识形态所具有的特征。……古老的氏族传统的遗风余俗、观念习惯长期地保存、积累下来,成为一种极为强固的文化结构和心理力量。"①

所谓宗族,就是共同祖先界定出来的父系群体,其中,"宗"是同族中尊一人为主,其余的人则服从他。《白虎通义》说:"宗者,尊也,为先祖主者,宗人之所尊也。"这种区别主从关系的"宗",世代相传,有一定法则,就形成所谓"宗法"。宗法制度最根本的特征是父权和族权。父权家长制发端于原始社会末期,在此体制下,父亲具有一切财富的绝对所有权,以及生杀其子女、后裔和奴仆的权力,故而处于一种绝对的支配地位。父权的进一步推广,便是族权。在部落联盟时代,具有共同始祖和宗庙祭祀的众多家族构成了同一宗族,祭祖之庙

---

① 李泽厚:《新版中国古代思想史论》,天津社会科学院出版社2008年版,第237~238页。

即被称为"宗",甲骨文"宗"字即作室屋下有神主之形。一般而言,同一宗族拥有最高的首领——族长(谓之"宗子"或"宗主")、共同的姓氏、宗庙、墓地、公共财产等。史载,到帝尧时,宗族已逐渐成为一种较为稳定的政治结构,祖庙成为部落联盟的政治活动中心,故而,舜继帝位便先要祭拜祖庙:"正月上日,受终于文祖。"(《尚书·舜典》)

随着家族组织的日益壮大,家族组织内部逐渐出现了分族结构,有了支配地位与从属地位之分,即"宗氏"与"分族"的尊卑之别。从现有文献记载来看,商代后期在家族内部已经出现了宗氏与分族的尊卑之别。不过,商代的家族组织还是一种简单的形式,在王族与非王家族之间在称谓上还没有出现明显的差别。而到了周代,统治者则以自己的家族为中心,按血缘关系的亲疏远近,进一步明确了人的身份等级,以之作为建立和巩固其政治权力的社会基础。如《吕氏春秋·审分览》所言:"先王之法,立天子不使诸侯疑(拟)焉,立诸侯不使大夫疑(拟)焉,立嫡子不使庶孽疑(拟)焉。疑(拟)生争,争生乱。是故诸侯失位则天下乱,大夫无等则朝廷乱,妻妾不分则家室乱,嫡孽无别则宗族乱。"这种嫡庶制度的核心原则就是所谓"亲亲",以避免继统、权位、财产等方面的僭越和争夺。史载,"召穆公思周德之不类,故纠合宗族于成周而作诗,曰:'常棣之华,鄂不,凡今之人,莫如兄弟。'其四章曰:'兄弟阋于墙,外御其侮。'"(《左传·僖公二十四年》)召穆公吟咏的这些诗句,所强调的正是"亲亲"原则。

按照周制,最高统治者称天子,统治天下的土地和臣民。而天子之位一般由嫡长子继承,其余子弟则各得一块封地为诸侯或畿内大夫。当兄长继承王位之后,兄长为君,弟弟就为臣,兄弟之间的关系就变成了君臣关系,即具有了"尊尊"之义,从而在血缘关系中注入了政治灵魂。由此,便出现了基于血缘关系的宗法系统(即"宗统")与以君主为核心的政治系统(即"君统")的分立。此外,西周王室还通过婚姻、赐姓等多种方式,将异姓宗族也纳入这个体系之中,从而确立起一种基于"泛血缘关系"的宗法制度。正如《礼记·礼运》所描绘的:"天下为家,各亲其亲,各子其子,货力为己,大人世及以为礼,城郭沟池以为固,礼义以为纪,以正君臣,以笃父子,以睦兄弟,以和夫妇。"

在宗法制中,贯彻的是一种"别子为祖"(《礼记·丧服小记》)的原则,就是说,周天子的"别子"被分封为诸侯,就是新的诸侯国始祖。清儒陈立说:"天子以别子为诸侯,其世为诸侯者,大宗也。诸侯以别子为卿,其世为卿者,大宗也。卿以别子为大夫,其世为大夫者,大宗也。大夫以别子为士,其世为士者,大宗也。天子建国,则诸侯于国为大宗,对天子而言则为小宗。"(《白虎通疏证·封公侯》)可见,卿大夫、士的"宗统"自然与诸侯的"君统"相关联;

同样，诸侯也总是作为天子之统的分支而存在。对于君统的"主干"地位而言，别子及其后世的大宗只能是"旁支"。正如徐复观指出的："宗法制度，是凭血统关系，把周室的基本力量，分封到当时的要害地区；并凭血统的'亲亲'之义，将分封出去的诸侯，团结在王室的周围，以加强中央政治控制力量的方法。这是把宗法中的亲属系统变为政治中的统治系统。宗法中的大宗，即是政治中的各国的人君，而周王则为各大宗的所自出。现时，可以方便称之为'统宗'。所以王室所在的丰镐，便称为'宗周'。"①

就这样，由"亲亲"到"尊尊"，周朝统治的基本原则得以确立。在这种宗法制度下，天子是大宗，诸侯是小宗，要听命于天子；卿大夫相对于诸侯又是小宗，要听命于诸侯；等等。由此，周代整个政治统治集团成了一个贵贱有序、亲疏有统的大家族。如《诗经·小雅·頍弁》运用了菟丝对松柏的攀附关系，刻画了大宗的主导作用及小宗的依附性："有頍者弁，实维何期？尔酒既旨，尔肴既时。岂伊异人？兄弟具来。茑与女萝，施于松上。未见君子，忧心炳炳。既见君子，庶几有臧。"

宗法制在奠定了统治体系的同时，事实上也就确立了以天子为首的各级贵族的特权："吾闻国家之立也，本大而末小，是以能固。故天子建国，诸侯立家，卿置侧室，大夫有贰宗，士有隶子弟，庶人、工、商，各有分亲，皆有等衰。"（《左传·桓公二年》）周天子具有王族嫡长子和天神嫡长子的双重身份，自然居于宗法政治的塔尖，具有君临天下、以绥万邦的最高权力，所谓"溥天之下，莫非王土；率土之滨，莫非王臣"（《诗经·小雅·北山》）。在这一政治体制下，诸侯、卿大夫自然必须顺从天意、佐助天子："皇天用训厥道，付畀四方。乃命建侯树屏，在我后之人。"（《尚书·顾命·康王之诰》）而在周王与庶民之间，既有严格的"君臣"政治隶属关系，又有严密的"父子"式的血缘隶属关系，所谓"恺悌君子，民之父母"（《诗经·大雅·泂酌》）。故而，《诗·大雅·灵台》讴歌庶民们为周文王修筑灵台，就像儿子给父亲干活那样欢心踊跃："经始灵台，经之营之。庶民攻之，不日成之。经始勿亟，庶民子来。"这就形成了中国特有的"家""国"同构的社会政治结构。后世孔子所言的"君君、臣臣、父父、子子"（《论语·颜渊》），正是对这种王权统治的恰当概括。

不过，在贵族宗法关系的"宗统"和贵族政治关系的"君统"之间，一直存在着一个难以化解的问题：血缘上的亲情关系与政治上的尊卑关系，何者更具有优先性、主导性？随着君统的日益凸显，作为最高权力者的天子，是否依然受到原有宗法系统的制约？在商代之前，诸侯之于天子，犹如后世诸侯之于盟主，

---

① 徐复观：《两汉思想史》，华东师范大学出版社 2001 年版，第 180～181 页。

还没有君臣之分。但是到了西周，周初大分封以后形成的诸侯国在本质上是地域性的结构，无论怎样强调宗法关系，但在血缘与等级二者之间，周代的宗法制更为注重的是社会等级。在周代，为了凸显君主的地位，只有上一等级才能强调这种亲缘关系，而下一等级一般不能表达这种关系，这便是《仪礼·丧服传》所说的"自卑别于尊"和"自尊别于卑"。由于国君所掌握的权力不再是原来意义上的"家长权力"，这就要求原有的家族制度适应这种关系，所谓"诸侯之尊，弟兄不得以属通。"（《谷梁传·隐公七年》）

由于血缘亲属关系是由近及远渐次递减的，当一个家族团体里的人们之间的亲属关系疏远到一定程度之时，亲属关系便必然让位于以地缘为基础的政治关系。所以，周代宗法制度规定"小宗五世而迁"（《礼记·大传》），使五服以外的小宗"祖迁于上，宗易于下"（《礼记·丧服小记》）。随着君统地位日渐凸显，血缘宗法关系逐渐退居到了次要的地位。史载，刘邦称皇帝之后，尊旧礼，"五日一朝太公，如家人父子礼"，后来有人劝说刘邦之父，谓"天无二日，土无二王。今高祖虽子，人主也；太公虽父，人臣也。奈何令人主拜人臣！如此，则威重不行。"（《史记·高祖本纪》）此后，其父以尊礼待刘邦，口中还念念有辞，"帝，人主也，奈何以我乱天下法！"（《史记·高祖本纪》）在这里，父子关系已绝对服从于君权。如果将皇帝纳入宗法体系，显然是对于皇权的贬斥和不尊。因此，汉代礼学家竭力将天子排除于宗法体系之外，宣称"诸侯不敢祖天子，大夫不敢祖诸侯"（《礼记·郊特牲》），正是适应了那个时代君权日盛的需要。

正是基于血亲政治的特殊功用，故而，统治者特别注重向森严有别的尊卑等级灌注情深意长的血缘亲情，大力宣扬尊祖敬宗、父慈子孝的血亲伦理观念。在先秦的宗教意识中，与"上帝"一同构成崇拜对象的，便是祖先神灵，所谓"亲亲故尊祖"（《礼记·大传》）。事实上，先秦典籍里提到的众多神灵，除"上帝"外，几乎全是宗族始祖，如有巢氏、燧人氏、伏羲氏、神农氏等。在有关周民族的始祖神话《大雅·生民》以及《史记·周本纪》的记载中，周族始祖后稷的诞生及其被三弃三收的奇迹般经历，更彰显了始祖的灵异和上天的垂青。与此类似，还有秦民族的始祖神话："秦之先，帝颛顼之苗裔孙曰女修。女修织，玄鸟陨卵，女修吞之，生子大业。"（《史记·秦本纪》）显然，这类感生神话进一步表明了其政治权力来源的合法性。

对于一个王朝的继世之君而言，由于王位来自先祖遗留的家业，故而，与天神崇拜相比，祖先崇拜对于维护王权政治显得更为重要。大禹作为夏王朝的创建者，制定了国家法典，传给他的子孙："明明我祖，万邦之君。有典有则，贻厥子孙。"（《尚书·五子之歌》）故而，大禹被其后代奉为神灵。同样，成汤作为商代的开国之君，死后便成为商人的最高祖先神。这在《尚书》中有着充分的体现："先王顾諟天之明命，以承上下神祇。社稷宗庙，罔不祇肃。天监厥德，用集大命，抚绥万方。"（《尚书·太甲上》）意思是说，先王成汤顾念天命，因此供奉神祇、宗庙社稷无不恭敬严肃。上天看到汤的善政，因此降下重大使命，使他安抚天下。

西周与殷商一脉相承，但在强调祭祀天地的同时，更强调祭祀祖先。这种祭天、配祖所表现出的至上神与天子之间虚构的血缘关系，使社会各等级对天的崇拜与服膺于周天子的现实统治实现了结合："万物本乎天，人本乎祖，此所以配上帝也。郊之祭也，大报本返始也。"（《礼记·郊特牲》）显然，这种"敬天"与"祭祖"的"合一"，能够充分确证王权的"天经地义"。故而，在周人的观念意识中，一再被强调的是不忘其初、返本报始："礼也者，反本修古，不忘其初者也"（《礼记·礼器》）。正是通过祭祀仪式，天子使同宗族的人获得一种心理上的认同和亲近感，有力地维护了宗族的团结，以达到"抚国家，定百姓"（《国语·楚语下》）的目的。

在统治意识形态中，除了"尊祖"，还有与此相关联的"孝道"。宗法体系是建立在"亲亲"的伦常关系和"尊尊"的政治关系之上的，因而，与"亲亲"和"尊尊"相适应的"孝"，自然也为周人所推崇，即通过推行孝道，在宗族内部强化血缘关系，达到"孝而安民"（《左传·闵公二年》）的目的。孝道树立起来以后，其他人伦和社会关系，如君臣关系、父子关系、兄弟关系、男女关系，自然也就理顺了。

春秋时期，随着旧有的宗法政治出现危机，"孝"的指向开始从先祖下移到现世的诸侯国国君，如《左传·襄公十四年》言："民奉其君，爱之如父母。"这一时期，"孝"主要作为调节君臣关系的伦理准则而发生效力。随着生产力的进一步发展，个体家庭开始脱离宗族共同体的血缘脐带而逐渐成为独立的社会经济单位，孝的重点便逐渐由"尊尊"转移到"亲亲"，由此，以奉养在世父母为内涵的"孝"的观念日渐普及。齐桓公葵丘会盟达成五项共识，第一项便是"诛不孝，无易树子，无以妾为妻"（《孟子·告子下》）。到了战国时期，国家统治的触角已经深入个体家庭内部。《孟子·离娄下》云："世俗所谓不孝者五：惰其四肢，不顾父母之养，一不孝也；博弈好饮酒，不顾父母之养，二不孝也；好货财，私妻子，不顾父母之养，三不孝也；从耳目之欲，以为父母戮，四不孝也；好勇斗狠，以危父母，五不孝也。"在这"五不孝"当中，"不顾父母之养"位列前三，可见孝养观念已然成为行于普通民众的社会主流意识。《诗经·小雅·蓼莪》中的诗句："父兮生我，母兮鞠我。拊我畜我，长我育我。顾我复我，出入腹我"，所表达的便是对父母生养抚育的感恩之情。除了孝养父母之外，"孝"的内涵还包括"慎终追远"，即在父母去世后，要举办庄重的丧事以寄托哀思，在此后的岁月里，还要年年对已故的父、祖进行祭祀，以示怀念。此外，这一时期，"孝"与"忠"开始发生关联。《礼记·祭义》说："事君不忠，非孝也"，即从事奉父母延伸到事奉君王。这对后世统治者"移孝作忠"、以孝治天下的思想产生了重大影响，也使得"孝"日渐成为中国传统政治伦理的基础与核心。

二、分封天下

从社会治理结构上看，夏商周三代采取的是一种分封制模式。"封"之义是累土，即在部族交界之处，垒土堆高，以为标识，进而扩展为封土、封邦，如《国语·楚语下》韦注："封，封国也。""分封"又称"封建"，指天子分封诸侯之制，所谓"封土建国"或"封爵建藩"。按照柳宗元在《封建论》中所表达的观点，分封制的产生并非单纯是上古圣王个人意志的产物，而更应该是当时客观形势发展的必然："彼封建者，更古圣王尧、舜、禹、汤、文、武而莫能去之。盖非不欲去之也，势不可也……封建，非圣人意也……德又大者，诸侯之列又就而听命焉，以安其封。"①

尽管"天子""诸侯"之称始见于西周，但这种天子、诸侯式的体制因素在周代之前已经存在。在酋邦时代，酋邦领袖对于服从自己霸主地位的部族，通过颁发"特许权"，让其继续保持在原有的土地上的自治权，所谓"因其故土而封之"（《史记·五帝本纪》）。同时，受封者必须服从王者号令，并承担各种政治与军事义务。这构成了分封制的雏形。早期诸侯国的另一来源是主体部落或重要氏族的分化："黄帝二十五子，其得姓者十四人。"（《史记·五帝本纪》）不过，帝王子弟转化为诸侯的现象，在五帝时期并不很多，到了虞夏之际才开始普及，并逐渐形成天子、诸侯、大夫以土田封赐子孙的制度："故天子有田以处其子孙，诸侯有国以处其子孙，大夫有采以处其子孙，是谓制度。"（《礼记·礼运》）

夏朝的基本架构和基础，主要是通过禹治水过程中对各部族的联合而建立起来的："（禹）平治水土，定千八百国。"（《淮南子·修务训》）在政治隶属关系上，夏王有召集诸侯颁行政令的盟会权："皆所以示诸侯礼也，诸侯所由用命也。"（《左传·昭公四年》）还让一些诸侯应王命到中央王朝任职，以达到控制诸侯的目的。相应的，诸侯自然要应召会盟，定期觐见夏王；诸侯还须为王朝提供军役，协助王朝征伐不用王命者；诸侯有责任藩屏王朝、向王朝定期纳贡；等等。夏朝在大禹和启的数十年统治期间，对诸侯的支配能力大为加强。史载，禹

① 柳宗元：《柳宗元集校注》，尹占华、韩文奇译注，中华书局2013年版，第185页。

即位之时，曾举办盟会，接受天下诸侯的朝护，此后，诸侯朝见天子遂成制度。随着诸侯国与中央王朝的关系日益紧密，天子对诸侯的支配能力也逐渐加强。在此基础上，夏代还初步建立起王朝的基本行政区划。据《资治通鉴外纪》记载："初，舜分天下为十二州，禹复为九州。收天下美铜，铸为九鼎，以象九州。"《吕氏春秋·有始览》对此有着更为具体的解释："何谓九州？河、汉之间为豫州，周也。两河之间为冀州，晋也。河、济之间为兖州，卫也。东方为青州，齐也。泗上为徐州，鲁也。东南为扬州，越也。南方为荆州，楚也。西方为雍州，秦也。北方为幽州，燕也。"

夏朝末年，商汤起兵灭夏。这场革命经过残酷的军事征伐，荡涤了国家体制中残留的部落制痕迹，诸侯国的数量大幅度下降，从"禹合诸侯于塗山，执玉帛者万国"（《左传·哀公七年》），到"殷汤受命，其能存者三千余国"（《通典·州郡一·序目上》），中华大地由"封国林立"逐步走向局部统一。商朝建立后，通过重新调整九州疆界，对现存诸侯国进行了大规模的裁并清理，实行了分封制："契为子姓，其后分封，以国为姓"（《史记·殷本纪》）。在这一过程中，那些原本疆土就很小或者在商灭夏之战中大受削弱的诸侯被降格，失去了诸侯国的资格。经过此番调整，封国数量再度锐减："凡九州，千七百七十三国。"（《通典·职官·历代王侯封爵》）那些被取消了诸侯资格的小国君，只能依附于临近的诸侯而成为"附庸"。

值得注意的是，商朝要求封国的疆界趋于整齐划一，以"方"为形，故称之为"方国"。中央王朝不再以封国部众的"血缘关系"为主要依据，而以"封疆"来决定当地居民的"国籍"。这种按"地域"来划分居民的原则，基本上否定了以往那种在"部落分封制"中所保留的"血缘因素"。故而，相对于以往的"部落分封制"而言，商朝分封制度可称之为"方国分封制"。"方国分封制"的问世，大大加强了中央王朝对地方封国的控制能力：第一，商王朝有权决定诸侯国是否有资格继续存在，并对诸侯国的疆界作具体的调整和限制，如《诗经·商颂·殷武》所言："昔有成汤，自彼氐羌，莫敢不来享，莫敢不来王。"这便是中国"大一统"理念的历史渊源。第二，天子拥有决定由谁做地方封国首领的权力。盘庚迁殷之时，曾赤裸裸地宣告：如不奉命，"我乃劓殄灭之，无遗育，无俾易种于兹新邑"（《尚书·盘庚中》）。至于武丁时期的大规模东征西讨，兵锋所向，被废、被灭的诸侯数目自然更多。第三，商王朝进一步强化了诸侯国对王室的各项义务，密切了中央与地方封国的联系。比如，商王不断大批向诸侯国征兵征役，以至殷墟卜辞中常见"勿登（征）人三千""王登三千人""登妇好三千，登旅万""登射三百"之类的记载。而商纣王更是"厚赋税以实鹿台之钱"（《史记·殷本纪》），征诸侯之女，等等。显然，比起夏朝的部落分封制，商朝已经明显加快了向中央集权制度迈进的步伐。①

西周王朝建立之初，周武王对先前的"王者"后裔极尽笼络和安抚，所谓"使各居其宅，田其田；无变于旧，唯仁是亲"（《说苑·贵德》），从而使其在各自地盘上充当效忠于周王朝的诸侯："武王追思先圣王，乃褒封神农之后于焦，黄帝之后于祝，帝尧之后于蓟，帝舜之后于陈，大禹之后于杞。"（《史记·周本纪》）周人在承认旧邦国的自治管理之外，开始大规模分封王室宗亲和重要功臣："师尚父为首封。封尚父于营丘，曰齐。封弟周公旦于曲阜，曰鲁。封召公奭于燕。"（《史记·周本纪》）而为了缓和矛盾、稳定局势，周武王将商都一带的殷遗民封给商纣的儿子武庚禄父；又把殷商王畿之地一分为三，分封自己的弟弟管叔、蔡叔和霍叔在周边进行监控，史称"三监"。周公在执政时期，基于"封建亲戚以藩屏周"（《左传·僖公二十四年》）的考虑，又进行了一次大分封。这一批新封诸侯的主体是周王室的后裔、近亲或姻亲，比如，郕、霍、卫、毛、聃、郜、雍、曹、滕、毕、原、酆、郇，是文王儿子的封地；邢、晋、应、韩，是武王儿子的封地；凡、蒋、邢、茅、胙、祭，是周公儿子的封地（《左传·僖公二十四年》）。按照《荀子》一书的描述，周人当时分封了七十一个新国，其中姬姓之国有五十三个，其结果，"周之子孙，苟不狂惑者，莫不为天下之显诸侯"（《荀子·儒效》）。

殷周两代王朝皆以家族为国家的主干，但有所不同的是，殷商王朝是以王部落为中心，与众多其他部落组成的一个部落联盟，没有形成超越于氏族之上的国家机构。而西周王朝取代殷酋邦，通过打破原来旧有的地域格局，借助彼此间的血缘联系得以有效联接并相互策应，从而建立起"天下国家"的统治秩序。故而周代的分封制，被称为宗法分封制。而为了更好地控制东方地区，周王室在当时作为"天下之中"的伊洛地区营建新都，史称"营雒"，并将军队驻扎于此。这就是《尚书·召诰》所言的："其作大邑，其自时配皇天，毖祀于上下，其自时中乂。"由此，周人进一步强化了中央王朝对诸侯国的控制能力。天子号令一出，同姓诸侯带头响应，异姓诸侯莫敢不从。在统一的王权政治下，各非周族群都以政治上的从周感，超越了之前狭隘的"我族"心理与认知。到了东周，诸侯国中的卿和大夫也有了分封权，可以将土地分封给家臣，而这些人往往也是诸侯的子弟（即姬姓）。如此一来，周王室的血脉几乎遍布中原大地的各个角落。而这些姬姓诸侯国与异姓诸侯之间，经过几百年的交往，难免发生婚姻关系，以至于达到了"谁非王之姻亲"（《癸巳类稿·君子子解》）的程度。这种传统的延续，就

---

① 参见杜成安、高桂荣：《分封制的发展与方国分封制——中国古代史新论之四》，载于《辽宁师专学报》（社会科学版）2000 年第 4 期，第 123～126 页。

使周朝成为中国历史上维持最久的朝代。

在周代，受封各诸侯的最初领地并不大，后来不断开疆拓土，吸纳周边异姓异族部落，从而形成一方新的地方政府。例如，秦穆公"兼国十二，开地千里"（《韩非子·十过》），齐桓公"并国三十五"（《荀子·仲尼》），晋献公"并国十七，服国三十八"（《韩非子·难二》），楚庄王"并国二十六，开地三千里"（《韩非子·有度》），等等。在当时的社会条件下，面对如此广袤的地域要实现统一管理，自然是难上加上，故而在政治空间上，周王朝便以王畿为中心，基于与王权统治中心的亲疏远近，而逐渐形成了一种藩服制度。

关于藩服，历来诸说纷纭，有"五服""六服""九服"之说。《国语·周语》记载："夫先王之制，邦内甸服，邦外侯服，侯卫宾服，蛮夷要服，戎狄荒服。"这就是著名的"五服"之说。《周礼·秋官》说：各服国君要定期朝见天子："侯服岁一见"，"甸服二岁一见"，"男服三岁一见"，"采服四岁一见"，"卫服五岁一见"，"要服六岁一见"，"九州之外，谓之蕃国，世一见"，如此，九州之内共有"六服"（《周礼·秋官·大行人》）。关于"九服"之说，马端临曾经综合《周礼·夏官》《尚书·禹贡》等书的内容，表述如下："职方氏：'乃辨九服之邦国，方千里曰王畿。其外方五百里曰侯服，又其外方五百里曰甸服，又其外方五百里曰男服，又其外方五百里曰采服，又其外方五百里曰卫服，又其外方五百里曰蛮服，又其外方五百里曰夷服，又其外方五百里曰镇服，又其外方五百里曰藩服。'"（《文献通考·封建考一·畿服之制》）。

不管如上诸说有多大差别，有一点是一致的，即因距王畿的远近不同而负有不同的责任和义务。这种藩服制度，强化了国家政体的整体感和有机联系，为中央集权制度的形成奠定了基石。与此同时，周代还加强了对诸侯国内部事务的控制：其一，确立"朝聘制度"："诸侯之于天子也，比年（每年）一小聘，三年一大聘，五年一朝"（《礼记·王制》）。在这里，"朝"即"朝见"，是指诸侯亲自去王都朝拜天子；"聘"即"聘问"，指诸侯派大夫代表自己去问候天子。诸侯如果违反这一朝聘制度，将会受到处罚："一不朝则贬其爵，再不朝则削其地，三不朝则六师移之。"（《孟子·告子》）其二，周王直接任命诸侯国的主要官职："大国三卿，皆命于天子；次国三卿，二卿命于天子，一卿命于其君；小国二卿，皆命于其君。"（《礼记·王制》）其三，周王定期往各地巡视："天子五年一巡守"（《礼记·王制》），用以观察民风，检查诸侯政绩、国情，以行赏罚，等等。

西周王朝经过封建屏藩，形成了一个空前广泛的统一王朝，确立起一套尊卑有别的等级秩序，即王室、公室、家，构成了从上到下的三级政权，三级政权的统治者分别是天子、诸侯、卿大夫；三级政权分属的版图分别被称为天下、封国、"采"（或采邑）。在这里，诸侯和卿大夫并不是天子制统和管理之下的推行天子政令的官僚，而是拥有独立自主权的统治者，因而也称为君主，如《尔雅·释话》所言："王、辟、公、侯，君也。"（《尔雅·释话》）西周在牢固确立起社会等级阶梯的同时，又严格规定了统治阶层内部各个等级上下之间的从属关系："天有十日，人有十等，下所以事上，上所以共神也。故王臣公，公臣大夫，大夫臣士，士臣皂，皂臣舆，舆臣隶，隶臣僚，僚臣仆，仆臣台。"（《左传·昭公七年》）由此，周代便出现了一个上自天子、中为各级贵族、下至平民和庶人皂隶的层层相叠的金字塔式的等级制度。具体而言，这种政权形式具有如下一些特点：

其一，从王室与诸侯的关系来看，在政治上，王是天下之"共主"，有权"合诸侯"，并到诸侯国"巡狩"；诸侯则有义务朝天子以"受职""述职"。孟子曾对此描绘道："入其疆，土地辟，田野治，养老尊贤，俊杰在位，则有庆，庆以地。入其疆，土地荒芜，遗老失贤，掊克在位，则有让。一不朝则贬其爵，再不朝则削其地；三不朝则六师移之。"（《孟子·告子下》）相应的，诸侯、卿大夫在其辖域之内，都是独立自主的，不受天子制控。在经济上，诸侯按时按等级向天子纳贡："昔天子班贡，轻重以列。列尊贡重，周之制也。"（《左传·昭公十三年》）在军事上，各级君主皆独立组建和统辖军队，但周天子却是名分上的最高统帅："天子作师，公帅之，以征不德。元侯（即诸侯）作师，卿帅之，以承天子……是以上能征下，下无奸匿。"（《国语·鲁语下》）在法律上，对违犯法律的诸侯将实行严厉的制裁："以九伐之法正邦国，冯弱犯寡，则眚之；贼贤害民，则伐之；暴内陵外，则坛之；野荒民散，则削之；负固不服，则侵之；贼杀其亲，则正之；放弑其君，则残之；犯令陵政，则杜之；外内乱，鸟兽行，则灭之。"（《周礼·夏官·大司马》）意思是说，欺负弱小诸侯国的，就削减封地；残害贤良及人民的，就讨伐他；对内施行暴政，对外欺压别国的，就囚禁其君；郊野荒芜，人民流散的，就削减封地；凭借险要不服从中央王朝的就讨伐他；杀害亲族的就拘执正法他；杀害国君的就杀害他；违犯政令轻视国法的，就断绝他与其他诸侯国的往来；外内通淫，像禽兽一样没有人伦的，就灭掉他，等等。尽管如此，但事实上施行惩罚见于记载的极少。这是因为惩罚容易激起抗命者全宗族甚至全国的武装反抗，周王实力有限，往往要借地其他诸侯之力征伐抗命者，且胜负难卜。同样缘故，国君对违命的大夫也不能随意惩罚。再加上从西周到春秋的世卿多为巨室，故而，继世之君更不敢得罪巨室。对此，孟子说得很俏皮："为政不难，不得罪于巨室"。（《孟子·离娄上》）

其二，从君权角度看，天子作为天下"共主"，主要是利用"合诸侯"即举行盟会（或称会盟）的形式议政。盟会是由部落联盟会议蜕变而来的，多半带有民主协商的性质，"有事而会，不协而盟"（《左传·昭公三年》），可举行于一年四季。盟会并不干预各诸侯国的自主权，而只是申明各诸侯国大都能接受的某些政治原则和规范，以显示天子的权威，并强调彼此之间应和睦相处："是故明王之制，使诸侯岁聘以志业，间朝以讲礼，再朝而会以示威，再会而盟以昭明。志业于好，讲礼于等，示威于众，昭明于神。"（《左传·昭公十三年》）。盟会一般实行"周之宗盟，异姓为后"（《左传·隐公十一年》）的原则，既行君臣之礼，又行主客之礼；既尚爵，又尚亲、尚齿（年龄）；天子与诸侯之间、诸侯相互之间还保留着歃血盟誓之类的古老习俗。相应地，诸侯、卿、大夫享有爵位、封地和对封地内土地人民的统治权，且世代由嗣子继承，不能被无故侵犯和剥夺。这就是所谓"世卿世禄制"，即贵族世代占有土地、人口、财产和爵位。各级贵族还有征收"赋贡"、肆意处置奴隶、减免刑罚等方面的特权。显然，这种制度实质上是统治者占山为寇、坐地分赃的制度。此外，周王和列国国君还必须遵守宗法贵族充任高级官吏和世官世禄的制度惯例："文王之治岐也，仕者世禄"（《孟子·梁惠王下》），"太古至春秋，君所任者，与共开国之人及其子孙也。……大夫以上皆世族。"（《癸巳类稿·乡兴贤能论》）

其三，从君臣关系看，由于天子与诸侯之间存在亲属关系，因而，周代君臣并不像后来的秦汉时代那样在称谓方面"泾渭分明"。比如，天子称诸侯为伯父、叔父、伯舅、叔舅，国君称大夫为伯父、叔父、伯舅、叔舅，这在当时并不鲜见。周代在进行朝礼时，君、臣各行礼节："君举旅于宾，及君所赐爵，皆降再拜稽首，升成拜，明臣礼也。君答拜之，礼无不答，明君上之礼也。"（《礼记·燕义》）更为重要的是，周代君臣之间只有职位的不同，尚无后世那样位势悬隔的"君尊臣卑"。从《左传》中可以看到很多这样的事例：有些大臣强谏国君，居然"临之以兵"；有的竟敢把国君颁发的文书"削而投之"；君臣间有争执，臣下也能与君王居于同等地位，或通过"交质"来消除猜疑，或通过"相讼"来解决争端；等等。当时还没有"忠臣不事二主"的观念，臣下对于君王，用不着俯首帖耳、奴颜婢膝。诚如肖公权指出的："在宗法之中君主与贵戚分权而不独尊，士民有族属之谊而非真贱。"[①] 君主虽有权任命公卿大臣，但卿大臣对君主有进谏、流放乃至革除的权力。在当时，废君、黜君不乏其例。

其四，周代还有一种政治参与方式，便是"国人参政"。周代国人（庶民或平民）"其非官守，则皆王之父兄甥舅也"（《国语·晋语·文公出阳人》），他们还保存着聚族而居、族人互助等氏族时代的传统，是国家军事的基本支柱，常能左右政事。史载，周武王曾向商纣王的元老重臣箕子问政。箕子建议：凡事除了"谋及卿士""谋及卜筮"之外，像"国危""国迁""立君"等大事，还要"谋

---

① 肖公权：《中国政治思想史》，辽宁教育出版社 1998 年版，第 179 页。

及庶人"(《尚书·洪范》)。

总的来看,周代既存在一个名义上统一的国家和天下"共主",又存在众多分地而治的诸侯国和等级有别的拥有独立自主权的君主。这就不可能存在像后世秦汉时期君对臣的君主专制政体,也不可能存在"中央"对"地方"的集权。因而,可将这种君权相对分割的多元化等级结构称之为"贵族君主制"或"王制"。

第三节 礼乐文明的兴衰

如果说宗法分封制确立了社会关系的结构形式,解决了周人的大地域控制难题,礼制则为维护这种社会关系结构提供了相应的伦理和行为规范。正是在"尊祖敬宗"的宗法信仰与情感支撑下,周代确立其支撑和体现宗法精神、宗法血亲结构的国家礼制,并通过祭祀宴飨等礼乐仪式,强化、维系并"文饰"其尊卑等级,由此创造出先秦时代独特的"礼乐文明"。

一、制礼作乐

"礼"的本质在于规范社会行为、维护社会秩序:"礼之于正国也,犹衡之于轻重也,绳墨之于曲直也,规矩之于方圆也。"(《礼记·经解》)

"礼"源于原始习俗,主要体现为对神的崇拜,并在祭祀中逐渐形成一定的仪式和规则。在夏商时期,礼制相对较为简单,仅限于对上帝的尊敬,对宗法的维护,以及对祖训、传统的恪守。而到了殷周之际,礼的观念得到不断的充实和完善。这与当时的社会变革密切关联。《礼记·表记》引述孔子之言说:"夏道尊命,事鬼敬神而远之,近人而忠焉。先禄而后威,先赏而后罚,亲而不尊。其民之敝,蠢而愚,乔而野,朴而不文。殷人尊神,率民以事神,先鬼而后礼,先罚而后赏,尊而不亲。其民之敝,荡而不静,胜而无耻。周人尊礼尚施,事鬼敬神而远之,近人而忠焉。其赏罚用爵列,亲而不尊。其民之敝,利而巧,文而不惭,贼而蔽。"意思是说,夏朝的治国原则是崇尚君主的政教,侍奉鬼神但敬而远之,亲近人并且待人忠厚,重俸禄而轻威严,重奖赏而轻刑罚,显得亲切而不刻意标榜尊严。这使得人们愚蠢无知,骄傲粗野,笨拙不知道文饰。殷人尊崇鬼神,率领人民侍奉鬼神,重鬼神而轻视礼仪,重刑罚而轻视奖赏,凸显出尊严而显得不太亲和。这使得人民放荡而不安分，好胜而没有廉耻之心。周人崇尚礼而喜好布施恩惠，尊奉鬼神但敬而远之，亲近人并且忠厚待人，用爵位等来对人进行赏罚，显得亲和而没有突显出尊严。这使得人民贪利取巧，重文饰不知羞愧，相互残害而不知道事理，等等。于是，为"明诸侯之尊卑"（《礼记·明堂位》），周公广开"文"教，在"损益"夏礼与殷礼的基础上，主持"制礼作乐"，形成了一整套以宗法等级制度为核心的典章制度和礼仪规范。这些规范几乎涉及政治、经济、军事、司法、行政、道德、宗教祭祀等一切社会生活领域，故而，成为西周政治文明中精致的象征符号，即"周礼"。

作为维系宗法等级制度的重要手段，周礼的本质特征是亲亲、尊尊："亲亲之杀，尊贤之等，礼所生也。"（《礼记·中庸》）它以血缘为纽带，以等级为秩序，严格规定了君臣、父子、兄弟、夫妻、朋友之间的上下尊卑关系、名分和等级特权，从而形成贵贱有等、尊卑有度却又井然有序的礼制秩序："君子小人，物有服章，贵有常尊，贱有等威，礼不逆矣。"（《左传·宣公十二年》）在亲亲尊尊的原则下，周礼规定了各种道德规范，即"父慈、子孝、兄良、弟悌、夫义、妇听、长惠、幼顺、君仁、臣忠"（《礼记·礼运》）。大体而言，"礼"包括两部分：一是"礼义"，它以人情为基础，以道德为核心，实施途径主要是教化，由此建立起来的伦理道德和风俗习惯，便是所谓"礼教"；二是指"礼仪"或"礼制"，是依照"礼"建立起来的具体而明确的、可操作的制度。"礼治"便是"礼制"与"礼教"的结合。

周代的礼仪门类繁多，且复杂细密，故而有所谓"经礼三百，曲礼三千"（《礼记·礼器》）之说。按照《周礼·大宗伯》的记载，"周礼"的核心内容主要包括"吉礼""凶礼""宾礼""军礼""嘉礼"等"五礼"①。其中，"吉礼"的核心理念为"致敬"，主要包括祀天神、祭地祇、享人鬼与籍田等。按照周制，只有天子才有祭天的特权："天子祭天地，祭四方，祭山川，祭五祀，岁遍。"（《礼记·曲礼下》）如果诸侯郊祭，则被视为非礼："郊止乎天子，而社止于诸侯，道及士大夫。"（《荀子·礼论》）正是借助对至上神的祭祀，表明周天子"受命于天"，以突出其在社会等级结构中的至尊地位："天子祀上帝，诸侯会之受命焉。"（《国语·鲁语上》）诸侯如果行郊天之祀，则被视为僭越。"凶礼"的核心为"致哀"，主要包括丧礼、荒礼、吊礼、襘礼、恤礼等。"宾礼"的核心为"致亲（邦国）"，主要包括朝觐礼、会同礼、聘问礼、相见礼（含贽见礼）、锡命礼等。"军礼"的核心为"致同"（实现天下大同），主要包括大师礼、大均

---

① 《礼记·礼运》则把古礼分为八类（丧、祭、射、御、冠、昏、朝、聘）；《礼记·昏义》分作五类（冠、昏、丧祭、朝聘、乡射）；《礼记·王制》分作六类（冠、昏、丧、祭、乡射、相见）。

礼、大田礼、大役礼、大封礼等。"嘉礼"的核心为"致亲（万民）"，主要包括饮食礼（宴饮）、昏冠礼（含笄礼）、宾射礼、飨燕（享宴）礼、脤膰礼、贺庆礼、乡饮酒礼、养老礼、优老礼、尊亲礼、巡狩礼等。由此，"礼"从主要反映神与人关系的仪式和规则，逐渐转化为调节人与人关系的社会规范："道德仁义，非礼不成；教训正俗，非礼不备；分争辨讼，非礼不决；君臣上下父子兄弟，非礼不定……祈祷祭祀，供给鬼神，非礼不诚不庄；是以君子恭敬、撙节、退让以明礼。"（《礼记·曲礼上》）故而，在周统治者眼中，礼具有国家根本大法的性质，所谓"礼者，国之纪也"（《国语·晋语·卫文公不礼重耳》）。

对于一些重大活动、场合，"周礼"有着极为细致的规定。比如，在天子大会诸侯时，不同爵位决定了其所站居的不同地位和方位："昔者周公朝诸侯于明堂之位。天子负斧依南向而立。三公中阶之前，北面而上；诸侯之位，阼阶之东，西面北上；诸伯之国，西阶之西，东面北上；诸子之国，门东，北面东上；诸男之国，门西，北面东上。"（《礼记·明堂位》）这种安排，活脱脱勾画出了公、侯、伯、子、男五等爵位在王朝中的实际地位。如许倬云所言："礼仪的系统化与制度化，一方面意味着一个统治阶层的权力已由使用武力作强制性的统治，逐步演变到以合法的地位的象征。另一方面规整的礼仪也代表统治阶层内部秩序的固定，使成员间的权利与义务有明白可知的规律可以遵循，减少了内部的竞争与冲突，增加了统治阶层本身的稳定性。"①

周人认为，天是宇宙和包括人生的世界万物的终极创造者。上天生下了芸芸众生，制定了相应的物象法则，而礼正是这种规则的具体体现："天生烝民，有物有则"（《诗经·大雅·烝民》），"礼以顺天，天之道也"（《左传·文公十五年》）。按照这种观念，敬畏上天的威灵，就能保有福禄："畏天之威，于时保之"（《诗经·周颂·我将》）。正因为"夫礼，天之经也，地之义也，民之行也"（《左传·昭公二十五年》），所以，对于统治者而言，治理国家必须"为政先礼，礼，其政之本"（《礼记·哀公问》）。而对于个人而言，礼则是一种名分，是周人立身行事的日常行为准则："奉义顺则谓之礼"（《国语·周语中》）。在这一原则下，社会各个阶层的人都认识到自己的位置而不得有任何的僭越，即使牺牲生命，也引以为荣，如《礼记·礼运》所言："故百姓则君以自治也，养君以自安也，事君以自显也。故礼达而分定，故人皆爱其死而患其生。"可见，名分观念不是一种简单的名与实之间的逻辑关系，而是通过激发民众对现行秩序现实的内心认可与自觉服从，以有效维护统治的合法性。

"礼"与"德"相辅相成。礼是客观上的行为规范和典章制度，而德作为主

① 许倬云：《西周史》，生活·读书·新知三联书店1994年版，第165页。

观上的道德修养，构成了礼制的核心精神。周礼甚至把有关统治者言行举止的"外仪"上升到与"内德"同等重要的地位来进行要求，以达到维护统治秩序的目的，所谓："有威而可畏谓之威，有仪而可象谓之仪。君有君之威仪，其臣畏而爱之，则而象之，故能有其国家，令闻长世。臣有臣之威仪，其下畏而爱之，故能守其官职，保族宜家。顺是以下皆如是，是以上下能相固也。"（《左传·襄公三十一年》）就是说，各级贵族只要一言一行都合乎礼乐制度，就是发挥了敬德精神，政权就可以保持巩固。为此，就需要对贵族子弟进行"六仪"教育："乃教之六仪：一曰祭祀之容，二曰宾客之容，三曰朝廷之容，四曰丧纪之容，五曰军旅之容，六曰车马之容。"（《周礼·地官·保氏》）

值得注意的是，在《周礼》中，"礼"作为调整各种行为规范的总和，既是道德规范，也是法律规范。如《左传·隐公十一年》所言："礼，经国家，定社稷，序民人，利后嗣者也。"其中，许多规定是用国家强制力来保证执行的，具有法律效力，违礼的行为均要受到刑法的制裁，即"出礼"则"入刑"。更为重要的是，刑罚的目的在于辅助道德的实现，如《尚书·吕刑》所言："惟敬五刑，以成三德。"这样，法与刑的锋芒被深藏在礼治体系中，从而最大程度地发挥了教化的作用。孔子及其后世儒家，正是以"周礼"为蓝本进行改造，从而使"礼制"成为与后世社会相始终的基本制度。

正是在"礼"的长期浸染下，先秦社会逐渐形成一种特有的"贵族精神"。史载：秦穆公与晋国国君因为土地等问题而多次交恶，但在晋国遭遇天灾而缺粮之机，毅然救济，认为"其君是恶，其民何罪？"（《史记·晋世家》）即使在军事领域，他们也依然用自己的行为维持着这种精神。比如，反映春秋时期军事文化的著作《司马法》一书，主张"以礼为固，以仁为胜"，"成列而鼓"，"逐奔不过百步，纵绥不过三舍"，"不穷不能而哀怜伤病"（《司马法》），等等。明显地体现出这种"军礼"特色，从而于血腥厮杀中，多了一种雍容平和的气度。

在周制中，与礼密切关联的，还有"乐"。在西周以前，乐的主导作用在于实现神人相和。经过多年的战争的西周王朝，基于对稳定、和谐社会秩序的构建，"和"便逐渐发展成为一个非常重要的统治信念。史载，周文王"自朝至于日中昃，不遑暇食，用咸和万民"（《尚书·无逸》）。周成王告诫殷商及其追随者，一定要服从周王朝的统治，倘若"不克敬于和"，则"无我怨"（《尚书·多方》）。《尚书·顾命》篇记载了成王临终时对康王的嘱咐："临君周邦，率循大卞，燮和天下，用答扬文、武之光训。"而"乐"的重要功用在于，在明辨等级的前提下，对社会进行积极引导，进而增进社会各阶层之间的亲和关系，以有效减少等级之间的对立、冲突，从而最大限度地维护社会稳定和促进社会整合。总之，"礼"与"乐"分别规范人的行为和内心，礼划分了社会等级秩序，乐则引导各阶层相亲相爱："乐者，天地之和也。礼者，天地之序也。"（《礼记·乐记》）故而，礼、乐共同成为君主治国不可或缺的工具："以礼乐合天地之化，百物之产，以事鬼神，以谐万民，以致百物。"（《周礼·春官·大宗伯》）周代的这种礼乐传统，上承夏商，下启儒学，为后世历代王朝提供了基本的制度模板。

二、礼崩乐坏

综观西周的整个历史，在西周初年的成、康之际，"刑错四十余年不用"（《史记·周本纪》），政治环境相对安稳。然而，自西周中后期后，"殷鉴"已置诸脑后。由于统治者大多缺乏自律，朝政腐败，不修德政，故而，周王室逐渐走向衰微。昭、穆时期，虽然国力鼎盛，四方臣服，但由于常年征战，国库入不敷出，田地荒芜。这成为周王朝盛极而覆的先兆。穆王的儿子周共王继位后，为解决财政难题，大力削减军队，节约军费，恢复生产；同时，废除原来的"土地国有，分封臣下"的旧制，承认贵族们私自开垦的荒野田地，允许买卖，并要求按照私人田地的数量上交税金，从而获得了大量的额外财政收入。这两种改革虽然解决了政府财政的紧缺，但也制造出更多的社会问题。首先，因为裁军，导致王室军力下降，从而不得不依靠诸侯士大夫们的军事支持。申国、晋国、秦国等诸侯正是在替王室征战的过程中相继崛起。其次，裁军最重要的一个后果是，每当士大夫或诸侯为王室征战后，由于军功会被授予更多的土地和奴隶，长此以往，周王室直接控制的领土和人口也逐渐缩水，而诸侯士大夫的力量则越发强大。再次，荒田入籍的改革从根子上动摇了周王朝的经济基础。在改革以前，诸侯们的土地都是通过册封获得的，领土范围具有严格的限制。随着各诸侯国的人口快速膨胀，粮食供给日渐吃紧，于是，偷垦荒田成为普遍现象。周共王的改革举措等于默认了贵族们的领土可以从册封以外的渠道获得，由此打开了一个关不上的"潘多拉魔盒"。加上当时青铜农具的推广乃至之后铁制农具的出现，从技术上为人口增长提供了更大的支持。于是，当荒田被开垦殆尽之际，战争便成为削减过剩人口和夺取更多田地的不二选择。

周共王之后的周懿王时期，经常被西戎和叛军折磨得甚至曾一度丢失国都，关中地区几乎成为蛮夷的乐土。周共王的弟弟凭借军权抢下了王位，是为周孝王。周孝王虽然曾一度重振周王室，但终究不能挽回周王室衰微的局面。周孝王死后，周懿王的另一个儿子继位，是为周夷王，当其时，诸侯国已开始为了领土大打出手。其中，齐国拥有东方诸侯之长的地位，可以不必请示周王而发动战争，所以齐国成了出头鸟。周夷王烹杀了齐哀公，稍微遏制了诸侯的进一步做大。

周夷王之后，周厉王继位。当其时，诸侯和士大夫们不断扩张土地、发展人口。而周王室的领土却被层层分封，不断稀释。在此危机面前，周厉王任用荣夷公推行"专利法"，即以国家名义垄断山林川泽之利，不准国人进入谋生。这事实上限制了诸侯士大夫的开荒活动。周代当初的裂土分封，最多不过百里，且"名山大泽不以封"（《礼记·王制》），天子与庶民共享山海池泽之利，不专属于私人，所谓"山泽之利当与民共之"（《礼记·王制》）。对于周厉王的做法，大夫芮良夫曾劝谏道："夫利，百物之所生也，天地之所载也，而有专之，其害多矣。天地百物皆将取焉，何可专也？……匹夫专利，犹谓之盗，王而行之，其归鲜矣。"（《史记·周本纪》）然而，周厉王不听劝阻，还釜底抽薪，收回诸侯们的荒田及自由买卖的权利。这些改革举措遭到贵族和庶民们的强烈反对。周厉王用虢公长父掌兵，为"专利法"保驾护航，对贵族军事压迫，结果虢公长父被传扬成爪牙、畜生。为此，周厉王直接采用强硬手段，禁止人们对政策进行非议，这就是所谓"厉王止谤"。在这种高压政策下，周王和贵族间的矛盾已经无法调和。公元前841年，"国人暴动"爆发，直接导致周厉王的垮台，这就是历史上著名的"厉王流彘"[1]事件。

周厉王之后，国家权利被大贵族阶层共同垄断。周宣王继位后，他凭借大贵族之间的矛盾分化他们，重新掌握了权力，并继续周厉王打压诸侯、士大夫的政策，强行普查人口，亲自领兵征战。在这一过程中，周宣王曾拉拢了一些诸侯为自己效力，如世代为周王室服务的秦人，与周王室联姻的申国，地处偏远的晋国，又分封了郑国、樊国和杨国等新的诸侯。由此，周宣王时期曾一度出现过短暂的中兴。然而，正是在周宣王的支持下，晋国、申国、郑国、秦国快速崛起，成为春秋初年最重要的几支政治力量。周幽王继位后，这些新兴诸侯羽翼日渐丰满，构成了对周王室的新的威胁。申国曾被周宣王委派坐镇南方，为南方诸侯之长，拥有和齐国近似的地位，也开始不服从王命。周幽王于是和申国决裂，欲谋灭掉申国，结果被申国联合犬戎反杀。周幽王死后，申侯扶持周幽王的太子继位，是为周平王，周王室再次落入诸侯们的掌控之中。此时，关中地区犬戎肆虐，加上灾害频发，平王无奈选择东迁洛阳。而周幽王的弟弟则带着周王室的残余势力在虢公翰的帮助下在携地继位，是为周携王。当时一度二王并立，导致诸侯不知该朝贡哪位天子。周平王为了获得秦人的支持，给予秦国以诸侯地位以及关中的土地、人口。自此，周王室逐渐失去了与当时强大诸侯掰手腕的实力。而

---

① 据《国语·周语上》记载，周厉王暴虐无道，百姓纷纷指责而受到厉王的刑杀，从此，"国人莫敢言，道路以目"。召公曾劝诫说："防民之口，甚于防川。"周厉王不听。公元前841年，发生了历史上著名的"国人暴动"，愤怒的人群包围了王宫，厉王眼看大势已去，遂渡过黄河跑到了彘地（山西霍州）。史书称之为"厉王流彘"。

晋国为了自身的利益，杀害了周携王，西周王朝由此灭亡。

周平王东迁洛邑后，东周开始。然而，周王室的衰微已无力回天，中原各诸侯国不再定期述职纳贡，遂成自主发展状态。与此同时，随着生产发展与人口增加，中原生存空间逐渐拥挤，各国之间摩擦日渐增多，各诸侯国国内也是内乱不断。此外，面对当时"戎狄交侵，暴虐中国"（《汉书·匈奴传》）的外部环境，周天子难以保护和协调诸侯，"诸侯无统，会盟不信，征伐屡兴"（《春秋大事表·读春秋偶笔》）。正是在这种情况下，以齐、晋、秦、楚为代表的华夏地理边缘国家，据山河之险，依开阔空间，不断开疆拓土。譬如，秦穆公"益国十二，开地千里，遂霸西戎"（《史记·秦本纪》），晋国灭掉许多赤狄、白狄部落，齐灭莱夷，楚吞并江淮诸小国："晋阻三河，齐负东海，楚介江淮，秦因雍州之固，四海迭兴，更为伯主"（《史记·十二诸侯年表》）。相比之下，原先中原核心区的诸侯列国，由于战略空间狭窄，回旋局促，再加上长期浸淫周礼，政略保守，从而日趋沦为配角，"皆威而服焉"（《史记·十二诸侯年表》）。由此，传统的旧秩序日趋瓦解。

实际上，宗法分封制伊始，便已埋下了分裂割据的祸根。在西周前期，诸侯国还较为弱小、落后，需要宗周庇护；诸侯国内的卿大夫也需要诸侯国庇护。故而，彼此之间尚能相安，局势比较稳定。但是，诸侯对于周王，卿大夫对于诸侯国君，有封国或封邑、人民、武装，拥有独立的资本。随着封国实力的发展和血缘纽带的日渐松弛，继世的周王遵照惯例依然要分封其姻亲，由此王权每况愈下。同样缘故，多数侯国国君直辖的土地、人民也不断减少。至春秋时期，周天子的势力范围不断缩小，偏守一隅，周天子的"天下共主"徒有虚名。而各诸侯国和众多卿大夫羽翼渐丰，由此出现天子不能控制诸侯、诸侯不能控制大夫的局面。一些诸侯国甚至开始朝完全独立自主的方向发展，如《史记·周本纪》说："平王之时，周室衰微，诸侯强并弱，齐楚秦晋始大，政由方伯。"（《史记·周本纪》）因此，周王朝的分封制就像一把"双刃剑"，它在将权力关系播撒在王朝的角角落落的同时，也最终为自己准备了掘墓人，最终造成周王室衰微、诸侯争霸的局面。

当然，周王室的衰落也有其他原因。与西周初期克勤克俭的诸王相比，自周公东征后，继世的周王大多已将"殷鉴"置诸脑后。尽管还保留着周王关怀生产劳动的"籍田礼"①，但也只是走走过场。而自周宣王公开宣布"不籍千亩"（《国语·周语》）之后，"不稼不穑"（《诗经·伐檀》）已成为西周贵族的特权。

---

① 又称"亲耕"，即孟春正月，春耕之前，天子率诸侯亲自耕田的典礼。这是祈求丰收的礼俗之一，寓有重视农耕之意。

而西周末年周幽王烽火戏诸侯的荒诞事例，更表明统治者的行为已到了一种为所欲为、无所顾忌的程度。与此同时，统治阶层内部弑君弑父、兄弟相斗、兄妹乱伦等丑闻也层出不穷，在史籍中俯拾皆是。

人们对天命的敬仰，并没有使自身过上安乐的生活，由此便有了"怨天尤人"的呐喊。《诗经》中出现的大量的"变雅诗"和"变风诗"，便是这种情绪的真实反映。"变雅"诗是相对于西周前期那些以"歌功颂德"为主题的"正雅"而言的，它多出自贵族阶层中的忠贞之臣、明智之士，他们站在维护贵族统治的立场上，对统治集团中那些道德沦丧、不修德政的行为进行揭露、劝谏，充满着无奈和悲愤的情绪，也表现出对统治集团能重修德政的期盼。比如，《小雅·节南山》说："方茂尔恶，相尔矛矣。既夷既怿，如相酬矣。"意思是说，你们内部争斗正盛，时刻准备兵戎相见，希望矛盾既已平息、心情愉快，并能欢饮相聚、彼此尊重。《大雅·瞻印》说："人有土田，女反有之。人有民人，女覆夺之。"意思是说，别人的土地家园，你反而据为己有。别人的仆人奴隶，你反而要掠夺在手。《大雅·民劳》中说："敬慎威仪，以近有德"，即应端正、警觉自己的行为举止，亲近品德高尚的君子，等等。"变风"诗则出自民间，表现出与贵族政治讽刺诗截然不同的政治取向，表示出对统治者强烈的蔑视和痛恨之情。如《邶风·新台》讽刺卫宣公霸占儿媳，诗中将他比作"癞蛤蟆"；《齐风·南山》《齐风·敝笱》讽刺齐襄公与同父异母妹文姜的乱伦丑行，等等。在这些作品中，向来至高无上的"天"，遭到深刻的怀疑和否定。

概括而言，这些诗在天命观上主要有上天"谴告"说和上天"不惠"说这两种思想倾向。上天"谴告"说是利用自然灾害和异常现象对王权发出警告：若不改弦更张，天命就要改易。譬如，在《小雅·十月之交》中，诗人列举出各种自然灾异，揭露了王权政治的黑暗是上帝降下自然灾异的渊源。上天"不惠"说则认为，上帝作威造孽，是对社会没有补益的凶神恶煞。如《大雅·荡》控诉上帝是"性本恶"的根源："疾威上帝，其命多辟。天生烝民，其命匪谌。"《小雅·正月》则谴责上帝夺人福禄，是致人贫困的根源："民今之无禄，天天是椓"，等等。上天"谴告"说和上天"不惠"说的分歧，标志着传统宗教崇拜的破裂：一些人仍旧在维护、发展着周初以来的天命观；另一些人则力图从传统思想的束缚中挣脱出来，不愿继续忍受这种残暴的不合理的神权统治。[①]

尽管如此，周天子作为"天下共主"的名义依然是那个时代最大的资本和筹码。同时，面对外族日渐入侵中原王朝的严峻现实，华夏各国只有加强内部团

① 参见褚斌杰、章必功：《〈诗经〉中的周代天命观及其发展变化》，载于《北京大学学报》（哲学社会科学版）1983年第6期，第51~59页。

结，才能共同对敌。这便是春秋诸霸高喊"尊王攘夷"和"挟天子以令诸侯"的主要原因。在"尊王攘夷"的策略下成长起来的大国霸主，虽然仍然以周王的辅臣的身份维持秩序，不敢在名分上有所逾越，但与周王室之间不可避免地会产生对权威的争夺，导致诸侯不朝周王而朝霸主。霸主进而擅动征伐，"以臣招君""搂诸侯以伐诸侯"（《孟子·告子下》）。

而在各诸侯国内部，随着原始的血缘联系日渐松弛，对于君统之内的直系子孙，春秋列国国君表现出一种双重态度：一方面，国君在其家族中排除了旁系，只把直系子孙保留在君统之中，并按一定的继承顺序使君权在直系近亲内传递，这体现了国君优待直系近亲的"亲亲"之道；另一方面，春秋列国国君对其直系子孙实施了一系列控制措施，以防范"亲亲"害于"尊尊"。这些措施主要有：首先，严格限制直系子孙的政治权力。春秋国君的直系子孙大多没有具体的官职，有时受君命进行参政，但其涉足政治的范围要受到严格限制。其次，推崇忠孝观念，从思想上加强对直系子孙的控制。对于弑君父者，社会舆论则持强烈的批评态度。此外，为了按照自己的意志传递君权，国君对其亲子往往进行空间隔离，甚至驱逐、诛杀其直系子孙，以减少其对君权的觊觎。[①] 这方面的事例可谓不胜枚举，如郑文公"逐群公子"（《左传·宣公三年》）；郑庄公"驱逐其弟大叔段"（《左传·隐公元年》）；卫惠公"放公子黔牟于周，放宁跪于秦，杀左公子泄、右公子职"（《左传·庄公六年》）；晋献公"铲除桓、庄之族，尽杀诸公子"（《左传·庄公二十五年》）；齐桓公"杀兄公子纠"（《左传·庄公九年》）；宋昭公"将去群公子"（《左传·文公七年》），等等。

在这种权力争夺中，各诸侯国内不断涌现出许多实力雄厚的强宗大族（即私家大夫），如鲁之三桓（孟孙氏、叔孙氏、季孙氏出自鲁桓公，故而合称为"三桓"），晋之六卿（赵氏、韩氏、魏氏、智氏、范氏、中行氏六家），郑之七穆（驷氏、罕氏、国氏、良氏、印氏、游氏、丰氏），齐之高、国、庆、崔，宋之华、向、乐、皇，卫之孙、宁等。这些多为列国的别子之宗。只有晋国吸取"曲沃并晋"[②] 的教训，重用异姓、异氏贵族，故而公族不显。列国国君一方面通过建立别子之宗，使血缘关系服从于政治关系；另一方面又允许各别子之宗建立地方政权，以藩屏公室。然而，一旦列国的别子之宗势力壮大，则会转而与公室展开斗争。事实上，这些强宗大族世代掌握政权，左右政局，致使"公室"卑弱，

---

① 参见马卫东：《春秋公族政治述论》，载于《社会科学辑刊》2009 年第 5 期，第 115～119 页。

② 晋国第十代国君晋文侯去世后，其子昭侯伯继位，封叔叔成师于曲沃，称为曲沃桓叔。公元前739 年，昭侯之子平继位为孝侯，后为曲沃桓叔之子曲沃庄伯所杀。此后，双方又经过数番争夺，庄伯之子曲沃武公最终消灭了晋侯的所有势力，更号为"晋公"，晋国内乱才得以暂时告一段落。这一历史过程，被后世称之为"曲沃并晋"。

"私家"强大，"政在家门"（《左传·昭公三年》），甚至出现"臣弑其君者有之，子弑其父者有之"（《孟子·滕文公下》）的情况，如卫之孙氏、宁氏共同驱逐卫献公；鲁之三桓"三分公室"（《左传·襄公十一年》）、"四分公室"（《左传·昭公五年》），等等。此类以下凌上的事件可谓屡见不鲜。史载："《春秋》之中，弑君三十六，亡国五十二，诸侯奔走不得保其社稷者不可胜数。察其所以，皆失其本已。"（《史记·太史公自序》）在这一过程中，一些破败的贵族成员流散于社会，或策名委质，臣事新主；或流亡他国，侨田异乡，甚至沦为平民，"降在皂隶"（《左传·昭公三年》）。在这种争夺中，一些家臣也开始将卿大夫家族的权力掌握在自己手中，等等。后世的孔子将此称之为"礼崩乐坏"："天下有道，则礼乐征伐自天子出。天下无道，则礼乐征伐自诸侯出。自诸侯出，盖十世希不失矣；自大夫出，五世希不失矣；陪臣执国命，三世希不失矣。"（《论语·季氏》）至此，温情脉脉的血缘情分已然被赤裸裸的政治利害关系所代替，分封制所预期的血亲屏藩的设想最终走向幻灭，宗法分封制无可挽回地走向衰落。

第二章

春秋战国之际的治道论争

进入春秋战国时期，随着宗法分封制的逐渐瓦解，社会各方面都出现了巨大的变革。其中，一个重要方面，就是"学在官府"即文化教育为贵族所垄断的局面被打破，民间私学由此悄然勃兴，所谓"天子失官，学在四夷"（《左传·昭公十七年》）。在这一过程中，一个新兴的社会知识阶层——"士"随之崛起。面对当时的社会困局，他们"宁鸣而死，不默而生"（范仲淹：《灵乌赋》），纷纷"著书言治乱之事，以干世主"（《史记·孟子荀卿列传》），中国社会由此进入一个"处士横议"（《孟子·滕文公下》）的新时代。正如司马谈在《论六家要旨》中所言："夫阴阳、儒、墨、名、法、道德，此务为治者也。"而其中最为引人注目的，当推儒家、墨家、道家及法家，他们从不同角度各自提出了一整套治国安邦的政治方略，并引发了诸多激烈的争论。最终，战国中晚期"尚力"的社会现实，促使各家学说以法家学说为"基调"，共同奏响了"尊君""尚贤"与"崇公"的时代旋律，从而为此后君主专制体制的形成奠定了思想前提。

第一节 "处士横议"及战国变法运动

春秋战国之际激烈的社会动荡，促发了传统宗法等级秩序和礼乐文明的逐渐解体。作为传统礼治秩序的代言人，孔子醉心于恢复"周礼"和周朝的德治盛事，提倡"克己复礼"，要求人们把外在的规范转化为内在自觉，实现德治和礼治相结合。而作为社会下层的理论代表，墨子则借重"天志"，利用平民之迷信，藉鬼神之制裁，提倡"兼爱""非攻"，以规范统治者的行为。当孔、墨直面人生，积极重构社会秩序及其规范之时，老子开创的道家学派则站在儒墨的对立面，他们反对礼义，否定忠孝，抨击法令，排斥兼爱，诅咒战争，主张"绝圣弃智""清虚自守"，崇尚"小国寡民"，代表了那个时代对社会变革持冷眼旁观的"隐者"的态度。然而，无论是儒家的仁义说教还是墨家的兼爱主张，以及道家的无为之论，虽然言者谆谆，却听者藐藐。而法家人物则从当时的实际出发，以"论世之事，因为之备"（《韩非子·五蠹》）的现实主义态度，理性地认识到，当此纷争不止、竞争激烈之时，只有强调事功，经邦济世，才是当务之急。由此，追求富国强兵的"霸道"走向了历史的前台。

一、历史变革之际的孔子、墨子和老子

面对"礼崩乐坏""上失其道，民散久矣"（《论语·子张》）的局面，依孔子之见，其因在于"人心不古"。为此，孔子创办私学，广收门徒，提倡"有教无类"（《论语·卫灵公》），醉心于恢复"周礼"和周朝的德治盛事。故而，孔子高擎"礼治"大旗，尊崇尧、舜、周公，努力使"礼"重新成为一切社会成员的行为准则。孔子提倡"复礼"的主旨，并不是为了恢复旧的礼仪形式本身，而在于"亲亲"与"尊尊"，即以血缘为基础、以等级为特征的宗法统治体系，要求各阶层统治者都能够安于名位而不僭越，所谓"礼之用，和为贵。先王之道，斯为美"（《论语·学而》），从而更有效地统治人民："上好礼，则民易使也。"（《论语·宪问》）相应的，也要对人民"齐之以礼"（《论语·为政》），即用"礼"来调节人与人之间的复杂关系，确定每一个人应受的约束，使所有的人都按照礼制规定，做到贵贱有等、上下有序、各处其位、各称其事。孔子认为，要恢复周礼的权威，重新肯定宗法等级秩序，要害就是"正名"。"名"即名分，体现的是礼制中的等级制度。当其时，"礼"往往被权势者用作实现一己贪欲、束缚他人的工具，民风"利而巧，文而不惭，贼而蔽"（《礼记·表记》），从而导致礼之名、实相分离。故此，孔子提倡"正名"之说，即以礼为依据来端正上下、尊卑、亲疏、远近、贤不贤、能不能之名，做到名实相副，从而使人们各守其分，各司其职，各遵其道，做到"君子思不出其位"（《论语·宪问》），"不在其位，不谋其政"（《论语·泰伯》）。

孔子认为，对于礼乐，不仅要注重其外在形式，更要把握其精神实质。具体而言，"礼"不仅要规范人们的言行举止，更应培养人们庄重谦恭的修养；"乐"应该重在陶冶人们平和善良的性情，而不是宣扬耳目之欲。为此，孔子提出，应

先从学习《诗经》中获得德性之觉醒，之后在礼之培育中确立德性行为，再通过"赏乐"深化对德性生命的感通，最终达至德性之圆融，所谓"兴于诗，立于礼，成于乐"（《论语·泰伯》）。孔子对周礼的改造创新，集中表现为以"仁"释"礼"。在孔子那里，"仁"作为解决人际关系问题的最高准则，其中心思想是"爱人"（《论语·严渊》）、"爱众"（《论语·学而》）。在孔子那里，相对于"礼"的外在形式来说，"仁"则强调一种内在的道德自觉。具体而言，"为政以德"主要包括如下内涵：

其一，为政在人。在孔子看来，治世之道即治人之道："文武之政，布在方策。其人存，则其政举；其人亡，则其政息。"（《礼记·中庸》）这种"为政在人"的管理之道，并不像西方人本管理理论那样以"个体的人"为中心，而是强调通过人的内在约束而自愿、自觉地遵守外在的"礼"。换言之，要"复礼"，就必须"克己"，让一切言行都应置于"礼"的规范和约束之下，做到"非礼勿视，非礼勿听，非礼勿言，非礼勿动"（《论语·颜渊》）。为此，孔子提倡"吾日三省吾身"（《论语·学而》），倡导"己所不欲，勿施于人"（《论语·颜渊》），从而最终实现"天下归仁"（《论语·颜渊》）的社会理想。

其二，以德示范。在孔子看来，君、民之间存在着一种上行下效的关系："上好礼，则民莫敢不敬；上好义，则民莫敢不服；上好信，则民莫敢不用情。"（《论语·子路》）在孔子的想象中，如果统治者能够以身作则，树立一个道德的样板，则无需命令，百姓就会照样而行；"其身正，不令而行"；反之，"其身不正，虽令不从"（《论语·子路》）。具体而言，如果君子"笃于亲"，则民"兴于仁"；如果君子"慎终追远"，则"民德归厚"；统治者如果能够以德治国，老百姓就好比众星参北斗一样，欣然向善："为政以德，譬如北辰，居其所而众星拱之。"（《论语·为政》）因而，统治者需要通过"修己"，从而实现"安人""安百姓"（《论语·宪问》）。具体而言，当政者必须修炼恭、宽、信、敏、惠等五种美德："恭则不侮，宽则得众，信则人任焉，敏则有功，惠则足以使人。"（《论语·阳货》）在这里，"恭"是说待人要谦恭有礼，行为要庄重；"宽"就是宽恕人、容纳人，能够宽容各种不同意见；"信"是要做到"言而有信"（《论语·学而》），取信于民；"敏"是勤勉的意思："敏于事而慎于言"（《论语·学而》）；"惠"是指对人民要慈惠："其养民也惠。"（《论语·公冶长》）一言以蔽之，当政者用道德去处世，通过人际关系的和谐化去治国理政，就会达到"得众"和"使人"的目的。这实际上就是马克斯·韦伯所说的在人际关系中以个人的超凡魅力来树立权威的方法。从社会管理的角度看，这种"以身作则"式的道德示范是一种间接控制。自孔子开始，这种"正仁先正己"的原则，为历代儒学大师所倡导。

其三，道德教化。孔子说："道之以政，齐之以刑，民免而无耻；道之以德，齐之以礼，有耻且格。"（《论语·为政》）在这里，"格"意谓为政者以德化民，又以礼齐之，就能培养起人的羞耻心，使之自愿与为政者合作；同时，民知羞耻，知是非，则自愿服从政令，自觉遵守规矩。这种自觉心的形成，靠的是日熏月染的道德教化，即通过晓之以理、动之以情，使人心悦诚服，进而做到自愿服从。在孔子看来，教化虽需相当时日，却是塑造人心的根本措施，一旦功成，即可收一劳永逸之效；相反，"不教而杀谓之虐；不戒视成谓之暴；慢令致期谓之贼。"（《论语·尧曰》）在孔子这里，道德是政治的根基，政治是道德的外延。实施教化的目的，最终就是要形成道德自觉，成就"君子人格"。这就需要在不断自我完善道德修养的同时，又参与国家管理，将道德学说灌输给社会各阶层，所谓"学而优则仕，仕而优则学"（《论语·子张》）。

与儒家学派一样，墨子整个思想都是围绕着"平乱求治"展开的。相传，墨子"学儒者之业，受孔子之术"（《淮南子·要略》），后来又与儒家分道扬镳，创立了墨家学派。因其当时影响甚大，故常与儒家并称"显学"。墨子生活的时代，"天下失义，诸侯力征，……以攻伐并兼为政于天下"（《墨子·节葬下》）。在墨子看来，社会动乱的根源在于，天下之人互相争夺与仇视，即"起不相爱"（《墨子·兼爱上》）。而"不相爱"根源于贵贱等级的社会区分，所谓"罪生于别"（《墨子·兼爱上》）。统治者正是通过维护等级制，损民以自利，厚敛民财，达到不劳而食的目的："必厚作敛于百姓，暴夺民衣食之财。"（《墨子·辞过》）为此，墨子倡导"兼爱"说，就是让人们不分亲疏、等级，而无差别地爱一切人："视人之国，若视其国；视人之家，若视其家；视人之身，若视其身。"（《墨子·兼爱中》）

墨子的兼爱与儒家的"别爱"（差别之爱）相对立。"别爱"是将自己置于同心圆的中心点，越向外圈扩及，与自己的关系也就由亲密渐趋疏远，爱的程度也就渐趋淡薄。这从人类的自然情感来看是无法避免的。然而，人不仅有情，还有知和意，"兼爱"是依靠理性和意志的力量，将爱推及众人。墨子通过一个人物事例对兼爱之说进行了详细的诠释：巫马子是儒家"爱有差等"的信徒，认为"愈接近我的，我愈爱"，由此导致一种极端利己主义的观点："有杀彼以利我，无杀我以利彼。"（《墨子·耕柱》）墨子反问巫马子说："然则一人说（悦）子，一人欲杀子以利己；十人说子，十人欲杀子以利己；天下说子，天下欲杀子以利己。一人不说子，一人欲杀子，以子为施不祥言者也；十人不说子，十人欲杀子，以子为施不祥言者也；天下不说子，天下欲杀子，以子为施不祥言者也。说子亦欲杀子，不说子亦欲杀子，是所谓经者口也，杀常之身者也。"（《墨子·耕柱》）按照墨子所构造的这个二难推理：如果宣传"损人以利己"，那么赞成你的人必定为了满足其私利而把你杀掉；不赞成你的人，认为你宣扬了不祥言论也必定把你杀掉。因此，在墨子看来，"损人利己"对自己一无所利，只有兼爱才能实现利己。

与儒家的仁爱原则不同，墨子的"兼爱"不是留在空泛的说教上，而是以"交相利"作为后盾："夫爱人者，人必从而爱之；利人者，人必从而利之；恶人者，人必从而恶之；害人者，人必从而害之。"（《墨子·兼爱中》）对于儒家崇尚的超越功利的"义"，墨家学者也着眼于以"利"释之："义，利也。"（《墨子·经上》）墨子认为，凡是"利天下""利人"的行为，就是"义"，也就是善；否则，就是"不义"，也就是恶。只要人人都能坚持以"义"为自己的行为准则，做到"利人乎即为，不利人乎即止"（《墨子·非乐上》），那么人们就会"相爱"和"相利"。

墨子崇尚的"利"固然包括个人利益，但主要是围绕着"兴天下之利"（《墨子·兼爱下》）这一宗旨而展开的，这主要表现为：其一，强本。墨子把粮食视为国家之宝："五谷者，民之所仰也，君之所以为养也。"（《墨子·七患》）因此，墨子主张让农夫返归故里，从事耕种，弗夺其力，弗夺其时。如此，"固本而用财，则财足"（《墨子·七患》）。其二，节用。墨子强调人在自然面前要有所节制，应居安思危，做到取之有度，用之有道："五谷常收而旱水不至"（《墨子·七患》），"爱尚世与爱后世，一若今之世人也"（《墨子·大取》）。其三，节葬。当时，"厚葬""久丧"成风，墨子认为，这会导致"国家必贫，人民必寡，刑政必乱"（《墨子·节葬下》），故而坚决反对。其四，非乐。当时统治者极尽享受，"倦于听治"（《墨子·三辩》），墨子认为，这样做长此以往会影响政务与生产甚至带来国家危乱，故而，"为乐非也"（《墨子·非乐上》），不可不禁止，等等。

面对当时战乱频繁、死者不可胜数的局面，墨子从兼爱的立场出发，强烈谴责战争是"亏人自利"（《墨子·非攻上》）的不义行为，并奔走呼吁："断指与断腕，利于天下相若，无择也。死生利若，一无择也。"（《墨子·大取》）当然，墨子并非反对一切战争，认为对"暴残之国"进行"兴师诛罚"也是必要的。如果作战双方都是仁人，就没有相互敌对的理由可言；如双方都用暴力，也就无所谓君子了。而一味反对战争、逃避战争，则"暴乱之人也得活，天下害不除"，"不义莫大焉"（《墨子·非儒下》）。

对于"兼爱"的正当性，墨子是借助于当时流行的天命、鬼神学说来进行诠释的："天必欲人之相爱相利，而不欲人之相恶相贼也。"（《墨子·法仪》）墨子设想，远古时代，大家意见纷纷，像禽兽一般各顾自己且相互争斗，故而需要确立起一定的社会秩序。在墨子看来，只有"天"或"上帝"才能提供真正的正义:"天必欲人之相爱相利,而不欲人之相恶相贼……爱人利人者,天必福之;恶人贼人者,天必祸之。"(《墨子·法仪》)为此,墨家以"莫若法天"(《墨子·法仪》)为旗帜,将"天"作为决定世间人事的最高主宰,倡导"天志"学说:"顺天意者,兼相爱,交相利,必得赏;反天意者,别相恶,交相贼,必得罚。"(《墨子·天志上》)可见,墨子"兼爱"思想实际上是借重"天志",利用平民之迷信,藉鬼神之制裁,以防止相恶相贼和规范统治者的行为。

在后世的庄子看来,墨子兼相爱、交相利的理想过于高远、缥缈,很难为常人所接受:"其行难为也,恐其不可以为圣人之道,反天下之心,天下不堪。墨子虽独能任,奈天下何!"(《庄子·天下》)其实,墨子也清醒地认识到,在现实生活中要推行"兼爱",光靠"天志"是不行的,国家的治乱应由社会人事来决定,只有为君者行"义政",为官者"不敢怠倦",农夫"强乎耕稼树艺,多聚菽粟",妇人"强乎纺绩"(《墨子·非命下》),国家才会繁荣富强,人们才能荣贵温饱。反之,迷信命运,不求进取,只能使人失去斗志,造成听天由命的风气:"今用执有命者之言,则上不听治,下不从事。上不听治,则刑政乱;下不从事,则财用不足,……而暴人之道也"(《墨子·非命上》)。墨子通过历史考察,指出,同样的天下,同样的百姓,在桀纣统治下就大乱,而汤武治理则是盛世太平,可见天下的"安危治乱"在于人,而与"命"无关。为此,墨子又主张"非命":"以命为有,贫富寿夭、治乱安危有极矣,不可损益也。"(《墨子·公孟》)在墨子看来,儒家倡导的"有命"论实际上是"以教众愚朴人"(《墨子·非命中》),"贼天下之人"(《墨子·非儒》),这种在政治上明哲保身的做法是不对的,真正的"仁人"应"必兴天下之利,除去天下之害,以此为事者也"(《墨子·兼爱中》)。

与孔子"仁学"中的"为仁由己"、自内而外的"克己复礼"不同,墨子秉持的是一种自上而下、自天及人的思维理路。这一学说通过把"兼相爱"上升为"天"的意志,幻想利用传统宗教迷信的力量来实现其理想社会,这对于社会下层民众具有极强的吸引力。墨子出身于"贱人",自然对既存等级制度强烈反感,故而,他要求君主"视弟子与臣若其身"(《墨子·兼爱上》),进而实现"饥者得食,寒者得衣,劳者得息"(《墨子·非命下》)的理想社会。这正是墨子乐此不疲、四处奔走所要争取实现的目标。墨家的特别之处还在于,它不仅是一个学术派别,也是一个有着共同理想和严密组织的团体(其成员称为"墨者""钜子"),这一团体希冀"百姓皆得暖衣饱食"(《墨子·天志中》)的秩序社会,而节用苦行,终生为之而奔波。对此,庄子曾称赞道:"墨子真天下之好也,将求之不得也,虽枯槁不舍也。"(《庄子·天下》)

57

第二章 春秋战国之际的治道论争

　　墨子打破了儒家套在人们身上的宗法枷锁，指责儒家分辨"亲疏尊卑之异"（《墨子·非儒下》）的弊端，故而终战国之世，儒学始终与墨学相抗衡。为改变"天下之言，不归杨则归墨"（《孟子·滕文公下》）的局面，后世的孟子起而"辟墨"，认为，兼爱使人沦丧，无异于禽兽："墨氏兼爱，是无父也。"（《孟子·滕文公下》）不过，孟子在批判墨家的同时，又悄然吸收了墨家兼济民众等思想，从而将儒家贵族式的内圣修身之学发展成一种济世救民的外王之学。史载，孟子曾率领弟子"传食于诸侯"（《孟子·滕文公下》），其"天下有道，以道殉身；天下无道，以身殉道"（《孟子·尽心上》）的豪情和"平治天下，舍我其谁"（《孟子·公孙丑下》）的气概，也足以与墨家精神相匹配。历史地看，孟子辟墨之后，墨学精华已融入儒家，墨家学说由显而微，进而成为"绝学"。造成这种状况的一个很大原因，正是墨子之"非儒"与孟子之"辟墨"。①

　　当孔、墨直面人生，积极重构社会秩序及其规范之时，老子开创的道家学派则站在儒墨的对立面，他们反对礼义，否定忠孝，抨击法令，排斥兼爱，诅咒战争，主张"绝圣弃智""清虚自守"，崇尚"小国寡民"，等等。如司马迁所言："世之学老子者则绌儒学，儒学亦绌老子。"（《史记·老子韩非列传》）老子其人的真实情况，至今迄无定论，从《老子》一书的内容看，它大约出现于孔墨之后、孟庄之前，是春秋末战国初的作品。② 面对当时"天下无道，戎马生于郊"（《老子·第四十六章》）的社会现实，老子尖锐指出，导致民不聊生的根源在于统治阶级"求生"太厚，过于"有为"："民之饥，以其上食税之多，是以饥；民之难治，以其上之有为，是以难治。民之轻死，以其上求生之厚，是以轻死。"（《老子·第七十五章》）普通百姓被迫为了生计而纷纷为盗，故而，"法令滋彰，盗贼多有"（《老子·第五十七章》）。对此，老子主张过一种简单、朴素的生活。因为简单，所以没有乱事，国与国之间不相往来，大家相安无事："以道莅天下，其鬼不神。非其鬼不神，其神不伤人。非其神不伤人，圣人亦不伤人。夫两不相伤，故德交归焉。"（《老子·第六十章》）因而，老子特别向往一种"小国寡

---

　　① 参见孔德立：《关于墨子"非儒"与孟子"辟墨"》，载于《北京师范大学学报》2009年第6期，第36页。
　　② 司马迁在《史记·老子韩非列传》中提出以下几种说法：（1）"老子者，楚苦县厉乡曲仁里人也，姓李氏，名耳，字聃，周守藏室之史也"。孔子曾"问礼于老子"，《老子》系老聃所作。（2）老子为周太史儋："或曰儋即老子"，但又持存疑态度："或曰非也，世莫知其然否"。现当代学术界对此仍有争论：（1）老子在孔子之前或并时，《老子》系老聃遗说的发挥。持此说者有马叙伦、唐兰、郭沫若、吕振羽、高亨等。郭沫若还认为《老子》是老聃弟子环渊发挥老聃思想而作。（2）老子是战国时代人，《老子》也作于战国时代。特此说者有梁启超、冯友兰、范文澜、侯外庐等。（3）《老子》成书更晚，即在秦汉之间或汉初。持此说者有顾颉刚、刘节等（马王堆汉墓帛书《老子》的出土，已证明此说不实）。

民"的社会："小国寡民。使有什伯之器而不用，使民重死而不远徙。虽有舟舆，无所乘之。虽有甲兵，无所陈之。使民复结绳而用之。甘其食，美其服，安其居，乐其俗。邻里相望，鸡犬之声相闻，民至老死不相往来。"（《老子·第八十章》）

究其实质，老子是要为混乱的社会寻求一个根本的解决方法。老子认为，治理天下要遵循"道"的规定。在老子那里，"道"是宇宙的最终本原，是人们活动的内在根据和行为的最高准则。具体而言：其一，"道"先天存在，无态无形，却无处不在："有物混成，先天地生。寂兮寥兮，独立而不改，周行而不殆。"（《老子·第二十五章》）其二，"道"乃是世间万事万物的宗师："道生一，一生二，二生三，三生万物，万物负阴而抱阳，冲气以为和。"（《老子·第四十二章》）其三，人的行为处事必须依"道"而行："人法地，地法天，天法道，道法自然。"（《老子·第二十五章》）老子认为，只要把握了古今的"道"，就能驾驭好一切："道常无名，朴虽小，天下莫能臣也。侯王若能守之，万物将自宾。"（《老子·第三十二章》）可见，老子讲"道"，实质是在为社会立法，是为当权者试图提供更合乎规律的治国安邦方略。关于道家的"德"，老子说，"德者得也；得道之谓德。"（《老子·第三十七章》）就是说，人们通过对道的体认，道所体现的必然之理就会转化为自身的行为准则。

老子以"道"取代"天"在宇宙间的优先地位，这一治道方略落实到实践层面，就是所谓的"无为之治"。在《尚书》《诗经》《左传》《国语》等文献中，不难找到效法自然、垂拱而治的论点，但从现存文献看，最早系统阐述"无为而治"的，当推老子。概括而言，老子"无为而治"的要旨有：

其一，自然而为。"无为"不是无所作为，也不是随心所欲，而是顺应自然法则，遵循事物客观发展规律："道不违自然，乃得其性，法自然也。法自然者，在方而法方，在圆而法圆，于自然而无违也。"[①] 事物发展还没有达到一定程度时，不要勉强去做，否则必败："为者败之，执者失之。是以圣人无为，故无败；无执，故无失。"（《老子·第六十四章》）

其二，清静无为。老子把君主执政分为四种类型："太上，下知有之；其次，亲而誉之；其次，畏之；其次，侮之。"（《老子·第十七章》）就是说，最好的统治者是人民不知道他的存在；其次是百姓亲近、称赞他；再次是百姓害怕他；最坏的统治者是人民轻侮他。在老子看来，清静无为，"悠兮其贵言"（《老子·第十七章》），少发号施令，任万物自然生息，顺万物之情，而"功成事遂"（《老子·第十七章》），才是统治的最高境界。老子说："治大国，若烹

---

① 楼宇烈：《王弼集校释》，中华书局 1980 年版，第 213 页。

小鲜。"(《老子·第六十章》)即治国就像煎小鱼儿一样,不要翻弄折腾,不要随意扰民,否则后果不堪设想。为此,老子提出"圣人处无为之事,行不言之教"(《老子·第二章》)的治国纲领,主张把政治回归到完全清静无为的状态中去,即只要统治者不多事扰民,老百姓便会自然归化:"我无为而民自化,我好静而民自正,我无事而民自富,我无欲而民自朴。"(《老子·第五十七章》)

其三,无欲无私。老子认为,在现实生活中,人的欲望过分膨胀,使自然的人性被扭曲,为争夺名利钩心斗角、尔虞我诈,结果人欲横流,社会陷入一片混乱,所谓:"罪莫大于可欲,祸莫大于不知足,咎莫大于欲得。"(《老子·第四十六章》)为此,他要求执政者"少私寡欲"(《老子·第十九章》),"是以圣人去甚、去奢、去泰"(《老子·第二十九章》)。

其四,要"为而不争"。在老子看来,人世间的一切恩怨和仇恨,根源都在一个"争"字上。为此,老子反复告诫人们:"圣人之道,为而不争。"(《老子·第八十一章》)为政者应该胸中怀有天下百姓,为天下谋福利:"圣人无常心,以百姓心为心。"(《老子·第四十九章》)换言之,统治者只有把自身的利益追求置于百姓的利益之下,才能更好地实现统治:"江海之所以能为百谷王者,以其善下之,故能为百谷王。是以圣人欲上民,必以言下之;欲先民,必以身后之。是以圣人处上而民不重,处前而民不害。是以天下乐推而不厌。"(《老子·第六十六章》)在老子看来,正因为不自我夸耀,不自高自大,反而能取得成功:"以其终不自为大,故能成其大"(《老子·第三十四章》),"夫唯不争,故天下莫能与之争。"(《老子·第二十二章》)故而,为政者应有"功成而弗居"(《老子·第二章》)的胸怀。

可见,在老子那里,"无为"是一种似无实有的统治技巧,"为无为,则无不治"(《老子·第三章》)才是终极目的。儒家其实也讲无为而治,但旨趣却大不相同。相比较而言,道家的无为而治以虚无、清静为基础,顺道而为。而儒家所说的无为而治则是指君主通过"德修于己"的无为手段去感化他人,进而实现天下致治的目标:"无为而治者,其舜也与?夫何为哉?恭己正南面而已矣"(《论语·卫灵公》)。正是从道法自然的立场出发,老子将儒家所崇尚的"礼"视为产生社会祸乱的总根源而大力鞭挞。在老子看来,礼法制度恰恰是纷争混乱的开始,由于人们失去了自然大道,才提倡德性;由于失去了德性,才提倡仁爱;由于失去了仁爱,才提倡仁义;而没有了仁义,才提倡礼法制度,所谓:"失道而后德,失德而后仁,失仁而后义,失义而后礼。夫礼者,忠信之薄而乱之首。"(《老子·第三十八章》)

二、法家与战国变法运动

春秋和战国这两个时期的分立，表现在政治特征上，"春秋"以"尊王攘夷"为号召，"战国"则以"富国强兵"为圭臬；在价值观念上，则体现为尚"道义"与尚"功利"的对立。史载，西周初年，姜太公与周公旦讨论治国方针：太公治齐力主"尊贤上功"，周公治鲁则强调"亲亲上恩"（《吕氏春秋·长见》）。由此，齐、鲁两国各自成为功利和道义两派政治思想的大本营。

春秋时期，周天子"天下共主"地位尚存，大国征伐主要立足于霸主争夺。管仲在齐为相四十余年，厉行改革，使齐桓公成为春秋时期第一位霸主，"九合诸侯，一匡天下"（《史记·管晏列传》）。《史记·管晏列传》说："管仲既任政相齐，以区区之齐在海滨，通货积财，富国强兵，与俗同好恶。故其称曰：'仓廪实而知礼节，衣食足而知荣辱。上服度则六亲固。四维不张，国乃灭亡。下令如流水之原，令顺民心。'"这段话反映的正是管仲崇尚功利的施政纲领。其中，"富国强兵"被视为最高政治目标；"仓廪实而知礼节，衣食足而知荣辱"是强调发展经济和提高物质生活水平优先于道德教化；"上服度则六亲固"意为统治者遵行法度，则家族也将随之稳固，此语寓有"法度"比"亲亲"更为重要之意；"四维不张，国乃灭亡"是要强化国民的礼、义、廉、耻意识，与儒家思想不同的是，此语更倾向于把"四维"当作一种外在的强制性的规范而不是要人们自觉遵守；"与俗同好恶""下令如流水之原，令顺民心"，是说人心好利，政令必须给人带来利益才能畅通无阻。这些思想整体来看已经显露出法家学说的雏形。[①] 管仲也因此被后世视为法家的早期代表。

而孔子则将尊崇道义的政治思想加以发挥和完善。史载，齐国晏婴曾批评孔子的礼学过于繁琐："今孔子盛容饰，繁登降之礼、趋详之节，累世不能殚其学，当年不能究其礼。君欲用之以移齐俗，非所以先细民也。"（《史记·孔子世家》）这一批评以讲求效率和功用为出发点，显然是沿袭了太公、管仲以来齐国的功利主义传统。尽管如此，孔子对管仲颇为赞赏："桓公九合诸侯，不以兵车，管仲之力也。如其仁！如其仁！"（《论语·宪问》）这是褒扬管仲使民免于战乱。又说："管仲相桓公，霸诸侯，一匡天下，民到于今受其赐。微管仲，吾其被发左衽矣！岂若匹夫匹妇之为谅也，自经于沟渎而莫之知也。"（《论语·宪问》）这是称赞管仲的"尊王攘夷"之功。

春秋后期，郑国子产铸刑书，晋国赵鞅铸刑鼎，成为春秋时期法家诞生的重

---

① 参见胡新生：《先秦政治思想史上的道义与功利之争》，载于《文史哲》2017年第3期，第46页。

要标志，并日渐成为一种社会潮流。子产在郑国为相数十年，进行了"作丘赋"①等改革，颇多建树。针对"刑不可知，则威不可测"（《左传·昭公六年》）的传统礼治的神秘主义做派，子产通过"铸刑书"，公布成文法，强调"都鄙有章，上下有服"（《左传·襄公三十年》）。然而，这一举措直接威胁到了贵族的特权。按照当时晋国贵族叔向的说法，有了刑书作依据，民有争端，就会依据刑书打官司，礼就没用了，人民不会再有对统治者的敬畏和服从，郑国要乱了："民知争端矣，将弃礼而征于书。锥刀之末，将尽争之"，由此"国将亡"（《左传·昭公六年》）。子产面对叔向的批评，委婉回拒了叔向之议："若吾子之言——侨不才，不能及子孙，吾以救世也。既不承命，敢忘大惠！"（《左传·昭公六年》）从当时的实际情况来看，春秋乱世，郑国身为小国，外有强敌环伺，内有土地兼并，且政出多门。为了在这种内忧外患当中求生存，子产在国家治理上转向更明确、更易操作的法治手段。叔向与子产的不同态度，实际代表着春秋后期尚"道义"与尚"功利"这两种不同价值观念的冲突。之后，晋国自己也在晋顷公13年（公元前513年）"铸刑鼎"（《左传·昭公二十九年》）。可见，从礼治秩序转向新的秩序已经是大势所趋。与子产同时的名家先驱邓析，在子产"铸刑书"之后别造《竹刑》（《左传·定公九年》），因为刑书是铸在鼎上的，必然文词简约，邓析遂对其加以引申以使之周详，将其刻在竹简上，人称"竹刑"。而后执政者"杀其人而用其道"，并非书不善，只是因其"以下乱上者也"（《左传·定公九年》）。

到了战国时代，周王室彻底沦为小国，且分裂为东、西两国，各大诸侯国都致力于"强兵并敌"（《史记·六国年表》），问鼎天下。面对群雄逐力的压力和挑战，一些经过长期的政治军事斗争而登上权力中心舞台的法家人士，大胆突破先王之道和礼治传统，转而诉诸"富国强兵"来开辟历史前进的道路，从而掀开了一场轰轰烈烈的战国变法运动。代表人物主要有战国初期的李悝、吴起，战国中期的商鞅、慎到、申不害，战国末期的韩非、李斯等。

战国前期，魏国首开战国变法之先声。当时的魏国相对落后，富庶程度不如韩国，军事力量又不如赵国。为了增强魏国实力，公元前422年，魏文侯任用李悝（前455年～前395年）为相，变法图强，其主要措施有：其一，选贤任能，赏罚严明。当时官禄世袭，为官者不谋官事，淫侈之风盛甚。为此，李悝向魏文侯建议，剥夺这些无功受禄者的特权，任用真正有才能的人，实行"食有劳而禄有功，使有能而赏必行，罚必当……夺淫民之禄，以来四方之士。"（《说苑·政

① "丘"是指被征服部落的地区，本不服兵役、不承担军赋，赋包括车马、甲盾、徒兵等。春秋战争频繁，各国普遍加赋。

理》)。其二，建立"武卒"制，对士兵根据考核进行奖惩。其三，改革土地制度，鼓励农业生产，增加国家赋税。商周以来的贵族土地所有制，因土地划分为许多方块，周边为私田，中间为公田（也叫"大田"），且形似"井"字，故名"井田"。在这种土地制度下，由于庶人每年要先在领主的大田上劳作，然后才被准许去耕种自己的土地，故而生产力的发展受到极大的束缚。为鼓励农民生产，尽可能地开垦荒地和提高单位面积的产量，即"尽地力之教"（《汉书·食货志上》)，魏国开始废除井田制，把国家掌握的一部分荒地分给没有土地的农民，转为自耕农。其四，颁布《法经》，实行法治。《法经》与罗马的《十二铜表法》基本产生于同一时期，是中国历史上第一部系统的法典，它强调"不别亲疏，不殊贵贱，一断于法"（《史记·太史公自序》)的"法治"原则，成为以后历代法典的蓝本。如上变法措施使魏国最早称雄于诸侯，也深深影响了后来的"吴起变法"和"商鞅变法"。

吴起当年曾辅助李悝在魏国变法，后因政治斗争而逃到楚国，并在楚悼王的支持下在楚国实施变法。当时的楚国，内部民不聊生，饿殍遍野，外部又受到日渐强盛的北方三晋的步步进逼。为此，公元前382年，楚悼王任命吴起主持变法，其主要举措有：其一，明法审令。为使思想认识和舆论一致，禁止纵横家进行游说："破横散从（纵)，使驰说之士无所开其口。"（《战国策·秦策三》)其二，废除贵族特权，削弱大臣威权。针对当时楚国大臣权势过重、受封贵族太多的政治弊端，逐渐废除贵族世卿世禄制，"使封君之子孙三世而收爵禄"（《韩非子·和氏》)，"以抚养战斗之士"（《史记·吴起列传》)。同时，禁止官吏结党营私，不超越所规定的权力："卑减大臣之威重""禁明党以励百姓"（《史记·蔡泽列传》)。此外，为进一步削弱贵族权势，并加强对荒蛮的边境地区的开发，还将人口稠密地区的贵族迁徙到边境："往实广虚之地"（《吕氏春秋·贵卒》)。其三，整顿吏治。杜绝权门请托之风，"塞私门之请"（《战国策·秦策三》)；要求官吏公私分明，言行端正，不计较个人得失："使私不害公，谗不蔽忠，言不取苟合，行不取苟容，行义不固毁誉"（《战国策·秦策三》)；裁减冗官，选贤任能："罢无能，废无用，损不急之官"（《战国策·秦策三》)。其四，加强军事。吴起变法的核心目标是"要在强兵"（《史记·吴起列传》)，所以在变法中耕战并重，亦兵亦农，禁止丁民游手好闲、不务耕作："禁游客之民，精耕战之士"（《史记·蔡泽列传》)，等等。吴起变法使得楚国一扫过去贫弱局面，变被动挨打为主动进攻："南平百越；北并陈、蔡，却三晋；西伐秦。诸侯患楚之强。"（《史记·吴起列传》)然而，由于吴起变法中的诸多措施主要是针对着旧贵族来的，故新法行之期年，由于楚悼王不幸早逝，吴起失去了坚强的靠山而遭到了楚国贵族的射杀，楚国变法也因此受到挫折。从此，楚国总的趋势是在走下坡路，直至灭亡。故而，后世的韩非子曾评价道："楚不用吴起而削乱"（《韩非子·问田》）。

到了战国中期，秦国用商鞅变法，齐国用邹忌变法，两国同时崛起。此后，韩、赵、燕各国都进行了程度不同的变法。而在整个战国变法运动中，秦国的商鞅因袭李悝、吴起，发扬光大，辅佐秦孝公进行了彻底的变法实践，可以说是中国历史上最全面、最成功、影响最为深远的一场变法。

秦国地处西部边陲，秦非子当年为周天子养马有功，故而得以在西周有栖息之地。之后，秦襄公护送周平王东迁，得西方边陲之地，获封诸侯，秦国的争霸之路由此开始。春秋中期，秦穆公吞并西戎十二国，战胜晋国，成为西方一霸。穆公之后，虽然秦国一直想进入中原获得更多的利益，然而与晋国交战，胜少败多。战国初期，秦国的争霸步伐一直被魏国成功阻挡："是时河、山以东强国六，淮、泗之间小国十余；楚、魏与秦接界。魏筑长城，自郑滨洛以北有上郡；楚自汉中，南有巴、黔中：皆以夷翟遇秦，摈斥之，不得与中国之会盟。"（《资治通鉴·周纪二》）秦孝公时期，意欲奋发图强，遂颁布"求贤令"："三晋攻夺我先君河西地，诸侯卑秦，丑莫大焉。……宾客群臣有能出奇计强秦者，吾且尊官，与之分土。"（《史记·秦本纪》）商鞅（约公元前395年~公元前338年）正在秦孝公求贤令的号召下来到秦国。他提出的"强国之术"，使处于困境中的秦孝公（公元前361~前338年在位）如遇"救命稻草"。

在秦国变法前夕，商鞅曾同秦国贵族代表甘龙、杜挚等就"变法"等问题展开过一场辩论。甘龙认为，"圣人不易名而教，智者不变法而治。因民而教，不劳而成功；缘法而治者，吏习而民安之。"杜挚说："利不百，不变法；功不十，不易器。法古无过，循礼无邪。"（《史记·商君列传》）而商鞅则认为，社会在不断发展变化，治国思想也应随之而改变，既不能复古，也不能保守："治世不一道，便国不法古。故汤、武不循古而王，夏、殷不易礼而亡。反古者不可非，而循礼者不足多。"（《史记·商君列传》）因此，"圣人苟可以强国，不法其故；苟可以利民，不循其礼"（《史记·商君列传》），"不法古，不修今"（《商君书·开塞》）。辩论的结果，商鞅占了上风。于是，公元前359年，秦孝公命商鞅颁布《垦草令》，从而拉开了秦国变法的序幕。

商鞅根据对战国历史特征的敏锐洞察，认为要想在乱世中求得生存，必须凭借一种强力："国之所以重，主之所以尊者，力也"（《商君书·慎法》），"多力者王"（《商君书·去强》）。而国家的实力主要来自农业："故治国者欲民之农也。"（《商君书·农战》）故而，富国强兵的关键，就在于大力发展农业："圣人知治国之要，故令民归心于农。"（《商君书·农战》）为此，商鞅变法要求秦国官吏、贵族、商人与农民一起全力开荒，做到"民不逃粟，野无荒草"（《商君书·去强》)。商鞅变法还把"尽地力"和"尽人力"有效结合起来，做到"地力"与"人力"的均衡和匹配："民胜其地者，务开；地胜其民者，事徕。"（《商君书·算地》）鉴于当时秦国"地广人稀"，而三晋"土狭民众"（《宋史·范纯仁传》）的状况，商鞅决定实行暂时免租免徭免役的政策，结果"山东之民无不西者矣"（《商君书·徕民》），从而极大充实了秦国的劳动力。

而为了充分利用国内劳动力，商鞅颁布《分户令》，强制成年男子独立分户："民有二男以上不分异者，倍其赋。"（《史记·商君列传》）而所有家庭及其成员都在国家的户籍上登记造册，"国境之内，丈夫女子皆有名于上，生者著，死者削"（《商君书·境内》），实行"编户齐民"制，改变了长期以来由乡间宗族控制的局面，由政府直接进行管理。如此一来，既可以按户籍人口授田于民，又可以保证稳定的税赋来源，还可以凭借户籍资料征召军士。从此，君主不再依靠贵族的私人军队，而是直接征发平民入伍，建立国家军队。

在变法过程中，商鞅基于"井田制"的弊端，颁布"为田开阡陌封疆"（《史记·商君列传》）① 法令，实行土地改革。他首先理清"仓口之数、壮男壮女之数、老弱之数、官士之数、以言说取食之数、利民之数、马牛刍藁之数"（《商君书·去强》）；以此为基础，实行"制土分民"（《商君书·徕民》），即根据田土的质量和数量分配给农民，破除地界，重新丈量土地，按亩征收田赋，鼓励人民开垦荒地，将贵族的闲置耕地收回国有后重新分配，允许土地自由买卖，等等。这些政策的实行，使农民的土地所有权得到了合法承认，从而极大调动了农民生产的积极性。

商鞅还主张由国家垄断山泽资源，使农村人口除了努力耕织，再无其他生活选择："壹山泽，则恶农、慢惰、倍欲之民无所于食。无所于食则必农。"（《商君书·垦令》）此外，商鞅还颁布了一些禁令：诸如"废逆旅"（禁止开设旅店，让流亡人口无所居留，旅客必须持有官府凭证）；"使民无得迁徙"（禁止民间自由搬迁）；"声（乐声）、服（戏服）无通于县"（《商君书·开塞》）（禁止县以下的各种声色娱乐活动，以免影响农业生产）；等等。

而为了使人们安心于农，商鞅又实施"抑商"。其理由是"民之内事，莫苦于农"（《商君书·外内》），"商贾之士佚且利"（《商君书·算地》），造成"农者寡而游食者众"（《商君书·农战》）的社会问题。故而，欲使人民安于农，必须对商贾加以限制："令商贾技巧之人无繁"（《商君书·外内》）。为此，商鞅变法规定，实行粮食贸易管制，使商人和游手好闲者只能以高价向国家购买口粮：

---

① "陌"指亩与亩之间的小道，"阡"指百亩与百亩之间的小道，封疆则指大块田地周围所建筑的封土堆和矮墙，是土地所有者的标记。

"使商无得籴，农无得粜。……无裕利，则商怯。商怯，则欲农"（《商君书·垦令》）；对商业征收重税："不农之征必多，市利之租必重"（《商君书·外内》）；等等。当然，商鞅并非完全禁止工商业，认为"农、官、商三者，国之常官也"（《商君书·弱民》），但依然主张以农业为本位。在其看来，如果不重视粮食生产，即使暂时增加了货币，还得去向别国购进粮食，导致"金粟两死，仓府两虚，国弱"（《商君书·去强》）；反之，如果重视农业生产，不仅可以保证国内粮食需要，还可出口换取货币，结果，"金、粟两生，仓、府两实，国强。"（《商君书·去强》）

商鞅不但把重农当成治国强兵的根本，而且将发展农业（粮食）生产与夺取战争胜利相联系，由此提出富国强兵的"耕战"（或"农战"）方略："耕战二者，力本"（《商君书·慎法》），"国之所以兴者，农战也"（《商君书·农战》）。农战的重要性是显而易见的："国待农战而安，主待农战而尊。"（《商君书·农战》）为此，商鞅提出全国皆兵："能壹民于战者，民勇；不能壹民于战者，民不勇。圣王见王之致于兵也，故举国而责之于兵"（《商君书·画策》），从而将民众的主要意向与行为纳入"国家军事化"轨道。而为了使百姓积极从事农战，商鞅改革旨在实现"利出一孔"（《商君书·靳令》），即用各种政治手段使臣民只有一条获得爵位、俸禄、富贵奢华的途径，便是积极参与"耕战"。

不仅如此，商鞅在政治上废除了世卿世禄制度，建立起"军功爵制"，规定：除了从事农战以外，不得授予官爵："善为国者，其教民也，皆从壹空而得官爵。是故不以农战，则无官爵。"（《商君书·农战》）同时，"明尊卑爵秩等级，各以差次名田宅，臣妾衣服以家次。有功者显荣，无功者虽富无所芬华。"具体而言，"能得（爵）首一者，赏爵一级，益田一顷，益宅九亩，一除庶子一人，乃得人兵官之吏。"（《商君书·境内》）即使宗室，如果没有军功，亦"不得为属籍"（《史记·商君列传》）。商鞅认为，只要"力尽而爵随之，功立而赏随之"（《商君书·错法》），人们必然就会尽力于农战，所谓："利出于地，则民尽力；名出于战，则民致死。"（《商君书·算地》）为此，商鞅还把农战作为国家的常规教育，"是故民闻战而相贺也，起居饮食所歌谣者，战也"（《商君书·赏刑》），由此培养出秦国士卒尚武、好战的风气："使民之所苦者，无耕；危者，无战"（《商君书·慎法》），"民之见战也，如饿狼之见肉也"（《商君书·画策》）。而对不积极从事农战甚至破坏农战者予以严惩，没有完成的要受重罚，从而达到这种境地："民见战赏之多则忘死，见不战之辱则苦生。赏使之忘死，而威使之苦生。"（《商君书·外内》）这些措施的实施，大大增强了秦国的军事实力，其结果："三军之众，从令如流，死而不旋踵。"（《商君书·画策》）

商鞅认为，为了保证农战策略的有效实施，还需要提高政府工作的效率：

"以日治者王，以夜治者强，以宿治者削。"（《商君书·去强》）为此，商鞅要求政府官员做到"无宿治"，即当天事必须当天干完，以提高政府工作的效率："无宿治，则邪官不及为私利于民。而百官之情不相稽，则农有余日；邪官不及为私利于民，则农不败。农不败而有余日，则草必垦矣。"（《商君书·垦令》）商鞅还把这种"无宿治"的措施和"断于下"思想结合起来："上令而民知所以应，器成于家而行于官，则事断于家。故王者刑赏断于民心，器用断于家……治国者贵下断，故以十里断者弱，以五里断者强。"（《商君书·说民》）意思是说，国君有命令，民众知道怎么执行，好比器物在家里做成却适合在官府里使用，这就是政事在家里判断。所以想要统一天下的人，在使用刑赏时，要让民众可以在心里判断怎么做受赏，怎么做受罚，就像在家里就可以判断怎么样为官府制造器物一样，所以治理国家最好的办法，就是让民众能自己判断他所做的行为是否受赏或受罚，等等。

在社会管理体制上，商鞅通过"集小（都）乡邑聚为县，置令、丞，凡三十一县"（《商君书·垦令》），建立县制，把原来分散的土地和人民纳入县的管辖之下，官员直接由国君任命，并实行俸禄制，从而将过去各级封建主的权力收归以君主为核心的最高权力中枢。同时，为了实现对人民的直接控制，商鞅在先前秦献公的"户籍相伍"制度（按五家为一伍的单位将全国人口进行编制）的基础上，还增加"什伍连坐法"，五家为一伍，十家为一什，相互监督检举，一家犯法，十家连坐，等等，从而使秦国的社会组织性大大增强。

纵观商鞅变法的整个过程，实际上就是一个将人民的意志和力量集中到农战上去的"抟力"的过程："故治国者，其抟力也，以富国强兵也"，故而，"凡将立国……事本不可不抟也。"（《商君书·壹言》）而为了更好地实现"抟力"，秦国严格禁止"私斗"："为私斗者，各以轻重被刑大小。"（《史记·商君列传》）因为频繁的私斗不但破坏生产，而且造成大量无辜劳动力的伤亡。当然，"抟力"之后，还需"杀力"，就是将力用到战争上，向外进行扩张。商鞅将此称之为"毒"，认为生力后一定要"输毒"。否则，只会导致人民安逸享乐、疲沓懈怠："力多而不攻，则有奸虱"（《商君书·壹言》），甚至导致国家走向衰落："力多而不用则志穷，志穷则有私，有私则有弱。故能生力不能杀力，曰自攻之国，必削。"（《商君书·说民》）这实际上也为秦国当时对外扩张的意图和行径提供了一个"充足"的理由。由此，商鞅构建了一个私欲膨胀、利欲熏心的激励机制，使秦人为了实现功利目的不顾一切。

商鞅通过二十年的变法实践，整个社会呈现出努力耕战、积极进取、奋发向上的蓬勃景象："民以殷富，国以富强，百姓乐用，诸侯亲服。"（《史记·李斯列传》）史载，荀子游秦时曾发表"观后感"："观其风俗，其百姓朴，其声乐不流污，其服不佻，甚畏有司而顺，古之民也。及都邑官府，其百吏肃然，莫不恭俭、敦敬、忠信而不楛，古之吏也。入其国，观其士大夫，出于其门，入于公门；出于公门，归于其家，无有私事也；不比周，不朋党，倜然莫不明通而公也，古之士大夫也。观其朝廷，其朝闲，听决百事不留，恬然如无治者，古之朝也。故四世有胜，非幸也，数也。是所见也。故曰：佚而治，约而详，不烦而功，治之至也，秦类之矣。"（《荀子·强国》）无独有偶，韩非入秦也作过类似的对比："彼法明，则忠臣劝；罚必，则邪臣止。忠劝邪止而地广主尊者，秦是也；群臣朋党比周以隐正道行私曲而地削主卑者，山东是也。"（《韩非子·饰邪》）

商鞅尽管在秦孝公死后为旧贵族势力所杀，但"商君虽死，秦法未败"（《韩非子·定法》），之后的秦统治者依然皈依商鞅变法的种种举措，使秦国迅速崛起，一跃而成为战国七雄中的最强国，从而为此后秦统一中国奠定了牢固的基石。《汉书·食货志》言："孝公用商鞅之法，坏井田，开阡陌，急耕战之赏，虽非古道，犹以务本之故，倾邻国而雄诸侯……移风易俗，民以殷盛，百姓乐用，诸侯亲服，获楚魏之师，举地千里，至今治强。"可以说，在战国诸子中，只有法家做到了与时俱进，为国家统一提供了切实的措施，因而法家成为诸子争锋的最后赢家——齐用管仲而霸，秦用商鞅而强并最终一统天下。

第二节　王霸争衡及个体生存困境

到了战国中期，先秦诸子的思想争论焦点，日渐集中于儒家和法家之间，形成"为政以德"和"缘法而治"的对立，即"王道"与"霸道"的分殊。作为孔子衣钵的继承者，孟子首开王霸之辩，并引发了激烈的争论。到了战国晚期，秦国统一天下的趋势日益明显。在此情势下，荀子认识到只有儒法融合，才是天下政治的最终归宿。而随着战国时代诸侯兼并日趋激烈，人民生活更为困苦，个体的生存困境与选择，日渐成为人们密切关注的问题。对此，继承老子道家思想的庄子，为世人提供了自己独特的思考。

一、从王霸分殊到王霸并举

在战国变法运动中，为了实现富国强兵的目的，法家提出的一个重要举措，就是"缘法而治"。在传统礼治秩序下，"法"寓于"礼"，其基本含义等同于

"刑"。到了战国时期，随着法家的崛起，"法"逐渐从"礼"的笼罩下独立开来，与"礼"分庭抗礼，最终形成战国时期各国所奉行的"法"。在商鞅看来，"世事变而行道异也"（《商君书·开塞》）。由于古时的民风厚朴，所以君王以德就可以治理好天下；而今世则是强国事兼并，弱国务力守，民风巧伪，诸侯国君要想维持自己的统治和取得兼并战争的胜利，就必须实行"以力服人"和"缘法而治"的"霸道"。为此，商鞅基于对"好利恶害"的现实人性的把握，进一步阐述了以"刑赏"为主要内核的"法治"的可行性："人君（生）而有好恶，故民可治也。……好恶者，赏罚之本也。夫人情好爵禄而恶刑罚，人君设二者以御民之志，而立所欲焉。"（《商君书·错法》）

而为了使法成为全社会必须严格遵守的言行标准，获得莫大的权威，在商鞅看来，必须做到：其一，法律在制定之初就应做到清楚明白，并保持法律的稳定性，不得随意更改，"故圣人为法，必使之明白易知，名正，愚知遍能知之……行法令，明白易知……万民皆知所避就，避祸就福，而皆以自治也"（《商君书·定分》），"有敢剟定法令，损益一字以上，罪死不赦"（《商君书·定分》）。其二，信赏罚必。商鞅认为，"民信其赏，则事功成；信其罚，则奸无端"（《商君书·修权》），"法之不行，自上犯之"（《史记·商君列传》），故当时秦国太子犯法，商鞅遂动之以刑，从而将诚信理念灌输到了社会的底层，以致"秦妇人婴儿皆言商君之法"（《战国策·秦策一》）。其三，法不阿贵，刑无亲疏："自卿相、将军以至大夫、庶人，有不从王令、犯国禁、乱上制者，罪死不赦"（《商君书·赏刑》），"赏厚而信，刑重而必，不失疏远，不违亲近"（《商君书·修权》）。其四，赏罚分明，轻罪重罚。商鞅主张刑赏并举、赏罚分明，但在商鞅那里，二者地位不同：就赏的范围而言，商鞅主张"少赏"，对一般的"善行"不予赏赐，只赏农战与告奸："告奸者与斩首者同赏"（《史记·商君列传》）；而就赏的规格而言，商鞅主张"厚赏"，凡是"戮力本业，耕织致粟帛多者复其身"（《史记·商君列传》）。相对于"赏"而言，商鞅更注重用重刑。这样做的主观动机在于："重罚轻赏，则上爱民，民死上；重赏轻罚，则上不爱民，民不死上。"（《商君书·去强》）而在实践上则可以起到"以刑去刑""民不敢试"的效果："行罚重其轻者，轻其重者，轻者不至，重者不来，此谓以刑去刑，刑去事成"（《商君书·靳令》），"民不敢试，故无刑也。……故禁奸止过，莫若重刑。"（《商君书·赏刑》）因而，轻罪重罚是使人忍一时之苦而收长久之利的强国方略："故重轻，则刑去事成，国强。"（《商君书·说民》）此外，商鞅还主张从小处着手，"治于治之时"，将"小过"在萌芽中就予以消除，因为"刑加于罪所终，则奸不去……故王者刑用于将过，则大邪不生"（《商君书·开塞》）。

商鞅变法以严刑峻法治国，取得了明显的效果："法大用，秦人治"（《史记·秦本纪》），"秦人大说，道不拾遗，山无盗贼，家给人足。民勇于公战，怯于私斗，乡邑大治"（《史记·商君列传》）。然而，这种重刑主义一直饱受诟病。在文子学派看来，法治致力于精细严密，使法律条文烦多苛细，人们为躲避法律的惩罚，势必绞尽脑汁，钻法律的空子："法烦刑峻，即民生诈；上多事，则下多态；求多，即得寡；禁多，即胜少。以事生事，又以事止事，譬犹扬火而使无焚也；以智生患，又以智备之，譬犹挠水而欲求其清也。"（《文子·道德》）同时，法家对人性采取一种漠视的态度，往往纯然用冷酷的、机械的、物化的眼光对待自己的同类，结果是招致的反对抵触更多："事烦难治，法苛难行，求多难赡。"（《文子·上仁》）为此，文子主张"法省而不烦""法宽刑缓"（《淮南子·主术训》），以取代法家的"严刑峻法"，从而给人们留下一点自由、宽松的生活空间。

不过，在战国后期的韩非看来，宽缓之法与时代潮流不相符合："如欲以宽缓之政，治急世之民，犹无辔策而御悍马，此不知之患也"（《韩非子·五蠹》），"今缓刑罚行宽惠，是利奸邪而害善人也。"（《韩非子·难二》）为此，韩非依然秉承商鞅"轻罪重罚"的理念："重罪者，人之所难犯也；而小过者，人之所易去也。使人去其所易，无离其所难，此治之道。夫小过不生，大罪不至，是人无罪而乱不生也。"（《韩非子·内储说上》）在韩非看来，对轻罪实行"重刑"符合人们的畏惧心理和利害原则："所谓重刑者，奸之所利者细，而上之所加焉者大也；民不以小利蒙大罪，故奸必止者也。"（《韩非子·六反》）实行重刑，就是要造成一种畏慑气氛，促使人们用理智的力量控制自己的行为："人有祸则心畏恐，心畏恐则行端直，行端直则思虑熟，思虑熟则得事理。"（《韩非子·解老》）故而，身处"大争之世"（《韩非子·八说》）的韩非，反反复复告诫君主要"务力"："力多则人朝，力寡则朝于人，故明君务力。夫严家无悍虏，而慈母有败子，吾以此知威势之可以禁暴，而德厚之不足以止乱也。"（《韩非子·显学》）

与商鞅一样，韩非也认为，人人都有追求切身利益的"自为心"："人无毛羽，不衣则不犯寒；上不属天而下不著地，以肠胃为根本，不食则不能活；是以不免于欲利之心。"（《韩非子·解老》）这一天性决定了人们的行为必然是趋利避害的："好利恶害，夫人之所有也。"（《韩非子·难二》）在韩非看来，既然人的本性是趋利避害，故而只能顺应人的这种本性，采用刑、赏"二柄"，以严刑禁奸，以爵禄赏功，从而驱使老百姓致力于耕战："至夫临难必死，尽智竭力，为法为之"（《韩非子·饰邪》），"利之所在民归之，名之所彰士死之"（《韩非子·外储说左上》）。韩非对此补充解释道，尽管高尚之人用不着奖赏也可以努力耕战，刑罚也不能禁止下贱之人的不法行为，但不能因此而抛弃赏罚："天下太上之士，不可以赏劝也；天下太下之士，不可以刑禁也。然为太上士不设赏，为

太下士不设刑，则治国用民之道失矣。"（《韩非子·忠孝》）

相比之下，儒家也有赏罚，但更多求诸于个人对周礼的理解和把握，并没有明确的、可操作的条文；而赏罚作为法家的激励和惩戒之道，是公开的、透明的、可操作的。同时，法家的赏罚以功过为依据，不论动机。为此，韩非反对儒家"教民怀惠"的主张："惠之为政，无功者受赏，而有罪者免，此法之所以败也"；"法败而政乱，以乱政治败民，未见其可也"（《韩非子·难三》）。韩非认为，法治的最高境界是，民众受赏也不会感激君主，受罚也不会怨恨君主，因为这些都是由于自身的行为所致，而与君主无关："今有功者必赏，赏者不得君，力之所致也"，"有罪者必诛，诛者不怨上，罪之所生也"（《韩非子·难三》）。如此一来，民众自然会积极建功立业："民知诛罚之皆起于身也，故疾功利于业，而不受赐于君。"（《韩非子·难三》）因此，韩非主张，最高明的君主不跟民众发生利害关系，即"上君之民无利害"（《韩非子·难三》）。这一论调似乎与儒家思想殊途同归，都是强调人的自我约束，但儒家的自我约束来自道德修养，法家的自我约束则是来自国家法度。

同为法家的重要代表人物，韩非超越商鞅的地方在于，他以老子的道家哲学为基础，进一步对法治的合理性进行了哲学的论证。在老子的观念中，天地万物始终遵循着"道"，各得其所，各处其宜。在韩非看来，"法"正是自然规律在政治领域中的体现："道者，万物之始，是非之纪也。"（《韩非子·主道》）凭借个人的智能和才能容易发生失误，而按规律和法办事万无一失，所谓"道法万能，智能多失"（《韩非子·饰邪》），因此，韩非主张"以道为常，以法为本"（《韩非子·饰邪》），即治国理民要按客观规律办事，以法作为治国的根本。如此一来，国家自然就能治理得很好："古之牧天下者……因道全法……治之至也。"（《韩非子·大体》）因此，"一民之轨，莫如法"（《韩非子·有度》），"明主不可须臾忘于法"（《商君书·慎法》）。

这种以"道"为准则来对人的行为和制度进行正当性论证的方式，与西方人习惯于将"自然"作为道德和法律的理论基础相类似，二者都秉承对自然规律客观性的信仰与追求。在古希腊时期，柏拉图由于认识到人类的本性永远倾向于贪婪与自私，因而便从其最先的"哲学王"主张转向对法治的推崇："人类必须有法律并且遵守法律，否则他们的生活将像最野蛮的兽类一样。"① 作为柏拉图思想的继承者，亚里士多德也认识到人和制度的缺陷及不完备性，指出，法律是"摒绝了欲望的理智"，代表理性的统治，因此，"法治应当优于一人之治"，"法

_____

① 《柏拉图全集》第3卷，人民出版社2003年版，第518页。

律是最优良的统治者"。① 这种对理性的推崇，成为西方自然法观念最具特色的标识和观念基础。这种自然法传统认为，法律以秩序为直接目标，为了人们能够更好地生活而建立一种规则，即体现自然法精神的人类法律。同样，在法家那里，法就像度量衡一样，是一套客观规则："尺寸也，绳墨也，规矩也，衡石也，斗斛也，角量也，谓之法。"（《管子·七法》）商鞅认为要使"法"像"日月"那样恒常和公平："明主之使其臣也，用之必加于功，赏必尽其劳。人主使其民信此如日月，则无敌矣。"（《商君书·弱民》）由此出发，法家对人治思想提出了批判。慎到说："君人者，舍法而以身治，则诛赏予夺，从君心出矣。……君舍法，而以心裁轻重，则同功殊赏，同罪殊罚矣，怨之所由生也。……故曰：大君任法而弗躬，则事断于法矣。法之所加，各以其分，蒙其赏罚而无望于君也，是以怨不生而上下和矣。"（《慎子·君人》）"官不私亲，法不遗爱，上下无事，唯法所在。"（《慎子·君臣》）韩非指出："释法术而任心治，尧不能正一国。去规矩而妄意度，奚仲不能成一轮。"（《韩非子·用人》）

　　法家注重客观性，避免主观随意性，虽然并不能保证绝对的社会公正，但较儒家而言，显然更有利于实现社会公正。相比之下，在儒家礼治秩序中，社会地位与社会关系总是处于优先地位，所以其合理性要低得多。在实践中，法家通过"一断于法"（《史记·太史公自序》）的制度设计，打破了"别亲疏，殊贵贱"的传统"礼治"秩序，从而极大地推动了当时的政治变革。故而，自战国中期以来，法家一时成为"圣之时者"。然而，基于对儒家仁政立场的维护，孟子将法家放在了儒家的对立面，并对王道和霸道进行了严格区分。"王道"原本是先秦诸子的共同话语，当然内容不尽相同，该词最早见于《尚书·洪范》："无偏无党，王道荡荡；无党无偏，王道平平；无反无侧，王道正直。"而按照孟子的解释，王道具有道德的规定性，即"以德行仁者王"（《孟子·公孙丑上》），典型代表是夏商周三代的圣王。自此，王道遂成先秦儒家的"一家之论"。而与王道相对应的，则是"以力假仁者"（《孟子·公孙丑上》）的霸道，典型代表便是春秋五霸以及战国七雄的兼并之道。在此意义上而言，王道的负笈者是儒家，霸道的鼓吹者则是法家。自此，"王霸之辨"遂专指儒法争衡。

　　孔子的仁学尽管把血缘关系推广到现实的人际关系中，但他对仁的本源性并未作出更多的诠释。孟子继承了孔子"仁"的社会理想，超越血缘亲情而径直将"善"作为人内在固有的品性，认为，"人皆有不忍人之心"（《孟子·公孙丑上》），人人皆有实现善的能力："君子所性，仁义礼智根于心。"（《孟子·尽心上》）这些善心包括分别作为仁、义、礼、智之端的"恻隐之心""羞恶之心"

---

① 亚里士多德：《政治学》，商务印书馆1965年版，第167、171页。

"恭敬之心""是非之心"等。孟子通过"乍见孺子将入与井"而援之以手的例子，博爱之情并不须血缘亲情的层层外推。孟子正是从性善论的立场出发，指出，君王首先自己必须具有高尚人格，才能治理国家社会："一正君而国定矣"，"惟仁者宜在高位"（《孟子·离娄上》）。要推行仁政、王道，君王应做民众的表率，上行下效，使百姓与君王同心："先王有不忍人之心，斯有不忍人之政矣。以不忍人之心，行不忍人之政，治天下可运之掌上。"（《孟子·公孙丑上》）这自然就需要君主与大臣不断加强自己的德性修养："亲亲，仁也；敬长，义也。"（《孟子·尽心上》）孟子进而把"亲亲""敬长"的仁义道德推广到全社会："老吾老，以及人之老；幼吾幼，以及人之幼"（《孟子·梁惠王上》），主张统治者应"乐以天下，忧以天下"（《孟子·梁惠王下》）。然而，在现实生活中，君王往往会因外界环境的影响或自我的放纵而偏离正轨。为此，孟子要求大臣们肩负起"正君心"的重任："务引其君以当道"（《孟子·告子下》）。这种力图对君主权力进行制衡的主张，与极力强调"君权独尊"的后世儒家，显然存在一定的差别。

在孟子的致思取向中，由于人性本善，故而，可以用"仁政"方法引导人民，即对民众施以道德教化，而非采用刑罚惩戒："善政，民畏之；善教，民爱之。善政得民财，善教得民心。"（《孟子·尽心上》）孟子乐观预期，只要能保持善性并加以发扬，就会成为圣人，即"人皆可以为尧舜"（《孟子·告子下》）。不过，作为儒家的忠实维护者，孟子认为，社会等级的区分是天然合理的，故而他希望社会生活中的每个人都能自觉服从这种秩序安排："劳心者治人，劳力者治于人；治于人者食人，治人者食于人，天下之通义也"，"无君子莫治野人，无野人莫养君子"（《孟子·滕文公上》）。

孟子的"性善说"似乎为儒家的德治图式找到了一个看似合理的心性凭借，但是，这种将政治理想建基于统治者的同情心及"推恩"之上的做法，显得并不可靠。据《史记·孟子荀卿列传》记载，孟子所到之处，多被看作"迂远而阔于事情"，"当是之时，秦用商君，富国强兵；楚、魏用吴起，战胜弱敌；齐威王、宣王用孙子、田忌之徒，而诸侯东面朝齐。天下方务于合纵连横，以攻伐为贤，而孟轲乃述唐、虞、三代之德，是以所如者不合"。在荀子看来，人的不断膨胀的欲望与生存资源的相对匮乏，正是造成社会争斗和动乱的根源："欲恶同物，欲多而物寡，寡则必争矣。"（《荀子·富国》）因此，必须对恶的人性加以控制，使人们的行为合乎社会的要求："今人之性恶，必将待师法然后正，得礼义然后治。今人无师法，则偏险而不正；无礼义，则悖乱而不治。"（《荀子·性恶》）为此，荀子特别强调了"圣人君师"的作用："君子者，礼义之始也……无君子，则天地不理，礼义无统，上无君师，下无父子，夫是之谓至乱。"（《荀子·王制》）这个过程，就是所谓"化性起伪"："圣人化性而起伪，伪起而生礼仪，礼仪生而制法度……起礼义，制法度，以矫饰人之情性而正之，以扰化人之情性而导之也。"（《荀子·性恶》）

作为战国晚期儒家的重要代表人物，荀子坚持儒家的仁义立场，对当时群雄争霸、滥杀无辜的行为进行了强烈的鞭笞："行一不义，杀一无罪，而得天下，仁者不为也。"（《荀子·王霸》）但是，在荀子看来，不能空洞地论述儒家"德治""仁政"，儒家欲求发展，必须因现实形势的转变作出调整。荀子晚年游秦，亲见秦国"威强乎汤武"的"治之至"（《荀子·强国》）局面。为此，荀子一改传统儒家鄙薄霸道的态度，主张兼用王霸："人君者，隆礼尊贤而王，重法爱民而霸"（《荀子·强国》），并提出"隆礼重法"方略："治之经，礼与刑，君子以修百姓宁。明德慎罚，国家既治四海平。"（《荀子·成相》）在荀子看来，礼义教化虽然可以"赏不用而民劝，罚不用而民服"（《荀子·君道》），但礼义教化不是万能的，对于那些不能用礼义教化的人，则必须待之以刑罚："故不教而诛，则刑繁而邪不胜；教而不诛，则奸民不惩；诛而不赏，则勤厉之民不劝。"（《荀子·富国》）当然，如果不进行礼义教化而单靠刑罚，也不能制止作恶："赏庆刑罚势诈不足以尽人之力。"（《荀子·议兵》）因此，治理国家应礼法结合，双管齐下，"善者教之，恶者惩之"（《荀子·王制》）。不过，荀子仍然秉持儒家的传统，认为法从属于礼，法应依据礼义而制定："礼者，法之大分，类之纲纪也"（《荀子·劝学》）。此种法律用荀子的话说就是"礼法"，就是指在立法上体现礼的精神、在司法上维护礼的法律。否则，就不是真正的法律："故非礼，是无法也。"（《荀子·修身》）可见，礼治与王道优先，这是荀子为儒家学说确立的基本原则。在此原则之下的礼法互补、王霸并用，便成为汉代以后历代王朝治理国家的基本模式。故而，如谭嗣同所言："二千年来之学，荀学也。"①

究其实质，法家同儒家争论的焦点并不在于要不要道德。孔子虽然反对子产的"铸刑鼎"，但也对子产"德法兼行"的治绩予以肯定："其养民也惠，其使民也义。"（《论语·公冶长》）孔子认为，统治者不仅要关怀"德"，而且要关怀"刑"，二者同为治国不可缺少的工具："礼乐不兴，则刑罚不中；刑罚不中，则民无所措手足。"（《论语·子路》）孟子同样主张把道德和法度结合起来，共同作为治国的工具："徒善不足以为政，徒法不足以自行。"（《孟子·离娄上》）不仅如此，孟子也认为，法律必须受道德的制约。孟子的弟子桃应所设计的"桃应难题"，充分说明了这一点：假如舜为天子，皋陶为司法官，舜的父亲瞽叟杀了人，那么舜该怎么办呢？孟子认为，舜应该首先让皋陶带人把他父亲抓起来，关

---

① 谭嗣同：《谭嗣同全集》，中华书局 1981 年版，第 337 页。

入监狱，然后舜再偷偷背负其父逃到海边隐居下来，丢掉天子之位，与其父快快乐乐度过一生："舜视弃天下犹弃敝跷也。窃负而逃，遵海滨而处，终身欣然，乐而忘天下。"（《孟子·尽心上》）这个故事所蕴藏的含义是：当道德与法律发生矛盾的时候，必须舍弃法律而成全道德。

而法家一贯是站在儒家教化之道的对立面的。商鞅指出，"仁者能仁于人，而不能使人仁；义者能爱于人，而不能使人爱。是以知仁义之不足以治天下也。圣人有必信之性，又使天下不得不信之法。……饿不苟食，死不苟生。此乃有法之常也。圣王者，不贵义而贵法——法必明，令必行，则已矣。"（《商君书·画策》）就是说，仁者能够做到的仅仅是使自己成为仁者，而不一定把他人也变成仁者——所谓"推爱不远"。尽管现实中教化成功的例子也不少，但教化缺乏必然性，并非"不得不信之法"（《商君书·画策》）。在商鞅看来，儒家将伦理扩张为政治的做法不太适合现实政治的需求，只有做到"法明""令行"，让人们对统治者的法令充分信赖，才能实现有效的统治。韩非秉承商鞅这一主张，进一步指出，君主治国应"不恃人之为吾善也，而用其不得为非也……故有术之君，不随适然之善，而行必然之道"（《韩非子·显学》）。故而，儒家将伦理法则外推为治国原则存在一个根本的错误："是以知仁义之不足以治天下也"（《商君书·画策》）。

春秋战国之际的王政衰微、礼崩乐坏，使得社会生活中丧失了基本的价值准则。法家认为，既然时代已经发生变化，那么确立社会秩序的基础也必须改变。与儒家倡导"以德示范"的教化之道不同，在法家那里，整肃社会秩序的关键在于确立一个客观、公正的价值准则，即以"法"作为最基本的价值准则来支撑一种新的社会和道德秩序，所谓："官不私亲，法不遗爱，上下无事，唯法所在。"（《慎子·君臣》）在这一点上，法家的目标与儒家其实是一致的，即都指向一种道德的社会秩序："为人臣忠，为人子教，少长有礼，男女有别"（《商君书·画策》），"故其治国也，正明法，陈严刑，将以救群生之乱，去天下之祸，使强不凌弱，众不暴寡，耆老得遂，幼孤得长，边境不侵，君臣相亲，父子相保，而无死亡系虏之患"（《韩非子·奸劫弑臣》）。那么，这种道德秩序如何可能？商鞅指出："刑生力，力生强，强生威，威生德，德生于刑。"（《商君书·说民》）就是说，恩德并非来自说教、内省的作用，而是能靠力战、刑法等强力手段和途径获取的。因此，只有圣明的君主才会拥有实力，才能在天下奉行仁义。这便是商鞅所认为的杀戮、刑罚能够回归于道德，而道义反而合乎残暴的道理："天下行之，至德复立。此吾以杀刑之反于德，而义合于暴也。"（《商君书·开塞》）

应该说，道德与法律作为维护社会秩序的两种基本手段，自然都是不可或缺的。在法律不完善的情况下，道德的力量有时可以最大限度地维护个人权利和社会正义。然而，这一切都必须以遵守规则和制度为前提。换言之，"有法之常"（《韩非子·守道》）作为治国的基本准则是道德所不可取代的。在儒家那里，德治必待尧、舜那样的"圣人"以身作则而得以实现，然而，尧、舜"千世而一出"（《韩非子·难势》），因而，以"圣人"的标准要求每一个在现实世界中执政的君王，只能是一件稀世之举。在法家看来，君主治国针对的是全体国民，而君子只占全体国民的极少部分，所以，治国之道不能像儒家那样按君子的特点来制定。韩非指出，在一个秩序混乱、社会动荡的环境中，除了极少数的君子，人人都把个人的利益看成高于一切，因而，治国的方略只能根据小人的特性来制定。这类似于西方哲学家休谟所讲的"无赖法则"："政治家们已经确立了这样一条准则，即在设计任何政府制度和确定几种宪法的制约和控制时，应把每个人都视为无赖。"① 在韩非看来，德治的方法不仅无益于改造小人，甚至会使仅有的君子也成为小人；而只有"法"才能够发展公利并保护任何人的私利，故而，"奉法者强，则国强；奉法者弱，则国弱"（《韩非子·有度》）。

二、个体的生存困境与庄子的诉求

儒、墨、法家在为治国兴邦、天下统一而奔走呼号之际，有士人则为个体的生存而忧虑。典型代表当推战国初期的杨朱和战国晚期的庄子。杨朱倡导"不入危城，不处军旅，不以天下大利易其胫一毛"（《韩非子·显学》），坚持将个体生命存在的意义置于最高位，旗帜鲜明地强调"为我""贵己""不以物累形"（《淮南子·氾论训》），明显表现出一种疏离王权的政治态度。在庄子生活的战国时代，社会状况比老子时代更加惨烈和危险："今世殊死者相枕也，桁杨者相推也，刑戮者相望也。"（《庄子·在宥》）面对如此现实，庄子从普通个人的角度出发，开出了一剂如何处乱世的"药方"："无用之用"。他举例说，栎社树因为是"不材之木，无所可用"，故能终其天年；宋国荆氏之楸柏桑却因有大用，而"中道夭于斧斤"（《庄子·人间世》）。一句话，皆因有用，而不能自保。庄子为此慨叹道："人皆知有用之用，而莫知无用之用也。"（《庄子·养生主》）

庄子的"无用"观来自他面对现实困境时的观察与沉思，即世人只看到和沉迷于物所呈现出来的表面功用，却看不到这种功用给物所带来的深层危险，以至于人为物役、物为人役。庄子这一思想通常被以为是不尽社会责任的混世主义。其实，对于处在"窃钩者诛，窃国者为诸侯"（《庄子·胠箧》）时代的普通民众来说，"无用之用"不啻是一付保身全年、避免为君主所迫害的良药。

---

① 休谟：《休谟政治论文选》，商务印书馆 2010 年版，第 32 页。

在庄子看来，法家利用人的趋利之心驱使民众为其所用，必然使天下陷入无穷的争斗和动乱："荣辱立然后睹所病，货财聚然后睹所争。"（《庄子·则阳》）刑罚非但无益于治世，还有害于世道的安定太平："赏罚利害，五刑之辟，教之末也；礼法度数，形名比详，治之末也。"（《庄子·天道》）相比之下，法家禁锢的只是人的手足和肉身，而儒墨以仁义正心，以礼、刑正形，对人的危害更为全面而深入，且更具有迷惑性、欺骗性："自虞氏招仁义以挠天下也，天下莫不奔命于仁义。"（《庄子·骈拇》）儒墨的仁政、义政，其实质乃是使人殉于仁义，而失却天性和自由生活："是得人之得而不自得其得者也，适人之适而不自适其适者也。"（《庄子·骈拇》）不仅如此，儒家"以仁义撄人之心"（《庄子·在宥》），在现实政治中必将为强者所盗用，沦为欺骗天下、以逞其私的工具。由此，君王行使仁义之道，大概也是虚伪非真的："君虽为仁义，几且伪哉！"（《庄子·徐无鬼》）

在庄子看来，先秦各家的治道逻辑，都旨在"齐一万民"、将人驱入一途。这种共性决定了儒、墨、法家之政道一旦贯彻，最终都必将趋向"天下一统"。然而，在庄子看来，根本不存在也更不应该有所谓统一，没有任何根据和理由将所有人纳入某种普遍"正道"之中，人人应自正其正、各尽其性："彼正正者，不失其性命之情。故合者不为骈，而枝者不为跂；长者不为有余，短者不为不足。"（《庄子·骈拇》）这一"各有其是非""以不齐为齐"的思想，便是庄子著名的"齐物论"，它意味着对大小美丑的天然肯认，从而与对贵贱贤愚进行人为区分的儒家"齐之以礼"相区别。同时，它蕴示着对个体之独立性的认同，以及对个体差异的维护："奚旁日月，挟宇宙？为其脗合，置其滑涽，以隶相尊。众人役役，圣人愚芚，参万岁而一成纯。万物尽然，而以是相蕴。"（《庄子·齐物论》）

显然，这种"齐物"观超出了儒家的圣人威权、礼教传统的神圣地位，以及重视整体、向往一统的思想樊圃，而抵达"使物自喜"的理想政治状态，由此展现出以挺立主体的独立性和多元性为鹄的一种政治哲学的新取向："汝游心于淡，合气于漠，顺物自然而无容私焉，而天下治矣。"（《庄子·应帝王》）按照庄子的观点，每个人既不用承担社会、政治的外在压力，也不用期待圣人来解救或建构自己的生命。相反，"生命"是"秩序"的创造者，而非服从者。在庄子看来，"相濡以沫，不如相忘于江湖"（《庄子·大宗师》），就是说，"相濡以沫"虽能表现彼此间的恩爱，但与其如此艰难，还不如身处浩瀚的江湖各自畅游。庄子通过对"相濡以沫"的批判，所要表达的是，儒家"藏仁以要人"（《庄子·应帝王》）的治理机制，使人们将自己的生命异化于"名"之中，丧失了个体的自然之性命："自三代以下者，天下莫不以物易其性矣。小人则以身殉利，士则

以身殉名，大夫则以身殉家，圣人则以身殉天下。"(《庄子·骈拇》)

庄子认为，唯一能做的，便是祈求君主顺应自然，无为而治，从而把君主的危害局限在最小的范围。这便是庄子所崇尚的"明王之治"："明王之治，功盖天下而似不自己，化贷万物而民弗恃；有莫举名，使物自喜；立乎不测，而游于大有者也。"(《庄子·应帝王》) 就是说，只要统治者能收敛自己的无端行为和欲念，不对百姓所做之事加以干预，则天下自然会不治而治。显然，这与哈耶克的自生自发秩序在内涵上也是一致的，即政府或管理者让自生自发秩序得以展现和运行，而不是去人为创建新的秩序。按照这一"无为"原则，个体只有通过不断地寻找适合于自身的道路，从而成就自身："道之真以治身，其绪余以为国家，其土苴以治天下。"(《庄子·让王》) 在这种社会治理秩序下，每个人生活在其中都能够做到各适其性，从而自在地逍遥于天地之间。

由此，庄子提出了他对理想社会的构思——"至德之世"，或称"建德之国"(《庄子·山木》)、"藐姑射之山"(《庄子·逍遥游》)、"无何有之乡"(《庄子·逍遥游》)、"赫胥氏之时"(《庄子·马蹄》)，等等。庄子认为，在"至德之世"，君王遵道无为，民众逍遥自由，社会中无君与民的等级差别，也无君子和小人的道德区分，人们素朴纯真，无知无欲，与禽兽和睦相处，自然万物随意生长不受干扰："夫至德之世，同与禽兽居，族与万物并，恶乎知君子小人哉？同乎无知，其德不离。同乎无欲，是谓素朴。素朴而民性得矣。"(《庄子·马蹄》) 庄子的这一"乌托邦"构想，可以说是在战国乱世中个体存在的一种理性觉醒，即庄子所言"吾丧我"。这一理论建构让身陷绝望的世俗之人看见希望之光，也时刻提醒世人不要为世俗之网所束缚。故而，在中国思想史上，庄子一直被视为追求个性自由的象征。

当然，庄子也承认，对有形的肉身之人来说，难以有真正的自由可言：一方面，有肉身就必有欲望，人欲生存便不得不为之所累；另一方面，人与他人共在，势必被社会规范所裹挟和宰制："有人之形，故群于人。"(《庄子·德充符》) 为此，庄子提出了其众所周知的"无心无情"之说。在《德充符》中，庄子阐明了这一生存智慧：王骀、申徒嘉、叔山无趾、哀骀它等这些奇人，之所以能不受肉身之限而能逍遥达生，关键就在于："有人之形，无人之情"，以"无情"而"忘形"，对一切漠然无动于衷(《庄子·庚桑楚》)。

在这里，我们显然能够体会到一个内心充满矛盾、无限悲苦的庄子："知其不可奈何而安之若命，德之至也。"(《庄子·人间世》) 但在尘世总得为困境找到一个解脱之路。于是，作为"无心无情"的极致，向往"死亡"便成为形与神、灵与肉之间矛盾的最终消解。庄子的这种先行到死、向死而在的"死亡美学"，实质上不是对生的否定和对自由的否弃，恰恰相反，在庄子那里，"死"

与"忘""梦"一样都是一种隐喻，都是借以表达对彻底摆脱肉身之累、灵肉矛盾及一切现实束缚和压迫，实现真正自由的无限憧憬和渴望。然而，这种死亡美学也证明了庄子其实也清醒地认识到这种"无己"之道注定是难以真正落实的。[①] 这便是庄子死亡美学所流露出的悲剧底色："人之生也，固若是芒乎？其我独芒，而人亦有不芒者乎？"（《庄子·齐物论》）。

第三节　百家合流：专制的理论序曲

先秦诸子经过长期的治道论争，在与现实的激烈冲撞中，儒、墨、道等各家学说因其保守性、理想性或消极性，更像是一种智慧的思辨，而不是一种理性的思考，故而有悖于时代潮流。而只有法家学说，以其与时俱进的现实品格和理性精神，赢得了时代的青睐。在"百家争鸣"中，尽管诸子分歧犹存，但也暗含着"趋同"的思想因子。最终，战国中晚期"尚力"的社会现实，促使各家学说以法家学说为"基调"，共同奏响了"尊君""尚贤"与"崇公"的时代旋律，从而为其后君主专制体制的形成奠定了思想前提。

一、集权与尊君：战国时代的主旋律

进入战国时代，随着诸侯权力的急剧膨胀，"威分于陪臣之邦，国殄于后封之秦"，"天下乖戾，无君君之心"（柳宗元：《封建论》）。国家对社会的控制能力持续减弱，人们的利益实现完全游离于君主之外。当是时，各国都深陷于战乱与危机之中，为了在竞争中取胜，就必须集中一切战争资源，建立起一元化的社会体制："夫擅国之谓王，能专利害之谓王，制杀生之威之谓王。"（《战国策·秦策三》）正是在这种"争于气力"的社会情势下，先秦诸子共同奏响了强化君主集权的"主旋律"。如肖公权先生所言："侵略与自卫皆有待于富强。于是君权之扩张遂同时成为政治上之需要与目的。"[②]

而最能体现这种政治走向和特点的，便是法家。在法家看来，社会混乱主要是源于权力过于分散的分封制："纣之亡，周之卑，皆从诸侯之博大也。"（《韩

---

① 参见储昭华：《庄子生死观的政治哲学解读》，载于《华中师范大学学报》（人文社会科学版）2015 年第 1 期，第 87 页。

② 肖公权：《中国政治思想史》，辽宁教育出版社 1998 年版，第 210 页。

非子·爱臣》）如欲摆脱战乱，消除无序状态，则必须加强王权和强化中央集权。而现实中"集权"的实现，有赖于观念上的"尊君"："权者，君之所独制也"（《商君书·修权》）。只有既富国强兵又能集中国内的一切力量，才有可能与列国逐鹿中原。由此，掀起了一场轰轰烈烈的战国变法运动。在战国变法运动中，最彻底、最成功、影响最为深远的，当推秦国的商鞅变法。而商鞅变法中的所有措施，无不与加强君王的专制密切关联：其一，在经济上，商鞅变法倡导"利出一孔""一山泽"，集全国之力于"农战"。此外，统一度量衡制，以便于国家田租、军赋的征收及军功赏赐、官僚俸禄的发放。其二，在政治上，加强中央集权，建立官僚体制。这一运动是从打击公族开始的。李悝变法虽然有废除世卿世禄之意，但鉴于传统贵族势力过大，故而重点主要放在提拔人才上。吴起变法开始明确、自觉地打击旧贵族，"使封君之子孙三世而收爵禄绝灭百吏之禄秩"（《韩非子·和氏》）。而商鞅变法则开始直接打击旧贵族："宗室非有军功论，不得为属籍。"（《史记·商君列传》）在这场运动中，吴起被射死，商鞅被车裂，正好说明这场斗争的残酷和激烈。相比之下，通过提拔下层出身的"士"担任将相和郡县长官，以逐渐取代旧贵族，就成为比较稳妥的办法。这便是官僚制的雏形。其三，在文化上加强思想统一。对那些不利于农战的博闻、辩慧之类的人，坚决不"授官予爵"（《商君书·靳令》），甚至不允许民众有任何议政的权利："不可以评刑，不可以独立私议以陈其上"（《商君书·赏刑》）。其四，革除落后的群婚遗俗，废除大家庭制，规定了"民有二男以上不分异者，倍其赋"（《史记·商君列传》），造就出有利于专制集权统治的小农家庭经济基础，等等。在商鞅那里，一个国家要在激烈的竞争中取胜，关键在于通过以"赏罚"为主体内容的"法治"，将人们对个人利益的追求与君主"国富兵强"的目标紧密结合，从而使得天下臣民尽皆为君主效劳。尽管商鞅变法把社会拉向一个愚昧单调、统治残酷且充满军事色彩的专制社会结构中，但这一历史进程是不可逆转的。随着战国变法运动的开展，活跃在政治舞台上的各个国家都先后开始了权力集中化的进程。

就儒家而言，从孔子、孟子，再到荀子，经过一个从"重民"到"尊君"的转换过程，儒家政治理念渐趋现实。孔子固然"重民""贵民"，但意在"使民"，所谓"惠则足以使人"（《论语·阳货》）。在孔子那里，管理者与被管理者被分别标以"君子"和"小人"的身份，"君子学道则爱人，小人学道则易使也"（《论语·阳货》）。君子与小人之间存在无法跨越的界限，广大民众只能作为被役使的对象接受组织的规范。孔子将"孝悌"作为"仁之本"，旨在使"天下"之"民"皆具"仁"德，皆能"事上也敬"（《论语·公冶长》），以"亲亲"来维护"尊尊"。在此，孔子无疑是居高位者的代言人。

　　孟子的民本思想在先秦可谓一座"高峰"。孟子言："得天下有道：得其民，斯得天下矣。得其民有道：得其心，斯得民矣。"（《孟子·离娄上》）故而，孟子把"亲亲"的血缘情感推而广之用于一般民众："亲亲而仁民"（《孟子·尽心上》）。孟子甚至认为，"王"是没有自足的权威的，而取决于人民是否接受："民为贵，社稷次之，君为轻。是故得乎丘民而为天子，得乎天子为诸侯，得乎诸侯为大夫。"（《孟子·尽心下》）实际上，孟子的这些民本主张都是为了更好地维护君主的统治。这主要表现在：其一，"富民"是推行王政的前提。孟子认为，作为一国君主，"得天下"的关键，在于对民众"所欲与之聚之"（《孟子·离娄上》），也就是把民众的丰衣足食视为理想政治的基始："养生丧死无憾，王道之始也。"（《孟子·梁惠王上》）其二，强调"制民之产"。孟子认为，人民有了固定的产业，才会安分守己："民之为道也，有恒产者有恒心，无恒产者无恒心。"（《孟子·滕文公上》）为此，孟子主张分土地给农民，使人民都能养家糊口，以防止人民犯上作乱："是故明君制民之产，必使仰足以事父母，俯足以畜妻子，乐岁终身饱，凶年免于死亡；然后驱而之善，故民之从之也轻。"（《孟子·梁惠王上》）其三，施仁乐。孟子强调君王应"与民同乐"，不如此不可以"为王"："乐民之乐者，民亦乐其乐；忧民之忧者，民亦忧其忧。乐以天下，忧以天下，然而不王者，未之有也。"（《孟子·梁惠王下》）其四，非战事，省刑罚。孟子认为，只需施行仁政，毋须通过战争，便可得天下："今天下之君有好仁者，则诸侯皆为之驱矣。虽欲无王，不可得已。"（《孟子·离娄上》）同时，孟子看到仅靠外在强力维持的统治是难以持久的，故而反对暴政残民和高压政治，主张君主施行仁政、"省刑罚，薄赋敛"（《孟子·梁惠王上》），等等。

　　荀子为了追求天下统一的社会，依然把人民看成是国家治理的一个重要因素："天之生民，非为君也；天子立君，以为民也"（《荀子·大略》），"庶人安政，然后君子安位"（《荀子·王制》）。为此，荀子要求国君应实行轻徭薄赋、藏富于民的政策，要"生民则致宽，使民则极理"（《荀子·王霸》）。荀子将君民关系喻为父母与子女的关系，认为保民、爱民应做到像爱护"赤子"一样，做到"下之亲上，欢如父母"（《荀子·王霸》），从而在脉脉温情中让在下者能够甘心接受。在荀子的立论中，君主是臣民的主宰，而臣民则成了君主的子弟和仆从："君子以德，小人以力；力者，德之役也。……天地生之，圣人成之。"（《荀子·富国》）可以说，西周以来发展起来的民本思想，到了荀子这里最终被画上了一个休止符："上者，下之本也"（《荀子·正论》），"君者，民之原也"（《荀子·君道》）。荀子的理论无比明确，一切都要以君为转移："君者，国之隆也。"（《荀子·致士》）总之，从孔子重视"亲亲"到荀子重视"尊尊"，这充分反映了战国末期强化君主专制统治和重构宗法等级制度的时代要求。

81

而墨家学说之所以也走向"专制",是因为墨子认识到仅仅靠"兼爱""非攻"的道德说教,是不能制止当时的混乱局面的。在墨子看来,社会上自是而相非,以至互相贼害的悲惨局面,主要原因是"生于无政长"(《墨子·尚同上》),因此,只有做到"一同天下之义"(《墨子·尚同中》),即一切问题均由天子思考、裁定,臣民严格效法、顺从天子,才能实现天下大治:"圣王皆以尚同为政,故天下治。"(《墨子·尚同下》)而君主要实现这种严密控制,需要一种相应的组织管理体制。为此,墨子设计出了一个以"天子"为核心的包括诸侯、将军、乡长、里长、士、庶人这样一个绝对统治秩序。在这种秩序下,天子的旨意通过各级行政长官贯彻到民间,做到"上下同义"(《墨子·尚同下》)。墨家认为,自天子以下,从士、庶人至三公诸侯,都必须唯上是从:"天子之所是,皆是之;天子之所非,皆非之。"(《墨子·尚同上》)可见,尚同学说的精义,正在于树立专制君主的绝对权威。在这样一种制度下,人民对统治者只能绝对服从:"义者,政也。无从下之政上,必从上之政下。"(《墨子·天志上》)不仅如此,墨子自命掌握了所有真理,故而,他人则可放弃自己的思考;如果谁要反对他的言论,无异于以卵击石:"子墨子曰:'吾言足用矣。舍言革思者,是犹舍获而捃粟也。以其言非吾言者,是犹以卵投石也,尽天下之卵,其石犹是也,不可毁也。'"(《墨子·贵义》)墨家子弟和法家之所以受到秦国的优容尊崇,所谓"圣人隐伏墨术行"(《荀子·成相》),说明在推行专制主义方面,二者实属同道。

总的来看,君主专制是战国百家争鸣的必然归宿。刘泽华先生指出,先秦诸子在众多问题上常呈现多方向、多线条的思维,一个问题常有数种不同见解,唯独在君主专制这个问题上,有百川归海之势。因此,诸子百家越是争辩,君主专制的理论越是完备、发达、成熟。在这个思想解放、自由、不受束缚的时代,中国第一代"自由"知识分子却心甘情愿、发乎灵魂深处地将其自由设定了一个不可逾越的边界——君主专制![①]

二、贤人之治:官僚制的理论前奏

在战国时代,与集权和尊君趋势相伴随的,是"尚贤"的时代大潮。"尚贤"原本就是周朝德治实践的必然要素,因为敬德保民、明德慎罚的政治路线的推行,关键在于统治者要注重自身道德品行的修养,并能够"尚贤"以施政。尽管如此,在周代,由于整个社会秩序的建构是以宗法制为基础的,从而"尚贤"屈从于宗法血缘关系及其等级特权秩序,贤士总是处于一种被"豢养"的地位:

---

① 参见刘泽华:《中国的王权主义》,上海人民出版社 2000 年版,第 115～128 页。

"天地养万物，圣人养贤以及万民。"（《易经·象传》）当时"世卿世禄"制所推行的结果，便是"士之子恒为士""工之子恒为工""商之子恒为商""农之子恒为农"（《国语·齐语》）。显然，这种政治秩序存在着明显的不公，而无法形成有效的社会激励机制。春秋战国之际的诸侯兼并，使得贤能之士受到推崇，养士之风盛行。所谓"得士者昌，失士者亡"（《管子·霸言》），正是这一时代特征的一个典型写照。

作为传统等级秩序的代言人，儒家固然执着于社会等级的维护，但又在"笃于亲"的原则下主张"尊贤而容众"（《论语·子张》）。在孔子看来，吏治是否清明，直接关系到德治、仁政能否实现。为此，孔子主张选拔贤才应不分贵贱，不论亲疏，力求"近不失亲""远不失举"（《左传·昭公二十八年》）。他说："犁牛之子骍且角，虽欲勿用，山川其舍诸？"（《论语·雍也》）在这里，孔子以祭祀用的"牺牲"（古指祭祀或祭拜用品）作比喻，指出，"犁牛之子"虽然出身卑微，但只要自身条件好，符合作祭品的条件，即使是祭祀的人不想用它，难道山河之神会舍弃不用吗？同时，也不因"小过"而贻误人才，所谓"成事不说，遂事不谏，既往不咎"（《论语·八佾》）。相应地，对于知识分子而言，孔子主张"学而优则仕"（《论语·子张》），并要求学习应达到"下学而上达"（《论语·宪问》），其标准是通晓世务，明白事理，深入认识问题的本质和规律，并能够运用所掌握知识解决实际问题："诵《诗》三百，授之以政，不达；使于四方，不能专对；虽多，亦奚以为？"（《论语·子路》）

孟子继承了孔子"举贤才"的思想，进一步明确了用贤的标准："惟仁者宜在高位。"（《孟子·离娄上》）就是说只有符合"仁"的行为标准的人方为"贤人"，才有资格"治"天下："尊贤使能，俊杰在位，则天下之士皆悦，而愿立于其朝矣。"（《孟子·公孙丑上》）荀子也强调"敬贤"的重要性："君人者，隆礼尊贤而王"（《荀子·大略》），"明主急得其人，而暗主急得其势"（《荀子·君道》）。至于贤能的标准，荀子认为，应该是"既知且仁"，也就是德才兼备："故知而不仁，不可；仁而不知，不可；既知而仁，是人主之宝也，而王霸之佐也。"（《荀子·君道》）那什么是好的德行呢？荀子认为，好的德行有诸如恭敬、谦逊、忠诚守信、刚正不阿，果断、宽容，等等。那什么是好的才能？荀子说："上则能尊君，下则能爱民；政令教化，刑下如影；应卒遇变，齐给如响；推类接誉，以待无方，曲成制象，是圣臣者也。"（《荀子·臣道》）即对上尊重君主，对下爱护百姓，推行政令教化，从而使人们效法他如影相随；应付突然的变故要迅速敏捷，就像回声一样快；能以法处理各种事务，从容对待变化，处处符合规章，等等。

需要注意的是，孔子虽然主张"举贤才"，但仍然强调"亲亲有术，尊贤有等"（《墨子·非儒下》），仍然局限在上流社会的少数人的范围内。而荀子则试图在等级森严的社会秩序中，为"隆礼敬贤"开辟出一条更为宽敞的道路："虽王公士大夫之子孙也，不能属于礼义，则归之庶人。虽庶人之子孙也，积文学，正身行，能属于礼义，则归之卿相士大夫。"（《荀子·王制》）就是说，只要遵循礼义就可以由较低等级进到较高等级；反之，就必须降低其等级。荀子的这一构想打破了以出身门第为准绳的宗法制度，重新分配社会资源；而重新分配所依据的标准正是"德"与"能"："论德而定次，量能而授官，皆使人载其事而各得其所宜，上贤使之为三公，次贤使之为诸侯，下贤使之为士大夫。"（《荀子·君道》）既然"德"与"能"决定了社会等级的流动性，这就使得礼治在等级制的外衣下暗寓了一定的合理性和公正性，其结果必然是："无德不贵，无能不官，无功不赏，无罪不罚，朝无幸位，民无幸生，尚贤使能而等位不遗。"（《荀子·王制》）根据这样的政治理念，虽然人们出身有尊卑贵贱之分，但由于社会等级的可流动性提供了改变人们身份地位的机会，所以大家虽处下位却不感到屈辱和压迫，反而是心安理得，乐天知命。在这种等级秩序之下，士农工商等各色人等，都能各尽其力，各司其职，各得其宜。这就是荀子所崇尚的"王者之政"："农以力尽田，贾以察尽财，百工以巧尽械器，士大夫以上至于公侯莫不以仁厚智能尽官职。"（《荀子·荣辱》）对此，荀子设计了一整套"制度典章之学"，将官僚政治中人划分为"士大夫"和"官人百吏"两大类，并提出一系列具体部门行政长官的职责与权限等制度。惟其如此，荀子成为先秦"制度化儒家"的最大代表。

与儒家一样，墨子也主张尚贤。在当时"亲亲尊尊"的宗法等级制度下，处于社会中下层的百姓很少有机会从政。墨子认为，只有任用贤人，国家才能得到有效的治理："是故国有贤良之士众，则国家之治厚，贤良之士寡，则国家之治薄。故大人之务，将在于众贤而已。"（《墨子·尚贤上》）为此，墨子大胆提出，要打破尊卑贵贱的等级界限，只论是否贤能，而不论贫富贵贱亲疏："官无常贵，而民无终贱。有能则举之，无能则下之。"（《墨子·尚贤上》）至于人才的使用，墨子更是提出了一整套详尽的方案：首先，关于贤人的标准，墨子认为，应该具有强志、诚信、轻财、守道、明辨、实干、谦虚等品格；否则，"志不强者，智不达。言不信者，行不果。据财不能以分人者，不足与友。守道不笃，遍物不博，辨是非不察者，不足与游"（《墨子·修身》）。墨子关于人才教育的门类众多，包涵自然科学教育和劳动技术教育等丰富的内容，这一主张显然突破并发展了传统的"六艺"范畴。其次，要将人才合理分工，"使各从事其所能"（《墨子·节用中》），并做到"以德就列，以官服事，以劳殿赏，量功而分禄"（《墨子·尚贤上》）。其三，墨子建议给贤德之人一定的地位、待遇和权利：

"必将富之贵之，敬之誉之。"（《墨子·尚贤上》）重用人才，就要"高予之爵，重予之禄，任之以事，断予之令"（《墨子·尚贤上》）。对于君主而言，墨子认为，一个贤明的执政者要一心为民，做到"饥即食之，寒即衣之，疾病待养之，死丧葬埋之"（《墨子·兼爱下》）。同时，贤明的执政者要能了解国情、民情："上之为政，得下之情则治，不得下之情则乱。"（《墨子·尚同下》）更为重要的是，君主要礼贤下士，充分发挥贤人的才干："贤人唯毋得明君而事之，竭四肢之力，以任君之事，终身不倦。"（《墨子·尚贤中》）墨子还强调，君主必须有敢于矫正君主过失、直言极谏的下属，只有分辩议事的人争论锋起，互相责难的人互不退让，如此，就可以"长生保国"："君必有弗弗之臣，上必有諤諤之下。分议者延延，而支苟者諤諤，焉可以长生保国。"（《墨子·亲士》）

面对儒墨的"尚贤"之风，道家似乎不以为然。老子说："以智治国，国之贼也"（《老子》第六十五章），"不尚贤，使民不争；不贵难得之货，使民不为盗；不见可欲，使民心不乱。"（《老子》第三章）为此，老子也讲"愚民"："古之善为道者，非以明民，将以愚之。民之难治，以其智多。故以智治国，国之贼；不以智治国，国之福。"（《老子》第六十五章）因为一旦民智大开，就会增加使用的难度，而"天下从此多故矣"。不过，老子的这些说法与后世愚民政策有所不同。老子的愚民，意在返还人智未开、淳朴自然的原始时代，欲民"含哺而熙，鼓腹而游"（《庄子·马蹄》），并不像后世那样的愚民政策，即明知愚民对民不利而愚之，从而任当权者统治宰割，所谓："权使其士，虏使其民"（《战国策·赵策三》）。庄子也反对"尚贤"，认为"举贤则民相轧，任知则民相盗"（《庄子·庚桑楚》）。为此，庄子主张"去知""忘我"，要人们将"名"与"知"看作"凶器"，以达到消除相互倾轧与争端之目的，甚至"去知"要去到不觉自己有肢体、不觉自己聪明、形与知全不要、忘却自己存在的程度，所谓"堕肢体，黜聪明，离形去知，同于大通，此谓坐忘"（《庄子·大宗师》），由此走向极端。

在用人问题上，法家的主张显得比较复杂。在慎到看来，尚贤降低了君主的地位，或者是给君主树立了一个对手，使民慕贤而不尊君："立君而尊贤，是贤与君争，其乱甚于无君。"（《慎子·逸文》）不仅如此，提倡尚贤势必降低法的地位，从而把国家的命运完全维系在贤者的身上："今也国无常道，官无常法，是以国家日缪。教虽成，官不足，官不足则道理匮，道理匮则慕贤智，慕贤智则国家之政要在一人之心矣。"（《慎子·威德》）不过，慎到认为，君主想要治理好天下，应善于发挥臣子的才智："君臣之道，臣事事而君无事，君逸乐而臣任劳，臣尽智力以善其事，而君无与焉，仰成而已，故事无不治，治之正道然也。"（《慎子·民杂》）同样，韩非的学说一贯以维护君主独裁为己任，为此，他强烈

反对"智"与"贤"："任贤，则臣将乘于贤以劫其君"（《韩非子·二柄》），
"明主之道，一法而不求智"（《韩非子·五蠹》），等等。尽管如此，韩非认为，
君主要成就功名必须要有贤人的辅佐："贤者用之则天下治；不肖者用之则天下
乱。"（《韩非子·难势》）为此，韩非将管理好官吏视为国家治理的关键，并提
出"治吏不治民"（《韩非子·外储说右下》）的重要主张。在韩非眼中，明法是
治国的最高准则："人臣虽有智能，不得背法而专制；虽有贤行，不得逾功而先
劳；虽有忠信，不得释法而不禁，此之谓明法。"（《韩非子·南面》）按照这一
原则，所谓贤德的臣子，就是能够彰明法度的人："所谓贤臣者，能明法辟、
治官职以戴其君者也。"（《韩非子·忠孝》）而不是那些"喜淫词而不周于法，
好辩说而不求其用，滥于文丽而不顾其功者"（《韩非子·亡征》）。同时，贤臣
应懂得统治之术，促使实现君主尊贵、国家安定的目的："夫有术者之为人臣
也，得效度数之言，上明主法，下困奸臣，以尊主安国者也。"（《韩非子·奸
劫弑臣》）

由上观之，除道家外，贤人之治已成为当时的一股社会潮流。在实践中，战
国贵族争相蓄养门客，士阶层的价值得到了最大限度的发挥："入楚楚重，出齐
齐轻，为赵赵完，畔魏魏伤。"（《论衡·效力》）整个战国变法运动的重要内容
之一，就是打破贵族世袭制，代之以惟才是举、任人唯贤的职官责任制，结果是
"封建毁而选举行，守令席诸侯之权，刺史、牧、督司方伯之任，虽有元德显功，
而无所庇其不令之子孙"（王夫之：《读通鉴论·论秦始皇废分封立郡县》）。可
以说，法家在相对公平的规则下，把个人命运和国家富强结合了起来，保证了人
们通过自身努力而改变命运的机会。这种激励机制强有力地打破了原有的"别亲
疏，殊贵贱""礼不下庶人，刑不上大夫"的传统礼治秩序，从而加快了世卿世
禄制的解体和官僚制的形成，"布衣卿相"由此成为战国时代屡见不鲜的事实。[1]
荀子在其理论构想中，还为即将来临的中央集权政治进行了理论上的建构：其
一，"权出于一"（《荀子·议兵》）。中央对"不轨者"有权规制和惩处："制度
以陈，政令以挟；官人失要则死，公侯失礼则幽，四方之国有侈离之德则必灭。"
（《荀子·王霸》）其二，君主不必事必躬亲，而应建立由"相"统领百官和总理
政务的行政系统，并置于君主的统摄之下。其三，实行政府官员政绩考核制度，
并根据考核结果实施赏罚奖惩："度其功劳，论其庆赏"（《荀子·王霸》）。荀子
的如上构想，深深地影响了其学生韩非、李斯等人，推动了秦汉时代的官僚制
建构。

---

[1] 参见彭新武：《贤人之治：价值与流弊》，载于《山西大学学报》（哲学社会科学版）2016 年第 2
期，第 2 页。

三、崇公抑私：郡县制的舆论先导

历史地看，从春秋到战国的时代变迁，不仅是一场社会形态的转变，也是一场精神形态的转换，即从春秋"尚礼仪"到战国"尚功利"的价值转换。如果说春秋五霸的"尊王攘夷"尚能够体现一种"内敛"精神，那么，在战国群雄争霸的局势下，诸侯兼并和利益纷争的时代大潮，使得功利主义成为一种"主旋律"。这在战国士人身上展现得淋漓尽致。史载，孟尝君为谋取个人的私利，劝秦国征伐自己的祖国，此后以魏"相"的身份"西合于秦、赵，与燕共伐破齐"（《史记·孟尝君列传》）。苏秦在追求事功的坎坷境遇，曾让他慨叹道："嗟乎！贫穷则父母不子，富贵则亲戚畏惧。人生世上，势位富贵，盖可忽乎哉！"（《战国策·秦策一》）。而像吴起那样个人能力极强，但为实现自己的功利目的而不择手段的人，则成为战国士人的典型代表。这群士人其地位正如孟子所言"诚小人也"（《孟子·公孙丑下》），比如，商鞅曾长期在魏相公叔痤门下打工。申不害是郑国亡国的贱臣。李斯更是可怜，在其为小吏只之时，曾见到这样的情形：茅厕中的老鼠吃的是脏东西，每逢有人或狗进入茅厕，老鼠总是吓得四处逃窜；而官仓中的老鼠则住在宽敞的房中，"食积粟""不见人犬之扰"。李斯对此大发感慨："人之贤不肖譬如鼠矣，在所自处耳。"（《史记·李斯列传》）正是法家诸子的这些早期境遇，使得他们"不羞小节而耻功名不显于天下"（《史记·管晏列传》），坚信"诟莫大于卑贱，而悲莫甚于穷困"（《史记·李斯列传》），认为，"处卑贱之位"（《史记·李斯列传》）而不设法爬上高位者，就同禽兽没有什么两样。

既然整个社会上上下下都存在着功利的冲动，相互之间就必然会发生冲突。战国时期的"公私之辩"就是在这种社会背景下展开的。"公"与"私"的划分，最初是指基于分封制而来的社会身份的标识："公"主要指诸侯国，即"公家"；"私"主要指诸侯国里的大夫之家，即"私家"。相应地，在当时的井田制下，也形成了公田与私田的划分。春秋中后期，各国在经济上纷纷进行了租税改革，不分公田、私田，一律按亩收税。这既为政府增加了收入，也适应了人们追逐私利的需求。随后，各诸侯国又通过国家法令授田于民，使私有制正式得到国家法令的确认，私有观念也随之在社会各阶层意识中得以普遍确立。到了战国时期，个体家庭成为基本的经济单位，与之相联系，私营工商业也开始兴起并得到迅速发展。在这一过程中，许多贵族"降至皂隶"，而一批庶民、工商业者甚至奴婢却在各种机遇中跻身权贵阶层。正如《诗·小雅·十月之交》所描绘的："'高岸为谷，深谷为陵'。三后之姓，于今为庶，主所知也。"与这种社会结构的变化相适应，财产私有化迅猛发展，人们为争私利熙熙攘攘而上下奔走。

针对春秋之际人们竞相争逐名利的社会现状，孔子首先肯定人们厌恶贫贱、追求富贵的欲望和行为是符合人性的、正当的，但要求人们对富贵的追求应以合乎道德的方法取得："富与贵，是人之所欲也；不以其道得之，不处也。贫与贱，是人之所恶也；不以其道得之，不去也。"（《论语·里仁》）在处理义利关系上，孔子提倡"见利思义""义然后取"（《论语·宪问》），君子行事应该以义为准绳："君子喻于义，小人喻于利。"（《论语·里仁》）孟子与孔子一脉相承，同样认为君子应做到"穷不失义，达不离道"（《孟子·尽心上》），甚至"舍生而取义"（《孟子·告子上》），并主张合理处理公私、义利关系："圣人不以公义废私恩，亦不以私恩害公义。"（《孟子·万章上》）荀子虽然秉承孔、孟的立场，但在公私问题上，更主张"以公义胜私欲"（《荀子·修身》）。墨子以增进天下、国家、人民之利为宗旨，并一再讲"交相利"，但在理论上并没有给"私"留下合理的位置，他鞭挞的对象就是"自爱""自利"。在道家那里，公的本质就是取消人的主体意义，即庄子所言的"吾丧我"（《庄子·齐物论》），这固然是最彻底的公，但也是最无情的公。[1] 法家一定程度上肯定了"私利"的合理性，如商鞅说："民之欲富贵也，其阖棺而后止"（《商君书·赏刑》），但是，法家的出发点并不是考虑如何使民众的合法财产得到法律的保障，而是将私视为万恶之源，必欲彻底灭之而后快。基于富国强兵的宗旨和农战政策的实施，在商鞅看来，私家大族这些世袭贵族，"无爵而尊，无禄而富，无官而长"，不利于富国强兵的实现，故而斥之为"奸民"（《商君书·画策》），并认为这关系到国家的存亡："公私之交，存亡之本也。"（《商君书·修权》）为此，商鞅坚定地主张立公去私，严厉打击这些私家大族，并进而提出"公天下"思想："尧、舜之位天下也，非私天下之利也，为天下位天下也。"（《商君书·修权》）韩非则进一步揭示了公与私对立的绝对性与必然性："私行立而公利灭。"（《韩非子·五蠹》）故而，面对当时"私门将实，公庭将虚"（《韩非子·扬权》）的社会现实，韩非主张"立法废私"："法立，则莫得为私矣"（《韩非子·诡使》）。至此，"公"的价值日渐凸显，而"私"则被公利所掩盖。

而在当时民本思想盛行的时代氛围中，"公"与"百姓""众"开始发生关联。于是，在百家争鸣中，立君为"民"也开始向立君为"公"、为"天下"转换。这种将为天下众生谋福利转换成为国家共同体谋公益的思路，就是"天下为公"论。[2] 在

---

[1] 参见刘泽华：《春秋战国的"立公灭私"观念与社会整合》（上），载于《南开学报》2003 年第 4 期，第 71 页。

[2] 参见刘泽华：《春秋战国的"立公灭私"观念与社会整合》（下），载于《南开学报》2003 年第 5 期，第 88 页。

战国以后的中国历史发展过程中，这种崇公抑私的观念一直备受推崇，从而共同缔造了中国传统文化中崇尚群体和整体利益的精神特质。然而，在君权日盛的中国，"公"的主体是"政权"而非"国家"，而政权又是以君主为代表的，从而导致"公"的概念与君主或官府的混淆不清。韩非在其理论设计中，曾预设了这样一个大前提：趋利避害，民之本性，"苦小费而忘大利"（《韩非子·南面》），常常毁公利而存私利，或贪一时之利而废根本之利；而只有君主才是国家与民众总体之公利的自觉维护者，才能"利民萌，便众庶"（《韩非子·问田》）。在这里，韩非把君主代表公利的问题绝对化，并悄然将国家与君主等同，"公"既指国家同时也指君主。由此，"公天下"也就变成了"君天下""家天下"。

而按照法家"立功灭私"的原则，所有的居民都必须纳入"编户齐民"的管理系统，不允许有独立于国家之外的民间社会的存在。这就从根本上取消了人们横向联合的可能性。显然，在庞大的君主权力面前，人们越是孤立，就越便于君主专制。历史地看，这种"公"胜"私"的过程，也就是从分封制国家转到君主集权国家的过程。① 自春秋中期以来，一些国家开始从体制上来消除分封制所潜在的弊端。如齐国按照人口编制县："三十家为邑；十邑为卒；十卒为乡；三乡为县；十县为属；属有大夫，故立五大夫。"（《管子·小匡》）楚国、秦国、晋国则是在新扩张的土地上设置县。此外，诸侯国还在经济发达地区设县，以此控制经济。"郡"的出现时间要晚于县，主要用以军事防御，通常设置于边境地区。到了战国后期，经过诸侯兼并，天下仅存"战国七雄"。随着疆土的日益扩大和县域数量的日益增多，韩、赵、魏三国率先出现"以郡管县"的体制机制。之后，郡、县两级地方行政管理层级的制度格局在当时的列国逐步成型。在郡县体制下，郡与县属于由中央政府直接管理的行政区划单位和地方政府层级，严格服从中央政府的统一命令。相应的，郡守、县令已不再是先前的世袭贵族，而是职业官僚、朝廷命官；以谷物为俸禄的"谷禄制"也取代以土田为俸禄的"田禄制"。由此，分封制无可挽回地走向衰落，以郡县制和官僚制为基础的中央集权的统一国家的建立已成为一种不可阻挡的历史趋势。

---

① 参见刘若男：《春秋战国公私观念的内在矛盾》，载于《太原师范学院学报》2008年第6期，第46页。

第三章

从秦政一统到王霸杂用

从战国诸侯兼并到秦汉"大一统"，这是中国历史上一个极为重要的历史转折时期。这表现在政治体制上，就是周代的宗法分封制的解体和秦汉君主专制的确立。自此，中国专制主义开始了两千余年的历史航程，一直延续到清末。而在政治意识形态上，经过先秦诸子的长期的治道论争，秦代"以法为教"，实现了"大一统"。西汉王朝经过"改弦更张"，最终确立起"王霸杂用"的统治策略。从此，这种刚柔相济的"仁政"，成为西汉以降历代王朝的基本治国方略。

第一节　秦政一统与专制的奠基

从实践上看，随着战国末期诸侯兼并的日益激烈和战国变法运动的不断开展，君主专制成为社会各界的一致呼声和各国君主的共同选择。在此其中，秦国变法最为彻底，也最为成功，从而成为诸侯争霸的最后赢家，并最终实现了"大一统"和君主专制体制的奠基。

一、以法为教与秦政一统

随着兼并战争的持续进行，至战国末期，开始出现了秦国独占优势的局面。这种政治上的统一趋势反映到思想上，就是各派学术的融通综汇蔚然成风。在这

90

传统中国之治的历史与逻辑

一过程中，出现了以一家为主、兼容它家的思想家，如荀子之礼法并重、韩非之道法合流等。此外，还出现了综合各家学术的"综合家"或者说"杂家"，主要代表作有《吕氏春秋》。该书是由秦相吕不韦汇集门客编写的。吕不韦在政治上主张结束分裂，重建以天子为首的统一王权："今周室既灭，而天子已绝。我莫大于无天子，无天子则强者胜弱，众者暴寡，以兵相残，不得休息，今之世当之矣。"（《吕氏春秋·谨听》）在吕不韦当政的几年里，秦国在军事上取得了很大的胜利，为此，《吕氏春秋》一书融合儒、道、墨、法、兵、农、纵横、阴阳家等各家学说，试图建立一套与帝国统一后相适应的治理模式。该书内容虽杂，却自成一派。从思想上看，《吕氏春秋》上承先秦诸子，下启汉代学术，开创了一种融合各家学说自成一体的传统和文化模式，从而在客观上推动诸子学术走向合流，并影响到汉朝的一些著名学者和政治家，如陆贾、晁错、淮南王刘安、董仲舒等。

从政治上看，《吕氏春秋》编纂的首要目的，就在于为秦的最高统治者提供借鉴。尽管该书的一些主张为秦始皇所断然否决，但从当时的社会形势来看，其许多主张也颇具积极性、前瞻性。其内容主要体现在如下几个方面：

其一，"贵生"的"为君之道"。《吕氏春秋》继承了道家传统，提出以"贵生"为治国之本的思想："圣人深虑天下，莫贵于生"（《吕氏春秋·贵生》），"惟不以天下害其生者也，可以托天下"（《吕氏春秋·贵生》）。同时，又从贵生的角度阐述了君主应该修身、节制情欲："君主修身养性而天下已治。"（《吕氏春秋·先己》）纵观《吕氏春秋》全书，几乎每一篇都有对君主言行进行或明或暗的规谏，涉及君主自我修养、意志品格、为政理事等方方面面，诸如君王处理政事应如履薄冰，居安思危，应具有力排众议的独断精神、慎思明辨、悔过自新以及尚贤使能的"任下"品格，等等。

其二，"公天下"思想。《吕氏春秋》从历史角度论证了君道之立是出于群众的共同利益："天下非一人之天下也，天下之天下也"（《吕氏春秋·贵公》），"利之出于群也，君道立也"（《吕氏春秋·恃君览》）。因而，君主治理天下要秉公而行，不要任意偏私。而实现"公天下"的具体措施，最好是尧、舜时代的禅让制度："尧有子十人，不与其子而授舜；舜有子九人，不与其子而授禹；至公也。"（《吕氏春秋·去私》）反之，实行"家天下"的制度，让不贤之君当政，必然造成政治腐败："败莫大于愚。愚之患在必自用，自用则蛮陋之人从而贺之，有国若此，不若无有。"（《吕氏春秋·士容》）《吕氏春秋》甚至主张"废其非君，而立其行君道者"（《吕氏春秋·恃君》）。

其三，民本思想。尽管《吕氏春秋》产生于素以推行"霸道"著称的秦国，却处处体现出浓厚的民本思想。《吕氏春秋》认识到："凡君之所以立，出乎众

91

也"(《吕氏春秋·用众》),"古昔多由布衣定一世"(《吕氏春秋·用民》)。故而,它主张君主应实行德政以争取民众归附:"善为君者,蛮夷反舌殊俗异习皆服之,德厚也。"(《吕氏春秋·功名》)与儒、道、墨、法都主张治国要减损人民的欲望不同,《吕氏春秋》则承认民有欲望是正当的,君主应顺应民众的本性和欲望来治理民众:"令其民争行义""令其民争乐用"(《吕氏春秋·为欲》)。它虽然是站在统治者的立场,但它强调的是"仁义以治之,爱利以安之,忠信以导之"(《吕氏春秋·适威》),而不强调用分别尊卑上下的"礼"去治理民众。《吕氏春秋》还主张让臣民百姓讲话:"亡国之主,不可以直言。不可以直言,则过无道闻,而善无自至矣。无自至则壅。"(《吕氏春秋·壅塞》)

其四,以"道"为宗,博取诸家。自商鞅以来,秦国对法家思想的践履,确实达到了富国强兵的目的,但国君大权集中、严刑峻法的残酷统治,也加深了国人的恐惧与苦难。《吕氏春秋》认为,"老聃贵柔,孔子贵仁,墨翟贵廉,关尹贵虚,孙膑贵势"(《吕氏春秋·不二》),只有打破门派陋习,兼取各家之长,才能"齐万不同"(《吕氏春秋·不二》)。为此,《吕氏春秋》确立了以"道"为宗、博取诸家的治政思路,主张"无为"之道:"有道之主,因而不为,责而不诏,去想去意,静虚以待,不伐之言,不夺之事,督名审实,官使自司,以不知为道,以奈何为实。"(《吕氏春秋·知度》)在此基础上,《吕氏春秋》主张刑德并用,并以德为主:"凡用民,太上以义,其次以赏罚。其义则不足死,赏罚则不足去就,若是而能用其民者,古今无有。"(《吕氏春秋·用民》)当时的秦国,法家思想占据主流地位,但"多以严罚厚赏"(《吕氏春秋·上德》),过分依赖赏罚,导致民众日渐趋利、世道衰落:"赏罚甚数,而民争利且不服,德自此衰,利自此作,后世之乱自此始。"(《吕氏春秋·恃君览》)在《吕氏春秋》看来,"大一统"帝国的确立,最重要的不是严酷的刑罚,而是道德的力量:"为天下及国,莫如以德,莫如行义。"(《吕氏春秋·上德》)

其五,义兵主张。《吕氏春秋》认为,战争尽管残酷,但其作用不是和平手段所能取代的:"天下无诛伐,则诸侯之相暴也立见。"(《吕氏春秋·荡兵》)为此,《吕氏春秋》批判了墨家的非攻、救守主张,认为一味反对"攻"、赞成"守"都是不可取的,只要出师正义,"攻"与"守"都是可以的。虽然说"兵凶战危",但是为了救民众于水火,不得已"举凶器,行凶德",如此,方能达到威慑敌人的目的,使民众得以生存,所谓:"举凶器必杀,杀,所以生之也;行凶德必威,威,所以慑之也。敌慑民生,此义兵之所以隆也。"(《吕氏春秋·论威》)这一思想的提出,客观上推动了秦统一六国的进程。

从当时的社会形势来看,《吕氏春秋》的许多主张也颇具积极性、前瞻性。然而,却终未为秦始皇所采纳,吕不韦自己也落得个饮鸩而死的结局。其中原因，主要有如下几点：其一，权力之争。从秦庄襄王到嬴政亲政之前，吕不韦大权独揽，自然危及秦王室的利益。吕不韦"公天下"的主张，尽管能得人心，但也不乏其觊觎权力的嫌疑。其二，个性因素。史载，秦始皇喜独裁，刚愎自用、事必躬亲，意得欲从："上不闻过而日骄，下慑伏谩欺以取容。"（《史记·秦始皇本纪》）吕不韦希冀通过《吕氏春秋》对秦王政屡屡进行规劝，"书中常有批评人主垄断权力、骄横轻物的话"，"这些话严肃直率，切中秦王政的要害"[1]，故而为秦始皇所不容，也在情理之中。其三，历史原因。《吕氏春秋》的一些主张与秦国的历史文化传统多有相悖之处。自秦孝公以来，秦国历代君主朝乾夕惕，对于角逐帝业的事功追求进行了长达百余年的政治接力。从臣僚卿相到贩夫走卒，也无不"慕业务功""尽智竭力""并心进取"（睡虎地秦简：《为吏之道》）。这种事功精神构成了秦人稳操胜券的一大精神优势，故而，"自孝公以至于始皇，世世为诸侯雄"（《盐铁论·论功》）。如司马迁所言："秦孝公据崤函之固，拥雍州之地，君臣固守而窥周室，有席卷天下，包举宇内，囊括四海之志，并吞八荒之心。"（《史记·秦始皇本纪》）正是百来年秦国先祖长期奋斗的积累，秦始皇才能"续六世之余烈，振长策而御宇内"（贾谊：《过秦论》）。法家思想由于契合秦君主政治的事功诉求和现实需要，因而被奉为统治思想，并经过百余年的洗礼而浸染成俗："管商之法者家有之"（《韩非子·五蠹》）。而墨家、兵家、农家等学派之所以得以在秦传播，也是因为这些实用之学契合了秦人的事功需要。[2] 因而，崇尚无为、德法兼顾的主张，在当时的秦国文化氛围中难以一时获得认同和践履。总之，"以秦始皇的权力和性格、秦国的历史传统、历史的趋势看，吕氏的失败是自然之事。"[3]

到了韩非生活的战国晚期，统一王朝的轮廓已经清晰可见。而如何对此实现有效管理，便成为时代关注的焦点问题。在法家诸子中，商鞅重法，申不害重术，慎到重势。韩非认为，法、术、势三派立论的角度虽然不同，但在强化君主权力上则是一致的，三者"不可一无，皆帝王之具也"（《韩非子·定法》）。为此，韩非将法、术、势三家理论融于一炉，构造出一种绝对君主专制的理论体系。

在韩非看来，君主无论如何聪明，总是"力不敌众，智不尽物"（《韩非子·八经》），"少能胜之"（《韩非子·难三》）。只有以"法"绳下，"寄治乱于法术，论是非于赏罚，属轻重于权衡"（《韩非子·大体》），才能"力寡而功

---

① 任继愈：《中国哲学发展史》（秦汉卷），人民出版社 1985 年版，第 10 页。

② 参见王健：《事功精神：秦兴亡史的文化阐释》，载于《江海学刊》2002 年第 2 期，第 138 ~ 143 页。

③ 李家骧：《吕氏春秋通论》，岳麓书社 1995 年版，第 13 页。

多"；反之，"则劳心积虑而治愈乱"（《韩非子·定法》）。为此，韩非通过以功利予夺的"赏罚"为主体内容的"法治"，实现了君主专制与"国富兵强"的紧密结合："受赏者甘利，未赏者慕业，是报一人之功而劝境内之众也。"（《韩非子·六反》）反之，"人不乐生则人主不尊，不重死则令不行也"（《韩非子·安危》）。对于"不臣天子，不友诸侯，耕作而食之，掘井而饮之，吾无求于人也"（《韩非子·外储说右上》）之"高士"，韩非主张"必于除之而后快"，因为"有民如此，先古圣王皆不能臣，当今之世，将安用之？"（《韩非子·说疑》）在韩非看来，只能以暴力斩断其生活根基，最终逼使其服从："夫驯乌者断其下翎焉。断其下翎则必恃人而食，焉得不驯乎？夫明主畜臣亦然，令臣不得不利君之禄，不得不服上之名。夫利君之禄，服上之名，焉得不服？"（《韩非子·外储说右上》）这样一来，如果君主能够做到"一断于法"，就能达成天下臣民尽皆匍匐于"法治"之下的境界。

就"势"而言，在战国法家中，慎到以"贵势"著称。慎到把权力作为政治的核心，认为君主只有拥有权力才能够对他人进行控制，因此君王应当百般努力去扩张自己的权势。慎到的重势之说为韩非吸收继承，认为君主所制定的法律要想得到臣民的普遍遵从，就必须具备绝对统治权："君执柄以处势，故令行禁止。柄者，杀生之制也；势者，胜众之资也"（《韩非子·八经》），"人臣之于其君非有骨肉之亲也，缚于势而不得不事也"（《韩非子·备内》）。韩非把"势"比作老虎的爪牙，"夫虎之所以能服狗者，爪牙也。使虎释其爪牙而使狗用之，则虎反服于狗矣。"（《韩非子·二柄》）为此，韩非主张，"权势不可以借人"（《韩非子·内储说下》），"人主之所以身危国亡者，大臣太贵，左右太威也"（《韩非子·人主》）。不过，韩非认为，仅仅据"自然之势"是不够的，还应充分制造"人设之势"，不断撩拨臣下的欲望，让他逐渐地完全依赖自己："若如臣者，犹兽鹿也，唯荐草而就。"（《韩非子·内储说上》）

"势"虽然具有如此强大的功效，但还必须通过具体的手段——"术"予以实施。申不害作为法家"术"派的重要代表，在韩国为相十五年，"修术行道，国内以治，诸侯不来侵伐"（《史记·韩世家》）。老子曾言："鱼不可脱于渊，国之利器不可以示人。"（《老子·第 36 章》）申不害深得道家这一要领，指出：其一，君主与臣下的职能不同，主张君无为而臣下有为："君设其本，臣操其末；君治其要，臣行其详；君操其柄，臣事其常"（《申子·大体》）；其二，应该严格明确臣僚的职责分工，使之各执其是，所谓"明分职""治不逾官"（参见《韩非子·定法》）；其三，申不害秉承老子的"无为"之道，主张君主应守弱处静、深藏不露，实施"独断"："独视者谓明，独听者谓聪。能独断者，故可以为天下主。"（《申子·大体》）韩非进一步发展了申不害的"术"论，认为君主既是孤家寡人，就必须时刻防范他人的"奸邪"行为。而如何辨奸、识奸，则要靠"术"。如果说"法"是公开的，"术"则是君主深藏于胸中用于对付各种异端和驾御群臣的权术："术者，藏之于胸中，以偶众端，而潜御群臣者也。故法莫如显，而术不欲见。是以明主言法，则境内卑贱莫不闻知也，不独满于堂；用术，则亲爱近习莫之得闻也，不得满室。"（《韩非子·难三》）在韩非那里，"术"甚至成了判别君主高下的标准，认为，高明的君主，"有术而御之，身坐于庙堂之上，有处女子之色，无害于治"；而不善于用术的君主，"身虽瘁臞，犹未益也"（《韩非子·外储说左上》）。韩非甚至为君主提出了"绝奸萌"之术，即"禁奸心"，没有客观标准，完全听凭君主个人随心所欲，捕风捉影，从而使"群臣悚惧乎下"（《韩非子·主道》），不敢有丝毫作奸犯科之心。故而，"后此之法家，则名为法，实乃术家言耳"①。

如上韩非所论法、术、势的核心，无不归结于国君集权。在韩非的理论中，君主抱"法"处"势"又挟"术"，其专制权力达到了无以复加的地步。而道家对"道"的超越性理解和普遍性解释，恰好为君主的"至高无上"提供了哲学论证。在韩非看来，宇宙的最高本体"一"（"道"），它是秩序的象征，故而，人应效法天道，应有最高的"一"，而君主正是这个最高的"一"。儒家尽管也推崇君主，但依然坚持"以道事君"（《论语·先进》），"从道不从君"（《荀子·臣道》），这实际上否定了君主的绝对性。而韩非的"君道同体"从理论上终结了"道高于君"的人文理念，并使统治者的势位本身成为真理与谬误的裁判标准："道无双，故曰一。是故君主贵独道之容。"（《韩非子·扬权》）韩非甚至认为，君主无论好坏都必须服从，正如帽子无论好坏都要戴于头上，不可与鞋子易位："冠虽穿弊，必戴于头；履虽五采，必践之于地。"（《韩非子·外储说左下》）从此，君主不必再为身份的合法性而困扰。

史载，秦王嬴政对韩非之书推崇备至："嗟乎，寡人得见此人与之游，死不恨矣！"（《史记·老子韩非列传》）。虽然后来韩非死于别人的暗算，但秦始皇全盘接受并实践了韩非的理论。按照韩非"以法为教""以吏为师"（《韩非子·五蠹》）的治国主张，秦始皇让李斯主持修订法律，其"治道运行，诸产得宜，皆有法式"（《史记·秦始皇本纪》）。随着秦国"以法为教"国策的实施，法律规定越来越多，需要有专门的司法队伍培养法律人才，解释法律条文，故而，秦始皇又将"以吏为师"全面付诸实践，建构起从中央到地方实现"远迩同度"（《史记·秦始皇本纪》）的思想教化系统。

从实践上看，战国初期，诸国兼并、优胜劣汰；逮至战国中后期，列国仅剩

---

① 吕思勉：《先秦史》，上海古籍出版社 2005 年版，第 441 页。

七雄；进入战国晚期，六雄渐弱、秦独壮大的趋势越发明显。在此情势下，秦王嬴政最终实现了秦人数百年的事功梦想，促成了秦统一六国的伟大功业。可以说，秦国之所以皈依法家取得成功，自有其必然性。

其一，法家顺应了时代需要和民众心理。先秦诸子尽管都把"天下"统一作为目标（道家例外），但只有法家提出了一整套可行措施，实现了民众欲求与国家富国强兵的结合。孔子一生念念不忘恢复礼制，对当时合乎时代潮流、顺乎民心的一切改革都嗤之以鼻，这显然有悖于时代潮流。道家主张无为，以消极遏欲的办法来抵挡，这自然也不会为时代所接受。法家则站在顺应时代潮流的一边，他们意识到了天下熙熙攘攘、皆为利来利往是历史发展的必然，要打破旧的制度，建立一套新的统治秩序，最好的办法是去尽量满足大众的利欲要求，故而商鞅主张："苟可以利民，不循其礼。"（《商君书·更法》）譬如，百姓要求土地私有，法家就主张废井田、开阡陌、奖励开垦；百姓对世卿世禄制度不满，法家就主张论功行赏，鼓励人们耕战，故而，秦兵个个善战，人人骁勇，六国灭亡自然是势所必然。

其二，秦国开放的用人传统。春秋战国之际，各国为了在争雄称霸中占据上风，纷纷重用士人。相比之下，秦国的用人政策更为开放。自商鞅以来，秦政治舞台上的精英人物多为士人，且多为法家学派或一些能征战、会谋略、懂权术的人士。秦国重用人才有如下鲜明的特点：第一，唯才是用。宋人洪迈曾把东方六国和秦国的用相情况作过一番对比："六国所用相，皆其宗族及国人，如齐之田忌、田婴、田文，韩之公仲、公叔，赵之奉阳、平原君，魏王至以太子为相。独秦不然，其始与之谋国以开霸业者，魏人公孙鞅也。其他若楼缓赵人，张仪、魏冉、范雎皆魏人，蔡泽燕人，吕不韦韩人，李斯楚人，皆委国而听之不疑，卒之所以兼天下者，诸人之力也。"（《容斋随笔·秦用他国人》）第二，礼贤下士。秦孝公接见商鞅，"公与语，不自知膝之前于席也。语数日不厌"（《史记·商君列传》）。秦国统治者对士人封爵、封土的优惠政策和待遇，也使得各国的士人愿意为秦国效力。第三，用人不疑。秦孝公不顾旧贵族反对，坚定不移地信任商鞅推行变法。秦武王面对大量状告甘茂的上书，还是信任甘茂，攻下军事重镇宜阳，等等。不过，这一过程中，秦国也曾发生驱逐六国"客卿"的重大事件。秦王嬴政时，韩人郑国入秦做间谍被发现，宗室大臣趁机建议"逐客"，一时间，秦国政局激烈动荡。与韩非同师于荀子的李斯，冒死上《谏逐客书》，力陈历代客卿兴秦之功，最终促使秦王"除逐客之令"（《史记·李斯列传》）。从商鞅到李斯，这些效力于秦国的士大夫精英群体，几乎都不是以"立言"名世，却无不在历史上留下了显赫的功业。

其三，秦人以战立国，注重谋略，讲求战争艺术。效力于秦国的士人无不积极参与秦政运作，在实践中充分展现出兼综百家的政治智慧和军事韬略。从惠文王推行"连横"之策到范雎的"远交近攻"战略，充分体现"战胜不复，应形于无穷"（《孙子兵法·虚实》）的高超战争艺术，从而使秦人对东方形成显著优势的局面："是知秦战未尝不胜，攻未尝不取，所当未尝不破也。"（《战国策·秦策二》）

其四，秦国清明、高效的政治局面。自商鞅变法以来，秦国日渐形成广大官民勤奋作为、朴实无华、努力耕战、崇力尚武的社会风尚，整个社会呈现出开拓进取、积极有为、奋发向上的蓬勃景象："民以殷富，国以富强，百姓乐用，诸侯亲服。"（《史记·李斯列传》）相比之下，东方列国常有人主昏愦、王室父子相斫、女色惑政、篡臣图私、盗跖揭竿、货赂公行等政治病态："彼法明，则忠臣劝；罚必，则邪臣止。忠劝邪止而地广主尊者，秦是也；群臣朋党比周以隐正道行私曲而地削主卑者，山东是也。"（《韩非子·饰邪》）

可以说，秦国统一天下是商鞅变法和法家富国强兵思想实践的必然结果。虽然法家的理论以君主利益为本位，但其实现天下一统的目标暗合于历史大势。法家用事功精神去拥抱历史，追求强国一统之梦，表现出其切合历史维度的进步性，从而最终赢得了历史的青睐，促成了"大一统"社会格局的形成和君主专制体制的奠基。正如马克思指出的，在一定历史条件下，"王权是进步的因素"，它"在混乱中代表着秩序"①。唯其如此，就社会变革而言，法家学说自有其不可磨灭的恒久意义。从历史上看，每当国家危疑弱乱之时，总有赖法家学说以求自强。汉代萧何、曹参、贾谊、晁错等，皆用其道而规划天下。宋代王安石与明代张居正，锐意革新，力谋富强，也是秉承法家学说进行的。日本近代古学派正是通过法家的理论才摧毁了在日本统治达一二百年的朱子学体系，这一"脱儒入法"运动，奠定了日本早期近代化的自国基础，并成为明治维新时期"脱亚入欧"论的理论先导和实践先驱。② 同样，在中国近代大变革的时势面前，众多有识之士更是藉法家学说而表达其富国强兵的理想追求。如严复说："居今日而言救亡学，惟申韩庶几可用，除却综名核实，岂有他途可行。"③

尽管如此，一个明显的局限是，法家的富强之路是建立在国富民穷、国强民弱的"零和博弈"之上的，即主张无限地扩大国家权利而缩小人民的利益。这基于其国家本位主义的立场，它不为民众设定任何权利，民众从来只有服从的义务。在法家的认识视野中，人民并不是国家的"主人"，而只是君主成就霸业的

---

① 马克思、恩格斯：《马克思恩格斯选集》第四卷，人民出版社2009年版，第453页。
② 参见韩东育：《徂徕学派与法家的"人情论"》，载于《日本学刊》2002年第5期，第102～118页。
③ 严复：《严复集》，王栻主编，中华书局1986年版，第620页。

"工具": "昔之能制天下者，必先制其民者也；能胜强敌者，必先胜其民者也。" (《商君书·画策》) 为此，法家设计了一套非常完备的社会控制机制，在致力于削弱贵族、大臣权力的同时，还采取了"弱民"措施。商鞅说: "民弱国强，国强民弱。故有道之国务在弱民。民贫则力富，力富则淫，淫则有虱。民辱则贵爵，弱则尊官，贫则重赏。" (《商君书·弱民》) 商鞅追求的"弱民"，是要使民处在最软弱的地位，以最大限度加强君权。而为达到进一步控制民众的目的，法家还实行"愚民": "民愚，则易力而难巧" (《商君书·算地》)，"民愚则易治也" (《商君书·定分》)。为此，商鞅极力提倡朴实的民风和社会时尚: "愚农不知，不好学问，则务疾农" (《商君书·垦令》)，"归心于农，则民朴而可正也，纷纷则易使也，信可以守战也" (《商君书·农战》)。

法家的弱民、愚民思想对于中国整个传统社会都产生过巨大而又深远的影响。国民的愚昧落后，正是君权、神权、偶像崇拜得以产生的土壤和逆来顺受、安分守法的小民心理的根源。从长远看，这些钳制了人们的思想，从而妨碍了社会的真正进步。事实证明，只有充分发挥人的内在潜力和自由创造，充分实现各种社会力量的整合，从而增强社会的活力，这才是保证一切社会价值目标的实现和进行制度革新的根本所在。因此，我们对法家自强学说的借鉴，必须冲破国家与民众"零和博弈"的怪圈，充分发扬民众的能动性和创造精神。如此，我们才有可能真正走向富强之路，实现国家与民众利益的"共赢"。

二、专制的奠基

大体而言，中国古代的国家政体，自夏建国到战国末期，是贵族君主制；而自秦统一后所建立的中央集权，则是君主专制。在贵族君主制时期，君权的独占性和独裁性虽然已为人们所承认，但造成了一个相对分散的权力结构，最终造成列国争夺天下的混乱局面。这不仅是对周礼等级的嘲弄，也成为后世君主加强君权的动因。而如何对高度集权的国家进行有效的管理，设计出一种有效的组织形式，以避免分封制的弊端，便成为秦国统治阶层共同关心的一个重大问题。

历史地看，随着战国时期不断升级的兼并战争和变法运动的不断开展，君主专制成为社会各界的一致呼声和各国君主的共同选择。在此其中，秦国变法由于最为彻底，也最为成功，从而成为诸侯争霸的最后赢家，建立了统一的中央集权的君主专制国家，其政权的基础就是郡县制和官僚制。秦国在商鞅变法时期就开始在全国推行郡县制: "集小乡邑聚为县，置令、丞、凡三十一县" (《史记·商君列传》)，使君王的直接管辖范围达到县一级。与郡县制相对应，通过剥夺旧贵族的特权，官僚制实现了对世卿世禄制的替代。在官僚制度下，终身制和世袭制被废除，俸禄取代了采邑，消除了各级"食土临民"的贵族世卿和大大小小的"独立王国"。

秦帝国从封建到郡县的这一体制转换，解决了西周"王制中国"天子不能制诸侯的内在困境，可谓"古今一大变革之会"（王夫之：《读通鉴论》卷末"叙论四"）。然而，固有的宗法制度虽然已经解体，但浓厚的血缘情怀、宗亲观念一下子难以断然消除。由于体制的惯性以及世袭贵族强大的政治势力，在战国时期，与郡县制同时存在的还有封君制。秦国在统一六国之前，也是如此。秦国的分封制按照"劳大者其禄厚，功多者其爵尊"（《战国策·秦策三》）的原则，封列侯、封君，但不封王；分封严格，且少封宗室；列侯、封君在封地享有收税、铸币等经济特权，但不临土治民，不附带对该地的统治权，所食"租税"相当于分割部分国家赋税。比如，"卫鞅既破魏还，秦封之于、商十五邑，号为商君。"（《史记·商君列传》）秦庄襄王时代封吕不韦为文信侯，秦始皇时代封嫪毐为长信侯，可以说都承袭了这一趋势。

待到文信侯、长信侯皆废，连续动荡的政治现实势必促使秦王对封侯之事格外谨慎。因而，自秦国初定天下，就是否沿用分封制的问题，引发了一场著名的"秦廷辩论"。在辩论中，李斯认为，正是分封制的实施，造成了春秋战国以来血亲仇杀、诸侯混乱的恶果，而只有实行郡县制，诸子功臣才不可能有非分之想，才能确保中央集权的巩固和统一："今海内赖陛下神灵一统，皆为郡县，诸子功臣以公赋税重赏赐之，甚足易制。天下无意异意，则安宁之术也，置诸侯不便。"（《史记·秦始皇本纪》）其实，李斯只看到分封制带来的诸侯割据纷争的负面性，而忽视了关东六国失势贵族的潜在反叛力量，以及对楚、燕、齐等偏远地区如何进行有效管理的问题。秦始皇基于避免诸侯割据、从制度上保证"权力通吃"的目的，故而采纳了李斯之议。不过，时隔不久，博士淳于越再次提议分封宗亲以之为辅佐："殷周之王千余岁，封子弟功臣，自为枝辅。今陛下有海内，而子弟为匹夫，卒有田常、六卿之臣，无辅拂，何以相救哉？事不师古而能长久者，非所闻也。"（《史记·秦始皇本纪》）这一立论以殷周两朝统治绵长的关键在于有分封宗族、功臣的辅翼为依据，建议分封同姓子弟、建立诸王为皇室屏障。针对淳于越"师古"的观点，李斯提出了"师今"的主张："五帝不相复，三代不相袭，各以治，非其相反，时变异也。"（《史记·秦始皇本纪》）最终，淳于越的建议没有被采纳。于是乎，以地缘关系为基础、以皇帝集权为特质的郡县制，最终取代了以血缘关系为纽带、以诸侯分权为特征的分封制度。在郡县体制下，地方长官职位不能世袭，中央和地方所有重要官吏皆由皇帝任免调动，定期加以考核，从而铲除了地方割据的可能性。

不仅如此，为实现明君独断、思想一统，李斯还建议："史官非秦记皆烧之。

非博士官所职，天下敢有藏诗、书、百家语者，悉诣守、尉杂烧之。有敢偶语诗书者弃市。以古非今者族。吏见知不举者与同罪。令下三十日不烧，黥为城旦。所不去者，医药卜筮种树之书。"（《史记·秦始皇本纪》）此议一出，正中始皇下怀，遂行焚书之举。焚书的第二年，还发生了著名的"坑儒"事件。秦统一之后，秦始皇因寻求长生不老之法，而为一些方士所骗，遂恼羞成怒，亲自圈定将460余人活埋于咸阳。

焚书坑儒的确证明了秦始皇残暴统治的事实，但需要辨析的是，这并不是专门针对儒生，更不等于秦始皇摈弃儒学。[1] 所谓的"忠孝礼义，男女之别"其实并非儒家的专利，正如司马谈在《论六家旨要》中所言："若夫列君臣父子之礼，序夫妇长幼之别，虽百家弗能易也。"（《史记·太史公自序》）事实上，秦始皇虽崇尚法家，但他对于儒学中适合自己统治的部分不但不排斥，而且还极力提倡。公元前219年，秦始皇泰山封禅，立碑铭志："贵贱分明，男女礼顺，慎遵职事。昭隔内外，靡不清净，施于后嗣。"（《史记·秦始皇本纪》）显然，这种提倡礼义、反对淫佚的倾向，表现出对儒家某些合理因素的重视，这说明秦政府并不是单纯用法家的标准来规范行政管理行为。正如李泽厚指出的，这"是在讲求功利效用的法家政治实践的基础上，尽量吸收改造各家学说后的一种新创造"。[2] 譬如，云梦秦简中的《为吏之道》，据考证它大约撰写于秦昭王末年到秦始皇三十年（公元前252～前217年）之间，该书不仅体现出各家流派融合的倾向，且更多体现了儒家的价值观。[3] 从内容上看，《为吏之道》讲的是官吏应当具备的道德规范和行为准则，要求官吏做到"五善"，防止"五失"，认为"君鬼臣忠，父兹（慈）子孝，政之本殹（也）"[4]。因此，秦帝国虽然有"焚书坑儒"的恶名，但其制度本身所蕴含的仁义公道不应被全然抹煞。

从周代到秦朝，可以说是中国古代一个极为重要的社会转型时期：周代在确立"敬德保民"意识形态的同时，通过宗法分封制、世卿世禄制及其独特的礼乐秩序的建构，形成一个贵贱有序、亲疏有统的"天下国家"的统治秩序；秦国则通过"以法为教"，以郡县制替代分封制，以官僚制替代世卿世禄制，融华夷于一体，最终促成君主专制的奠基和"大一统"社会格局的形成。这一系列意识形态和社会体制的转变，史称"周秦之变"。而"皇帝"制度的确立，正是君主专制最终完成的标志。《史记·秦始皇本纪》记载，秦朝建立之初，公卿百官议论尊号，李斯等人奏言："今陛下兴义兵，诛残贼，平定天下，海内为郡县，法令

---

① 参见林剑鸣：《秦汉史》（上），上海人民出版社1989年版，第186页。
② 李泽厚：《中国古代思想史论》，人民出版社1986年版，第140页。
③ 参见高敏：《云梦秦简初探》，河南人民出版社1981年版，第239页。
④ 睡虎地秦墓竹简整理小组：《睡虎地秦墓竹简》，文物出版社1978年版，第285页。

由一统，自上古以来未尝有，五帝所不及。臣等谨与博士议曰：'古有天皇，有地皇，有泰皇，泰皇最贵。'臣等昧死上尊号，王为'泰皇'。命为'制'，令为'诏'，天子自称曰'朕'。"于是，秦王嬴政决定："去'泰'，著'皇'，采上古'帝'位号，号曰'皇帝'。"在这里，皇帝不光是一个称号，且是一项重要的政治制度。在这一体制下，天下大权集于中央，中央大权集于皇帝，所谓"主独制于天下而无所制也"（《史记·李斯列传》）。

在君主集权下，秦朝中央组织机构上实行"三公九卿"制。中央政府"官分文武"（《尉缭子·原官》），丞相为文官系统的首领，太尉为武职系统的首领，御史大夫作为丞相的副手，独立于文武行政系统之外，兼掌监察。于是，文臣、武将、监司三大政务系统的框架自此形成，此谓"三公"，互不统属，直接隶属于皇帝。无论中央还是地方政府都由这三大系统构成。在这三大政务系统之外，另有宫廷服务系统，管理皇室、皇族家务。"九卿"是指行政系统中的廷尉、治粟内史、奉常、典客、郎中令、少府、卫尉、太仆、宗正等部门，分管各自领域内的事物，职责分明，唯王命是从。① 这一体制历经两千多年，直到清朝灭亡，虽历代多有沿革，但其基本框架始终未变。《通典·职官一·历代官制总序》云："立百官之职，不师古，始置侯，置守。太尉主五兵，丞相总百揆。又置御史大夫，以贰于相。汉初因循而不革，随时宜也，其后颇有所改。"这里所强调的，正是秦始皇对官制的创制作用。

而为了加强对天下臣民的控制，秦始皇实行迁徙富豪与移民实边的运动，直接调配全国人口，促进社会经济整体化，以加强中央集权统治。此外，秦始皇还统一了全国的法令、文字、货币、度量衡，车同轨、书同文、行同伦，修长城，建驰道，拆除内地长城，拆除妨碍统一的关隘、堡垒，疏通河道等，从而把一个幅员广阔人口众多，风俗各异的国家置于一人统治之下："六合之内，皇帝之土。西涉流沙，南尽北户。东有东海，北过大夏。人迹所至，无不臣者。"（《史记·秦始皇本纪》）公元前 219 年，始皇东巡在泰山刻石颂曰："皇帝临位，作制明法，臣下修饬，二十有六年，初并天下，罔不宾服。亲巡远方黎民，登兹泰山，周览东极。从臣思迹，本原事业，祗诵功德。治道运行，诸产得宜，皆有法式。大义休明，垂于后世，顺承勿革。皇帝躬圣，既平天下，不懈于治。夙兴夜寐，建设长利，专隆教诲。训经宣达，远近毕理，咸承圣志。贵贱分明，男女礼顺，慎遵职事。昭隔内外，靡不清净，施于后嗣。化及无穷，遵奉遗诏，永承重戒。"（《史记·秦始皇本纪》）这些言论虽然不无自诩的成分，但不可否认，从字里行

———————————

① 参见袁刚：《秦朝专制官僚政体的确立和政府机构的设置》，载于《郑州轻工业学院学报》（社会科学版）2003 年第 2 期，第 32～37 页。

间可以看出，秦始皇是把皇帝看作一个崇高的职位，看作一项神圣的职责。史载，秦始皇当政时，事无大小都要亲自处理，"以衡石量书，日夜有呈，不中呈不得休息"（《史记·秦始皇本纪》），并经常巡行四方，现场办公，表现出极端的法家作风。正如琅琊刻石上所言："皇帝之明，临察四方。尊卑贵贱，不逾次行……皇帝之德，存定四极……功盖五帝，泽及牛马。"

无论如何，秦专制集权统一郡县制大帝国的建立，应是中国历史上的一次重大事件。自此，历届王朝不断加甄，以皇帝为核心的专制政体始终运行不辍，直至清末才告终结。司马迁曾称赞秦始皇："制作政令，施于后王。"（《史记·秦始皇本纪》）谭嗣同说："故常以为二千年来之政，秦政也。"①

尽管如此，秦制之于周制，并非一种全然的替代，而是有所继承。这主要表现在：其一，王权的世袭。君主世袭制在周代已基本确立，从此，"父死子继"或"兄终弟及"成为权力继承的"不二法门"。秦朝尽管瓦解了世卿世禄制，废除了皇家子弟的分封，开放了面向全社会的仕途之路，但在皇权的传承方面，却依然保留了世袭制度。秦始皇的初衷原本就是将皇位传之二世，乃至无穷。秦国尽管"二世而亡"，但皇帝制度及其传承模式则与整个中国皇权时代相始终。其二，"家天下"的传承。战国时代的诸侯兼并和利益纷争，虽然使得"天下为公"的观念备受推崇，但是，在君权日盛的中国，"公"是以政权来体现的，政权又是以君主为代表的。由此，"公天下"也就变成了"君天下""家天下"，"天下"成为历代君主的世袭产业。其三，"大一统"的沿革。西周以宗法血缘为基础确立起一个空前广泛的"大一统"的社会格局，只是王权被层层分割。而秦始皇确立了一个皇权至上的高度集权的"大一统"体制。秦汉之后，中国社会尽管呈现出分合无定的状态，但"大一统"观念一直得到强化，由此逐渐积淀为一种牢固的"天下"情结和国家一统大业。

第二节　从汉儒批法到王霸杂用

秦灭汉兴，在政治体制层面上基本上是"汉承秦制"，但在意识形态层面，面对战乱之后凋零不堪的社会现实，统治阶层不得不采取无为而治、休养生息的统治策略，从而导致汉初黄老之道的勃兴。之后，在汉初深化王权和支持"大一统"的王权事业中，先前饱受污垢的儒家思想又开始重新抬头，最终以董仲舒的

① 《谭嗣同集》，岳麓书社 2012 年版，第 358 页。

"新儒学"的"独尊"为标志，儒家和法家实现了合流，从而实现了"王霸杂用"这一统治方略的奠基。

一、汉儒批法及"黄老"勃兴

秦国"以法为教"的制度化建设，再加上秦帝国的成功奠基，这似乎证明了法家理论的成功。然而，秦帝国在农民起义和六国旧贵族的反叛风暴中顷刻"二世而亡"。为避免重蹈覆辙，代秦而立的汉朝统治者积极梳理总结秦朝灭亡的历史教训，于是，追讨"秦过"成为一股时代潮流——汉儒批法。汉初儒生几乎众口一词地认为，秦帝国的过错就在于摒弃仁道、专任刑罚："及刻者为之，无教化，去仁爱，专任刑法，而欲以致治。至于残害至亲，伤恩薄厚。"（《汉书·艺文志》）由于法家学说是秦朝赖以成功的法宝，故而，汉儒普遍认为法家学说对于"秦亡"难辞其咎："师申商之法，行韩非之说，憎帝王之道，以贪狼为俗，非有文德以教训于下也。"（《汉书·董仲舒传》）到了汉武帝时期，法家及纵横家等学说被视为"扰乱国政的邪说"（《汉书·武帝纪》），而遭到长期贬斥。

究其实质，汉儒批法是汉代否定秦的暴政并树立新朝形象、重建新秩序的需要。故而，汉代的史论家对秦朝的统一大多采取否定与敌视的态度，而对秦国变法的时代进步性、开放性的任贤政治、高超的战略艺术与军事谋略、君臣共力的优良传统等积极举措，则少有陈述。正如司马迁所言："秦取天下多暴，然世异变，成功大。学者牵于所闻，见秦在帝位日浅，不察其终始，因举而笑之，不敢道，此与以耳食无异。悲夫！"（《史记·六国年表》）

应该承认，秦统治者抱"法"处"势"挟"术"的独裁作为，正是法家思想的体现。但是，秦统治者的作为也有与法家相悖的一面：其一，法家明确反对徭役繁多："徭役多，则民苦……非天下长利也。"（《韩非子·备内》）其二，法家反对德治，但并不主张暴政："人君无道，则内暴虐其民，而外侵欺其邻国。"（《韩非子·解老》）韩非还提出了慎刑的原则，认为离开法的依据而妄怒杀戮是起不到用法的效应的："故用赏过者失民，用刑过者民不畏。有赏不足以劝，有刑不足以禁，则国虽大，必危。"（《韩非子·饰邪》）其三，韩非倡导凡事必经过验证，并明确提出了明君不应事鬼神、信卜筮和好祭祀："用时日，事鬼神，信卜筮而好祭祀者，可亡也。听以爵不以众言参验，用一人为门户者，可亡也。"（《韩非子·亡征》）而秦始皇却热衷于这样的活动，执着于长生不死的追求。其四，韩非认为，人应对自我作清醒认识："天下有信数三，一曰智有所不能立，二曰力有所不能举，三曰强有所不能胜。"（《韩非子·观行》）然而，秦始皇的所作所为既不可能通过内心自省有所醒悟，又不存在任何力量可以制约，最终造成"上不闻过而日骄，下慑伏谩欺以取容"（《史记·秦始皇本纪》）的局面。其五，尽管法家的重刑主义一直饱受诟病，但究其实质，这样做就在于造成一种威慑气氛，使人们理智控制自己的行为，从而客观上起到"以刑去刑"（《商君书·靳令》）的效果。因而，轻罪重罚是使人忍一时之苦而收长久之利的强国方略："故重轻，则刑去事成，国强。"（《商君书·说民》）更何况，重刑主义是法家针对当时"争于气力"的诸侯兼并局面而言的，法家又明确提出在不同时期应施用不同的治国方略："治世不一道，便国不法古。"（《史记·商君列传》）因此，将秦朝的暴政简单归结为法家思想所致是不适当的，诚如章太炎所言："亡其国者，非法之罪也。"①

纵观秦统治者的施政措施，其之所以急速灭亡，似有迹可循：其一，"急"。秦始皇"任战胜之威"，"伐能矜功"，急于兴作，北筑长城，南戍五岭，修驰道，作灵渠，兴宫室，造陵墓……，从而使原本具有积极意义的举措成为刻薄急政和穷兵之祸，完全背离了处实务效、量力而行之事功原则，以致造成"贫民常衣牛马之衣，而食犬彘之食"（《汉书·食货志》）的悲惨局面。其二，"独"。秦始皇极端专制，以传位万世为要务，违背了君臣共力、臣民共利的传统，使普泛的事功追求畸变为君主独夫之功利，从而"使天下之人，不敢言而敢怒，独夫之心，日益骄固"（杜牧：《阿房宫赋》），于是，祸乱之势不可遏止。其三，"侈"。如果说筑长城、修驰道等尚可算作国家民众之公利的话，而兴宫室、造陵墓则毫无公利可言。这种"穷困万民以适其欲"（《汉书·贾山传》）的侈靡政治，无疑是对清明政治的背离。其四，"暴"。秦始皇将法家事功思想中固有的迷信强力和严刑峻法等负面因素发挥到了极致，"乐以刑杀为威"，致使"储衣塞路，囹圄成市，天下愁怨"（《汉书·刑法志》）。秦二世继位后更是变本加厉，结果"群臣人人自危，欲畔者众"（《史记·李斯列传》）。因此，如柳宗元所言：秦之败亡，"失在于政，而不在于制"（柳宗元：《封建论》）。

汉儒将秦朝灭亡归结为片面任法、任刑的结果，的确未免适当。不过，其中隐含的深层意义却耐人寻味：如果秦朝在统一后能转变统治模式，历史一定会有所不同。陆贾最早提出秦朝如果能够"逆取而顺守之，文武并用"（《汉书·陆贾传》），就可以长享天下。在《过秦论》中，贾谊对秦自孝公至始皇时的进取精神和大业统一并无微词，但他认为，秦的速亡或许正在于其过去的成功："秦虽离战国而王天下，其道不易，其政不改。"（《新书·过秦》）在贾谊看来，秦始皇不知时变，依旧以"诈力"甚至强化"诈力"的方式来维护其统治，这是秦亡的根本原因。故而，在攻取天下和治理天下两种不同的情势下，治国策略应

---

① 章太炎：《章太炎政论选集》（上册），汤志钧编，中华书局1977年版，第500～501页。

做出及时的调整："夫并兼者高诈力，安定者贵顺权。此言取与守不同术也。秦离战国而王天下，其道不易，其政不改，是其所以取之守之者［无］异也。孤独而有之，故其亡可立而待。借使秦王计上世之事，并殷周之迹，以制御其政，后虽有淫骄之主而未有倾危之患也"，其必然的结果就是："仁义不施，而攻守之势异也。"（《新书·过秦》）这些论断实际上已经言及到了统治模式的转型问题。历史的深刻教训在于，打天下与守天下应该采用不同的策略和方法。其中最为关键的，莫过于以民为本，顺乎民心，应乎民意，实现由暴力刑罚到礼义仁德的转变，如此，方能确保国家的长治久安。诚如贾谊所言："故夫民者，至贱而不可简也，至愚而不可欺也。故自古至于今，与民为仇者，有迟有速，而民必胜之。"（《新书·大政上》）

　　西汉王朝在秦末战争后的废墟上建立起来的。当其时，"民失作业，而大饥馑。凡米石五千，人相食，死者过半"（《汉书·食货志上》），甚至"自天子不能具钧驷，而将相或乘牛车，齐民无藏盖"（《史记·平准书》）。长期的战争动乱，使得人心思定、人心思治成为社会上下的一致呼声，从而助长了"黄老之道"[①]在汉初的勃兴。概括而言，黄老之学的治国之道主要有：（1）君无为而臣有为。黄老道家发挥了《老子》"无为而不为"的观念，并克服了庄子"蔽于天而不知人"（《荀子·解蔽》）的弊端，在"无为"中充实"有为"的内容，主张"君无为而臣有为"（《慎子·民杂》）。（2）清静自正，无为自化。黄老道家坚持老子"道生万物"的世界本原论，将法视为自然法则在社会政治领域中的体现和衡量是非的标准："贤生圣，圣生道，道生法"（《鹖冠子》），"是非有分，以法断之"（《黄帝四经·经法·道法》）。这就要求排除个人的主观成见，效法自然之无为，做到"节民力以使，则财生。赋敛有度则民富"（《黄帝四经·经法·君正》）。（3）刑德相养。黄老道家继承了历史上关于刑德并用的思想，并用阴阳之道论证其合理性，认为二者相辅相成："刑晦而德明，刑阴而德阳，刑微而德章"，故而主张"刑德相养"（《黄帝四经·十大经·姓争》）。当然，在黄老道家那里，二者还是有主有从、有先有后的："先德后刑以养生。……夫并时以养民功，先德后刑，顺于天。"（《十六经·观》）这一思想成为此后"德主刑辅"的先声。（4）与刑德兼用密切相关的是"文武并用"（或称"文武之道"）。这是刑德兼用的逻辑推衍。进入战国以后，儒家重德轻力，趋向重文轻武；法家

---

　　① 道家思想在老子之后大致形成两种走向：一种是以庄子为代表，偏重继承发展老子的形而上之道，主张绝去礼学、兼弃仁义的道家出世一派；另一种则以稷下学派为代表，偏重继承发展老子的形下之道，专心于治国之术的"入世"，即"黄老道家"。黄老之道在战国末期已经出现，是托名黄帝之言，以老子道家学说为主旨，兼采阴阳、儒、墨、名、法之学而形成的一种经世之学。目前被学界公认为是先秦黄老学著作的文献主要有马王堆汉墓出土的"帛书"《皇帝四经》（包括《经法》《十大经》《称》《道原》）以及《管子》中的《心术上》《心术下》《白心》《内业》等篇章。

重力轻德，趋向重武轻文。《四经》有感于儒法之争的偏向，便提出行文武并行之道："审于行文武之道，则天下宾矣。"（《黄帝四经·经法·君正》）

如上这些主张，对于百业凋敝、民生维艰的汉初社会而言，自然是十分必要的，故而得到统治者的大力倡导。汉初，陆贾建议刘邦采取宽松的方针策略，施行无为而治："昔虞舜治天下，弹五弦之琴，歌南风之诗，寂若无治国之意，漠若无忧民之心，然天下治。"（《新语·无为》）与《老子》不同的是，陆贾认为"仁义"是人道的根本："治以道德为上，行以仁义为本"（《新语·本行》），主张把"文"和"武"即仁义教化和法令结合起来，以仁义教化"劝善"，以法令"诛恶"，软硬兼施，以实现长治久安，所谓"文武并用，长久之术也"（《史记·郦生陆贾列传》）。陆贾的思想融仁义与无为于一炉，为此后的黄老治政作了先导。曹参相齐之时，采"贵清静而民自定"为"治道"，使齐地大治。曹氏拜汉相后，一仍其旧。自此，无为之治成为君臣上下一致的共识。史载："孝惠皇帝、高后之时，黎民得离战国之苦，君臣俱欲休息乎无为，故惠帝垂拱，高后女主称制，政不出房户，天下晏然。刑罚罕用，罪人是希。民务稼穑，衣食滋殖"（《史记·吕太后本纪》）；汉文帝"本修黄老之言，不甚好儒术，其治尚清静无为"（《风俗通义·正失》）；窦太后亦"好黄帝、老子言，帝及太子诸窦不得不读《黄帝》《老子》，尊其术"（《史记·外戚世家》）。不但君主如此，许多重要谋臣，如陈平、汲黯等都重视黄老治术，司马谈、司马迁父子亦笃信"黄老"，认为黄老政治"与时迁徙，应物变化，立俗施事，无所不宜，指约而易操，事少而功多"（《汉书·司马迁传》）。

汉初的政治实践反映了一个基本事实：统治者开始意识到帝国守成的重要，认为以宽简为治术，也可收长治久安之效。具体做法主要有：其一，对百姓的无为，即在经济上轻徭薄赋、与民休息、去奢省费："量吏禄，度官用，以赋于民"（《汉书·食货志》）。史载："秦田租口赋盐铁之利，二十倍于古，或耕豪民之田，见税十五"（《西汉会要·食货·田租》）；汉高祖时"轻田租，十五而税一"；惠帝又免除力田人之徭役终身；汉文帝免除农田租税十二年；汉景帝时改"十五税一"为"三十税一"（《汉书·食货志》）。其二，君臣间的无为。自汉高祖到汉惠帝，汉统治者均因循旧制，少事革新。譬如，曹参继萧何为汉丞相，"其治要用黄老术"，"不治事"，"举事无所变更，一遵萧何约束"，"故天下俱称其美矣"（《史记·曹相国世家》）。其三，法制上的无为。刘邦夺取政权之初，废秦苛法，只是约法三章："杀人者死，伤人及盗抵罪"（《史记·高祖本纪》）。后来又鉴于"三章之法不足以御奸"的具体现实，刘邦又令萧何作《九章律》，但依然是"约法简刑"（《汉书·刑法志》）。到了惠帝和吕后时期，"刑罚罕用，罪人是希。民务稼穑，衣食滋殖"（《史记·吕太后本纪》）。汉文帝即位后，仍然"躬修俭节，思安百姓"（《汉书·食货志上》）。其四，外交上的无为。汉朝统治者面对北方匈奴的屡次侵犯、挑衅，屈尊和亲，一再退让，以求得边界的安宁，等等。

无为而治在汉朝初期推行了70余年，经济得以逐渐复苏。至武帝初年，"京师之钱累巨万，贯朽而不可校。太仓之粟陈陈相因，充溢露积于外，至腐败不可食。众庶街巷有马，阡陌之间成群"（《史记·平准书》）。可谓大见成效，史称"文景之治"。淮南王刘安组织门客编撰《淮南子》一书，通过对汉初道治实践的观察和反思，试图为帝国的长远统治提供一套较为完备的理论学说，从而成为汉初黄老思想的集大成者。其理论要旨有：

其一，通而无为。针对先秦老庄一派回避或超脱人的主观努力的局限，《吕氏春秋》认为，做任何一件事都必须遵循自然规律，借助客观条件，利用各种积极因素，政治上亦然："因者，君术也；为者，臣道也。为则扰矣，因则静矣。"（《吕氏春秋·任数》）与此相似，《淮南子》也认为，"无为"并不意味着人只能"听其自流"，相反，人应当发挥自身的主动性，所谓"人必加功焉"（《淮南子·修务训》）。不过，《淮南子》既反对"以火井，以淮灌山"的"强为"，也反对"四肢不动，思虑不用"式的"塞而无为"（《淮南子·修务训》），而赞同"通而无为"（《淮南子·要略训》），即不在事物本性展现之前盲目去做，而是顺物之所为而为，从而赋予"无为"一种儒家式的积极进取精神。

其二，民为国本。如果说《吕氏春秋》主要强调的是"顺民心"和"得民心"，《淮南子》则主要强调"安民""利民""富民"。在如何安民的具体措施上，《淮南子》将无为之论与民本思想结合起来，认为要满足民众需要，就应做到虚静无为："为治之本，务在于安民；安民之本，在于足用；足用之本，在于勿夺时；勿夺时之本，在于省事；省事之本，在于节欲；节欲之本，在于反性；反性之本，在于去载。"（《淮南子·诠言训》）安民的具体举措是要"利民"："治国有常，而利民为本。"（《淮南子·泛论训》）这与法家"苟可以利民，不循其礼"（《商君书·更法》）的思想一致。而"利民"的一个重要方面就是"富民"："臣闻王主富民，霸主富武，亡国富库。"（《淮南子·人间训》）就是说，"富民"可以富国，"富武"容易成就霸主，一味"富库"则有可能陷于财货而国破家亡，因此"富民"是"安民"的关键。而"仓廪实"和"衣食足"则直接关系到老百姓的道德操守："夫饥寒并至，能不犯法干诛者，古今之未闻也。……夫民有余即让，不足则争。让则礼义生，争则暴乱起。……故物丰则欲省，求澹则争止。"（《淮南子·齐俗训》）既然民众的道德底线、安乐以及民心的归顺都取决于"富民"，为此，爱民之君要"取下有节，自养有度"（《淮南子·主术训》）；要生活节俭清静，不恣意挥霍浪费社会财富，不干扰民众，要发展农业生产、减少赋税："治国之道，上无苛令，官无烦治"（《淮南子·齐俗训》），等等。总的来看，《淮南子》的"民本"思想较前人更为系统和具体，更具实现的可能性。

其三，"法生于义"。法家通常将立法的权利归于君主："夫生法者，君也；守法者，臣也；法于法者，民也。"（《管子·任法》）然而，在法面前，百姓只有被动地服从，君主的权利则因缺乏制约而无限膨胀。针对法家的这一流弊，《淮南子》提出"法生于义"的主张："法生于义，义生于众适，众适合于人心，此治之要也。"（《淮南子·主术训》）就是说，法是君主和民众行事的标准，因此立法必须从"义"出发，而"义"必须合乎百姓心意，这是治国的前提，不应专属于君主的意愿："法籍礼义者，所以禁君，使无擅断也。"（《淮南子·傲真训》）在《淮南子》看来，法不仅生于义，而且它的存在是为了辅助仁义的推行："法之生也，以辅仁义。"（《淮南子·泰族训》）由此，《淮南子》提出"仁义为本"的主张："治之所以为本者，仁义也；所以为末者，法度也"，并认为，儒家的人治、德治，与法家的法治、术治是可以相辅相成、相济相助的："无法不可以为治也，不知礼义不可以行法"，法的不足有待于仁、义、礼、乐的纠偏，所以绝不能"重法而弃义"。而防止法走向反面的最好办法，是将法交给圣贤之人去合理应用："故国之所以存者，非以有法也，以有贤人也。"（《淮南子·泰族训》）因而，这就要求执法者君主必须严格自律、公正无私，并率先垂范循法："人主之立法，先自为检式仪表，故令行于天下。"（《淮南子·主术训》）

总体来看，《淮南子》一方面在肯定了法家"法、术、势"思想的基础上，一改法家的过分"有为"；另一方面将其"无为而治"的理想建立在以仁义为本、法制为辅的道德感化之上。这一理论基调，成为此后"王霸杂用"治国之策的前奏。然而，此后刘安涉及谋反、被诛事件，使得《淮南子》难逃被冷落的命运。即便如此，作为一部划时代的"纪纲道德，经纬人事"（《淮南子·要略训》）的治世法典，它孕育了两汉文化汉初调和、致用的学术取向与思想特质。

二、王霸杂用的奠基

在黄老之学盛行的同时，汉初开放书禁，儒学潜流暗动，儒生日渐活跃。面对汉初国穷民疲社会现实，陆贾以道家的清静无为补充儒家的仁义学说，使之适用于汉初的形势。在陆贾看来，圣贤之君行仁义正是道家"以柔克刚"的体现："怀刚者久而缺，持柔者久而长，躁疾者为厥速，迟重者为常存，尚勇者为悔近，温厚者行宽舒，怀急促者必有所亏，柔懦者制刚强。"（《新语·辅政》）陆贾有感于先秦儒法之争中儒家重文轻武而法家重武轻文的偏向，故而主张把"文"和

"武"即仁义教化和法令结合起来，以仁义教化"劝善"，以法令"诛恶"，以实现长治久安，所谓"文武并用，长久之术也"（《史记·郦生陆贾列传》）。

与陆贾以"仁义"消化"无为"不同，贾谊则把"无为"之论视为大敌。贾谊生活在汉文帝时代，当时无为而治策略的推行虽然收到了良好的治理效果，但由于无为而治本身包含有"君主无为"的思想，再加上朝廷当中汉初以来的将相功臣大多恃宠而骄，无视君臣上下之礼，非常不利于皇帝的集权统治，故而，贾谊力倡君臣之礼，试图人为地造成一种尊君之势，使天子"其尊不可及"（《新书·阶级》），并向汉文帝谏言建立一种"等级分明""下不得疑"的礼法制度，一律以人们等级地位之高低为标准来决定其名号、旗章、礼仪、秩禄、冠履等，所谓"改正朔，易服色，法制度，定官名，兴礼乐"（《史记·屈原贾生列传》）。贾谊的一些思想在当时即被汉文帝采纳，史载："诸法令所更定，及列侯就国，其说皆谊发之。"（《汉书·贾谊传》）但由于他后来遭人忌毁，从而为文帝疏远而终莫能用。不过，从思想史上来看，贾谊继荀子之后实现了儒家礼治思想由观念向制度化的转换。

随着儒学的渐趋走强，"仁义礼乐"的观念重新得到重视。到了汉武帝执政时期，西汉政权所面临的各种社会问题变得更加尖锐。在内政方面，尽管汉景帝时发生的"七国之乱"已被平定，但在汉武帝时，宗藩依然拥有一定势力，隐患犹存。更为严重的是，西汉对匈奴一直采取隐忍的和亲之策，反而使匈奴南下侵犯日增，等等。对于汉武帝而言，他所面临的这些问题，靠清静无为是于事无补的。为此，武帝即位当年（公元前140年），下诏令各级官吏"举贤良方正直言极谏之士"（《汉书·武帝纪》）。元光元年（前134年），又下诏要求贤良提供实现"上参尧舜，下配三王"（《汉书·武帝纪》）的方略。在这种情势下，董仲舒的《天人三策》应运而生。

董仲舒作为儒法融合的汉代新儒学的开创者，从思想发展的脉络上看，他远承孔孟，近取荀子、贾谊，集黄老、法、儒于一身，兼收阴阳家及某些神权思想，从而建构起了一个庞大的"新儒家"的思想体系。

其一，天人感应论。基于战国以来天命观的式微，董仲舒试图重塑上天的神圣权威，构建"大一统"的宗教神学体系。董仲舒"天人感应"论的主旨，就是从"天命"高度论证了君主专制权力的神圣性："受命之君，天意之所予也。故号为天子……"（《春秋繁露·深察名号》）。在其理论中，神、王关系完全等同于父子关系："诸授之者，皆其父也；受之者，皆其子也。常因其父以使其子，天之道也……"（《春秋繁露·五行之义》），"惟天子受命于天，天下受命于天子"（《春秋繁露·为人者天》）。这种解释把人间的独裁专制说成是神的意志和力量，从而使君主处于至高无上的神圣地位："故王者唯天之施。"（《春秋繁露·

王道通三》）董仲舒论证的重点，自然是君"立尊卑之制，等贵贱之差"（《春秋繁露·保位权》），卑者对尊者必须"顺命"（《春秋繁露·顺命》）。董仲舒由此进一步论证了君主制度的永恒性："天不变，道亦不变"（《汉书·董仲舒传》），"王者有改制之名，无易道之实"（《春秋繁露·楚庄王》）。董仲舒的天人感应论在逻辑上应是墨子"尊天明鬼"思想的延展，并竭力把人事与天道附会在一起，从而使"天"的意志具备了具体而完备的宗教色彩与特征，因而，人们将此后的儒家思想称为"儒教"也是不无道理的。不过，董仲舒在强调君主至尊的同时，又一再申述了重民的道理："天之生民，非为王也；而天立王，以为民也。"（《春秋繁露·尧舜不擅移汤武不专杀》）故而，君主必须服从天意，积善修德，应"不夺农时"，使"民家给人足，无怨望忿怒之患"（《春秋繁露·王道》）。否则会受到"天谴"："国家将有失道之败，而天乃先出灾害以谴告之；不知自省，又出怪异以警惧之；尚不知变，伤败乃至。"（《春秋繁露·必仁且智》）按照董仲舒的观点，如果上天发威示警，灾异频现，天子应斋戒自省，下"罪己诏"改过自新。最严重的后果，往往意味着更换君主："其恶足以贼害民者，天夺之。"（《春秋繁露·尧舜不擅移汤武不专杀》）可见，这种君权神授论在解决政治合法性的同时，通过"屈君而伸天"（《春秋繁露·玉杯》），以儆戒君主不能为所欲为。

其二，"三纲五常"。董仲舒继承和发展了贾谊的"德教"理论，提出"以德善化民"（《汉书·董仲舒传》），认为，王者施行德教必须"知仁谊，然后重礼节"（《汉书·董仲舒传》）。为此，他吸收了先秦及秦汉以来诸子关于君臣、父子及夫妻关系的论述，提出了一套充满神学色彩的"三纲"理论；"君臣、父子、夫妇之义，皆取诸阴阳之道。君为阳，臣为阴，父为阳，子为阴，夫为阳，妻为阴。"（《春秋繁露·基义》）在"三纲"中，"君为臣纲"居其首，君是臣的准则，臣民必须绝对地尊崇君主、服从君主、忠于君主："君人者，国之本也"（《春秋繁露·立元神》），"故屈民而伸君"（《春秋繁露·玉杯》），"善皆归于君，恶皆归于臣"（《春秋繁露·阳尊阴卑》）。"父为子纲"是"君为臣纲"的前提和基础，意在宣扬封建"孝道"："孝弟者，所以安百姓也。"（《春秋繁露·为人者天》）由此，君臣关系披上了一层温情脉脉的宗法等级制度的外衣。"夫为妻纲"则使"夫尊妻卑"的关系永恒化、固定化："丈夫虽贱皆为阳，妇人虽贵皆为阴"（《春秋繁露·阳尊阴卑》）。"三纲"所规定的君臣、父子、夫妻关系，是一种严格的尊卑等级关系。这种尊卑等级地位决定了臣、子、妻单方面的服从关系。由此，君权、父权、夫权登上了神圣不可侵犯的王座。董仲舒还以先秦儒家的相关论述为基础，将"仁义礼智信"概括为"五常"："夫仁、谊（义）、礼、知（智）、信五常之道，王者所当修饬也"（《汉书·董仲舒传》）。

此后，"三纲五常"经过不断的发展，最终成为专制时代的基本治国纲要。

其三，德主刑辅。在董仲舒看来，"教化"与"法度"都是治国的根本："君之所以为君者威也，故德不可共，威不可分。德共则失恩，威分则失权。失权则君贱，失威则民散。"（《春秋繁露·保位权》）为此，他借用阳阴图式把"德"比作阳，比作春夏，以生、养万物；把"刑"比作阴，比作秋冬，能够杀、藏万物。由于阳尊阴卑，因而德治与法治的关系便是："刑者德之辅，阴者阳之助也"（《春秋繁露·天辨在人》），"教，政之本也；狱，政之末也"（《春秋繁露·精华》）。当然，只有阴阳调和，万物才能正常地生育发展："天道之大者在阴阳。阳为德，阴为刑；刑主杀而德主生。是故阳常居大夏，而以生育养长为事；阴常居大冬，而积于空虚不用之处。以此见天之任德不任刑也。"（《汉书·董仲舒传》）因此，在德、刑二者之间，德是生养万物之根本，刑罚是铲除邪恶之手段，因而两者的关系便是"德主刑辅"。董仲舒还极力推崇"无为而治"，认为实现无为而治的关键是任贤能，辨忠奸，充分发挥臣下的作用，做到君无为而臣有为："心所以全者，体之力也；君所以安者，臣之功也。"（《春秋繁露·天地之行》）当然，相关的统治手段既有光明正大的，也有深藏不露的。君主既要弘扬孝梯，重视农桑，施行教化，又要善于运用各种"能冥能昏"的政治技巧，使群臣不能测度君主的意图和取向："君贵居冥而明其位，处阴而向阳。"（《春秋繁露·立元神》）董仲舒认为，君主需要官吏阶层来代行君主的意志，即通过文士入官，使知识阶层与官僚系统合二为一，既实施法制，又行教化职责。而为了能够得到贤俊之才，必须设立学校，以培养德才兼备之人："臣愿陛下兴太学，置明师，以养天下之士，数考问以尽其材，则英俊宜可得矣。"（《汉书·董仲舒传》）

其四，"大一统"。汉武帝时，大汉王朝已是"中国一统"，但帝国内部和边缘充斥着诸多夷狄族群，因此，汉朝面临着一个如何对待这些夷狄族群的问题。汉景帝时，公羊寿和胡毋生在《春秋公羊传》（又称公羊传或公羊春秋）中阐发"夷夏之辩"，既强调以华夏为本位，又重视以礼义来分辨夷夏，对夷狄仰慕礼义者则"中国之"，对中国违背礼义者则"夷狄之"。董仲舒对此作了进一步的阐发，认为，夷夏之辨也需"从变从义，而一以奉天"（《春秋繁露·精华》），就是说，对于那些仰慕华夏文化、遵守礼义道德的蛮夷民族要以中国相待。董仲舒虽然强调夷夏之别，但也重视德化四夷、夷夏一统，主张以仁爱之心对待没有归化的蛮夷民族："故王者爱及四夷，霸者爱及诸侯，安者爱及封内，危者爱及旁侧，亡者爱及独身。独身者，虽立天子诸侯之位，一夫之人耳，无臣民之用矣。"（《春秋繁露·仁义法》）在董仲舒的理论中，"德"是维系一统的重要条件，只有有德者才能成为胜任一统的王者。《公羊传》的尊王思想也为董仲舒所继承，

111

但在对其内涵的理解上又做了自己的发挥。董仲舒认为，"王"不是指周文王，而是受命新王："何以谓之王正月？曰：王者必受命而后王。"(《春秋繁露·三代改制质文》) 即大一统不是一统于周天子，而是一统于新王，董仲舒由此诠释了汉帝国"奉天承运"的神圣。且《春秋》公羊学既提倡尊王攘夷，又说"复九世之仇"，从而为汉武帝"外攘四夷"的军事行动蒙上了一层正义色彩。

针对当时"百家殊方"的思想多元局面，元光元年（公元前134年），汉武帝再次诏贤良对策。对此，董仲舒提出将人们的思想统一到儒家学说上来："《春秋》大一统者，天地之常经，古今之通谊也。今师异道，人异论，百家殊方，指意不同，是以上亡以持一统；法制数变，下不知所守。臣愚以为，诸不在六艺之科，孔子之术者，皆绝其道，勿使并进。邪辟之说灭息，然后统纪可一，而法度可明，民知所从矣。"(《汉书·董仲舒传》) 汉武帝接受了董仲舒的建议，"罢黜百家，独尊儒术"，从此开启了以儒家思想为核心的意识形态霸权的建构。与淮南王刘安的"一厢情愿"的献书方式不同，董仲舒的成功之处在于，他能够审时度势，深入揣测到汉武帝关注的问题及所持的倾向，进而通过全面总结秦之教训和汉初"无为"政治之隐藏的弊端，实行改弦更张，摒弃"无为""恭俭"的思想，倡议实现意识形态霸权。董仲舒所倡导的新儒学所体现的重名分、别尊卑、贵礼法、"主唱臣和"、"主先臣随"、"君权神授"和"大一统"的思想文化，巧妙利用儒家的外衣，包裹其强化王权、实现统一的真实目的，从而迎合了汉武帝意欲强化君王权力和权威的心理，以一种曲径通幽的方式最终与君主专制主义中央集权政治实现了结合。显然，董仲舒标榜的"独尊儒术"，已不是纯粹的先秦儒学，而是"博采百家，自成一体"的新儒术，因而所谓"罢黜百家"只是虚有其名，而真实的目的只是"独尊"。

与先秦诸子所倡导的"德治"思想不同，董仲舒所倡导的"德主刑辅"，不再是一种强调人人修为的道德理想，而是通过将儒家最为推崇的"礼治"观念贯穿到全社会，把刚性的法律原则和柔性的道德观念融为一体，从而成为一套有效的社会调节系统。至此，先秦的儒法之争走向了汉代的儒法合流，儒家和法家也真正开始了锻造和粉饰专制皇权的"共谋"，实现了"王霸杂用"这一治国方略的奠基。

儒、法两家之所以能够走向融合，基于二者思想的同一性。虽然自孟子以来，王道与霸道便有了价值上的分殊，即重礼义与重功利、尚德与尚力（以德服人与以力服人）这种价值观念上的对立。但事实上，二者之间的区分并不总是很清晰，且越来越走向混同。正如司马迁所指出的："儒者博而寡要，劳而少功，是以其事难尽从，然其序君臣父子之礼，列夫妇长幼之别，不可易也"，"法家严而少恩，然其正君臣上下之分，不可改矣"(《史记·太史公自序》)。先秦法家尽管以"一断于法"的公正形象赢得了时代的青睐,否定了"礼"的宗法性,但并没有否定"礼"所规定社会的等级性。① 在法家看来,儒家所赞扬的尧舜禅让造成君臣易位、汤武革命杀君篡位,这些都是背叛君臣之义,不但不值得赞扬、提倡,而且应该受到批判:"尧为人君而君其臣,舜为人臣而臣其君,汤、武为人臣而弑其主、刑其尸,而天下誉之,此天下所以至今不治者也。"(《韩非子·忠孝》) 诚如司马迁所言:"若尊主卑臣,明分职不得相逾越,虽百家弗能改也。"(《史记·太史公自序》)

如果说孔孟思想的价值主题更多关注德教的话,那么无论是荀子的"隆礼重法"还是董仲舒的"德主刑辅",便已明确表明儒家的基本治国模式就是所谓"王霸杂用"。北宋时代的王安石认为,王道与霸道都注重仁义礼信,王霸之别不在任何政策主张,而在主观动机及自身修养,所谓"心异"。若主观动机是为民为天下,其追求功利与富强,其治国崇尚法治,皆应视为王道;反之,若主观动机为自利,其行为即使标榜仁义礼信,本质上依然属于霸道:"仁义礼信,天下之达道,而王霸之所同也。夫王之与霸,其所以用者则同,而其所以名者则异。何也? 盖其心异而已矣。"(《宋元学案·临川文集》) 司马光指出:"王霸无异道",二者都是"本仁祖义、任贤使能、赏善罚恶、禁暴诛乱",其差别只是在执行程度上有所差别而已:"名位有尊卑,德泽有深浅,功业有巨细,政令有广狭耳,非若白黑甘苦之相反也。"(《资治通鉴·汉纪十九》) 史载,"黄仁卿问:'自秦始皇变法之后,后世人君皆不能易之,何也?'"朱熹回答道:"秦之法,尽是尊君卑臣之事,所以后世不肯变。且如三皇称'皇',五帝称'帝',三王称'王',秦则兼'皇帝'之号。只此一事,后世如何肯变!"(《朱子语类》卷一三四)。

儒、法两家之所以走向结合,还在于二者的互补性。法家的制度设计虽然构成了传统中国君主专制统治的基本框架,但存在着两个显著的结构性弱点:一是过度强调权术和暴力,使臣民缺乏最起码的合法性认同;二是以君主利益的最大化为唯一指向,忽视了统治者适度的自我约束以及与臣民之间的利益平衡。而儒家有法家所不及的地方,就是它能够为君主专制提供至关重要的意识形态支持:一是君、臣、民之间的尊卑等级关系,在儒家伦理的温情脉脉中被掩饰和美化,有利于增进社会的自主团结与整合,增强君主的道德权威;二是儒家君主的自我约束,宽厚待民,也有利于缓解君主与民众的利益紧张关系,等等。②

从实践上看,汉武帝自结束汉初"无为而治"之时,也开始了他的"有为

---

① 参见江贻隆、陆建华:《韩非之礼学》,载于《江汉论坛》2006年第1期,第94~96页。
② 参见李斌:《"儒表法里"的新制度主义阐释——中国传统君主专制制度分析》,载于《安庆师范学院学报》(社会科学版) 2011年第9期,第68~73页。

政治"：一方面，对于广大民众广施教化；另一方面，又严厉打击豪强商贾、诸侯势力和农民反抗，致使刑网密集、怨声载道，可谓"内实多欲而外施仁义"（《汉书·汲黯传》）。自汉武帝把平民出身的儒学之士公孙弘提升为丞相起，"公卿大夫士吏斌斌多文学之士矣"（《史记·儒林列传》）。自此，"儒士入官"遂成一种基本的官场生态。在这种设计中，官吏既实施法制，又行教化之职，从而实现了知识阶层与官僚系统的"合二为一"。尽管如此，当时真正活跃在政治舞台上的却大多是法家人物，且"酷吏"盛行。酷吏的共同特点是"严而少恩"，为政"酷烈"，诸如暴挫妄杀，或分尸锯项，或椎击成狱，毒若蛇蝎，无恶不作，"所爱者，挠法活之；所憎者，曲法诛灭之"，致使刑网密集，"吏民益轻犯法，盗贼滋起"（《史记·酷吏列传》）。而在经济上，为有效支援旷日持久的与匈奴的战争，武帝任命桑弘羊等人在经济上大力推行盐铁官营、算缗告缗、平准均输、酒类专卖等系列措施，在增加了政府收入的同时，也从经济上进一步打击富商大贾、地方豪强。故此，后世将此称之为"阳儒阴法"或"外儒内法"，即表面的主导是儒家，是道德理想主义；实际的核心是法家，是专制主义加上功利主义。这一切，在某种意义上象征着"儒学"向"儒术"的转变。

到了汉武帝统治后期，由于统治集团的挥霍浪费、巧取豪夺以及长期的穷兵黩武，造成"天下户口减半"（《汉书·五行志》），"百姓多离农田"（《汉书·东方朔传》），并一度引发大规模的流民暴动。故此，武帝的治国模式、内外政策受到时人的批评。其实，汉武帝本人对此已有所觉醒，意识到西汉王朝正呈现出"亡秦之迹"（《资治通鉴·汉纪》）。为缓和当时的社会矛盾，汉武帝颁布《轮台罪己诏》，在进行自我检讨的同时，意欲实行战略调整："当今务在禁苛暴，止擅赋，力本农。"（《汉书·西域传》）然而，汉武帝在颁布罪己诏后不到两年就去世了，未及进行政策调整。汉武帝去世后，年幼的昭帝即位，霍光和桑弘羊等人共同辅政。霍光坚定地实行汉武帝晚年开始的调整政策，停止战争，发展经济。然而，桑弘羊坚持沿用战时经济政策，从而导致与霍光的矛盾。西汉帝国的政治走向，遂面对着一个巨大的政治变数。中国历史上著名的盐铁会议，便是在这种情势下召开的。

无论如何争议，盐铁会议的实际结果则是争议双方的相互妥协。桑弘羊在盐铁会议结束后上奏昭帝："请且罢郡国榷沽、关内铁官"（《盐铁论·取下》），即罢除对国家财政影响不大、对广大人民为害不深的酒类专卖和关内（西汉都城长安及周围之地）铁官，但盐铁官营政策依然保持不变。昭帝之后，宣帝即位，面对武帝时代以来依然存在的种种社会弊端，兴利除弊，励精图治：其一，在经济上，继续奉行轻徭薄赋方针，屡次减免田租、口赋等税收，招抚流亡之民，抑制土地兼并，使社会生产重新得到恢复和发展。其二，在政治上，整顿吏治，严明执法。在惩治不法官吏和豪强的同时，决疑案，平冤狱，任用贤能，常鼓励儒生上书言事，故而，"汉世良吏，于是为盛，称中兴焉。"（《汉书·循吏传》）其三，在对外关系上，宣帝通过联合乌孙大击匈奴，平定西域，并最终使匈奴帝国俯首称臣。汉宣帝时期，西汉国力甚至超越了文帝、武帝时期，故与汉昭帝的政绩一道被后世史家称为"昭宣中兴"。

汉宣帝的治国之道可谓"王霸杂用"的典型。史载，汉宣帝曾言："汉家自有制度，本以霸王道杂之，奈何纯任德教，用周政乎！且俗儒不达时宜，好是古非今，使人眩于名实，不知所守，何足委任！"（《汉书·元帝纪》）显然，汉宣帝的言下之意是：儒家思想并非不能用，只是不能"纯"用，尤其是那种不达时宜、眩于名实、不知所守的"俗儒"不能用。可是，之后的西汉政权却不幸走向了宣帝所言的"俗儒化"。在昭帝、宣帝之后，相继即位的汉元帝、汉成帝、汉哀帝、汉平帝，一代不如一代。无论是皇帝还是大臣，他们讨论和处理军国大事，只知引经据典，导致许多决策往往严重脱离实际。西汉政权之所以迅速走向灭亡，在很大程度上，正是由于这种不达时宜、眩于名实的"俗儒"做派。此后，篡夺西汉政权的王莽更是处处以周公为榜样，言必称三代，事必据《周礼》，企图用儒家经学重建一个理想世界。在西汉末年的诸多困境面前，王莽虽然立志改革，但其改革的一切理论根据就是一部《周礼》，故而被史家称为"托古改制"。这一切使他的改革显得迂腐不堪，故而，最终失败。

一般而言，重礼义与尚德往往与仁政、王道相联系，重功利与尚力往往与暴政、霸道相关。前者为"柔"，后者为"刚"。故而，王霸杂用的治国方略贯彻了恩威并施、宽猛相济、软硬兼施的"刚柔相济"之道。正如春秋时期的子产所言："政猛而民畏，如火烈而人知趋避；政宽则民慢，如水柔而易狎玩，反多溺死"，故而主张"宽以济猛，猛以济宽，政是以和"（《左传·昭公二十年》）。从哲学层面来看，这种刚柔相济的思路蕴含着一种中庸思维，即不偏执一面，而是双管齐下，力求适度、平衡。正如《三略》一书所言，"柔""刚"各有其用途："故善施于顺民，恶加于凶民，则令行而无怨。"（《三略·下略》）只有做到能刚能柔，刚柔并济，才能使国家强盛："能柔能刚，其国弥光；能弱能强，其国弥彰；纯柔纯弱，其国必削；纯刚纯强，其国必亡。"（《三略·上略》）不过，这种刚柔相济的中庸之道只是一种理论上的理想化状态，在真实的历史面前，历史总不会平稳运行，故而刚柔适度总是难以维持，而是常常表现为灵活适应不同情势的"刚柔交替"的权变策略：在社会矛盾缓和的平稳时期，实施柔性策略；而在社会矛盾尖锐的动荡时期，则施行刚性策略。这也正是姜太公所言之精义："一曰刑新国用轻典，二曰刑平国用中典，三曰刑乱国用重典"（《周礼·秋官·大司寇》）。

历史地看，战国时期的法家重刑主义以及秦国的政治实践，所体现出的正是这种策略的"刚"的一面。而秦国的"二世而亡"，似乎也说明了没有及时实行"柔道"而导致的结果。这种刚柔交替的策略在中国历史上屡屡施行。从汉武帝的"阳儒阴法"到"昭宣中兴"，显然是一种从刚到柔的调整。而从光武帝的"柔道治天下"到曹操的"名法之治"，则又体现出一种从柔到刚的转变。东汉肇始，光武帝刘秀建立东汉之初，运用"柔道"治理天下，"偃武修文，崇德报功，勤政治，养黎民，兴礼乐，宣教化，表行义，励风俗"（《稽古录》），创造出"海内欢欣""天下晏然"的"光武中兴"（《资治通鉴·汉纪》）。其主要做法有：（1）奖用儒士，奖励名节，表彰忠臣、廉吏，"诏书求天下义士"（《后汉书·独行列传》）。只要能遵行纲常名教，奉礼守道，就能平步青云，致位显贵。（2）通过明堂、灵台、辟雍（合称"三雍"）等机构推行风俗教化。明堂作为最重要的礼制建筑，为布政之所；辟雍为帝王行教化之所，也是礼乐教化的象征；灵台为帝王观察天象，以使其行事与之相睦。（3）把学校教育作为推行儒家伦理道德教育的重要方式。在兴建太学的同时，还通过地方官学（"庠序"）、鼓励民间私学的发展来推行教化。一时间，"四海之内，学校如林，庠序盈门"（《后汉书·班彪列传》）。

东汉名教的出现，与东汉经学的兴盛密切相关。名教一词渊源于孔子的"为政之道在正名"之说，名教者，顾名思义，就是以名为教。教者，申以大义，化民成俗之谓，名者，定名立分，各有所宜之称。因而，"名教"其实就是礼治思想的具体化，是以"三纲五常"为主要内容的礼义教化的总称，只不过礼治偏重具体实践，而名教偏重思想观念的引导。与秦朝的暴虐政治相比，在礼治包裹下的汉朝政治，虽然符合宗法社会的社会心理和民间情怀，但是，"任德教而不任刑"（《汉书·董仲舒传》）的施政策略，又难免会导致法治松弛之弊："凡民之所以轻为盗贼，吏之所以易作奸匿者，以赦赎数而有侥望也。"（《潜夫论·述赦》）到了三国时代，潜移默化的道德教化不足以应对当时的混乱局势，而更需要如战国变法运动式的能够起到立竿见影效果的统治策略。为此，曹操在治理期间吸收秦败亡和汉衰敝的双重教训，提出将德化与法治相结合，以及尚儒与重法应因时而定的治国思想："夫治定之化，以礼为首。拨乱之政，以刑为先。"（《三国志·高柔传》）曹操的这一"礼法之治"，显然深刻体现了"王霸杂用"之精髓。不仅如此，在这一方略中，"法"的位置从汉武帝以来一直所处的"阴"位，被重新摆到了"阳"位。自此，法家明确成为儒家的一个重要补充。

这种"刚柔交替"策略可以说非常契合"一治一乱"的中国传统社会。事实上，一部中国历史，就是一部王朝更替、兴衰治乱的历史，所谓"治乱相循"。

故而，这种交替使用的刚柔之道成为中国传统社会的基本治世方略而被大力推崇。不过，一旦一个社会形态保持长期稳定或趋于"定型"，这种策略便失去其生存的土壤。毕竟，对于一个相对稳定的社会形态，与之相适应的基本制度及其统治策略也应该是相对稳定的。

而历代王朝在初建之初，由于大多经历了战乱，生产凋敝，人心思定，故而常常会采用休养生息的"无为而治"之策——这实际上也可以看成是一种"柔性"策略。纵观中国历史，几乎每个王朝的建国之初几乎都曾奉行自然无为的统治方略，如西汉初年的无为之治，东汉光武帝的柔道治天下。此外，唐朝、宋朝以及明朝建国之初，也莫不如此。值得注意的是，无为而治既能发展出以退为进、以屈求伸的汉唐雄强政治，也能发展出一味退守的北宋文弱政治。例如，宋徽宗将"无为"阐释成消极地顺应自然，完全放弃有为，选择了个人的无为逍遥："其难也，若有为以经世；其易也，若无为而适己。"他还引用庄子关于"道之真以治身，其绪馀以为国家，其土苴以治天下"（《庄子·让王》）的话，以表明自己不屑于治理天下，甚至认为治理天下最好的办法是"以不治治之"。在其看来，有为最多只能利益一世，而无为则能利益万世："以仁爱民，以智治国，施教化，修法则，以善一世，其于无为也难矣。圣人利泽施乎万世不为爱人，功盖天下似不自己，故无为也，用天下而有余。"在这里，宋徽宗基本上是以《庄子》来解《老子》，以庄子所谓的"帝王无为而天下功"来唱高调。他注释《老子》"治大国，若烹小鲜"说："事大众而数摇之，则少成功。藏大器而数徙之，则多败伤。烹小鲜而数挠之，则溃。治大国而数变法，则惑。是以治道贵清静而民自定。"① 这里的"变法"不光是指王安石立新法，也包括司马光等人废新法，立与废都是"变法"，都是"有为"。宋徽宗主张维持现状，既不立也不废，以"无为"为借口任由矛盾发展，结果使政治变得愈来愈黑暗，直至北宋灭亡。②

第三节　儒教的流变与重塑

随着儒学的日渐世俗化，儒学在东汉时期一度走向衰落。之后，魏晋时期玄

① 赵佶：《宋徽宗御解道德真经》卷一（道藏）第11册，张继禹主编，华夏出版社2004年版，第841~849页。
② 参见尹志华：《试论北宋老学中的"无为"与"有为"之辨》，载于《社会科学研究》2005年第5期，第77~81页。

学兴起。到了南北朝时期，随着道教和佛教的兴盛，出现了与儒学"三教争衡"的局面。而随着隋唐之际"大一统"政权的重新复归，儒学也开始在"三教融合"的基础上而走向复兴。此后，理学的兴起更使儒学走向了全面复兴之路。南宋以后，日渐成熟的儒教最终成为中国传统社会居于支配地位的统治思想。

一、儒教的衰变与玄学的兴起

西汉中期，汉武帝在完成以儒家思想为核心的意识形态霸权建构的同时，还成立"博士弟子"（日后的"太学"）的学官制度。在儒学与"禄利之路"紧密联系的情况下，具备一定的儒学素养为做官所必须。故而，在儒家温情脉脉的抚慰下，西汉官吏大都追求道德的自我完善，他们忠于君王，忠于职守，清正廉明，因而得到百姓的衷心拥戴和倾情歌颂："所居民富，所去见思，生有荣号，死见奉祀，此廪廪然庶几德让君子之遗风矣。"（《汉书·循吏传》）东汉在人才选拔上依然把恪守儒家伦理道德作为重要的条件，采取"四科取士"："一曰德行高妙，志节清白；二曰学通行修，经中博士；三曰明达法令，足以决疑，能案章复问，文中御史；四曰刚毅多略，遭事不惑，明足以决，才任三辅令：皆有孝悌廉公之行。"（《后汉书·百官志》）正是由于统治者不遗余力的提倡，整个社会表现出崇尚经学、崇尚气节的风气："三代以下风俗之美，无尚于东京者。"（顾炎武：《日知录》）汉代在坚持以"经明行修"作为选拔人才的标准的同时，还实施以孝选官。以孝选官始于汉文帝，确立于汉武帝，自此"兴廉举孝，庶几成风"（《汉书·武帝纪》），终两汉之世从未间断。故而，在儒家诸经中，《孝经》的传授最为广泛。如宋人徐天麟在《东汉会要》中所言："汉世诸科虽以贤良方正为至重，而得人之盛，则莫如孝廉，斯为后世所不能及。"

从选官方式来看，两汉时期主要以察举、征辟和任子为主要途径。察举就是由地方把所谓"德行高妙，志节清白"之士推荐给朝廷，然后朝廷再根据策试水平高下，按等授官。征辟（又称辟除）包括征召与辟举两种方式。前者是对特别有名望的人才，由皇帝派专人去聘任；后者是按照一定科目征用所需人才，被征辟者经过试用确有能力，就正式授予官职。任子制度则是根据"荫庇"原则，"大臣任举其子弟为官"（《汉书·张冯汲郑传》）。这可以说是一项政治特权，以保大官僚家族世代为官。

察举征辟制就其本身的初衷来说是好的，事实上，这种制度施行之初也为汉代官府选择了一大批德才兼备的人才。然而，随着时间的推移，尤其自东汉中期以来，察举征辟制的弊端也日渐显现。由于各级行政长官大都由望族大姓充任，他们往往操纵地方选举，相互推荐亲属、故旧，致使"邪佞未去，权门请托，残吏放手"（《后汉书·显宗孝明帝纪》）。故而，这一人才选拔制度日渐沦为豪门贵族网罗党羽、发展帮派势力的重要途径，所谓："宰辅五世，莫非公侯。遂使缙绅道塞，贤能蔽壅，朝有世及之私，下多抱关之怨。其怀道无闻，委身草莽者，亦何可胜言。"（《后汉书·朱景王杜马刘傅坚马列传》）官僚权贵把持仕途的结果，使得广大寒士上进无望。这些下层士人在到处碰壁之后，有的灰心丧气，"守死善道者，滞洳穷路"（《后汉书·李固传》）；有的则刻意钻营、送礼行贿、托身权贵、伪饰德操、沽名钓誉，等等。汉代以名教治天下，既造就了一批不惜以牺牲生命坚守其操行气节的士大夫，众多的道德典范所产生的社会效应也的确令人赞叹，然而在仕禄的刺激下，也出现了一批有名无实的伪名士，以致出现"举秀才，不知书；察孝廉，父别居"（《抱朴子外篇校笺·审举》）的怪事，从而与儒家的真意渐行渐远。

面对这种社会乱象，东汉末年以王符、仲长统、崔寔、荀悦等人为主要代表，掀起了一股社会批判思潮。王符自称为"潜夫"，表明自己是"留在文官体制之外"，以其知识分子特有的社会良心"督责批判现实"："所谓贤人君子者，非必高位、厚禄、富贵、荣华之谓也，此则君子之所宜有，而非其所以为君子者也。所谓小人者，非必贫贱、冻馁、困辱、随穷之谓也，此则小人之所处，而非其所以为小人者也。"（《潜夫论·论荣》）如上言论，以"名实"问题为由，尖锐批判了名教的虚伪和判别用人的失当，并高呼"有号者必称于典，名理者必效于实"（《潜夫论·考绩》）的选人标准。王符以后的思想家如仲长统、荀悦、崔寔等，都对汉末社会名教进行了批判，强调正名实、赏罚严明。就此，核审名实开启了汉末辨析名理之滥荡。

察举征辟制度下产生的另一个弊端，便是所谓"浮华交会"。浮者，漂浮也，游动也。中国自古以来以农为本，而从事工商业者皆为"犹末"或"浮末"。在汉代，这种本末思维有所延伸，自东汉以来，学风趋向博学通识或训诂大义，"好语虚无之事，争著雕丽之文，以求见异于世"（《潜夫论·务本》），从而渐渐偏离圣贤经典。这种风气也被称为浮华。交会即交游、聚会之义，是指士人周游而学，进行集结、聚会的活动，源于中国古代学人求师问学的传统。孔子说："士而怀居，不足以为士矣。"（《论语·宪问》）西汉自武帝置五经博士以后，经学与现实政治紧密结合，士大夫非通经不能入仕，而各经学博士又多为经学大师所垄断，且各有师法或家法。于是，"宦学而远游"成为两汉士人一种常见的学习、生活方式。两汉学子负笈游学，一开始也仅限于求学，但后来日益演绎成为一种结党权门、交援求名的勾当。由于长期的政治紊乱使得大批文人难以通过正途仕进，于是通过交会而依附于贵戚、权门、阉竖，便成为求名之捷径。如此一来，游学与游宦日渐合而为一，并逐渐形成一种与"大一统"君臣关系相抵触的

119

新的社会形态:"传业者浸盛,支叶藩滋,一经说至百余万言,大师众至千余人,盖禄利之路然也。"(《汉书·儒林传》)

自东汉中后期以来,外戚、宦官交替专权,贪污腐化之风盛行,一切官爵都唯钱是授。与此同时,土地兼并日趋严重,地主豪强"连栋数百,膏田满野,奴婢千群"(《后汉书·王充王符仲长统列传》),而底层劳动者却"生有终身之勤,死有暴骨之忧,岁小不登,流离沟壑,嫁妻卖子"(《全后汉文·政论》)。加之东汉自然灾害频繁,农民起义此起彼伏。这种状况激起了以天下为己任、忧国忧民的正直士大夫的强烈不满,由此形成抨击朝政的"清议"之风——这在统治当局看来,也属"浮华"。清议以官僚集团中的士大夫、太学生和郡国生为主体,他们不满宦官专权,逐渐形成一股颇强的在野政治势力。范晔谓:"逮桓灵之间,主荒政缪,国命委于阉寺,士子羞与为伍,故匹夫抗愤,处士横议,遂乃激扬名声,相互题拂,品核公卿,裁量执政。"(《后汉书·党锢列传》)

如此一来,由"章句渐疏"之浮华,到互相标榜、四处奔走以邀誉于世,再到士大夫批评朝政,最终引发"党锢之祸"。第一次党锢之祸发生在桓帝延熹九年(公元166年),其前奏是河南尹李膺的属官成瑨、陈翔逮捕了与宦官关系密切的张汜及其宗族、宾客两百余人,并不顾朝廷大赦之令而将他们全部诛杀。接下来,宦官党羽张成"推占当赦,遂教子杀人"(《后汉书·党锢列传》)。河南尹李膺将其逮捕后,虽遇赦却将其处死,引起朝廷震怒,最终,李膺等两百余人被捕下狱。第二次党锢之祸,发生在灵帝建宁二年(公元169年),朝廷对两百余名清流派人士捕而复赦,不少公府、州郡争先恐后与他们结交并任用他们为官。这无疑更激发了士大夫集团的斗争激情。于是,宦官又一次对"党人"举起了屠刀,最后杜密、李膺、范滂等百余人被杀,且"诸附从者,锢及五属"(《后汉书·灵帝纪》)。此次对党人镇压之酷烈、镇压面之广,大大超过前次。

汉末党锢之祸之所以发生,从某种意义上讲,与汉代经学教育有着密切关联。有汉一代,经学曾是时代精神的精华,经学之士或多或少的、自觉不自觉地总有那么一种"为王者师"的崇高感、神圣感、使命感和焦虑感。他们继承孔子"存亡继绝"的传统,具有强烈的现实性和时代性。陈寅恪指出:"所谓修身齐家治国平天下一贯之学说,实东汉中晚世士大夫自命为其生活实际之表现。"[①]《后汉书·党锢列传》中所载"党人"大都有经学背景,他们的行为体现了经学密切联系政治、王道主义、民本意识、救世意识等优秀传统。史载,陈蕃死后,其友人朱震弃官收尸,藏匿其子,事发入狱,合门桎梏。为了保全陈蕃之子的性命,朱震虽被严拷而誓死不言。范滂被捕下狱后,为减轻同伴的痛苦,抢先接受

---

① 陈寅恪:《金明馆丛稿初编》,上海古籍出版社1980年版,第42页。

"掠考",在酷刑之下仍不屈不挠,等等。在他们心中,名节比生命更可贵。从文化心理层面来看,士人在宦官面前有着一种与生俱来的优越感:"国命委于阉寺,士子羞与为伍"(《后汉书·党锢列传》)。而宦官在帮助皇帝铲除外戚过程中获得爵位,握有实权,更是引发寒窗苦读的儒生的不满,由此,二者之间的冲突无法避免。正如黄仁宇所言:"很多自负清高,在读圣贤书之余,养成一种仗义轻生的风气,不仅自己被狭窄的伦理观念所支配,还要强迫他人一体以个人道德代替社会秩序,这许多条件都构成党祸的根源。"[1]

当然,官僚士大夫及其士人反对阉宦的活动,既出于一种惩治腐败、维护正义的心理,也与自身利益密切相连。自西汉以来,官方的大力崇儒,导致士族这一新的社会阶层的形成。到了东汉,更出现了所谓"四世五公""四世太尉"的强宗大族。随着名士的士大夫化,士大夫集团势力膨胀,致使"党成于下,君孤于上"(《全上古三代秦汉三国六朝文·全后汉文·政论》),从而形成与专制皇权相颉颃的局面。再加上儒学阶层"重道轻帝",失去君主的信赖。由此,在利益斗争中,士大夫成为宦官、外戚共同的对手。党锢之祸后,士大夫与太学生先前那种评核执政的婞直之风被扫荡一空,其中的幸存者大多转图保家全身,兴趣由政治转向学术。正如梁启超在分析魏晋时期儒教衰落、老学兴盛的原因时指出的:"一由杀戮过甚人心惶惑也……人人渐觉骨肉之间,皆有刀俎……天下之人,见权势之不可恃也如彼,道德学问之更不可恃也如此,人心彷徨,罔知所适。故一遁而入于虚无荒诞之域,刍狗万物,良非偶然。"[2]

随着察举选官制的没落,以德取人的选材标准越来越不能适应现实需要。在东汉末年的三国角逐中,诸侯割据和相互混战的动荡局面,使各国都把争取和延纳人才作为自身发展的最重要手段之一。由此,三国时期一度形成了人才鼎沸的兴盛局面:"人才莫盛于三国,亦惟三国之主各能用人,故得众力相扶,以成鼎足之势。"(赵翼:《廿二史札记校证·三国之主用人各不同》)史载,曹操曾下了四道"求贤令",其主旨均在于打破"唯德是举"的旧例,使衡量人的标准逐渐从看重道德伦理转为关注人的才能、性情,从而强有力地冲击了当时的门阀政治。而基于东汉末年所出现的名实不符的弊端,魏文帝曹丕为了使任事有其才,即名与实相对应,进一步制定了任用官员的"九品中正制"[3]。九品中正制的推

① 黄仁宇:《赫逊河畔谈中国历史》,生活·读书·新知三联书店1992年版,第51页。
② 梁启超:《饮冰室合集》第七卷,中华书局1989年版,第1页。
③ 九品中正制又名九品官人法。制定于魏文帝曹丕时期,流行于魏晋南北朝。其主要内容为:先在各郡设置中正,稍后又在各州设置大中正;中正的职权主要是评议人物,其根据家世、道德、才能这三个标准,对人物做出高下评定,称为"品",品共分为九等,即上上、上中、上下、中上、中中、中下、下上、下中、下下;中正评议结果上交司徒府复核批准,然后送吏部作为选官的根据;中正评议人物照例三年调整一次,但中正对所评议人物也可随时予以升品或降品。

行，导致了当时名理学的兴盛。名理学要求打破传统人伦品鉴所凭借的门第、资历等外在因素和以乡党舆论等粗略评价人物的"清议"方式，主张求名责实、量材授官，从而一定程度上克服了东汉察举征辟制下"名实相乖"的弊端。综核名实由此也从最初只是作为一种选拔人才和实施法治的方法，演化成一种务实的政治原则。

先秦儒学的德治思想本来重点在于统治者自身的道德修养和道德示范，但实际上更看重和实行的却是对百姓的道德说教：一方面奸诈权谋，无所不用其极；另一方面却孜孜于教人为仁，要求百姓们做忠顺的子民。按照孔子"人而不仁，如礼何"（《论语·八佾》）的逻辑，教人守礼，必先教人为仁。可问题是，"为仁则伪成也"（王弼：《老子指略》）。这牵涉到仁义与人的本性的关系问题。于是，曹魏正始年间（240~249年），以何晏、王弼为主要代表，企图调和自然与名教的矛盾，形成所谓"正始玄学"。他们注意到儒家经典中关于本体论的缺失，故而通过"援道入儒"，把目光投向了世界的终极本体，重新揭示名教存在的根据和价值。

何晏从《周易》《老子》中提炼了"以无为本"的命题，但没有形成完整的理论体系。真正提出系统"贵无论"思想的是王弼。在王弼看来，传统名教只重外在规范，舍本求末，以至趋向虚伪化、功利化，所以主张"夫以道治国，崇本以息末"（王弼：《老子道德经注校释·五十七章》）。这个"本"即"道"，即"无"。不过，他不赞成老子力主的"弃智绝圣""绝仁弃义"，而认为必顺自然而制名教，即名教本身是自然之道的表现："守母以存其子，崇本以举其末。"（王弼：《老子道德经注校释·三十八章》）就这样，王弼归名教于自然，化黄老道家的宇宙论为儒家本体论，论证了"名教"的合理性。在王弼看来，不能只执着于名教的形式，而须把握名教存在的根本，即一种内在于人的自然本质："夫礼也，所始首于忠信不笃，通简不阳；责备于表，机微争制。"（王弼：《老子道德经注校释·三十八章》）王弼认为，名法之治用刑名术维护名分尊卑之序是舍本逐末（王弼：《老子道德经注校释·五十七章》），因为君主用术以察臣民，臣民会想出种种办法以应付之，造成上下竞争智力的局面。同样，名教之治用道德手段规范人的行为，也是弃本逐末，因为仁义德教乃据自然而生，以仁义为本必然使名教堕于虚伪，流于形式，丧失其应有的价值。基于此，王弼主张舍弃有为而复归于无为、复归于自然之道："为治者务欲立功生事，而有道者务欲还反无为。"（王弼：《老子道德经注校释·三十章》）相比之下，老子主张"行不言之教"（王弼：《老子道德经注校释·二章》）是以否定"礼"为前提的；而王弼主张"行不言之教"，却是以肯定"礼"为前提的："始制官长，不可不立名分以定尊卑，故始制有名。"（王弼：《老子道德经注校释·三十二章》）可见，王弼所谓的"行不言之教"其实是以儒道兼综为特征的名教形式，主旨在于如何更有效地发挥名教的治世功能。①

从实践上看，经历了三国时期的长期战乱，西晋统一伊始，晋武帝"思与万国以无为为政"（《晋书·武帝纪》），为政宽松大度。然而，自晋惠帝之后，朝政日乱，很快在动荡中灭亡。此后，东晋偏安，主导政策一直是无为之治。史载，王导执政时，"为政务在清静"（《晋书·列传·王导》）。谢安秉政时，"不存小察，弘以大纲，威怀外著，人皆比之王导，谓文雅过之。"（《晋书·列传·谢安》）在这样一种社会氛围中，许多官员"居官无官官之事，处事无事事之心"（《晋书·列传·刘惔》），从而也为玄学的兴起和流行提供了社会土壤。

正始玄学之后，又兴起了以阮籍、嵇康等为代表的"竹林玄学"。他们将名教与自然相对立，要人们摆脱桎梏和压抑人性的名教，过一种自由的生活。阮籍指责儒家"坐制礼法，束缚下民"，"假廉以成贪，内险而外仁"（阮籍：《大人先生传》）。嵇康则站在老庄立场，主张"越名教而任自然"（嵇康：《释私论》）。从当时的社会形势来看，由于汉末以来的社会动乱和政治恐怖，名教徒剩一副虚伪的面具，时人表面上"立六经以为准，仰仁义以为主"（嵇康：《难自然好学论》），实际上名教在他们身上也变得猥琐、势利，令人生厌。既如此，竹林玄学认为，应以"自然"启迪人心，使人摆脱世俗虚饰而回归本真性情，从人的心灵深处实现对名教的彻底超越。由此，率真显情成了魏晋一代名士的风气。譬如，阮籍"容貌瑰杰，志气宏放，傲然独得，任性不羁"（《晋书·阮籍传》）；刘伶虽"形貌丑陋"，然"肆意放荡，悠焉独畅，自得一时"（《世说新语·容止》）；陶渊明因不甘"为五斗米折腰"（《晋书·陶潜传》），而成为魏晋士人品格之典范。

此后，玄学朝着两个方向发展：一是元康放达派，只是徒慕其放达之名，走向了空虚颓废、嗜酒极欲、放浪形骸。二是以裴頠和郭象为代表的崇有方向。裴頠将"有"视为万物存在和变化的基础，而肯定了名教的作用。郭象主张"名教即自然"，认为真正的圣人并非两耳不闻窗外事，而应"与世同波而不自失"（《南华真经注疏·天地》），体现了一种儒道互补的立场。受此影响，"遵儒者之教，履道家之言"（《三国志·魏书王昶传》），也成为当时的一种社会风气。

总的看来，道家思想经过魏晋玄学家们的诠释，与儒家的对立色彩已大为淡化。尽管各自的表现形式不同，学术上的儒道兼综却是一致的。相对于经学，玄学侧重讨论传统政治哲学所忽略的问题，如圣人、道、名教与道的关系，人为和自然等，从而使传统政治思维得以深化。

---

① 高晨阳：《论王弼自然与名教之辨的基本义蕴及理路》，载于《孔子研究》1997年第3期，第99～106页。

二、从三教争衡到理学独尊

就在玄学发展之际，随着异域佛教的传入，中国文化开始进入一个激烈的文化大碰撞时期。佛教从西汉时就已经从印度传入中国，当其时，信奉者仅局限于统治阶层。东晋"永嘉之乱"之际，皇权衰弱，门阀大族轮流执政，时局动荡。佛教所宣扬的万般皆可成佛、众生平等的生活理想，使下层群众见到一丝希望的幻景。由此，佛教销路大开。到萧梁时，佛教反客为主而独自登上了"国教"宝座，并促成了中国化的佛教宗派——禅宗的产生。禅宗主张佛心本有，见性自悟，顿悟成佛，消除了印度佛教所设定的出世与入世的界限，从而赢得了更多的信徒。而为了自身的生存和发展，许多僧人竭力在佛法中为忠君孝父观念寻找依据，以证明佛教教义与中华孝亲观契合无间，并大量制造了诸如《父母恩重经》《孝子经》之类的伪经，从而使佛教成为"助王化于治道"（《沙门不敬王者论》）的工具。

在佛教兴盛的同时，产生于东汉末年的本土道教也迅速传播。魏晋以来，一批道士为了提高道教的地位和自己的身份，开始将道教与政治融通，大谈修身治国之道，从理论上论证王权神圣及君主制度的合法性。比如，葛洪把道家学说彻底宗教化，并与儒家伦理纲常相结合，提出"儒道双修"。北魏名道寇谦之也强调，道教不得叛逆君王、谋害国家。有"山中宰相"之称的陶弘景还杜撰出道教的神仙谱系，把儒家所维护的等级尊卑秩序引入神仙世界。神仙崇拜作为道教信仰的核心，实际上是世俗社会政治系统的翻版，等级森严，神有七等，仙分九品，从玉皇到灶神分成等级，排定班次，君臣上下尊卑分明，其基本原则与宗法制度别无二致，充满着纲常伦理说教。道教还将忠孝节义与鬼神联姻，忠孝成了养生、求福、成仙之道，成为一种"孝悌之教"。由此，道教得以在统治者的大力扶植下日益盛行。同时，由于道教经戒中不乏"太平""正直平等之道"的内容，因而，许多农民起义与道教信仰总是有着千丝万缕的联系。

面对佛教势力的迅猛崛起，道与儒常常结成统一战线，依据华夷之辩、伦理纲常、王权至上等观念，攻击佛教徒削发损肤、不娶妻生子、不敬王者等行为。虽然梁武帝等佞佛的帝王准许僧人可以不礼敬君父，但更多的帝王则对这种违背华夏传统的做法很反感，乃至发生了北魏太武帝毁佛、北周武帝废佛等事件。佛、儒、道三家长期纷争，显然不利于国家长治久安。隋朝大儒王通以恢复儒家王道仁政为己任，提出"三教于是乎可一矣"（《中说校注·问易》）的思想，主张以儒学为宗，吸收、改造佛、道二教，将仁、义、礼、智、信"五常"置于"中庸之道"的指导下。他还将"天人感应论"视为骗人的说教，大胆进行否定，使儒学摆脱传统"天人感应论"和谶纬神学的束缚和羁绊。

从当时的现实来看，隋朝结束了长期以来的混乱局面，实现了政治统一，隋文帝便广开学校，大兴儒学，曾出现"齐、鲁、赵、魏，学者尤多，负笈追师，不远千里，讲诵之声，道路不绝"（《隋书·儒林传》）的景象。隋炀帝即位之后，开科取士，选拔人才，考试内容以儒家经典为主。到了唐代，基于两汉以来儒家经典注疏丛杂、流派众多的局面，唐太宗命颜师古等人考订五经文字，命孔颖达等人编纂《五经正义》，并颁行全国。《五经正义》继承并总结了汉代以来的经学成果，统一了儒家经典的文字和注释，同时吸收道家、玄学的思维成果，提出自然本体与伦理本位相结合的道论，在政治上再次确认了儒家学说作为统治思想的崇高地位。

尽管如此，就思想深度而言，儒学则抵不上佛、道。儒家注重陶冶国民，重在治国平天下，却绝少涉及理性与天道，对诸如宇宙肇始、万物生成、世界本体都很少追究，对人生观、认识论的探讨也很薄弱，缺乏与佛、道所具备的那一套追求彼岸世界的系统论述和超脱自然的修养方法，因而，传统儒学很难对人们的立身处世起到更全面的指导作用。唐高祖曾欲灭佛法，却又"恐骇凡听"，最后不了了之。傅奕先后七次向唐高祖和唐太宗上疏，请求以行政手段废除佛教。其主要理由是：其一，佛教是夷狄之教，不能造福于中国，且谣言惑众。其二，自佛教传播开来，天下亦随之大乱。梁武帝等尊崇佛教，致使国家灭亡，这个教训"足为明镜"。其三，佛教宣扬因果报应，把罪与福的根源归诸佛陀，这不仅是贪天之功，且有损帝王的尊严。其四，佛教供奉佛陀，大建寺院，广招僧人，必然削减户口，侵蚀赋役，影响兵力，靡费民财，危害国计民生。其五，佛教教义教唆人们"剃发染衣，不谒帝王，违离父母，非忠孝者"，"上忽公卿，抗衡天子"（《中说校注·问易》），败坏纲常名教，等等。

傅奕的政见虽然没有被帝王完全采纳，但引发了朝廷上下关于文化政策的大辩论。至中唐安史之乱之际，反佛舆论形成高潮，以韩愈为代表的思想家发动了一场古文运动。这场运动表面上看似乎是反思六朝以来辞藻堆砌的骈体写作，提倡恢复汉以前的朴质文体，但其更重要的是"抵制异教，攘斥佛老"，力图复兴儒家学说。韩愈著名的《谏迎佛骨表》以历代盛衰之史实来论证"事佛求福"的虚妄，指出了佛教与民族传统和先王礼法不合："夫佛本夷狄之人，与中国言语不通，衣服殊制；口不言先王之法言，身不服先王之法服，不知君臣之义，父子之情"，要求制止这种"伤风败俗，传笑四方"（韩愈：《论佛骨表》）的丑事。韩愈不但批判了佛教，对道教也进行了强烈指责："去仁与义言之也，一人之私言也。"（韩愈：《原道》）

与韩愈复兴儒学完全否认佛、老学说存在的合理性不同，柳宗元则认为，三教虽然有"抵牾而不合"之处，但"皆有以佐世"（《送元十八山人南游序》），应"通而同之"（《送元十八山人南游序》），并以"孔子之道"作为"三教融合"的总方向。自汉以来，"五德终始"说一直以"天降符瑞""天命所归"为政权提供合理性论证，但在这种观念中，神秘的"天"莫名其妙地偏私于一家一姓，从而使"一姓之永祀"自然成为国家最高利益。基于此，柳宗元力主"天人相分"，将人类生存发展的"生人之意"确立为政治唯一的正当性根源，将保障人民安利的"大公之道"树立为国家、君权、一切礼制法典的最高准则。不仅如此，柳宗元还大胆冲破"重训诂，循章句，守经疏"的经学藩篱，主张不墨守经书章句，而探求圣人原旨，并力求使经学获得实践品格，从而成为此后宋明儒学复兴运动的先驱。

承接隋唐儒学而来的宋代理学的兴盛。这与当时的政治实践密切相关。宋太祖立国之后，为适应中央集权统治的需要，在总结唐末五代的战乱之后，深感诗赋误国。为了拯救世风，宋太祖极力提倡重整伦理纲常、道德名教，多次下诏把尊孔读经作为学校教育的主要内容，从而使儒学取得了事实上的独尊地位。宋太祖甚至"亲撰先圣、亚圣赞，十哲以下命文臣分赞之。建隆中，凡三幸国子监，谒文宣王庙。"（《宋史·礼八》）此后，皇帝拜谒孔庙遂成惯例。与此同时，广大儒士也开始与朝廷并力倡扬儒家经学。在这一过程中，北宋儒者开始走出秦汉以来烦琐的章句之习、考据之风，专注于儒学义理，并大量吸取佛、道思想的思辨成分，从而创立了儒学的新形态——理学。

理学在北宋时期主要有五个代表人物：周敦颐、张载、邵雍、程颢、程颐，称为"北宋五子"。他们的主要特点在于明确界定了"仁"德之本体论根据，申述了孟子的天人合一思想，从而突破了先秦儒学囿于现实的人伦道德的局限性，使先秦儒学从伦理学上升、发展成为一种哲学。南宋时期，出现了正统理学集大成者朱熹。他在继承北宋理学尤其是程颢、程颐（合成"二程"）思想的基础上，以"天理"为核心范畴，建立了一个庞大的理学体系，世称"程朱理学"。朱熹认为，"理"不仅是作为一般客观事物的根据，而且是纲常名教的根据："以天道言之，为元亨利贞；以四时言之，为春夏秋冬；以人道言之，为仁义理智。"（《朱子语类》卷第六十八）如此一来，自然界的客观之"理"被赋予了人伦道德的含义，人伦道德也被渲染成了与自然之"理"一样的不易之"理"："未有这事，先有这理。如未有君臣，已先有君臣之理；未有父子，已先有父子之理。"（《朱子语类》卷第九十五）由此，朱熹得出结论："三纲之要，五常之本，人伦天理之至，无所逃于天地之间。"（《朱子文集》卷十三）在此基础上，朱熹进一步指出，人的修养就在于去除一切不符合"天理"的物欲、私欲，以达到完全按照"天理"行事，即达到完全按照"三纲五常"的"人伦天理之至"

的境地："圣人千言万语，只是教人存天理，灭人欲。"（《朱子语类》卷十一）在朱熹的这一著名论说中，自我的个性完全、彻底地被湮没在儒家名教纲常之中，只有"去欲"才能"存理"，才能达成纲常秩序，从而将君主的权力也框定在"天理"之下。朱熹以继承儒家道统自居，把孔子称为"继往圣，开来学"的大圣人，鼓吹儒家思想"句句皆是""全是天理"（《朱子语类》卷第四），等等。朱熹还花了 40 年的功夫根据孔孟经典编成《四书》，并精心加以注释，称之《四书集注》，作为宣扬儒家思想的经典。

理学把"三纲五常"提到"天理"的高度，无疑是把等级制度神圣化、绝对化。程朱理学以天理观念为核心的儒家本体论，为儒家的道德理想主义奠立了哲学基础，进一步论证和捍卫了传统的儒教治国方略。而这一方略的基本内核，便是自汉代所确立的"阳儒阴法"或者说"王霸间杂"模式。理学在南宋理宗时期被列入"正学之宗"："朕观朱熹集注《大学》《论语》《孟子》《中庸》，发挥圣贤蕴奥，有补治道。朕励志讲学，缅怀典刑，可特赠熹太师，追封信国公。"（《宋史》卷四十一）从此，程朱理学在思想界的正统地位正式确立，成为南宋以后的官方哲学，其主流地位一直延续至清代中叶。而朱熹编著的《四书集注》更成为元、明、清三代的国家法律裁判的依据和科举取士的金科玉律。

第四章

君临天下与术治主义

自秦汉时代奠定了"家天下""大一统"的基本格局,以"君权至上"和"要在中央"为核心的君主制政体得以在全社会最终确立,并一直沿用到清末。在实践中,随着对君权至上的不断"圣化"和"神化"以及相关制度安排,从而导致君主权力呈现出一种不断增强的态势,最终形成"君临天下"的社会格局。与此同时,为了维持君主的独尊,必然是君主对于臣僚权力的限制防范,由此形成以权术来主导社会、政治生活的"术治主义"政治文化传统。

第一节 君权至上及"民本"策略

君主专制政体的根本特征,就是君主拥有独揽一切和至高无上的权力。而为了维护君权至上,一方面通过意识形态领域的不断"圣化"和"神化",另一方面则是通过制度设计以强化君主的权力与权威,从而导致在实践中君权日盛的局面。虽然有"民本"的官方学说,但这并非要真正确立民众在社会政治生活中的主人地位,而只是专制君主维系"家天下"长治久安的牧民之策。

一、君权的"圣化"与"神化"

先秦诸子尽管有不少分歧,但在君主独裁问题上,却"殊途同归"。就儒家而言，孔子思想的主旨之一，就是论君臣父子之别，要求做到"君君，臣臣"（《论语·颜渊》），并认为"名不正则言不顺，言不顺则事不成"（《论语·子路》），"唯器与名，不可以假人，君之所司也"（《左传·成公二年》）。孔子提倡"克己复礼"，归根到底还是为了保住君主无上的尊严。孟子虽然猛烈批评暴君，但他非常赞成孔子"天无二日，民无二王"（《孟子·万章上》）的说法，并从亲亲、敬长而推演出尊君之意："未有义而后其君者也"（《孟子·梁惠王上》），又说，人之罪，"莫大焉亡亲戚君臣上下"（《孟子·尽心上》）。荀子认为，君主只能一，不能二："君者，国之隆也。……隆一而治，二而乱。自古及今，未有二隆争重而能长久者。"（《荀子·致士》）诚然，儒家也主张对君主权力进行限制，如孟子所言："君之视臣如手足，则臣视君如腹心；君之视臣如犬马，则臣视君如国人；君之视臣如土芥，则臣视君如寇仇"（《孟子·离娄下》），"君有过则谏，反复之而不听，则去"（《孟子·万章下》）。尽管如此，这些都必须以忠君为前提，"有伊尹之志则可，无伊尹之志则篡也"（《孟子·尽心上》），"无父无君，是禽兽也"（《孟子·滕文公下》）。

同样，墨子也极力宣扬一切政令都要听命于天子："上之所是，必亦是之；上之所非，必亦非之。"（《墨子·尚同中》）而在宣扬君主独一无二方面，法家表达得最有力，也最明快。商鞅说："权者，君之所独制也。"（《商君书·修权》）韩非指出，"一栖两雄""一家两贵""夫妻共政"是国家祸乱之源，只有"独断者故可以为天下王"（《韩非子·外储说右上》）。慎到认为，在权力结构中，只能有一个最高指挥："民一于君，事断于法，是国之大道也"（《慎子·逸文》）。《管子》一书指出，"权势者，人主之所独守也"（《管子·七臣七主》），并主张将一切权力都集中于君主之手："明主之所操者六：生之、杀之、富之、贫之、贵之、贱之。"（《管子·任法》）总之，先秦诸子尽管有不少分歧，但在君主至上、乾纲独断方面，并没有本质差别。

在中国传统文化视域中，"圣人"一般是指具有超越一般常人的特殊智慧或道德水准，以及能够与天、神相通的神秘之人。如《白虎通义·圣人》所言："圣人所以能独见前睹，与神通精者，盖皆天所生也。"就是说，圣人是无所不通、无所不明的人，他与天地合其德，与日月同其明。这样的人既不是一般的凡人，甚至不是所谓超人，只能是神人，是上天赋予其德行与才能，所以，圣人是"天所生"。先秦诸子尽管在何谓圣人或圣人修养的理解方面各有不同，但在"圣人治国"的立场上却惊奇的一致。墨子认为，只有圣人治国，才可能"兴利多矣"（《墨子·节用上》）；老子说："圣人抱一，为天下式"（《老子》第 22章）；商鞅说："惟圣人之治国，作壹抟之于农而已矣"（《商君书·农战》）；荀子说："非圣人莫之能王"（《荀子·正论》）；庄子云："是故内圣外王之道，暗而不明，郁而不发，天下之人各为其所欲焉以自为方"（《庄子·天下》）；韩非说："圣人之治也，审于法禁，法禁明著则官法；必于赏罚，赏罚不阿则民用。官官治则国富，国富则兵强，而霸王之业成矣"（《韩非子·六反》），等等，无不表达出对圣人治国的期待。然而，在现实中，一方面，这样的帝王不好找，人们所看到的王者的作为，和他们所想象所认可的圣王之形象差之甚远；另一方面，即便如孔子一类的圣贤之人，也总是无法企及如此的高位。

既然"由圣而王"不大可能，那么最现实的选择便是"由王而圣"。这种从"圣者王"到"王者圣"的转变，是从秦始皇开始的。秦始皇之功绩，的确"自上古以来未尝有"（《史记·秦始皇本纪》），但按照先秦诸子们的圣王观念，秦始皇仅凭其功业，是不能称之为圣王的。于是，秦始皇在威临天下的同时，直接把圣王的桂冠戴在了自己头上。秦始皇巡游全国，遗留下的诸多刻石碑文，诸如"皇帝躬圣""咸承圣志""大圣作治""承顺圣意""秦圣临国""圣德广密"等这样的称颂，便是明证。

面对"王者即圣"的现实局面，圣化帝王的问题便成为诸多政治家和思想家们共同努力的方向。自秦汉以来，帝王们更是冠之以"圣人"之名，颂为"圣王"，誉为"圣明"，其意谓之"圣裁"，其言则为"圣旨"，所谓"一言九鼎"。在这种观念的支配下，"非圣不能受命"，而受命者，只能是现世之帝王，即"王者即圣"。于是，"帝王的一切无不与圣结缘"。天子圣明，说穿了就是权力圣明，谁有了权力，谁做了皇帝，谁就圣明。[1] 为了映衬帝王之"圣"，一些后儒甚至据此把孔子纳入"帝王之统"。在这种文化定位中，权力的占有是基于道德的权威，而普通民众在权力面前只有服从。尽管作为道德修养的最高境界，"内圣外王"论适用于一切人，但能兼备这种道德与政治权威的，唯有"王者"。这样一来，理论上的圣人与理想中的圣王合而为一，成为中国文化的"图腾"。这种"圣王"不仅是政治生活的中枢，还成为整个社会生活的中枢和支配力量："非天子，不议礼，不制度，不考文……虽有其德，苟无其位，亦不敢作礼乐焉。"（《礼记·中庸》）这种"天王圣明论"导致了两千余年一以贯之的权力崇拜，进而催生了掌权者自我感觉"完美无误"与"一贯正确"的心理。[2]

不仅如此，传统的天命观念依然在政治生活中发挥着重要作用，并用来对王权或皇权进行神化。在西周天命观中，天帝原本具有"惩恶扬善"的正义性。然而，"德"在很多时候不得不屈从于现实政治斗争中的武力。春秋时期诸侯征战的最终胜利往往属于无德者而有德者反而覆亡的现实，使得天帝"惩恶扬善"的

---

① 李振宏：《秦至清皇权专制社会说的思想史论证》，载于《清华大学学报》（哲学社会科学版）2016 年第 4 期，第 5~40 页。

② 刘泽华：《从"天王圣明论"说"权力神圣观"》，载于《炎黄春秋》2011 年第 6 期，第 50~55 页。

正义性遭到质疑。就社会个体而言，现实中总是会面对善恶无报或善遭厄运、恶交好运的现象。为了维护传统天命观的信仰，人们便别出心裁地将上天佑助"不善者"视为一种假象，而待其恶贯满盈再降"天罚"："天之假助不善，非祚之也，厚其凶恶，而降之罚。"（《左传·昭公十二年》）或者是报及后世子孙："圣人有明德者，若不当世，其后必有达人。"（《左传·昭公七年》）所谓"天网恢恢，疏而不漏"，就是说，"天"尽管并不一定对奖惩对象产生直接作用，但最终都能达到赏罚分明的结果。这些观念虽然为"善恶无报"所困者提供了些许心理慰藉，但是，善恶报应无征、善遭厄运而恶交好运的现象层出不穷，而人们对此却无能为力。由此，春秋时期，出现了"死亡有命"（《左传·昭公二十年》）"存亡有命"（《左传·定公十五年》）等"命定论"观念，并进一步催生出"听天由命"的无奈，也促成了"为所欲为"的放纵，或悲叹"朝夕不相及"（《左传·昭公元年》），或声称"人生几何，谁能无偷"（《左传·襄公三十一年》）等论调。

正是在这种命定论的时代氛围中，逐渐产生出弱化"天"的权威而关注现实生活的观念，如子产"天道远，人道迩"（《左传·昭公十八年》）的思想。这或许就是孔子"尽人事听天命"观念之滥觞：一方面，孔子认识到人无力影响与改变生死寿夭与富贵贫贱之"命"，所谓"生死有命，富贵在天"，因而，人只能顺应天命："君子有三畏：畏天命，畏大人，畏圣人言。"（《论语·季氏》）另一方面，孔子则声称"天生德于予"（《论语·述而》），即上天赋予孔子传承西周礼乐文化的使命，也就是"替天弘道"。[①] 为此，孔子秉承周礼的"君权神授"理论，认为"唯天为大，唯尧则之"（《论语·泰伯》），就是说，尧作为"君主"，权力来自上天的赐予。在这种论调中，权力由君主垄断，不需要经过被统治者的承认，也无需法律的确认，而表现为一种绝对的存在。孟子继承了孔子的思路，认为每个人固然都有不能抗拒的命运，但不能因此而胡作非为，而应该并努力去"尽其道"："莫非命也，顺受其正。是故知命者不立乎岩墙之下。"（《孟子·尽心上》）

墨子对儒家"死生有命，富贵在天"的命定论进行了批判，认为这种论调不仅使人们在自然和社会面前无所作为，又给不义之人为自己开脱提供了借口。在墨子看来，"人力"才是决定命运的力量："存乎桀纣而天下乱，存乎汤武而天下治。"（《墨子·非命下》）墨子强调，世人当行善以趋福，弃恶以避祸："福不可请，祸不可讳，敬无益，暴无伤。"（《墨子·非命上》）而在老子看来，"天"

---

① 参见徐难于：《天命信仰嬗变视野中的孔子天命思想》，载于《四川大学学报》（哲学社会科学版）2009 年第 5 期，第 16～31 页。

不过是一种自然状态，没有什么神秘之处，只有"道"才是宇宙万物的本源，比"天帝"具有更高的至上性："道冲而用之或不盈，渊兮似万物之宗。"（《老子》第四章）按照老子的这种"命定论"模式，人和万物在"道"这个无形、无声的新上帝面前，只能俯首帖耳，不可有所作为："天之道，不争而善胜，不言而善应，不召而自来，然而善谋。"（《老子》第七十三章）庄子发展了老子的命定论，认为人类只能听凭自然界的摆布，唯命是从，并认为听天由命是最高的德行："知其不可奈何而安之若命，德之至也。"（《庄子·人间世》）荀子继承了孔孟的重人事、轻天命思想，也吸收了道家的自然天道观和墨子的非命论，提出"明于天人之分"（《荀子·天论》），认为自然界和人类社会各有自己的职分和规律："天行有常，不为尧存，不为桀亡。应之以治则吉，应之以乱则凶。"（《荀子·天论》）在个性张扬的战国时代，荀子认为，人可以充分发挥主观能动性，"制天命而用之"（《荀子·天论》），主张"人定胜天"，认为君子是因为行"仁"提高了自身的道修养才成为王的，这显然在一定程度上否定了君权神授论。

从实践来看，与夏商周开国之君动辄以天命相标榜不同，秦始皇虽然只字不提"天命"，却常常以一种"救世主"自居，并张扬自己比神高。他自诩正是由于"天下共苦战斗不休"，才兴兵而残贼，且"亲巡远方黎民"，时时为天下民众操劳："皇帝之功，勤劳本事。农除末，黔首是富。普天之下抟心揖志。"（《史记·秦始皇本纪》）。汉朝立国之初，统治者虽然尚未把王朝的建立归结于"天命"，而更强调"人事"和武力。然而，秦亡的历史表明，赤裸裸的暴力并不能保证长治久安。故此，统治阶层开始否认"争于气力"的事实，而试图采用传统天命观说来解释汉朝继统天下的合理性。关于这一问题的讨论，以汉景帝时辕固生与黄生关于汤武"受命"还是"放弑"的争论最为典型。《史记·儒林列传》载：针对黄生认为汤武革命不是"受命"而是"弑君"的观点，辕固生指出："夫桀纣虐乱，天下之心皆归汤武，汤武与天下之心而诛桀纣，桀纣之民不为之使而归汤武，汤武不得已而立，非受命为何？"黄生对此辩解道："桀纣虽失道，然君上也；汤武虽圣，臣下也。夫主有失行，臣下不能正言匡过以尊天子，反因过而诛之，代立践南面，非弑而何也？"按照黄生的这一逻辑进行推论，必然导致汉高祖代秦而立是不正当的。可见，"革命"说虽然可用来论证汉王朝的正当性，却暗示了其他力量取代汉帝国的正当性。故而，汉帝国不能以"革命"说作为政权合法性的根基。

究其实质，从维护汉王朝的统治说，辕、黄二人的主张并无根本分歧。黄生是从维护汉代业已形成的君臣关系着眼，强调"臣下"在任何情况下都不能对"天子"有反叛行为；否则，即使圣如"汤武"，也应当视为"弑君"。问题在于，这种看法虽然顾及了眼前，却无疑将汉高祖置于"弑君"的审判席上。辕固则是从论证汉家夺取天下的合法性入手，一方面指出"桀纣虐乱"乃是"天下之心皆归汤武"的原因，另一方面又说明了人心所向与"受命"的关系，显然是强调"臣下"在所谓"受命"的条件下即可以夺取政权。这对于论证"汉代秦而立"显得更为合理，也比较符合实际。然而，这种说辞的隐患在于：只要图谋代立，任何人都可宣称接受了"天命"，也意味着汉朝不可能永远"一姓天下"。因此，面对如此"两难"困境，汉景帝做出干预，禁止讨论"受命"问题。①

汉武帝即位后，由于黄老思想的放纵，皇帝虽然拥有最高的政治权力，但在思想上却没有被视为绝对权威。因此，解决政权的合法性问题成为当务之急。至于改朝换代问题则是将来之事。为此，汉武帝便打破景帝的禁令，要求诸儒对"受命"作出满意的解释。董仲舒将"敬天""重德"思想与阴阳、灾异思想相融合，提出以"君权神授"为要旨的庞大的"天人感应"神学体系，把天提到了至高的地位："天者，万物之祖，万物非天不生"（《春秋繁露·顺命》）。最终，董仲舒得出汉家乃天命所归的结论："必有非人力所能致而自至者。"（《汉书·董仲舒传》）董仲舒的立论，就是要"积善垒德"，施行仁政。这与辕固的观点如出一辙。为了加大其说服力，董仲舒还特意描绘出受命时会出现诸如黄龙、麒麟、凤凰、甘露、朱草、灵芝等"祥瑞"或"符瑞"。董仲舒的理论借助于神学为汉王朝的统治罩上了一圈神圣的光环，故而为汉武帝所接受。

随着董仲舒天人感应学说的流行，所谓"真命天子""星宿下凡""天子受命于天"等，几乎成为后世儒家众口一致的说辞。当然，这对于君主专制也未尝不是一种限制。汉代讲灾异的人很多，朝野上下，都异常重视。如此，君主们的行为便不能不受约束。《汉书·成帝纪》载："君道得，则草木昆虫咸得其所；人君不德，谪见天地，灾异屡发，以告不治。"上帝对人君如此监视，难免使人君们胆战心惊。所以，每当灾异来临之时，君主们纷纷下"罪己诏"大赦天下，认为都是"咎由朕躬"，替民受过。可见，受命理论固然为维护统治提供了思想武器，但也是一把让统治者感到惊恐而又无可奈何的"双刃剑"。

西汉经昭、宣、元、成、哀几代后，汉家国势日趋衰落。于是就有了哀帝的"再受命"，但终不能挽救汉室的命运。此后发生的王莽"篡汉"，自然被装点成"天命所归""人心所向"。史载，王莽在登基前曾下书曰："皇天上帝隆显大佑，成命统序，符契图文，金匮策书，神明诏告，属予以天下兆民。赤帝汉氏高皇帝之灵，承天命，传国金策之书，予甚祗畏，敢不钦受！以戊辰直定，御王冠，即真天子位，定有天下之号曰新。"（《汉书·王莽传》）这番说辞表明了王莽取代

---

① 参见晋文：《论经学与汉代"受命"论的诠释》，载于《学海》2008年第4期，第151～154页。

汉室乃顺天应人之举。以王莽为楷模，此后的统治者都希图借助道教神仙之灵异与权威以巩固统治地位，"天命"最终成为中国政治舞台上不可或缺的道具。东汉末年的黄巾大起义也以"苍天已死，黄天当立，岁在甲子，天下下吉"（《后汉书·皇甫嵩朱俊列传》）为口号来发动起义。以后历代的革命大都打着"替天行道"的旗帜来招揽民心。对此，顾颉刚先生精辟地指出："中国的历史上，凡是换朝代而出于同民族的，便没有不依照这个成例，行禅让的典礼的。……王莽固然不久失败，但这'心法'是长期传下去了，直到袁世凯的筹安会还是如此。"①

二、君权与臣权的消长

正是在君权神化观的指引下，君权遂成为人们顶礼膜拜的对象。在漫长的中国古代社会，神化的君主使"王者无外"，固守着"予一人"的独尊，映衬出的则是臣民的卑微。翻开历史，君王们"率兽食人"的恶举不可胜数，但理论上永远是天下人的衣食父母，所谓"身体发肤，尽归于圣育；衣服饮食，悉自于皇恩"（韩愈：《原道》）。倘若触犯皇帝权威和尊严，则构成"大逆""大不敬"。即便"君虽不君"，但"臣不可以不臣"（《春秋公羊传·宣公六年》）。按照一种理想预设，在君主专制体制下，"君为元首，臣为股肱"（《汉书·魏相丙吉传》），帝王对官僚臣属的驱使若"身之使臂，臂之使指"（贾谊：《治安策》）。这一点决定了官僚臣属对帝王的绝对臣服关系，涉及实践中君臣的权力分配问题。

综观中国历史上中央权力机关的设置变迁，可以看到，从秦迄清的制度设计的总态势，便是君主权力的不断加强。

在贵族君主制时代，周天子对于各封地诸侯虽具有名义上的统治权，却没有后世专制君主那样的独裁之权。春秋时期，在下位者往往能通过劝谏等方式对在上位者形成制约，甚至"臣"对"君"采取极端行为的事例也屡见不鲜。在当时，士大夫合则留、不合则去的大丈夫气概，也非常神气："臣之禄，君实有之。义则进，否则奉身而退。"（《左传·襄公十六年》）而秦始皇开创了一个"一国之政犹一身之治"的行政格局。在秦朝的三公九卿制下，三公都有参与行政决策的权力，同时又是最高行政首脑，只是把决策和行政权一分为三，分属民政、军政和司法，各司其职，互相配合，互相制约。皇帝将行政决策权、执行权、监督权都掌握在自己手中，大权专断。即便如此，秦朝仍然保留了让贵族参政的廷议制度。

---

① 顾颉刚：《汉代学术史略》，人民出版社 2008 年版，第 58 页。

　　西汉初年，萧何、曹参、陈平等开国功臣，权力都相当大，并逐渐形成一个以丞相为中心的政治集团，能够与皇帝分庭抗礼，乃至可以废立皇帝。汉武帝即位以后，开始抑制丞相的权力，频繁更换甚至杀掉丞相，并从制度上强化了君主权力。其中，一个重要举措，就是创立了内朝制，即通过选拔一批亲信臣僚，在其本职之外另授予侍中、给事中、中常侍等官职，在皇帝左右参与政事。这些人逐渐形成一个宫内决策机构，即"内朝"。而此前以丞相为首的政务机关则成为"外朝"，在职能上已蜕变为纯粹的执行机关。内朝制的创立，对后世的影响极为深远，东汉的尚书台，唐代的北门学士，明代的内阁制，直到清代的南书房和军机处，与此大体上类似。除此，汉武帝还扶持了一大批酷吏。这些酷吏所主要对付的，不只是一般民众，而主要是宗室勋贵、地方豪强。即便如此，汉代豪族的嚣张跋扈，也使专制君权遭到了一定的削弱。《白虎通义》开宗明义便讲"天子者，爵称也"，明确地将天子说成是爵位的一等，这或许是豪族们企图削弱或限制君权的一种努力。

　　自西汉中后期以来，土地兼并十分严重，逐步形成官僚、商人、地主"三位一体"的豪强地主势力。而东汉政权的建立，本身有赖于豪强地主的支持，故而，豪强地主在东汉王朝享有特权，并日渐形成世袭的政治贵族。同时，汉代官僚多以经术起家，至东汉时逐渐形成累世公卿的状况，"门生故吏遍天下"，形成士族阶层。这些地方豪强、经学世家或累世为官者，很大程度上控制了中央和地方的政权。三国时期曹操求贤令的推行，曾一度冲击了当时的门阀政治，为布衣寒士打开了一道方便之门。其后，曹丕推行"九品中正制"，以世家、道德、才能为标准，评定和选拔人才，既照顾了世家大族的特权，也为寒门弟子争取低品官职提供了机会。西晋政权的司马家族本身就是显赫的世家大族，在篡魏而立的过程中也得到了其他世家大族的支持，故而对世家大族继续实行放纵和笼络的政策。由此，九品中正制度遂开始沦为门阀士族谋取利益的工具。所谓"世胄蹑高位，英俊沉下僚"（左思：《咏史诗（其二）》），"上品无寒门，下品无势族"（《晋书·刘毅传》），便是当时社会的一种普遍生态。门阀士族自然导致皇权的弱化，这在东晋的时候最为明显。当时的东晋五大门阀势力包括：琅琊王氏，陈郡谢氏，龙亢桓氏，颍川庾氏，太原王氏。其中，琅琊王氏最为著名。史载，晋元帝即位，与王导同坐御座，故而有"王与马共天下"（《晋书·王敦传》）之说。

　　隋朝结束了南北朝对峙的局面，再建统一大帝国。隋朝在加强皇权的同时，也摸索出一条君权和贵族权甚至对平民也适用的互相协调的道路，这就是科举制度。在科举制下，出身贫民的士子通过考试能够进入特权阶层；相应地，一些特权阶级也会失掉政治特权和社会财富而堕入社会的贫民阶层。待到唐朝初期，随着科举取士的进一步兴盛，门阀制度才最终走向衰落。在制度上，之前历代所出现的尚书、中书令、门下侍中等内朝官，到了隋唐时期逐渐转成了外朝官。在这一过程中，三省六部制度逐渐形成。三省是指中书省、门下省、尚书省，三省长官共议政事，奏请皇帝施行。中书起草诏令（主官是中书令），门下管封驳（主官是侍中），尚书执行（主官是尚书令、尚书左右仆射），下设六部（吏、户、礼、兵、刑、工），即为执行的具体机构。三省六部制加强了中央的统治力量，同时使宰相的权力一分为三，从而消减了相权对皇权的压力。此外，各部职责分工明确，有利于皇帝的集权与政令的贯彻，提高了行政效率。不过，唐代三省制建立不久，就开始向二省、一省转变。为了控制相权，唐代逐渐使用一些资历较轻的官员参与朝政，实际行使宰相的权力："故常以他官居宰相职，而假以他名。"（《新唐书·百官志》）渐渐地，中书令、侍中、尚书令等这些宰相职务变成了一个崇高的虚衔，而真正的宰相却成为一种临时性质的职务。唐中叶以后，同中书门下平章事才是真正的宰相，三省长官却先后被排斥出宰相行列。唐玄宗以后，中书舍人起草诏敕之权又为翰林学士所分割；尚书省各部司的职权在安史之乱后也大部分为各种使职所瓜分。故唐中叶后，三省六部制名存实亡。

自唐末以来，传统伦理秩序江河日下。五代十朝，总共不到五十年，官僚们今日臣晋，明日降汉，后日又下拜于周，不知忠孝节义为何物。为此，宋朝开国伊始，大力推崇儒家思想，重建纲常名教；同时，大兴科举，广泛吸收知识分子参加政权。基于安史之乱和五代时期出现的藩镇割据、武将称雄的教训，宋初统治者确立了崇文抑武的方针，并制订出一整套制度，将政权、兵权、财权、司法权集中于君主一人之手，从而使宋代中央集权达到前所未有的程度。在中央机构设置上，宋代虽然存在三省之名，但其主要职权被置于内庭的政事堂所控制；并设参知政事为副相；设枢密院为最高军事机构，凡军机大事，直接对皇帝负责，宰相无权过问；设三司行使财权；又设谏院以弹劾大臣。此外，采取"官与职疏""名与实分"的制度："官"名只表官位、秩级和俸禄的高低，无实际意义；官员担任的实际职务或工作岗位，称为"差遣"，也称"职事官"（《宋史·职官志》）。如此一来，官吏不能固定掌管某一权利，便于皇帝驾驭群臣。

明朝朱元璋立国之初，更是极力强化中央集权。朱元璋认为，元末之所以人心涣散、天下骚动，原因在于"纪纲不立，主荒臣专，威福下移"（《朱元璋系年要录·至正二十四年》）。为此，朱元璋大力进行制度建设：一方面，明确君臣等级名分，严明号令，以确立君主个人的绝对权威。朱元璋认为，女宠、宦官、权臣、藩镇、夷狄等，均是导致纪纲隳废、王朝覆灭的祸端，因而，命修《女诫》，严惩后妃干政，又明令禁止宦官预政典兵，申戒王公显贵不得私役官军、民户，不得私受金帛、强占田产，以防范臣下扩张势力。另一方面，朱元璋以宋代积弱为由，竭力加强集权统治，取消三省，废除宰相，由六部分管全国政务，直接对皇帝负责。由此，皇权直接干预、支配和控制着国家政治生活的各个方面。朱棣即位后，为了加强对六部的控制，又从翰林院等文翰机构中选调个别官员（也有个别六部大臣）加以殿阁大学士之衔，为皇帝出谋划策，是为"内阁"，与六部互相制约。明代内阁号称"无宰相之名，而有宰相之实"（《明史·刑法志》），但实际上明代内阁并没有改变"儒臣入直，备顾问而已"这一根本性质，因为内阁大学士最大的权力是"票拟"，所谓"内阁之职，同于古之相者，以其主票拟也"（《明会要·职官》）。而"票拟"是否照准，则取决于"批殊"，即由皇帝最后裁定。由此，明代形成了皇权及依附于皇权的宦（官）权，以及阁权与六部权共存且不断争夺的格局。其实，明代的宦权、阁权都具有虚拟化的倾向，皇权完全有能力在一夜之间将所有威胁皇权的宦权、阁权解除殆尽。[1]

清朝入关之后，议政王大臣会议的权力仍然非常大。同时，在内阁大臣中，南方与北方士大夫的党派之争仍然延续，并与满洲贵族内部矛盾纠缠在一起。康熙亲政后，为加强皇权，于康熙十六年（1677 年）设立南书房，在翰林等官员中，"择词臣才品兼优者"入值，称"南书房行走"[2]，由皇帝严密控制，随时承旨出诏行令，从而权势日隆。从雍正起，在内阁六部之上，设立处理全国军政大事的常设核心机构——军机处，取代了议政王参与议政的权力和内阁的"票拟批答"的职权。此后，皇帝通过军机处将机密谕旨直接寄给地方督抚，称为"廷寄"，各地督抚也将重大问题直送军机处转皇帝审批，称为"奏折"，而无需像过去那样由内阁批答，也无需交议政王大臣会议议决。至此，三省彻底废止："内阁宰辅，名存而已"（《清史稿·大学士年表序》）。乾隆继位后，罢军机处，改设"总理事务处"，但不久又因实际需要将军机处重新恢复，并在原来的基础上进一步增大了权力，而成为全国政事的中枢。话说回来，军机处职权范围虽广，但仅供"传述缮撰"[3]，只是一个皇帝私人的秘书班子而已。

可见，从秦汉至清，宰相一职迭经变更，其趋势是以皇帝的内朝官代替外朝的宰相，又逐渐变成外朝官，由此又出现新的内朝官。在这种循环中，相权逐步削弱，且被分割，变化繁复，职事不一。在这一过程中，皇帝的权力却一直呈上升趋势。到了清代，皇帝的专制独裁可谓达到了顶峰。虽然传统儒家学说尊崇君权，但也强调贤人的作用。然而，康熙郑重发令：不许书生说短论长；除了个别无道或亡国之君，绝大多数帝王应得到永久的尊崇（《清圣祖实录》卷二九二）。至雍正帝，更认为任何人都必须对君主俯首而从："为人臣者，义当惟知有君；

---

① 参见黄阿明：《朱元璋的悲剧：明初的制度设计与现实的严重背离》，载于《探索与争鸣》2007 年第 2 期，第 77 ~ 80 页。

② 昭梿：《啸亭杂录》，中华书局 1980 年版，第 398 页。

③ 赵翼：《檐曝杂记》，中华书局 1997 年版，第 1 页。

惟知有君，则其情固结不可解，而能与君同好恶。"(《清世宗实录》卷二十二)乾隆帝读史，读到宋代王安石向宋神宗抗表一节，批语曰："安石抗章、神宗逊谢，成何政体？即安石果正人，犹尚不可，而况不正乎!"(《评鉴阐要》卷八)言下之意，君主即使有误，为臣者亦不得指责冒犯，从而将君主专权推向绝对化。

康有为曾对中国古代君主与臣民关系的演化做过一番颇有意思的描述：远古时代，君臣皆以"养民"为根本，关注的是老百姓的生存疾苦，他们之所以区分出上下、轻重、尊卑，意在接近百姓，并非君王有他自己的利益。君臣相与，"辟门明目，几若宾友"。至秦代，法家倡导"尊君抑臣"，君臣之间产生了隔阂。至汉，皇帝见丞相，要起座相迎，乘车要走下来，尚保存有礼敬大臣的礼节。隋唐，也迥然有君臣共坐议事的风气。宋代，许多大臣还能力争于天子之庭。元以军功治天下，群臣只能长跪白事，"臣下见上，战栗畏谨，不敢一言，有对而无论，有唯而无议"。君臣对话交流的通道完全阻塞了，君王也就成了孤家寡人，高高在上而自取灭亡。① 随着君王与臣民之间隔绝的日益加深，君王成为君临天下的孤家寡人，成为"独夫"；而臣民之间则层层猜忌，相互隔绝，相互倾轧，沦为欺下媚上的"奴才"。如此一来，中国历史的指向，便使一个素具开创精神的民族陷入了生死存亡的境地。

三、"固本"思维及"民"的工具性征

对君主专制体制下权力结构关系的探讨，还涉及君主及其统治集团与民众的关系问题。尽管"民本"一词直至近代才出现②，但关于"民"的重要性，人们其实就已经有了清醒的认知，并逐渐形成一个庞大的理论体系。如金耀基所言："吾人若谓中国五千年来之政治为民本思想做根底的政治，非不可也。"③ 需要注意的是，中国传统民本观中的"民"，并不是指特定社会的全体社会成员，而是指相对统治者或官员而言的被统治者，即下层民众（相应称谓还有庶民、臣民、子民、百姓等）。因此，所谓"民本"，便可理解为"以社会下层民众为国家的根本或基础"，这是对古代一切重民、爱民、裕民、利民、保民等思想的总括。

历史地看，作为政治意识形态中的基本要素，民本意识的形成经历了一个长期的历史演变过程。这种演变莫不与当时特定的社会实践密切相关。在部落和部

① 康有为：《康有为全集》第1卷，上海古籍出版社1990年版，第58~59页。
② 梁启超较早将中国历史上的重民思想称为"民本思想"，并认为民本思想乃我国政治思想之一大特色（参见梁启超：《先秦政治思想史》，上海古籍出版社2014年版，第6页）。
③ 金耀基：《中国民本思想史》，法律出版社2008年版，第196页。

落联盟时代，基于部落维护自身秩序和应对外界竞争等公共事务的需要，一些才能优异、体格强悍或有杰出贡献者，受到人们的拥戴而成为"王者"，表现为"君权民赋"的原始民主制特征，所谓"天生烝民而树之君"（《左传·文公十三年》）。相应地，王权的合法性及其统治权威，就在于这些"王者"能够为邦国、民众的利益着想，隐忍自砺，博施于人，深孚众望。所以，为政的宗旨主要还不是"治民"，而在于"为民"。① 现存古籍中一些关于上古时代的"帝"如何关爱"民"的说法，虽然据考证只是战国时期的"述史之作"，但也能够让人多少领略当时部落联盟首领的功绩中总有爱民之举在内。史载，大禹曾为后世子孙留下训诫："民可近，不可下，民惟邦本，本固邦宁。"（《尚书·五子之歌》）"民惟邦本"一语也成为后世民本观念的经典表达。

而在神话笼罩的上古时代，随着天命与王权的联姻，王权也开始寄托于神秘、虚无的天命，而远离权力产生的根本——民众的支撑。如此一来，"君权天赋"说自然取代了"君权民赋"说。按照这种"天佑王权"的观念，王权代表着天意和神权，服从王权就是服从神权。至此，天命论演变成排斥"人为"主观因素的命定论。然而，商代夏、周代商的事实充分说明，"君权天授"使君权获得了一种绝对性与神圣性，却不一定能保证其延续性、永恒性，所谓"天命靡常"（《诗经·大雅·文王》）。"殷鉴"不远，周初统治者为此通过对天命与政权关系的理性反思，将"德"的范畴融入"天"的观念中，形成一种政治共识："皇天无亲，惟德是辅"（《尚书·蔡仲之命》）。就是说，"天"平等地养育各个部族及其子民，君主惟有通过修德勤政和蓄养万民，才能得到天命的眷顾。在这种天、君、民的联合结构中，君主秉承上天旨意行使统治权，而上天的旨意又体现为民众的意志："天视自我民视，天听自我民听。"（《尚书·泰誓中》）这自然要求当政者应把民情当作检验治国理政成败得失的"镜子"："人无于水监，当于民监。"（《尚书·酒诰》）由此，便有了周初"敬德保民"政治路线的确立。在这一治国方略下，对现实民生之关切，便成为统治者从事政治事务的关注重点，所谓"民之所欲，天必从之"（《尚书·泰誓》）。

春秋之际，基于战争频仍、分裂割据的局面，各大诸侯国均把追求霸主地位视作政治目标，即"使民"以"争胜"；而其他小国更是强烈地意识到对民的依赖，如随大夫季梁说："夫民，神之主也，是以圣王先成民而后致力于神。"（《左传·桓公六年》）虢国太史也提出："神，聪明正直而壹者也，依人而行。"（《左传·庄公三十二年》）在这种观念氛围中，天命观的重心逐渐从"神本"向"民本"发生过渡。如齐国晏婴在回答晋国叔向的问题时说："卑而不失尊，曲

---

① 参见张分田：《民本思想与中国古代统治思想》，南开大学出版社 2009 年版，第 85 页。

而不失正者，以民为本也。"（《晏子春秋·内篇问下》）到了春秋末年，民本理念逐渐理论化。孔子孜孜以求于周代的德治盛世，认为只有民心归依于君，才能实现社会的长治久安，因此主张"其养民也惠，其使民也义"（《论语·公冶长》）。孔子虽然极力维护等级制度，但他希望贫富之间不要过分对立："有国有家者，不患寡而患不均，不患贫而患不安。"（《论语·季氏》）作为周朝礼制的维护者，孔子认为，民富是国富的基础与前提，民富才能国富，为此，他提倡轻徭薄赋、俭用恤贫，"因民之利而利之"（《论语·尧曰》）。与儒家超越利害的仁爱原则不同，墨子倡导"兼爱"不是停留在空泛的说教上，而是以"交相利"作为后盾。这实际上是对孔子"仁"学的重新改造，表现为以"爱"释"仁"，以"利"释"爱"。战国时代的孟子在批判墨家的同时，又悄然吸收了墨家兼济民众等思想，抛弃了孔子"敬天保民"立足于"君"的基点，而把立足点转移到"民"的方面，认为人民、社稷、君主三者的关系应是"民为贵，社稷次之，君为轻"（《孟子·尽心下》）。孟子的思想也因此而成为先秦民本思想的一座高峰。其实，不惟儒、墨，即便是对时代变革冷眼旁观的道家，也表现出对民众的现实关切。老子认为，为政者应为天下百姓谋福利："圣人无常心，以百姓心为心。"（《老子·第四十九章》）可见，"民本"已经成为当时一种普遍性的社会共识。

进入战国时代，与民本思潮相伴随，在整个社会层面还表现出一种强劲的"尊君"浪潮。当其时，各诸侯国无论强弱都深陷于战乱的危机之中，必须竭力提高自身的实力才能在竞争中取胜。为此，各国必须统一全民的意志、整合一切资源和力量。于是，强化君主集权就成为战国政治的"主旋律"。而现实中"集权"的实现，有赖于观念上的"尊君"。对此，法家表达得最有力，也最明快。商鞅说："权者，君之所独制也。"（《商君书·修权》）尽管如此，在民本思想的风潮下，法家人士也鲜见地表达出"利民"主张。韩非强调"君权民与"（《韩非子·五蠹》），即君权是由民众决定的。既如此，为了巩固自己的统治地位，必须顺从民心，以百姓的好恶为转移："群臣百姓之所善，则君善之；非群臣百姓之所善，则君不善之。"（《韩非子·八奸》）由此，法家将"民本"纳入"尊君"的轨道。

而从孔、孟到荀子，儒家的政治理念日趋现实，逐渐从"重民"走向了"尊君"。荀子在民本问题上有一段著名论述："马骇舆，则莫若静之；庶人骇政，则莫若惠之。选贤良，举笃敬，兴孝弟，收孤寡，补贫穷，如是，则庶人安政矣。庶人安政，然后君子安位。传曰：'君者，舟也；庶人者，水也。水则载舟，水则覆舟。'此之谓也。故君人者，欲安，则莫若平政爱民矣。"（《荀子·王制》）这段论述的主旨，是探讨政权稳定的基本原理："庶人"如马，"政"如车舆，要想安享权力带来的尊贵与风光，莫若使庶人安于统治，乐于效劳。在荀子的立论中，君主是臣民的主宰，而臣民则是君主的仆从："君子以德，小人以力；力者，德之役也。"(《荀子·富国》) 依此推论，服从君主就成了臣民的天职，对于臣民而言，总的原则应该是"从命而不拂"(《荀子·臣道》)。当然，荀子为了追求天下统一的社会，依然把人民看成是国家构成的一个重要因素："天之生民，非为君也；天之立君，以为民也。"(《荀子·大略》) 但是，说到底，上示爱于下，是为了换取对下的支配权，而这种支配权又被包裹在脉脉温情里，让在下者能够甘心情愿接受："臣之于君也，下之于上也，若子之事父，弟之事兄，若手臂之卫头目而覆胸腹也。"(《荀子·议兵》) 荀子的这一论调也因此成为后世专制主义的最好粉饰。

从实践上看，秦国以法为教，统一六国，并促成了君主专制的奠基。然而，随着专制君主大权独揽并纵情恣肆，钳制和扼杀了民众的生活和言论自由，秦帝国最终走向了穷途末路。秦灭汉兴，统治者在意识形态领域经过文景时期黄老之道的"过渡"，到了汉武帝时期实现了政治意识形态的改弦更张。董仲舒的"新儒学"利用先秦以来"敬天保民"思想，对"君权天赋"学说进行了再建构："天之生民非为王也，而天立王以为民也。"(《春秋繁露·尧舜不擅移汤武不专杀》) 这一思路其实与周代"天—君—民"的伦理结构别无二致。董仲舒的创新在于，他建构了一整套将"天"人格化的天人感应理论，认为君主必须服从天意，积善修德，否则会受到"天谴"。这一论调虽然彰显出一股浓烈的民本情怀，但董仲舒论证的重点依然是"立尊卑之制，等贵贱之差"(《春秋繁露·保位权》)，并从"天命"高度论证了君主权力的神圣性："故王者，唯天之施。"(《春秋繁露·说文》) 这种解释把君主专制说成是神的意志和力量，从而使君主处于至高无上的神圣地位。即便如此，依然需要追问的一个问题是，神、君、民，究竟何者为先，何者为本？对此，董仲舒的答案很明确，就是"屈民而伸君，屈君而伸天"(《春秋繁露·玉杯》)。即"屈民"是为了"伸君"，"屈君"是为了"伸天"，而"伸天"又是为了"顾民"。就这样，董仲舒以一种非常圆滑的逻辑，巧妙化解了相互之间的对立和冲突。在这一治国方略中，"民本"与"尊君"相互抗衡又互为依存，共同维系着君主专制统治。如朱熹所言："盖国以民为本，社稷亦为民而立，而君之尊，又系于二者之存亡，故其轻重如此。"[1]

汉代以降，民本思想不仅成为官方学说，且日渐成为全社会的一种普遍政治意识。然而，究其实，这并非要真正确立民众在社会政治生活中的主人地位，而

---

[1] 朱熹：《四书章句集注》卷14，中华书局1983年版，第67页。

只是专制君主维系"家天下"能够长治久安的牧民之策。中国两千余年的专制社会是以皇权为基石和核心,并辅之以等级森严的官僚制度而实现运作的,由此发展出以君本为核心并进一步扩展为"官本位"的政治秩序。在"官本位"体制下,谋权求官的目的,实际上已成为当时人们发财致富的有效途径,而非为民谋福祉。当然,这不排除在特定环境下有执着为民的"清官""青天",但这只是个例,而非常态。由此,产生出徐复观所言的中国传统社会"二重主体性"问题:"在中国过去,政治中存有一个基本的矛盾问题。政治的理念,民才是主体,而政治的现实,则君又是主体。"① 如此一来,看似对立不容的民本与君本竟然能够共生并存:"民为国本"的命题,只是"君为民主"命题的附属,民本论所导出的只不过是统治者的得民、治民之道。② 说穿了,"重民"是为"使民","爱民"是为"用民","保民"是为"自保"。③ 在"家天下"体制下,无论如何高调宣扬"民本",事实上都改变不了民众作为"工具"的特征。不仅如此,在统治者看来,民能为己所使、所用,正是"爱民如子"的体现。由此,"民本"遂沦为一种统治术:以民本之名,行官本之实。

从文化根源上讲,民众权利观念的缺失,其根本原因还在于中国强固的宗法传统。在宗法家长制的中国,"人民"只是特定群体中的人,而非独立的个体存在。这种重视群体价值而忽视、贬低个体价值的倾向,把个体淹没在群体之中,从而无法形成正当性私人权利主体,难以产生出像欧洲启蒙运动中那样的张扬个体"自由权利"的思想。当然,在民本观念的影响下,君主必须兢兢业业,为民谋福利,才能赢得民心。但是,与无限的君权相比,这种道义制衡往往是软弱无力的。无论王朝如何更替,皇权依然至高无上,国民的基本权利始终无法得到有效保护。正如梁启超在比较孟子思想与现代民主思想时指出的:仅言"保民",言"救民",言"民之父母","而未尝言民自为治",这种无参政权的民本主义,"徒言民为邦本,政在养民,而政之所从出,其权力乃在人民以外"。④ 其结果,便是私人所有权制度始终不见容于历代王朝。因此,传统民本思想"总不出于君道、臣道、术道,拘束在这种狭窄的主题上想问题,很难发展出民主的意蕴"。⑤

---

① 徐复观:《徐复观文集》第 2 卷,湖北人民出版社 2002 年版,第 272 页。
② 参见刘泽华:《中国传统政治哲学与社会整合》,中国社会科学出版社 2000 年版,第 218 页。
③ 参见张分田:《关于深化民本思想研究的若干思考》,载于《江西社会科学》2004 年第 1 期,第 159~165 页。
④ 梁启超:《饮冰室合集》(二),中华书局 1989 年版,第 68 页。
⑤ 李维武:《中国人文精神之阐扬》,中国广播电视出版社 1996 年版,第 238 页。

第二节　要在中央：郡县与分封之争

在君主专制体制下，权力的分配除了君主与中央机关臣僚之间的横向分权，还有以皇帝为核心的中央机关与地方政权的纵向分权。自"周秦之变"以来，郡县制已成为历代的基本定式。周代与秦代也分别成为两个纯粹实施分封制和郡县制的典型朝代。推行郡县制的主因，在于维护皇权的"专己之威"。然而，一个疆域庞大的帝国，明显具有地方性与割据性，要实现有效的管理，单靠郡县制存在着巨大的无力感。这一问题涉及皇权的长治久安、君臣关系、中央与地方的权力分配等，故而一直是困扰最高统治者的一大难题。

一、郡县制的沿革

自秦朝始，在两千多年的历史长河中，郡县制一直是中国古代国家的基石。然而，秦朝的严酷统治，最终导致"人人自危，欲畔者众"（《史记·李斯列传》）的局面，故而，激起了农民起义和六国旧贵族的集体反叛。随着军事上的日渐失利，秦国遂放弃了皇帝的称号。在各路诸侯的混战中，项羽一军率先崛起，成为反秦诸侯联盟中实力最强者。随后，项羽以联盟首领的名义，"乃分天下，立诸将为侯王"（《史记·项羽本纪》），大致分封了十八个封国，建立起方国联盟，自己则为方国联盟的霸主。项羽似乎并没有意识到如何重建社会秩序和统治秩序的问题，天下又回到了战国时代的局面。在随后与刘邦发生的楚汉战争中，项羽由于缺乏对封国诸侯军政的控制权，并陷入多线作战的境地，最终走向败亡。

西汉建立之初，刘邦在总结"亡秦"之鉴时，认为没有分封是一个重要因素。为了避免重蹈覆辙，刘邦与大臣们刑白马为盟，誓约"非刘氏不得王，非有功不得侯"（《史记·周亚夫传》），并"大封同姓以填天下"（《汉书·高五王传》），由此，出现了郡县、封国并存的政治体制。汉初的分封虽然只有10个王国，却管辖了39郡的封地，面积总和超过了大汉天子直辖的15郡（《史记·汉兴以来诸侯王年表·序》）。相比之下，西周的封建是层层分封，而汉代封建只有一层分封，诸侯王国以下依然是郡县制，每个王国领有三四郡、五六郡不等。由此，在中央与地方的权力结构上，秦朝的"皇帝—郡县"关系被汉王朝变更为"皇帝—诸侯—郡县"及"皇帝—郡县"两种关系。汉初王国与西周诸侯的相同之处在于，都有固定的领土、人民，拥有行政权和财政权，并设有一套完整的官僚机构，管理王国事务，俨然一个个独立王国，潜伏着分裂的隐患。

汉文帝时期，一些具有地理、经济优势的诸侯逐渐与中央相抗衡，甚至觊觎帝位。贾谊曾向汉文帝提出了"众建诸侯而少其力"（贾谊：《治安策》）的策略，即对诸侯采取化大为小的办法，把齐、楚、赵等诸侯强国封地各分为若干小国，以逐步削弱王国的实力。文帝起初很看重贾谊的建议，但始终无法下定决心。后来，王国叛乱不断出现，汉文帝才开始部分采纳贾谊的建议，将齐分为六国，将淮南国分为三国。这一举措导致皇帝与诸侯王之间的矛盾日益尖锐。汉景帝时，晁错极力鼓动"削藩"，直接剥夺诸侯王所辖的郡县，最终引发"七国之乱"。"七国之乱"平息后，景帝尽收诸侯支郡。除了江都国之外，其他诸侯国的大小仅为一郡之地，故而可将"郡"与"国"并称。由此，西汉的统治结构又演化成"皇帝—郡、国"模式。在这一模式中，诸侯王与郡的职能基本相同，成为中央所直接管辖的一级行政区域。

汉武帝执政后采纳了主父偃的建议，施行"推恩令"：除由嫡长子继承王位外，强制诸侯王进一步将土地分给子弟为列侯，使其势力大大缩小："诸侯稍微，大国不过十余城，小侯不过数十里，上足以奉贡职，下足以供养祭祀，以蕃辅京师。"（《史记·汉兴以来诸侯王年表》）"推恩令"与贾谊的"众建诸侯而少其力"的策略基本相同，但"推恩令"更进一步将所分封之国纳入了郡县的管辖范围。在推行"推恩令"的同时，汉武帝还加设"刺史"的官职设置，对不法封王及有罪官吏豪强进行严惩，并借机对犯罪诸侯的爵位和封地进行直接剥夺。此外，汉武帝还颁布相关法律，规定诸侯国的官吏不得在朝内任职，并由中央政府任命，诸侯王不能私自踏出封国，不参与中央政事，不准接纳"宾客"，严禁官僚为诸侯王敛财并与之勾结，等等。此时，诸侯王虽然依旧存在，但已成了"不为士民所尊，势与富室无异"（《汉书·诸侯王表》）的阔佬。至东汉末，尽管还保留着郡国并行制格局，但王国和侯国在形式上已形同郡县。由此，垂范两千年而不改的郡县制才真正得以巩固。

秦汉以后，地方行政区划的层次也不断发生变动。除了最基层的县以外，上面各级行政区划都经历了一个由大到小，然后再行叠加的过程。秦朝开始，地方行政体制是郡、县两级制。全国设若干郡，郡下属若干县，县是基层政权（其下乡里，乡官不入品秩）。这一体制奠定了郡县制的基本格局。不过，行政区划总是在两级制与三级制之间变化。这与中央对地方派官进行监督或专门办事有关。中央派代表到地方去，起先是临时性的，之后又逐渐转成长期性的派出机构，最终演变为正式的地方行政机构官僚。

从秦到西汉，疆域逐渐开拓，郡国数量日益增多，汉武帝时达到了一百多个，中央直接管理就有些麻烦，于是全国设十三部（后亦称州），设部刺史，再加上京城的司隶校尉，共十四个。刺史是代表中央监督地方的，秩禄虽低（六百石，郡守是二千石），但权限很大。东汉以后，州刺史逐渐参与管理地方行政事务，乃至领兵，由此，州正式成为一级地方政权机构。东汉末年，军阀割据，州刺史或州牧成了地方割据势力。自此，地方行政机构便存在州、郡、县三级划分。东晋南北朝时期，州的设置越来越多，最多时全国竟出现三百多州。由于州的数量较多，导致州下面所设置的郡的数量日渐稀少；同样缘故，郡下县的数量也屈指可数，所谓"十羊九牧"。

到了隋朝，又撤销郡，确立地方行政机构为州县两级制。隋炀帝即位后改为郡县两级。唐初又改郡为州，即州县两级制。在两级制下，由于州郡数量多，不便于中央直接管辖，于是，唐朝初年又依"山河形势便"将全国划分成十道，不久，又改为临时监察区，派官员巡察。此后，又增为十五道，道设采访处置使、观察使，有了固定的驻所和官员，主要实施监察的职能。而在一些边境军事要地则设节度使（或同时兼观察使）。节度使本是统军，后来由于边防及战争需要，变成军政和民政统一管理。其中，最有名的是唐玄宗时期身兼河东、范阳、卢龙三道节度使的安禄山。其统兵之多、权力之大，一时无与伦比，最终导致安史之乱。之后，唐朝出现了藩镇割据的局面，不管是藩镇割据地区还是中央直接控制的地区，道成了地方行政一级，节度使、观察使成了地方官，统军、统民、统财，下统州郡。这样，州县两级制又成了道州县三级制。

基于唐代以来藩镇割据及五代十国的教训，宋代伊始，为加强中央集权，重新把地方行政改为两级，即府州军监、县。府原是军事要地；军是军事据点；监是矿产手工业产品之类产地，但均与州属同一级。另外，则把地方官一律改为差遣。原来的州刺史、节度使、县令等一律成为一些官吏所加的虚衔，无须到任。而实际的地方官则称知府、知州、知县。知即"派去代理"之意，随时可调走。但不久之后，又在府州之上设路，最多达二十三路。这些路有的是军事上的划分，称帅司（安抚使、经略使）；有的是赋税征集的需要，称漕司（转运使）；有的是司刑狱，称宪司（提点刑狱司）。每路辖境也不完全一样。逐渐地，这些也成了一级地方政权，或多少起着地方一级政权的作用。

元朝中央政府——中书省，只直接管辖所谓的"腹里"（河北、山西、山东）。在此之外，在全国设十个行中书省，作为中央政府在地方的派出机构，简称行省。今天的省名，即由此而来。行中书省也有丞相等职，而路则下降到行中书省下的一级了。从此，省稳定为地方行政区划的一级。

明代，省设布政使（民）、都指挥使（军）、提刑按察使（刑），以布政使为最高长官。省下有道，道是省的派出机构。道分两类：一是由布政使副手参政、参议分管一部分府州县的民政，称分守道；二是由按察使副手副使、佥事分管一部分府州县的刑名按劾之事，称分巡道。此外还有兵备道、水利道、盐谷道等专有职司，不普遍设置，不作为行政区划。省下有府，下统州县，而州则与县成为同一级了。布政使本为省的最高长官，不久，由于军事的需要，又派巡抚统军，然后，军民无不统，并司监察官吏，然后常设常驻，再无所谓"巡抚"，而成了一省最高长官。而布政使却降为一省管理民政的副职。以后，又派总督下去，军民无所不统，位在巡抚之上，又成了地方最高长官，一省或两三省派一个，不一而足。

这种总督、巡抚体制，在清代清朝遂成定制。结果，省有巡抚，有总督（有的省如山东、河南有巡抚无总督，直隶、甘肃、四川三省无巡抚，由总督摄巡抚事，晚清又增设或抑裁了若干巡抚），总督、巡抚职权一样，巡抚地位略低。总督多半管两三个省也有管一个省的，从而出现了总督与巡抚，巡抚与藩台（民政长官）、臬台（刑法长官）并立的重叠局面。

总体来看，两千多年来，专制主义中央集权制度在地方行政机构上变化的一个基本特点是：两级制变三级制，三级制又变两级制，然后又回到三级制。中央总想直接控制地方，加一级层次多了，地方权力也大了，政务繁杂，中央不好控制，容易形成割据。因此，相当于省一级的机构总不愿意设，设了也想取消。但中央直辖的地方行政单位太多，又管不过来，也不好控制，于是总由中央直接派官员去监督。然而，时间一久，这种监察官不免直接参与管理地方行政，便成为一级行政组织。然后，又把它降格，但又不免要再派官去监督，如此循环不已。在宋以前，维持郡县二级。宋以后特别是元明清，省作为地方行政一级固定下来，各省的区划也大体上定了下来。两千多年地方行政制度变化的另一个现象或特点，是原来一些高一级的相当于省的行政机构所辖区域逐渐变小，这也反映了中央集权与地方分权的矛盾。①

二、分封制的幽灵

在帝国体制下，郡县制虽然占据了主导地位，但分封制也一直贯穿于整个中国历史的长河。曹魏时期，虽然分封宗室为王，但徒有虚名，致使皇子"王空虚之地"，宗室"不闻邦国之政"②。宗室曹冏曾上书《六代论》，认为不赋予皇族

---

① 参见宁可：《中国封建社会的专制主义中央集权制度》，载于《文史哲》2009年第1期，第89~100页。
② 萧统：《文选》，中华书局1977年版，第721页。

宗亲实权是秦朝、两汉的亡国之因，故建议曹魏统治者加强宗室子弟的权力。然而，曹魏没有吸取教训，政权终为司马氏所"禅代"。故而，西晋士人袁准指出，魏代无实封之国是曹魏失国的重要原因："虽有王侯之号，而乃侪于匹夫"，"有违宗国藩屏之义。"（严可均：《全晋文·袁准·经国》）

正是鉴于曹魏宗室孤弱的教训，晋武帝一改汉武帝以来虚封王侯的惯例，大肆分封子弟为王，并镇守要害之地。西晋名士陆机著《五等论》，认为实行分封制有利于国家的治理，可以"使万国相维，以成磐石之固；宗庶杂居，而定维城之业"（《晋书·陆机传》）。晋代士人之所以对封建制赞美有加，大都基于这样的历史事实：一方面，夏、商、周三代皆是实行封建制，且享国长远，只有秦、魏真正实行郡县制，但都是短命王朝；另一方面，两晋时期是门阀政治的顶峰，士族几乎可与皇室分庭抗议，而中央集权的郡县制会严重削弱士族的既得利益。西晋分封诸王，本来是为了藩卫皇室，然而，由于诸王位尊权大，相互争权夺势，终于酿成"八王之乱"。从此，王室凋敝，东晋偏处江南一隅。历史充分证明，宗亲屏藩是一把"双刃剑"，始终存在着"内讧"的危险。

唐朝立国之初，唐太宗下令"议分封裂土之制"。在争论中，颜师古提出一种折中方案：封国不宜过大，使之与州县相杂，互相维持："间以州县，杂错而居"；封国的官僚一律由中央委派，"使各守其境，而不能为非，协力同心，则足扶京室"；诸侯必须遵守国家法令，对诸王"为置官僚，皆一省选用，法令之外，不得擅作威刑"（颜师古：《论封建表》）。这一方案由于力求找到一个统筹兼顾的君臣模式，因此得到唐太宗的赞赏。故此，唐太宗一方面大力宣讲"朕以天下为家，不能私于一物"，认为封赏太滥是"以天下为私"，另一方面又主张适当分封，以"熟穆九族"（《贞观政要·公平》）：一是"封建亲戚，以为藩卫"；二是"远近相持，亲疏两用"；三是"众建宗亲而少力"（《帝范·建亲》）。这种方案的特点是：郡县与分封并举，以郡县为主；相对独立的封国改为中央法令控制下的州县，封君为世袭官僚；封君以下皆为国家职官。但是，许多受封者的反应并不是喜悦，而是忧虑。房玄龄、长孙无忌等人担心这种世袭封疆大吏的赏赐可能招致杀身灭族之祸，故一同上表请求唐太宗收回成命。故而，这一理想化方案最终没有得到落实。

唐玄宗时期，为了抵抗周边各族的侵犯，大量扩充边防军政，设立节度使，赋予军事统帅权、财政支配权、监察管内州县的权力，致使地方势力日渐加重，引发"安史之乱"。安史之乱爆发后，军镇制度又扩展到内地，军事长官成了实际的地方行政长官，等于在州一级行政单位之上又出现了军事行政单位，从而构成了唐代后期所谓的藩镇（又称方镇）。从唐代宗到唐德宗，这些强藩大镇互相兼并，竞相叛乱，导致爆发"建中之乱"（781 年）。朝廷历经四年，平定了这次藩镇叛乱，却是以朝廷向强藩妥协为代价的。之后，各地节度使全面控制地方军政、财政大权，割据一方。

针对唐代藩镇割据的混乱局面，柳宗元写就著名的《封建论》一文，指出，分封制作为历史的存在，虽然是顺应历史情势而生的一种制度安排，但不利于中央权力的集中，因此，必将为郡县制所替代。《封建论》的真实用意在于，借批判封建制来反对藩镇割据，树立朝廷的权威，维护国家的统一。在柳宗元看来，秦朝实行的郡县制从动机上来说固然是出于巩固个人权威、让天下人都服从自己统治的私心，但从制度本身来看则是最大的"公"："夫不得已，非公之大者也，私其力于己也，私其卫于子孙也。秦之所以革之者，其为制，公之大者也，其情私也，私其一己之威也，私其尽臣蓄于我也。然而公天下之端，自秦始。"（柳宗元：《封建论》）这种"公天下"的一个最突出的表现，就是革除了世袭制的陋习，面向全社会实施选贤任能的人才选拔机制。在柳宗元看来，分封制下的职位世袭，并不一定能够确保在位者的贤能，故而很难确保为民服务的责任心："今夫封建者，继世而理，继世而理者，上果贤乎？下果不肖乎？则生人之理乱未可知也。"（柳宗元：《封建论》）柳宗元通过对周代社会治理状况的考察，指出，在封建制下，通常是政治混乱的多而治理得好的少，周天子又不能撤换不称职的国君，因此，周代的问题就出在封建制本身："周之事迹，断可见矣：列侯骄盈，黩货事戎，大凡乱国多，理国寡，侯伯不得变其政，天子不得变其君，私土子人者，百不有一。失在于制，不在于政，周事然也。"（柳宗元：《封建论》）而郡县制下的地方行政长官由于实行选举制，即使出现问题，也能够随时加以撤换，即"有罪得以黜"（柳宗元：《封建论》），因此，郡县制与分封制相比是进步的，有利于国家的治理，维护了"公"。

宋儒胡宏则认为，封建制才能够体现出"公天下"："故封建也者，帝王所以顺天理，承天心，公天下之大端大本也；不封建也者，霸世暴主所以纵人欲，悖大道，私一身之大孽大贼也。"（胡宏：《知言·中原》）柳宗元和胡宏之所以得出截然不同的结论，其因在于：皇帝制度的"家天下"兼具"公天下"与"私天下"两种属性。柳宗元只强调了郡县制下的"选贤与能"机制对分封制下"亲亲"之道的替代，胡宏则强调了分封制下的分权而治的所谓"公心"，但他们都从根本上忽视了分封制和郡县制其实都是为了保持"私天下"："封建、郡县，皆所以分土治人，未容遽曰此公而彼私也。"（马端临：《文献通考·封建六》）

北宋时期，鉴于唐末以来王权衰微、藩镇割据、天下分崩的教训，大幅度削夺各级官僚和地方权力，由此形成皇帝高度集权、中央严密控制地方的政治体制。为了消除对皇权的威胁，宋代还规定：皇子亦不世袭，"封爵仅止其身，而子孙无问嫡庶，不过承荫入仕"，"或历任年深齿德稍尊，方特封以王爵"（马端临：《文献通考·封建考》）。宋代的统治方略造就了过度集权的体制，以致"一兵之籍，一财之源，一地之守，皆人主自为之"（《叶适集·始议》），"百年之忧，一朝之患，皆上所独当，而群臣不与"（《宋史·太祖纪》）。宋代拥有庞大的官僚队伍乃历朝之最，官员之间推卸责任，政府机构办事效率低下。不仅如此，官僚机构还有复杂的监察体制相配合，部门、成员之间彼此牵制，相互制约，"一路事无巨细，皆所按刺；朝廷耳目之任，寄委非轻"（《宋会要辑稿》职官四一之一三一）。这自然大大抑制了地方官员的办事积极性和主动性。由于宋王朝过度集权，重内轻外，州县削弱，边疆毫无自主性，致使对外战争应变能力差，直到南宋灭亡，情况莫不如此。

明朝立国之初，朱元璋犹以宋代积弱为由，一方面竭力加强集权统治，取消三省，废除宰相；另一方面又"法古建邦"，分封诸子为王，镇守边疆，把军权从开国功臣手里转移到皇族手里，结果，却酿成燕王朱棣夺取皇位的"靖难之变"。朱棣上台后，改变了宗室领兵驻守和出征的做法，且剥夺了大部分宗室亲王的护卫，禁止宗室出仕，使宗室弟子成为"食禄而不治事"的特殊阶层，消除了宗室威胁朝廷的后顾之忧。然而，此举却为全社会制造出一大经济隐患。明代中后期的诸王族属由于没有了政治追求，生活上大肆放纵，中央也是从物质上极尽优渥，从而形成一个庞大的寄生阶层。明朝中后期以后，社会上土地兼并盛行，再加上中央派出矿监、税使到全国掠夺财富，甚至对于普通人民赖以生存的营生，皇权都要介入，"渔利无厌，镇守中官率贡银万计。皇店诸名不一，岁办皆非土产"（《明史·食货志六》），从而促使明王朝走上了一条不归路。

明清之际的启蒙学者大多身历明朝分崩离析的惨痛过程，故而他们都将矛头指向专制制度。顾炎武批评郡县制度为"自私之制"，要求君主治理天下从公心出发，不能只顾一己之利。在顾炎武看来，人性之私，乃人之常情；圣人之道，不能以公绝私，而应该以私成公。只要君主视天下为自己的私产，官吏视其所辖之地为自己之产业，必会尽心爱护和治理，从而利用他们的"小私"以成天下之"大公"，所谓"故天下之私，天子之公也"（顾炎武：《郡县论》）。然而，这只是一种理想化的预期，因为即使将国家或封地视为自己的私产，并不必然导致善治，未必都尽职尽责地去管理好地方事务。顾炎武认为，分封制与郡县制各有利弊："封建之失，其专在下；郡县之失，其专在上。"（顾炎武：《郡县论》）故而，顾炎武兼采分封制与郡县制两者之长处，提出"寓封建之意于郡县之中"（顾炎武：《郡县论》）的主张，具体而言：其一，"尊令长之职"，就是选拔熟悉当地民情的贤能人士担任县令，并赋予其充分的权力，以增强县令的责任感，使其全心全意为其所辖之民谋福利。其二，鉴于明朝中后期以来对于地方督抚、令、长的防范监察过于细密，地方官员逢迎上意、求全自保的现象，为了充分增

149

强地方官员的自主性和行动权力，顾炎武又提出"罢监司之任"。其三，"设世官之奖"，凡所选拔的县令经考核为优秀者，可予提拔并允许终身为官，还可以将职位传给子孙或所举荐的贤人，以增加其责任心和使命感。其四，"行辟属之法"，就是用近乎乡举里选的原则荐举贤能之士，经考核试用录取贤能，以确保"世官"制度不走向歧途（顾炎武：《郡县论》）。总之，顾炎武的这一构想，兼采分封制与郡县制之长，使其并存互补，旨在使分封、郡县两种制度达到某种程度的融合。尽管这一构想依然局限于传统固有的政治体制框架，也未能付诸实践，但至少表明顾炎武已经开始跳出以往屏藩皇权的狭隘视角，而从社会治理有效性的角度进行了一次"综合两制"的尝试。

与顾炎武一样，黄宗羲也认为，"有生之初，人各自私也，人各自利也"，并揭露初历代专制君主是如何把"天下为公"变成君主一己之私的实质："始而惭焉，久而安焉，视天下为莫大之产业，传之子孙，受享无穷。"（黄宗羲：《明夷待访录·原君》）在黄宗羲那里，无论是秦朝变封建为郡县，还是汉代的分封诸国，都出于君主自私之心，前者是因为"郡县得利于我"，后者是因为"可以藩屏于我"。黄宗羲正是出于"天下为公"的信仰，要求君主以公心治理天下。黄宗羲的立场是：民众的私利应该受到保护，但君主则应摒弃私利，"以天下万民为事"，"而己又不享其利"，并由此提出"天下为主，君为客"（黄宗羲：《明夷待访录·原君》）的论断。相应地，臣下也应该"以天下为事"而出仕君主，"不在一姓之兴亡，而在万民之忧乐"（黄宗羲：《明夷待访录·原臣》），从而打破了"君为臣纲"对君的无限崇仰和对臣单方面的约束。在此基础上，黄宗羲主张恢复宰相制度，希望以宰相之职辅助不贤的君或限制君权，并设计出了一套综合禅让制和世袭制优越性于一体的宰相制，包括合议制和政事堂两项内容。政事堂意味着以宰相为主的行政官员每天与君主共同议政，以最大限度地避免朝纲独揽的弊病；合议制则是一种君主与官员之间有效联结的决策性机制。黄宗羲还提出将学校变成独立的舆论机构，以制衡天子之行政权，即"公其是非于学校"（黄宗羲：《明夷待访录·学校》）。显然，这样的学校已经具有近代民主政治中议会的性质。

而王夫之则重申柳宗元的论调，认为郡县制取代分封制是大势所趋："郡县之制，垂二千年而弗能改矣！"（王夫之：《读通鉴论·卷一》）在王夫之看来，郡县制为贤人政治开辟了道路，因此，秦始皇废分封立郡县，守持的是至公之理，是"天假其私以行其大公"（王夫之：《读通鉴论·卷一》）。基于明代社会过于集权的弊端，王夫之设计出一套天子、宰相、谏官的"环相为治"的政体蓝图。具体而言：天子须以无为而治，其职责以考察和任用宰相为重："天子之职，任相而已。论定而后相之，既相而必任之。不能其官，则唯天子进退之。"（王夫之:《宋论》卷五)宰相则应执掌任用及罢免百官之权:"宗社安危,贤奸用舍,生民生死之大司,宰相执之,以弼正天子之愈。"谏官的职责则是专司监督君王:"封驳争议之权,授之谏官。"(王夫之:《宋论·仁宗》)这一政治蓝图,贯穿着的是一种分权思想,它显示出王夫之已朦胧地发现了权力的相互制衡原则。

到了清代,郡县制基本成为定式,但依然存在分封,其特点是:封爵较严,高爵不滥。清代皇子不封以最高等的王爵,且严格控制王公嫡长以外诸子封爵的等级与人数;恩封诸王除奉特旨外,要世降一等,只有军功封王才可"世袭罔替";对宗藩封而不建,只能聚居京城,"藩卫"清廷,虽然领有属人,但一律统辖于中央,所以也就避免了汉、晋、明等各朝宗藩颉颃王权、侵扰地方的弊端。可见,清代的分封制吸取了历朝的经验教训,使之彻底失去了与政权分庭抗礼的性质,而只是一种爵位和待遇的标识。当然,作为一种特殊阶层,清代宗亲享有特权,生活优渥。惟其如此,宗亲子弟大多斗鸡走狗,生活腐化,最终也像明朝一样,整体走向没落。清朝末年,立宪与革命成为时代潮流,地方自治成为热点问题,地方制度之争开始与西方民主制度接轨。随着辛亥革命后君主政体被推翻,封建和郡县之争自然走向了终结。[①]

纵观历史上郡县与分封的历史演变及其论辩,在唐朝之前,分封制与郡县制之理论分殊,大都是围绕着"王天下"、皇权至尊而进行的,着眼于王朝的安全,更多体现出的是"亲亲"原则而非权力"制衡"。历史表明,在帝制体制下,唯有君臣权势悬殊,才能上下相安。而实行分封制必然导致君臣彼此猜忌、对抗与仇杀。郡县制虽然是大势所趋,但又无法充分满足屏藩皇权的需要。从唐朝始,尤其到了明清之际,二者的争论逐渐扩展到中央和地方的权力分配。在君主专制的中央集权体制下,资源和权力被最大限度地集中到中央,地方政府高度依赖甚至完全听命于中央政府,很难有什么独立性和积极主动性。同时,在郡县制下,地方官的荣辱升迁完全取决于君主的意志,造成地方官只对君主负责,对下不负责,不关心地方利益和民生,而无法实现对地方的有效治理。而一旦中央集权的统治秩序失控,君主便会陷入孤立无援的困局。因此,君主们对于郡县制的态度有时也是矛盾的:为了拥有至高无上的权力,君主一般会选择郡县制;但新王朝在开创之初,往往会更多地看到封建制的优点并在一定程度上加以恢复。从这一意义上说,"封建论"者对郡县制的批评,确实反映了这种集权体制的脆弱和深刻矛盾。[②]

[①] 参见鱼宏亮:《明清之际封建与郡县之辨再探:权力、利益与道德之间》,载于《文史哲》2018年第 5 期,第 44~55 页。

[②] 张星久:《国家结构形式问题上的一种道德理想主义表达》,载于《政治学研究》2008 年第 5 期,第 53~63 页。

　　时至今日，虽然不再有郡县与分封之争，但一个组织内部究竟选择是集权还是分权？这依然是一个理论和实践的难题。人们通常认为，分权是好的，集权是坏的。分权被视为与自治、自决甚至自我实现的同义语，是较开明的管理；集权则被看成是官僚机构或权威主义的同义语，是独裁专制式的管理。其实，绝对的集权与绝对的分权都是不对的，这是因为：对系统整体的控制必须是集权的，这是由于个人的认识、能力、知识、经验以及信息来源等方面的有限性，在多数情况下，下属不如上级那样能够做出更适合于系统整体的决策；同样，正由于个人认识能力是有限的，对于那些复杂的涉及多方面因素的问题，个人永远不可能同时了解和分析其各个方面，因而分权也总是必要的。当然，如果分权过多，会使上级无法实现对系统各要素的有效控制，权力的授予就会变成权力的永久性让与，从而使上级无法控制也无法收回让出的权力，严重时甚至会导致系统的瓦解。因此，在集权管理和分权管理之间取得最佳的平衡，肯定会比完全集权和完全分权都更为有效。①

　　从实践来看，现代管理总是摇摆于集权与分权之间，这种"集权—分权"的周期性波动似乎已成为当今组织系统权力分配的一种"规律"。当今西方公共管理的变迁充分说明了这一点。自 20 世纪 70 年代以来，西方发达国家由于政府实施过度干预经济的政策，从而使它们长期尊奉的"福利国家"模式出现危机。于是，自 20 世纪 70 年代末和 80 年代初兴起的新公共管理运动，极力推动"分权化变革"，即通过对基层实行充分的授权，赋予基层机构和职员更多的权力；削减组织层级，将等级制的结构扁平化；建立开放政府，让利益相关者参与决策、知晓相关信息，等等。然而，如上变革举措增强了行政的自主性和灵活性，却使政府组织碎片化，也带来分散主义、部门主义，增加了公共开支，甚至导致官员滥用权力，削弱了政府处理综合性、复杂性问题的能力。② 于是，就在新公共管理运动开展得如火如荼之际，西方各国从 20 世纪 90 年代中后期又开始了第二轮的政府改革。其中，以英国的"合作政府"模式最为典型：（1）大部门式治理：合并一些功能相近的机构；重新建立以社区为基础的联合服务小组；设立独立于部门利益的政策制定小组。（2）重新政府化：把一些外包给市场的公共部门的活动重新交由政府管理。（3）恢复或重新加强中央权威，等等。不过，这场改革也相应带来一些问题：首先，大部门式治理不仅难以根除部门主义所带来的一系列问题，且会产生一个更大的部门主义。其次，合作政府所强调的打破边界、融合

　　① 参见彭新武：《试论现代管理理论中的"二元对立"问题》，载于《中国人民大学学报》2009 年第 3 期，第 105～111 页。

　　② 参见彭新武：《从官僚制到后官僚制——当代公共组织范式的嬗变》，载于《哲学研究》2010 年第 5 期，第 120～125 页。

组织体系与资源以应对更复杂的问题的做法，模糊了组织的纵向责任。此外，合作政府难以形成一个强有力的行动中心：一方面合作政府期望加强联合以形成一个行动整体；另一方面它又依赖各类组织的协作。因此，合作政府面临着一个"集权"的要求和"分散"的现实之间的矛盾。[①]

可以说，在一个复杂系统中，任何一个组织系统都普遍存在复杂的等级结构。一般而言，系统的复杂程度与系统内的子系统数量无关，而取决于层次的多少，管理系统的分层等级结构，是它在面对复杂环境时采取的一种适应形式。既然对系统的任何控制既不能也无须消除分层等级结构，因此，只要存在分层等级结构，就会存在集权和分权的差异。对于现代复杂社会的治理而言，必须寻求一种可以结合集权和分权的体制，既需要高度的中央集权，又需要高度的地方自治；既要保持和发挥中央决策的优势和便利，又要充分保持和维护地方政权的活力和干劲，实现集权与分权统一。这取决于组织内部和外部的很多相互作用的变量。由于相关的变量很多，因而，任何一个简单的模式都不可能勾画出现实的复杂情况。我们所能做的，并不是强行规定适用于所有组织的一般原则，而只能尽量为组织的各个变量确定出与其内外环境相适宜的组织结构模式。尤其在当下，互联网和社交媒体的广泛使用、人口的大规模流动、大城市化等因素，更呼吁兼具集权与分权的复合型治理体制的出现。

第三节　为君之道与术治主义传统

所谓为君之道，就是君主应该遵循的行为法则。历史上，关于这一问题的讨论可谓不胜枚举，涉及修身、听谏等方方面面。在此其中，至为重要的，莫过于对官员的管理。这是因为"吏者，民之本纲也"（《韩非子·外储说右下》）：一方面，官吏是执法者，是手中握有权力的人；另一方面，官吏是教化者，是民的榜样。与此同时，皇帝既然成为一切权力的象征，不可避免会造成臣属对于君权的觊觎。为了维持君主的独尊，君主必然需要对于臣僚权力的限制与防范，因此，谋略与权术对于君主而言至为重要。在两千多年来的中国官场生态中，谋略与权术的使用，构成了其基本的底色，从而形成一种独特的术治主义的政治文化传统。

---

① Christopher Pollitt. *Joined - Up Government*：*a Survey*. Political Studies Review，2003，pp. 34 - 49.

一、君道与臣道的分殊

回溯历史，先秦诸子尽管在思想立场上有所不同，但大都认为君、臣在社会治理问题上的职责是不同的。墨子讲："贤人唯毋得明君而事之，竭四肢之力以任君之事，终身不倦。……宁乐在君，忧戚在臣，故古者圣王之为政若此。"（《墨子·尚贤中》）这一论述不仅包含着君臣上下皆尽职尽责的意思，也包含"君无为、臣有为"之意。《文子》一书也指出："人君舍其所守而与臣争事，则制于有司。以无为持位，守职者以德听从取容，臣下藏智而不用，反以事专其上。"（《文子·上仁》）荀子也明确论述了统治者与一般人在管理活动过程中的基本差异，这就是："人主者，以官人为能者也；匹夫者，以自能为能者也。"（《荀子·王霸》）《管子》一书也指出，君主的职责主要是用人、制令和赏罚，人臣的职责则是守任治事："论材、量能、谋德而举之，上之道也；专意一心，守职而不劳，下之事也"，"君据法而出令，有司奉命行事"，"为人君者，修官上之道，而不言其中；为人臣者，比官中之事，而不言其外"，否则，"为人君者，下及官中之事，则有司不任；为人臣者，上共专于上，则人主失威"（《管子·君臣上》）。

老子讲无为而治，主要是针对君主（"圣人"）而言的："圣人处无为之事，行不言之教。"（《老子》第二章）至于臣僚百官是否也必须"无为"，老子没有做出明确的说明。而对君道与臣道关系问题谈得最明确和透彻的，则是黄老道家的代表人物慎到。慎到认为，一国之治乱，不能全归于君主一人，"将治乱，在乎贤使任职"（《慎子·知忠》），并要求"臣尽智力以善其事"（《慎子·民杂》）。慎到还特别强调，君主要善于发挥臣子的才智，让他们把事情干完、干好："君臣之道，臣事事而君无事，君逸乐而臣任劳，臣尽智力以善其事，而君无与焉，仰成而已，故事无不治，治之正道然也。"（《慎子·民杂》）最美妙的状况是臣子尽力、君收其利。在慎到看来，君主事必躬亲、夸能恃才，不表示君主聪明，反倒是低能的表现："人君自任，而务为善以先下，则是代下负任蒙劳也，臣反逸矣。"（《慎子·民杂》）如果君主是一个平庸之辈，而又要摆出一副无所不能的架势，指挥一切，势必出乱子；即使"君之智最贤"，但一个人的智慧毕竟有限，"以一君而尽赡下则劳，劳则有倦，倦则衰，衰则复反于不赡之道也"（《慎子·民杂》）。依慎到之见，君主的职责是用臣，而不是代臣行事，否则，"是君臣易位也，谓之倒逆，倒逆则乱矣"（《慎子·民杂》）。而只要把每人之所能、所长集合起来，君主就无所不能："廊庙之材，盖非一木之枝也；粹白之裘，盖非一狐之皮也。"（《慎子·知忠》）

　　慎到"君无为，臣有为"的主张，有限制君主独裁的积极意义，其强调让百官各司其职，也颇有见地和价值。当然，若说君主无为，百官自然就会干得很好，则未免太过理想化了。因此，在"无为"的理政之术外，后世的黄老道家又提出了"贵因"之术："故道贵因；因者，因其能者，言所用也。"（《文子·自然》）依此之见，一个人的智慧和力量必定存在一个限度，因而，应善于因顺和利用身外的一切可资利用的因素，从而令自身立于不败之地。君王的"无为"，乃是以其"贵因"为基础的，假如仅"无为"而不以"贵因"作保障，则将一事无成。当然，君王的"贵因"也是以"无为"为前提的，如若没有"无为"，"贵因"则无从谈起。因此，作为构成统一"心术"的这两面缺一不可，相互依存。

　　韩非以"道"入"法"，对老子的"道"做了一番形而下的改造，将作为自然规律的道引入政治领域的君臣之道。他说："古之全大体者，望天地，观江海，因山谷。日月所照，四时所行，云布风动。不以智累心，不以私累己。"（《韩非子·大体》）这一论调，与老子如出一辙，但在如何"不以智累心，不以私累己"上，韩非离开了老子而步入自己的领地，他说："寄治乱于法术，论是非于赏罚，属轻重于权衡……不引绳之外，不推绳之内；不急法之外，不缓法之内；守成理，因自然，祸福生乎道法，而不出乎爱恶"，"上不天则下不覆，心不地则物不毕；太山不立好恶，故能成其高；江海不择小助，故能成其富。故大人寄形于天地而万物备，历心于山海而国家富。"（《韩非子·大体》）在这里，韩非从天地山海等自然中得出的结论，并非直接的无为政治原则，而是强调君主应摈弃人道的好恶，效法天地的无私，一切准道法而为，如此方能定治乱、是非于一尊，达到"至治之世"。

　　为此，韩非主张君主"缘法而治""循名责实"，如此才能"力寡而功多"，反之，"则劳心积虑而治愈乱"（《韩非子·定法》）。韩非强调，君主的真正能力并不在于他个人才华的高低，也不在于能否与下属争功，关键在于他能不能集中众人的智慧和才干，知人善用："下君尽己之能，中君尽人之力，上君尽人之智。"（《韩非子·八经》）具体而言，只要各人的职位及职责既已明确，则君自不必亲躬于具体的事务，"君操其名，臣效其形，形名参同，上下和调也"（《韩非子·扬权》），从而使君主实现了"执一"以"驭多"的无为而治："各处其宜，故上下无为，使鸡司夜，令狸执鼠，皆用其能，上乃无事。上有所长，事乃不方，矜而好能，下之所欺。上下易用，国故不治。用一之道，以名为首，名正物定，名倚物徙，故圣人执一以静，使名自命，令事自定，因而任之，使自事之。"（《韩非子·扬权》）显而易见，韩非子的"虚静无为"是一种以"静"带"动"，以"无为"促"有为"的控制之道："人主之道，静退以为宝。不自操事，而知拙与巧；不自计虑，而知福与咎。是以不言而善应，不约而善增。"
（《韩非子·主道》）就是说，领导者不必亲自操劳事务，照样能知道下属的事情
是办糟了还是办好了；不必亲自出谋划策，照样能知道下属所提供的计谋是得福
还是得祸。总之，"皆用其能，上乃无事"（《韩非子·扬权》），为君者的最重要
的工作，就是寻找到合适的人才，并进行合理的任用和分配，从而获得大众的拥
戴，成就所谓"帝王大业"。按照韩非的预期，只要官吏廉洁清明，则老百姓自
然奉公守法，不敢为非："闻有吏虽乱而有独善之民，不闻有乱民而有独治之
吏。"（《韩非子·外储说右下》）因此，君主"治吏不治民"（《韩非子·外储说
右下》）

在中国历史上，被称为"明君"者，代不乏人。其中，唐太宗堪称典范。鉴
于隋亡的现实，唐初统治者一方面汲取了"无为而治"思想之精华，提倡节俭、
轻徭薄赋、和平外交，另一方面则积极寻求更为有为的施政方式。经历了隋末农
民战争的风云激荡，唐太宗"不敢恃天下之安，每思危亡以自戒惧"，常与侍臣
"访以古今""共观经史"（《贞观政要·慎终》），励精图治，兴利除弊，从而成
为一代"明君"的典范。具体而言：

其一，君臣共治。

与中国大多数帝王不同，唐太宗并不总是神化自身，大权独揽，而是承认凭
皇帝一人是无法治理好天下的："独断一人之虑，累月经年，不亡何待？"（《贞
观政要·政体》）因此，他诚恳地希望以集体的智慧共理天下："夫为人臣，当
进思尽忠，退思补过，将顺其美，匡救其恶，所以共为治也。"（《贞观政要·君
道》）为此，唐太宗告诫群臣："君臣本同治乱，共安危，若主纳忠谏，臣进直
言，斯故君臣合契，古来所重。若君自贤，臣不匡正，欲不危亡，不可得也。君
失其国，臣亦不能独全其家。"（《贞观政要·求谏》）而为了达到这种君臣一体、
共创盛世的目的，唐太宗赋予其臣下较广的权力范围和较大的办事自主权。贞观
初，唐太宗对宰相房玄龄、杜如晦讲："公为仆射，当广求贤人，随才授任，此
宰相之职也。比闻听受辞讼，日不暇给，安能助朕求贤！"（《资治通鉴》卷193）
唐太宗如此要求房、杜，这等于是将皇帝的特权与宰相共享，同时也提高了左、
右丞处理日常事务的自主权。除房、杜二人外，后来的长孙无忌、姚崇、宋璟等
人，也都曾被授权专任，尽展才华以辅佐治世。这种君臣共治的政策扩大了臣下
的参政范围，提高了臣下的参政深度，在一定程度上弥补了天下之事"独断于一
人之虑"的不足。

唐太宗深深明白"为政之要，惟在得人"的道理，为此，他始终坚持"士
庶并举""官民同申""汉夷并用""新故同进"的用人方略：（1）广揽贤才，
各取所长。唐太宗在位期间，不拘一格，大胆用人，一旦发现人才，立即破格启

用。一时间，形成了"唐初，贤人在位众多"的局面。唐太宗还采取"量谋变通"的方式，使那些官品很低但才识水平较高的官员，能够随时取得和高层官员平等的议政资格。当然，唐太宗也认识到，金无足赤，人无完人，因而他对人才从来都不求全责备，而是主张"舍其短，取其长"，使不同的人才各得其所。
（2）才行俱兼，审慎择人。所谓"才行俱兼"，就是要做到"必须以德行、学识为本"（《贞观政要·崇儒学》）。为此，他曾多次对吏部在择人过程中出现的"只取言词刀笔，不察其德行是否纯正"的现象提出批评：科举取士优点虽多，但它惟取其言词刀笔，不悉其景行。数年之后，恶迹始彰，虽加刑戮，而百姓已受其弊。（《贞观政要·择官》）同时，唐太宗也始终坚持慎重择人："用得正人，为善者皆劝；误用恶人，不善者竞进。赏当其劳，无功者自退；罚当其罪，为恶者戒惧。故知赏罚不可轻行，用人弥须慎择。"（《贞观政要·择官》）
（3）推心待士，尊功敬贤。鉴于隋炀帝用人多疑的劣性和教训，唐太宗无论亲疏都力求做到推心待士、不信谗言："待之不尽诚信，何以责其忠恕哉。"（《贞观政要·君臣鉴戒》）从而建立了君臣之间良好的诚信关系，使身边的大臣都能忠诚地为国家尽职尽责。唐太宗还一扫历代帝王守成忌功臣的恶习，实行各种"褒荣功臣"的措施，让他们愉快地脱离政治舞台，从而为自己的任贤政治开辟了道路。（4）明正赏罚，君臣互励。唐太宗深切认识到："国家大事，惟赏与罚。"（《贞观政要·封建》）为此，他明正赏罚，力求"君之赏不可以无功求，君之罚不可以有罪免者也"（《贞观政要·择官》）。唐太宗戎马一生，深感自己读书太少，为此每天罢朝归来都安排一些时间读书。他还下诏劝导臣下和皇族子弟钻研学问："夫不学，则不明古道，而能政致太平者，未之有也。"（《贞观政要·尊敬师傅》）正是由于唐太宗的极力倡导和身体力行，贞观君臣相互切磋学问，一时蔚然成风。

其二，律身廉政。

唐太宗认为，"治国"就像"养病"，"尤须兢慎，若便骄逸，必至丧败。今天下安危，系之于朕，故日慎一日，虽休勿休"（《贞观政要·政体》）。这种居静修养、反躬克己的工夫，彰显出先秦儒家浓厚的忧患意识。为此，他礼贤下士，谦抑自律，清心寡欲，谨言慎行，常怀畏惧，极力规诫自己："归罪于己，推恩于民。大明无偏照，至公无私亲。故以一人治天下，不以天下奉一人。"（《贞观政要·刑法》）唐太宗以身作则，亲属近侍、大臣们亦步亦趋，唯恐不及。大臣们也反复提醒唐太宗。贞观十一年，魏征上《谏太宗十思疏》，建议唐太宗要在十个方面时刻提醒自己："君人者，诚能见可欲则思知足以自戒，将有作则思知止以安人，念高危则思谦冲而自牧，惧满溢则思江海下百川，乐盘游则思三驱以为度，忧懈怠则思慎始而敬终，虑壅蔽则思虚心以纳下，想谗邪则

思正身以黜恶，恩所加则思无因喜以谬赏，罚所及则思无因怒而滥刑。"(《贞观政要·君道》)

正是以这种自律节制原则为核心，唐太宗君臣提出了一条防微杜渐的廉政国策，可概括为"节用、寡取、用廉、富民"八字。此其中，最为重要的，乃是"选用廉吏"，因为不用廉，则节用、寡取、富民统统无从谈起。贞观君臣认识到，清廉只是美德之一，而于官吏则是关键性美德；贪浊只是恶德之一，而于官吏则是致命恶德。故选官标准突出"廉"字。此外，唐太宗在树立健康的社会风俗上也很有见地和建树。贞观五年，唐太宗谓侍臣曰："佛道设教，本行善事，岂遣僧尼道士等妄自尊崇，坐受父母之拜，损害风俗，悖乱礼经？宜即禁断，仍令致拜于父母。"(《贞观政要·礼乐》)针对当时婚姻"多纳货贿、攀比名门"的恶习，竟下诏："自今以后，明加告示，使识嫁娶之序，务合礼典，称朕意焉。"(《贞观政要·礼乐》)针对有人说"前代兴亡，实由于乐"的谬论，如"陈将亡为《玉树后庭花》，齐将亡而为《伴侣曲》"，唐太宗则认为，"欢者闻之则悦，哀者听之则悲。悲悦在于人心，非由乐也。将亡之政，其人心苦，然苦心相感，故闻之则悲耳。"(《贞观政要·礼乐》)

其三，虚心纳谏。

唐太宗君臣通过考察历史发现，历代帝王的衰落都是因为"蔽其耳目，不知时政得失，忠正者不言，邪谄者日进。"(《贞观政要·政体》)在贞观君臣看来，隋亡固然在于隋炀帝的穷奢极侈、徭役不息、穷兵黩武、民不堪命，终致群雄并起，而其"护短拒谏"、偏信奸臣的行为作风，确是导致其失败的一个重要原因，结果，"上下相蒙，君臣道隔，左右之人，皆为敌国"(《隋书·炀帝纪》)。有鉴于此，唐太宗虚怀若谷，广开言路，积极求谏。在唐太宗看来，谏诤有四大好处：一可明知得失："人欲自照，必须明镜；主欲知过，必藉忠臣"(《贞观政要·求谏》)。二可集思广益。唐太宗认为"天下之广，四海之众，千端万绪，须合变通"，因而凡是国家机务都必须交给"百司商量，宰相筹画"(《贞观政要·政体》)。三可下情上达。唐太宗认为自己深居九重，不能尽见天下之事，所以把大臣作为耳目，使下情上达。他说："朕每闲居静坐，则自内省，恒恐上不称天心，下为百姓所怨。但思正人匡谏，欲令耳目外通，下无怨滞。"(《贞观政要·求谏》)四可杜谗防奸。唐太宗认为，作为一个帝王，唯有广听谏言，才能防止谗人蒙蔽。为此，他规定："自今以后，有上书讦人小恶者，当以谗人之罪罪之。"(《贞观政要·杜谗邪》)

唐太宗认识到："人臣之对帝王，多顺从而不逆，甘言以取容。"(《贞观政要·纳谏》)为此，他不只要求臣僚进谏，自己也时时反省，力戒骄矜。他说："自古帝王多任情喜怒，喜则滥赏无功，怒则滥杀无罪，是以天下丧乱，莫不由此，朕今夙夜未尝不以此为心，恒欲公等尽情极谏。"（《贞观政要·求谏》）为消除谏净之虑，他又承诺不会"辄相责怒"（《贞观政要·求谏》）。即使不合"胃口"，他也"不以为忤"，深恐下属以后不敢再谏。在唐太宗这种"恐人不言，导之使谏"态度的鼓励下，智囊们"说言直谏，蔚然成风"（《贞观政要·纳谏》）。直言切谏之人上至宰相御史，下至县官小吏，甚至宫廷嫔妃，几乎是无事不可以谏，甚至达到了"进谏无禁区"的地步。例如，齐州人段志冲无故"请上致政于皇太子"，当时群臣皆以为罪无可赦，唐太宗却讲："朕若有罪，是其直也；若无罪，是其狂也"（《资治通鉴》唐纪十四），遂不加罪。言论如此自由，这在其他朝代简直是难以想象的。

总之，由于唐太宗坚持以身作则，加上其措施得力，使社会政治经济日益繁荣昌盛，人民安居乐业，唐朝社会很快就出现了"官民奉法"（《贞观政要·仁义》）、"远戎宾服"（《贞观政要·政体》）这样一幅清明、繁荣的生动画卷，史称"贞观之治"（公元627~649年）。唐太宗也因此被史家列入圣主明君的行列："盛哉，唐太宗之烈也！其除隋之乱，比迹汤、武；致治之美，庶几成、康。自古功德兼隆，由汉以来未之有也。"（《新唐书·太宗本纪》）

二、术治主义及其流弊

在君主专制体制下，皇位既已成为权力的象征，自然便会引起激烈的争夺。在中国历史上，外戚、宦官、权臣、军阀相互之间争权夺利的斗争，可谓不绝如缕。为了维持君主的独尊，必然是君主对于臣僚权力的限制与防范，因此，在为君之道中，谋略与权术至为重要。谋略与权术的本意，无非是指审时度势、因事制宜的一种灵活手段而已。这最初体现在诸如兵家、道家、法家、纵横家等先秦诸子的相关理论中。到后来，通过这些理论之间的相互影响和渗透，以及与军事、政治实践的相互促发，从而衍生出各种诡诈的政治权术及其官场文化。这种以权术来主导社会、政治生活的倾向，可称为"术治主义"。这成为古代中国社会独特的政治文化标记。

早在夏、商、周三代，已经有不少运用政治权术的传说和记载。史载，后羿受臣僚寒浞怂恿，耽于田猎，而被"取其国家"（《左传·襄公四年》）。商代伊尹，"负鼎俎，以滋味说汤，致于王道"（《史记·殷本纪》），辅佐商汤，兴商灭夏。商朝末年，西伯文王（即周文王）为商纣王"献洛西之地"（《史记·周本纪》），却"阴谋修德以倾商政"（《史记·齐太公世家》）。此外，齐桓公"挟天子以令诸侯"以成就霸业；楚庄王韬光养晦，"一鸣惊人"；越王勾践卧薪尝胆，报仇复国，等等，都是使用权谋的经典范例。

最先从理论上对谋略和权术进行阐述的，当推先秦时代的兵家。其中，《孙子兵法》最具代表性。在孙子看来，"兵者，诡道也"（《孙子兵法·计篇》），战争追求的最高境界，就是通过谋略和外交手段，达到"不战而屈人之兵"（《孙子兵法·谋攻》）。概括而言，孙子的谋略观包括如下一些基本原则：第一，因敌制胜，即针对敌情变化而采取灵活机动的战略战术，"利而诱之，乱而取之，实而备之，强而避之，怒而挠之，卑而骄之，佚而劳之，亲而离之"（《孙子兵法·计篇》），"以近待远，以佚待劳，以饱待饥"（《孙子兵法·军争》）。其中，一个核心原则，就是对主动权的掌握。只有牢牢把握住这一原则，才能够达到"攻其所必救"（《孙子兵法·虚实》）的效果。第二，虚实相间。正确的决策，一方面需要知己知彼，另一方面则要通过隐真示假的手段，引导对方作出错误的判断和决策，所谓"能而示之不能，用而示之不用，近而示之远，远而示之近"（《孙子兵法·计篇》）。这种"示形"运用到出神入化，就能达到"形兵之极，至于无形"（《孙子兵法·虚实》）的境界。第三，形势之变。如果采纳了好的计策，就要想方设法创造有利的形、势来保证这些计策顺利实施。"形"是由物质实力的分配、布局而形成的动态结构。"故形人而我无形，则我专而敌分"，就能够造成"以众击寡"（《孙子兵法·虚实》）的有利态势。"势"则是指物质力量运动所产生的力量和效能："故善战者，求之于势，不责于人"（《孙子兵法·势篇》）。第四，奇正相合。孙子强调，应不拘泥于常规常法，大胆地采取出人意料的行动，使决策及实施过程无定迹可循："凡战者，以正合，以奇胜。"（《孙子兵法·势篇》）总之，《孙子兵法》关于因敌、虚实、形势、奇正等问题的阐述，全面而深刻地揭示了谋略的基本内涵及其规律，成为后世不断汲取的思想资源。

与《孙子兵法》偏重阐述军事战略、战役战术有所不同，《六韬》[①]一书思想的显著特点，就是以治国为治兵之本。韬原意为弓套，有深藏不露之意，引申为韬略、谋略。《六韬》通过记述周文王打猎时巧遇姜太公并立其为师这一故事，由浅入深，逐步展开。既提出了取天下的战略目标，又提出了取天下的措施和方法。联系当时的实际情况是，该书可以看作是周文王"灭商兴周"的战略决策和政治纲领。概括而言，《六韬》一书的要旨主要有：（1）要夺取天下，就必须收揽民心、与民同利："取天下者，若逐野兽，而天下皆有分肉之心。"（《六韬·

---

① 《六韬》又名《金版六弢》《周史六弢》。相传为西周开国功臣姜太公所撰，因而又称为《太公六韬》《太公兵法》。现代学者研究《六韬》虽非姜太公完全撰写，却源于周代史官对姜太公与周王对话的真实记录，其成分非常复杂，可能出自不同时期多人之手，并最终完成于战国时代。参见杨朝明：《关于〈六韬〉成书的文献学考察》，载于《中国文化研究》2002 年春之卷；解文超、崔宏艳：《〈六韬〉真伪考》，载于《青海师范大学学报》2005 年第 2 期。

发启》）（2）夺取天下，应根据时机、根据万物生长的自然规律来采取行动："因其常而视之，则民安。"（《六韬·守国》）（3）国家的治乱兴衰不是由天命决定的，而在于国君的贤明与否："君不肖，则国危而民乱；君贤圣，则国安而民治。"（《六韬·盈虚》）一个国家的衰亡，主要在于为君者见到善事却懈怠不做，时机来临却迟疑不决，知道错误却泰然处之："见善而怠，时至而疑，知非而处。"（《六韬·明传》）因此，要夺取和治理天下，必须从"仁""德""义""道"几个方面着手："天有时，地有财，能与人共之者仁也。仁之所在，天下归之。免人之死，解人之难，救人之患，济人之急者，德也。德之所在，天下归之。与人同忧同乐，同好同恶者，义也。义之所在，天下赴之。凡人恶死而乐生，好德而归利，能生利者，道也。"（《六韬·文师》）（4）政治上不要把治国大权委托别人："无借人利器"（《六韬·守土》）；国君必须控制和掌握关系到国家经济命脉的农、工、商三大支柱（"三宝"）："三宝完，则国安"（《六韬·六守》）。（5）对内"无疏其亲，无怠其众"，对外"抚其左右，御其四旁"（《六韬·守土》）。（6）要使国家长治久安，君主应该安详而沉静，柔和有节，善于施惠，公道无私，处事公平："安徐而静，柔节先定，善与而不争，虚心平志，待物以正。"（《六韬·大礼》）

《老子》一书在某种程度上应是对春秋时期兵法思想及其政治、军事实践的一次哲学总结："下篇《德经》是直接论述军事战略战术并通过总结战争规律而引申出社会历史观和人生观的。其上篇《道经》则是对其兵略兵法思想给予理论上的概括并提高到宇宙观和世界观上给予论证。"[1] 正如《孙子兵法》对众寡、强弱、勇怯、迂直、生死、利患、高下、险易、远近、奇正、虚实、动静、进退等概念的认识，充满了素朴的辩证色彩一样，《老子》也深刻洞察了"物极必反"的辩证规律，所谓"反者道之动，弱者道之用"（《老子·第40章》）。在老子哲学中，"强"意味着灭亡，意味着走到了尽头，故"柔弱胜刚强"（《老子·第36章》）。老子以水为喻说明这一"贵柔"原则："天下莫柔弱于水，而攻坚强者莫之能胜，其无以易之。"（《老子·第78章》）为此，老子总是强调"守柔曰强"（《老子·第52章》）。究其实质，老子讲柔是为克刚，讲弱是为了胜强，讲退是为了能进，讲屈是为了能伸，讲大智若愚是为了比小智更聪明，讲无为是为了无不为。这其中处处体现出来的心机和功利性，与君王意欲利用臣下民众、为自己江山巩固的功利考虑是深深契合的。《老子》对"道"的表白，一语泄露天机："道常无为而无不为，侯王若能守之，万物将自化。化而欲作，吾将镇之以无名之朴。无名之朴，夫亦将不欲；不欲以静，天下将自定。"（《老子·第27

---

[1] 萧公权：《中国政治思想史》，辽宁教育出版社1998年版，第32页。

章》）相应地，为道者要有一种不与众人争小智之明的"大智若愚"的心态与性格："俗人昭昭，我独昏昏。俗人察察，我独闷闷。"（《老子·第10章》）故而，老子的哲学一直被后世奉为修身治国、韬光养晦的"金科玉律"。

除兵家、道家外，在战国时代，纵横家由于崇尚权谋，从而与兵家不谋而合，成为主张权术的另一个重要代表。当其时，周朝日渐崩析，诸侯征战，弱肉强食。正是这种诸侯纷争、扑朔迷离的社会局势，为那些意欲出人头地、舒展青云的游说之士提供了一个广阔的活动空间。他们凭着机智、犀利的外交口才，周旋于诸侯之间，审时度势，出将入相，出谋划策，通过"合纵""连横"策略，操纵战国时势长达百年之久，体现出"一人之辩，重于九鼎之宝；三寸之舌，强于百万之师"（刘勰：《文心雕龙·论说》）的雄浑气概。《战国策》一书便是对纵横家游说活动的历史记录。作为纵横家的集大成者，鬼谷子顺应战国时势，通过检讨先前纵横家社会实践的经验教训，以经世致用、历求闻达为宗旨，在吸纳诸子思想尤其是道家的"道""无为""反"等观念的基础上，抛弃了老子"绝圣弃智"等消极因素，以"主阴"原则替代道家的"贵柔"原则，强调在隐秘之中实现"有为"和进取："智用于众人之所不能知，而能用于众人之所不能见。"（《鬼谷子·谋篇》）

无论是兵家，还是道家、纵横家，在崇尚谋略这一思想基调上都具有一定的共同性，故而，它们都成为后世政治权术不断汲取的思想渊源。而真正从理论上直接阐述术治主义的，则是战国时期的法家人物。在商鞅的思想中，贯穿其中的一个主题，就是强调"法"为治国之本："不贵义而贵法。"（《商君书·画策》）为了维护法律的权威，商鞅倡导"刑无等级"（《商君书·赏刑》），并始终坚持将君权抑于法的权威之下："故有道之国，治不听君，民不从官。"（《商君书·说民》）不仅如此，商鞅还严明公私之分："故大臣争于私而不顾其民，则下离上。下离上者，国之隙也……是故明王任法去私，而国无隙蠹矣。"（《商君书·修权》）可见，商鞅致力于"纯粹"政治秩序的追求，凸显出一种国家本位主义的立场。在实践中，商鞅正是通过"一断于法"，废除了贵族不受刑罚的特权，从而有力地推动了秦国的政治变革。

大约与商鞅治秦同时，申不害在韩国辅佐昭侯进行变法。作为法家人物，申不害也主张法治，但更致力于"术治"，所谓"任数而不任说"（《申子·君臣》）。然而，申不害与韩昭侯用"术"有余，定法不足，一味凭借驭臣之术来维护政局，违背了法治的公开化、制度化精神，结果便是"一言正而天下治，一言倚而天下靡"（《申子·君臣》）。自韩昭侯一死，韩国每况愈下，成为第一个被秦国兼并的目标。对此，韩非的分析可谓鞭辟入里："故托万乘之劲韩，十七年而不至霸王者，虽用术于上，法不勤饰于官之患也"，因此，"徒术而无法"（《韩非子·定法》）是不行的，而只有"以法为本"（《韩非子·饰邪》），才能使"官不敢枉法，吏不敢为私"（《韩非子·八说》）。尽管如此，韩非明言，"徒法而无术"（《韩非子·定法》）也是不行的。由于申不害"言术"和商鞅"为法"皆各执一端，故而，韩非以加强君主权势为基点，使"法""术"相结合："君无术则弊于上，臣无法则乱于下，此不可一无，皆帝王之具也。"（《韩非子·定法》）

在韩非生活的时代，传统贵族政治已经彻底瓦解，取而代之的是官僚体制的日臻完善。而如何使这种官僚体制有效的运作，便成为时代提出的迫切问题。基于此，韩非在"大一统"政权实现的前夕，对中央集权下的官僚体制进行了卓有成效的系统建构，主要内容有：

其一，选贤任能。

春秋战国之际的诸侯兼并，使得贤能之士受到推崇，在这股"尚贤"的时代大潮中，韩非极力提倡："明主者，推功而爵禄，称能而官事。"（《韩非子·人主》）至于用人的标准，韩非主张德才兼备。他批判了君主常见的两类用人偏向：一种人是"为其多智，因惑其信"，即只逞能而忽视其德，这样的人一旦掌权，就会玩弄权术以谋取私利，而置国家利益于不顾；另一种人是"为洁其身，因惑其智"，即只重视其德而忽视其智，这种人因缺乏必要的组织管理才能而把政事处理得一团糟。在韩非眼中，所谓贤臣，就是能够彰明法度、忠于职守并拥戴自己君主的人："所谓贤臣者，能明法辟，治官职以戴其君者也。"（《韩非子·忠孝》）当然，韩非也明白，事物有长短，才能有高下，用人不应求全责备，而贵在扬长避短："夫物者有所宜，材者有所施，各处其宜，故上下无为。使鸡司夜，令狸执鼠，皆用其能，上乃无事。"（《韩非子·扬权》）为此，君主要根据人们的才能去任用他们，使他们从事适宜于自己的工作："因而任之，使自事之；因而予之，彼将自举之；正与处之，使皆自定之。"（《韩非子·扬权》）不仅如此，韩非还十分重视人才整体的长短互补，所谓"以有余补不足，以长续短之谓明主"（《韩非子·观行》）。的确，世上本来没有什么无用之物，用人的最高境界就是"人尽其才"，这正是老子"圣人恒善救人，故无弃人；恒善救物，故无弃物"（《老子·第27章》）的深层含义。

其二，循名责实。

韩非吸纳了荀子的循名责实思想，在人才的选拔上，主张应尽力避免主观偏见，更不能以个人的好恶任官授职。在韩非的治国理念中，"明法"是最高准则："人臣虽有智能，不得背法而专制；虽有贤行，不得逾功而先劳；虽有忠信，不得释法而不禁，此之谓明法。"（《韩非子·南面》）由此出发，韩非主张"以法择人"，以杜绝投机钻营的小人和朋党比周的不正之风："今若以誉进能，则臣离上而下比周，若以党举官，则民务交而不求自度。"（《韩非子·有度》）

循名责实的原则，反映在官吏的使用上，就是要做到职责分明，各司其职，不能随意僭越："明主之畜臣，臣不得越官而有功，不得陈言而不当。"（《韩非子·二柄》）为此，韩非提出"一人不兼官，一官不兼事"（《韩非子·难一》）。其道理在于："明君使事不相干，故莫讼；使士不兼官，故技长；使人不同功，故莫争。"（《韩非子·用人》）而为了使百官各司其职、各尽所能，韩非主张首先应当赋予担任官职的人一定的权力，主张"威不二措，制不二门"（《韩非子·有度》）；同时，还要做到用人不疑，不过多地插手臣下事务，应该让大臣不受干扰地专司其事，做到"因而任之，使自事之"（《韩非子·扬权》）。

循名责实的原则反映在督察与考核上，就是要坚持以"参验之术"考核群臣，即通过多方检验，多方咨询意见，做到"听其言必责其用，观其行必求其功"（《韩非子·六反》）。在此基础上，韩非主张实施赏罚，做到有功必赏，有过必罚："厚其爵禄以尽贤能，重其刑罚以禁奸邪。"（《韩非子·六反》）对此，韩非进行了周密而详尽的阐述：第一，赏罚要具有客观性，以实际政绩作为考核官吏的标准，做到"论之于任，试之于事，课之于功"（《韩非子·难三》）。第二，赏罚还须具有公正性，"无偷赏，无赦罚"（《韩非子·主道》）。第三，赏罚要讲诚信："以赏者赏，以刑者刑，因其所为，各以自成，善恶必及，孰敢不信。"（《韩非子·扬权》）第四，赏罚要和社会舆论、毁誉相一致，力求"赏誉同轨，非诛俱行"（《韩非子·八经》）。第五，应厚赏重罚："赏莫如厚而信，使民利之；罚莫如重而必，使民畏之。"（《韩非子·五蠹》）当然，韩非也认识到，奖赏若超过一定限度，就会有人借此而投机，所谓"赏繁而奸生"（《韩非子·心度》）。同样的道理，"用刑过者民不畏"（《韩非子·饰邪》），其结果也无异于滥用奖赏。

其三，察奸之术。

春秋战国时期，臣下动辄弑君的冷峻现实告诉韩非，君主既是孤家寡人，就必须时刻防范他人尤其是自己身边大臣的"奸邪"行为："人主之患在于信人，信人则制于人。"（《韩非子·备内》）基于此，韩非讨论了察奸、驭臣问题，这以《内储说上七术》的阐述尤为集中和典型：（1）"众端参观"，即君主对于臣下的言行，要从多个方面观察、验证，否则，就会受到臣下的蒙蔽。（2）"必罚明威"，即君主须严明刑罚，以彰显其威严，否则，就会受到臣下的侵害，禁令也无法得以推行。（3）"信赏尽能"，即通过守信厚赏，以促使臣下尽心尽力。（4）"一听责下"，即通过全面听取意见以辨别智愚，通过督责臣下行动以鉴别其才干。（5）"疑诏诡使"，即故意发出可疑的指令，使人相互猜疑而不敢为非；诡秘地派人探知某事，以示明察。（6）"挟知而问"，即掌握了事实反而询问臣子，以探知其中的是非和隐情。（7）"倒言反事"，即故意说反话、做逆理的事来刺探臣子，以探明奸情。总之，君主驾驭臣下要诡诈多变，从而使臣下不得不慑服于君主的威势。

当然，君主在进行防奸、察奸的同时，奸邪也时刻在窥伺君主，示好以邀宠，这会导致大臣刻意地表现出贤臣的样子，而放弃对事物本身的客观真相的追求："人主有二患：任贤，则臣将乘于贤以劫其君；妄举，则事沮不胜。"（《韩非子·二柄》）为此，韩非以老子的理论为背景，将其无为之道改造为治人御物、增强君主权势的统治之术。在韩非看来，由于道无形无色，无从把握，因而君主的统治也应与此类似，在驾驭臣下时，要以虚制实，以静制动，就好像从暗处观察明处一样，可将对方的毛病看得一清二楚，所谓"道在不可见，用在不可知；虚静无事，以暗见疵"（《韩非子·主道》）。具体而言，一是要求君主不要随意地把个人的好恶、欲望、意图和嗜好表现于外，做到"君无见其所欲"，"君无见其意"，"去好去恶"，"函掩其迹，匿其端"，"去其智，绝其能"（《韩非子·主道》）；二是要求君主不要与臣下争强好胜，矜夸其智能，而应"使智者尽其虑，而君因以断事，故君不穷于智；贤者勑其材，君因而任之，故君不穷于能；有功则君有其贤，有过则臣任其罪，故君不穷于名"（《韩非子·主道》）。

韩非也深深认识到，光凭君主自身不足以治奸，只有"因法数，审赏罚"（《韩非子·有度》），方可禁其奸。为此，韩非极力强调制度建设，要求官吏"不以货赂事人"，"更不以枉法为治"，"不事左右，不听请谒"（《韩非子·孤愤》），做到"任事者毋重，使其宠必在爵；处官者毋私，使其利必在禄"（《韩非子·八经》）。同时，韩非像商鞅一样也奖励告奸："明君之道，贱得议贵，下必坐上"（《韩非子·八说》），从而使"奸邪"无处遁形。此外，在现实中，对于君主身边的"尊贵之臣"，这些人不论其是否真有奸谋和犯禁的行为，他本身的名位就已构成对君主地位的致命威胁，为此，韩非提出"除阴奸"之术，即必须时刻加以防范并想方设法预先予以消除。韩非甚至为君主提出了"绝奸萌"之术，即"禁奸心"，没有客观标准，完全听凭君主个人随心所欲，捕风捉影，从而使臣下不敢有丝毫作奸犯科之心。

综观韩非的术治之论，可谓说理透彻、体系完备、蔚为大观。应该承认，其中的确不乏阴谋论色彩。即便如此，从专制君主的角度看，这些驭臣之术无非是对臣下的控制，因为人皆自利，不加强对其控制，则君主的权力就会受到威胁。联系当时的情况来看，结束春秋战国以来诸侯征战的混乱局面，重新实现"大一统"的政治格局，使得"集权"和"尊君"自然成为一种必然选择。在韩非的设想中，只有做到"君臣守职，百官有常，因能而使之"（《韩非子·主道》），便可实现"形体不劳而事治，智虑不用而奸得"（《韩非子·难三》）的"无为而治"。在韩非那里，国君一方面循名责实，依法择人，按法量功，致力于"纯粹"

165

政治秩序的追求；另一方面促使君主虚静无为，克制私人感情而不致妨碍既定章法，从而使君主的言行在相当程度上受到了约束和限制。因此，韩非的"术治"更多的是建立在理性之上的，蕴含着其力图实现法治秩序和清明政治的卓绝努力。

可以说，韩非的这一尝试领先西方社会两千多年。作为一种组织模式，现代官僚制的出现是同西方中央集权国家的出现联系在一起的。自 19 世纪中后期英国仿效中国隋唐科举制建立文官制度以来，官僚制逐渐成为占据社会生活领域主导地位的组织模式。到了 20 世纪，官僚制成了几乎所有国家政府治理的理想选择，成为现代性的重要标志。按照马克斯·韦伯的归纳，这种组织模式具有如下特征：第一，强调规则、具有非人格倾向。在官僚制中，人与人之间、组织与组织之间都应该以理性作为准则，而不是以情感为基础："官僚体制是'理性'性质的；规则、目的、手段和'求实的'非人格性控制着它的行为。"① 第二，以劳动分工为基础、遵循严格的等级原则。通过分工，形成了各个专门化的部门，由严格的职务或任务等级序列预先安排从属关系和职务等级体系。第三，专业化倾向。组织中的管理者应该有深厚的专业基础，即由"内行"来进行管理。第四，政治与行政两分。韦伯秉承威尔逊关于统治权与管理权相分离的行政原则，主张行政官员执行政策而不参与政策制定，保持"价值中立"，并假定公共利益是公务员个人的唯一动机，应做到公私分明，等等。

官僚制的这种非人格化、制度化，官员的职业化和专业化，是对任人唯亲、上下级人身依附关系、官员决策任意性等弊端的彻底纠正，它消除了社会组织管理领域的非理性和非科学的因素，克服了资本主义建立初期政党分肥制所造成的政府动荡和低效，从而成为一种极具普适性的组织模式。然而，随着时代的变迁，官僚制在表现出管理效能的同时也暴露其固有的缺陷，故而，"摈弃官僚制"的呼声不绝于耳。尽管如此，官僚制所体现出的理性精神和法治观念在今天并没有过时。毕竟，官僚制的理性与冷静永远是对无序的制约。事实上，20 世纪末期以来风靡全世界的新公共管理运动针对官僚制所采取的诸种改革措施，如压缩层级、解除规制、下放权力、实施绩效管理等，没有哪一项是否定合理分工、减少理性因素、反对专业技能的。②

事实上，韦伯所建构的理性官僚制的核心要旨，在韩非的术治思想中都早已得到淋漓尽致的阐述。韩非"一段于法""以法为本""明法治吏"的法治原则，鲜明地体现出一种强烈的理性精神；韩非所提倡的各尽所能、各司其职、职责分明的原则，自然也与韦伯所提倡的等级制、专业化和技术化原则相吻合。基于中

① ［德］马克斯·韦伯：《经济与社会》（下），商务印书馆 1997 年版，第 324 页。
② 参见彭新武：《从官僚制到后官僚制——当代公共组织范式的嬗变》，载于《哲学研究》2010 年第 5 期，第 120～125 页。

国古代社会生活的高度政治化，社会与政治高度合一，韩非不可能也没有提出政治与行政二分的原则，但他所提倡的"明法""去私"等观念，显然与"公私分明"的原则相吻合，等等。尽管如此，韩非对用术的推崇很大程度上冲淡了法的效力。韩非赋予私密的、任断的"术"以正当性，便在很大程度上削弱了"法"的公开性、平等性、严格性。于是，韩非在不知不觉之间，使"术"的手段与"法"的原则发生了背离。在现实中，君主以虚静无为术暗中掌控一切，容易变成权力的操纵。唯其如此，韩非的理论成为后世"帝王术"的渊薮。

在实践中，随着术治思想的流行，政治日渐陷入神秘化、阴谋化，并进一步助长了君主的无上权威和放纵恣肆。而为这种权术阴谋化推波助澜的则是秦朝李斯的"督责之术"。史载，秦二世即位后，各国纷起，天下大乱，因而时常责备丞相李斯："居三公位，如何令盗如此？"（《史记·李斯列传》）加之李斯因为作为三川守的儿子李由对起义军剿灭不力，为了重新获得秦二世的信任，李斯上《行督责书》，意在强调与维护专制君主的绝对权力。在《行督责书》中，为了论证君主拥有"独制于天下而无所制也，能穷乐之极矣"（《史记·李斯列传》）的正当性，李斯引用申不害"有天下而不恣睢，命之曰以天下为桎梏"的观点，指出，如果君主不能在政治实践中想方设法地实现"专以天下自适"，那么就会使自己"徒务苦形劳神"，形同"桎梏"，毫无乐趣可言（《史记·李斯列传》）。同时，李斯还提出"徇人贵己"说，认为君主的利益高于一切，为实现君主"久处尊位，长执重势，而独擅天下之利"的目的，君主需要通过"督责之术"来驾驭群臣，进而实现"天下贤不肖莫敢不尽力竭任以徇其君"的"独断"统治（《史记·李斯列传》）。

李斯督责术的思想实质，体现的是及时行乐与法家严刑峻法思想的结合，"其明快虽商韩有所不及"①。本来，法家施行法术，厉行督责，目的是"矫上之失，诘下之邪"（《韩非子·有度》），而不以实现君主纵欲无度为目的，也从未教唆君主去荒淫享乐，如韩非所言："人主乐美宫室台池，好饰子女狗马以娱其心，此人主之殃也。"（《韩非子·八奸》）然而，在李斯这里，天下和百姓都只是君主肆意妄为的工具，从而将专制君主的绝对地位和绝对权力推向巅峰，并使得维护君主独裁的一切手段都获得了合法性。史载，李斯的督责之术得到了秦二世的欣赏，并被付诸实践；结果，"行督责益严，税民深者为明吏"，"刑者相半于道，而死人日成积于市。杀人众者为忠臣"（《史记·李斯列传》），从而最终动摇了秦王朝的统治根基。

秦朝虽灭，但法家的术治理论在历史上产生了极为广泛而深刻的影响。自汉

---

① 萧公权：《中国政治思想史》，辽宁教育出版社1998年版，第248页。

代统治者"援法入儒"、实现礼法合一，法的客观性已逐渐为人心所吞噬，而法家控制社会、民众的"技术工具"的一面却得到强化。虽然法家思想在表面上遭受排斥，但统治者对"术"的运用则非常到位。此后，历代帝王大多无不一面打着仁义道德旗号，一面施展权术以控驭群臣。可以说，古代中国的政治历史，几乎就是一部充满钩心斗角、尔虞我诈、权力倾轧的历史，从而形成丰富多彩的权术。这主要有：第一，谄媚之术与谗毁之术。"谄媚"是以谋取某种权益为目的，采用曲意奉承、肉麻吹捧等手段，以博取对方的好感和欢心。而"谗毁"则以栽赃、挑拨、造谣为手段，巧设圈套，落井下石，以打击对手。第二，韬晦之术。即在不得志或羽翼未丰、时机未到、情势不利之际内敛锋芒、极尽掩饰，以保全自己；或者隐忍退让、蓄势待发，以图将来。这种"以退为进"的生存策略，实际上是一种欲图麻痹对手的保全策略和以屈求伸的进取之道。第三，中庸之术。中庸之道强调刚柔相济、阴阳平衡，作为一种思维方式，中庸思维有着强大的生命力，它注重考察矛盾的两个方面，力求全面、均衡、灵活和统一。这一哲学理念延伸到人类的处世之道，便要求人们在刚强进取的同时，还要具备阴柔、退让的品行，所谓"外圆内方"。然而，在现实生活中，中庸之道常常会蜕变为"和事佬"式的调和主义，甚至"阳奉阴违"的两面派手法。第四，朋党之术。在惨烈的政治竞争中，"独善其身"一般是不大可能的，只有攀援依附，才能生存。如此一来，"朋党"的出现便成为必然。朋党的基本表现就是拉帮结派、党同伐异，而其目的无非是权益之争、政见分歧，或者兼而有之。这种情况在中国古代的政治生态中，可谓"不绝如缕"，诸如东汉后期的"党人"集团与宦官集团之争、唐代后期的"南衙北司之争"、北宋时期围绕着王安石变法而形成的新旧两党之争，等等。

　　如上一些政治权术，尽管也不乏一些积极内容和人生智慧，但有一些则由于其阴险、奸诈的内容而为人所不齿。在人们的日常观念中，兵家权谋似乎是聪明睿智的代表，可以理直气壮地在军事战场上施展自己的身手，但是，对于治理国家而言，则仍然坚持"以正守国"的观念。虽然历代王朝对官员的道德训诫从来不曾稍有懈怠，也有诸如教育训化、褒奖激励、考选、惩罚儆戒、任官回避、监察、考绩等反腐倡廉制度，但在实践中却难以得到有效实施，相反，却在官员队伍内造成了普遍的知行分裂：满嘴仁义道德，实则男盗女娼。如此一来，政治权术便只能在"仁义道德"外衣的掩饰下暗中使用，由此，权术在政治领域显得更加虚伪。唐代以"笑里藏刀"著称的李义府，便是其中的一个典型："貌状温恭，与人语必嬉怡微笑，而褊忌阴贼，既处机要，欲人附己，微忤意者，辄加倾陷。"（《旧唐书·李义府传》）这种官场权术的流行，正是中国历朝腐败频发、吏治紊乱乃至政局动荡的一个重要根源。

第五章

帝国体制下的全能治理

自秦代奠定了皇权政治下"家天下""大一统"的基本格局，历经两汉四百余年的发展、积淀，以中央集权统治和皇权至高无上的君主制政体为核心的"大一统"体制得以最终确立。由此，在中国传统社会形成一种以行政权力支配社会和对政治、经济、文化等一切社会事务进行全面控制的社会管理模式——全能治理，即在"君权至上"的前提下，以"官本位""利出一孔"和"思想一统"为核心的"三位一体"的全面社会控制体系。在这种模式的宰制下，整个社会如同铁板一块，使得任何有悖于这一体制的思想和行为，无不被贴上"离经叛道"的标签。这种治理模式虽然在传统社会表现出惊人的治理效力，但也造成社会自组织秩序的严重衰微和社会对国家强制力的全面依赖等弊端。

第一节 "官本位"及为吏之道

在专制体制下，整个社会是围绕着以皇帝为代表的官僚集团为核心进行运作的。自秦汉大一统政治确立，"贤人之治"被纳入统治思想。随着科举制的创立，人才选拔机制日趋规范化。在"学而优则仕"的不停呐喊中，"依附"与"同流"便成为知识分子不可避免的宿命。在这一过程中，新晋官僚也走向了贵族化，并由此产生"官本位"的社会文化生态以及"以吏为师"的治理机制。

169

一、从"学而优则仕"到"官本位"

自隋唐以来，随着通过考试形式、公开选拔官吏的科举制的确立，人才的选拔逐渐实现规范化。科举制始于隋朝，隋炀帝设进士科，以及第者任官，使才学成为入仕的基本途径。唐朝沿袭了隋代的科举制度，并使之趋于完善。唐代科举大致分两类：一是贡举，应考对象主要是京师及地方各级学校考试选拔来的生徒，考试由尚书省吏部考功员外郎主持。二是制举，即皇帝特诏考试，所考科目、考试时间及场所均由皇帝临时指定，主要科目有六种，即"秀才""明经""进士""明法""明字""明算"。① 除"科举"外，在唐代还有皇帝特诏举行的特种考选——"制科"，多达一百余种。例如，刘禹锡、柳宗元就是"博学宏词科"及第；白居易、元稹是"才识兼茂明于体用科"及第；牛僧孺、李宗闵、裴休、杜牧等先后于"资良方正能直言极谏科"及第。可见，在唐代，只要具有专长，儒、法、道各门各派，文学、数学等各方面人才，都是有可能得到官职的。

唐王朝使科举取士成为官员补充的重要途径，由此形成较为典型的文官集团。相应地，世家大族的入仕特权也被剥夺，宗族的传统政治凝聚力大为消解，血亲政治得到相当程度的遏制。但是，门阀观念及作风在仕进之途中依然存在。这可从唐朝末年所发生的"白马之祸"中略见一斑。公元 905 年，权臣朱温在谋士李振的鼓动下，将三十多位大臣绑至滑州白马驿（即今天的河南滑县），尽皆屠戮，并抛尸黄河，史称"白马之祸"。朱温的大清洗可以视为他谋朝篡位的前奏。这一事件的背后，实则隐藏着一则无法言说的矛盾，即晚唐时期藩镇幕僚对进士阶层的极度厌恶。唐朝做官，十分看中科举，但进士难考。即便考中，还需经过选试，合格的才能做官，否则，只能另谋出路。问题的关键在于，那些世家豪门大族们往往通过金钱和人脉关系把持科举，从而一定程度上堵塞了寒门子弟的仕进之路。在这种情势下，随着唐朝后期藩镇制度的崛起，越来越多的学子选择投奔并效力于藩镇军阀，进而与朝廷离心离德。蛊惑朱温杀人的李振便是一位寒门出身的"进士不第"者，而白马之祸中遇难之人以崔、裴、卢三姓居多，这三大族世掌权柄，操纵科举。可以说，晚唐藩镇幕僚对豪门大族掌控的

---

① 唐时"秀才"一科高于"进士"，此科虽设却无人考取过。其他五科的考试内容分别是："明经"考试三场，先试"帖经"，以《礼记》《左传》为"大经"，以《诗》《周礼》《仪礼》为"中经"，以《易》《尚书》《公羊》《谷梁》为"小经"，有时亦试《道德经》；次为口试；再次"答策"。"进士"考试内容除"帖经""答策"之外，尤重诗赋，专尚文辞。"明法"考试内容为"律"，即国家法律制度。"明字"考试内容为《说文》《字林》。"明算"考试内容为《九章》《周髀》。

科举制度深恶痛绝，这种怨念与武人篡位结合在一起，最终造成了血腥的"白马之祸"。

晚唐、五代之后，门阀走向衰落，宗族已不再掌握地方政治军事权力。宋代沿袭了隋唐时期的科举制度，更吸取了晚唐、五代武官骄横跋扈的教训，全面推崇孔孟儒学，提倡文官治国，科举考试的内容偏向儒家经典。大批士人由此入仕，这其中不乏范仲淹、欧阳修、包拯、司马光、王安石、苏轼、苏辙、晏殊、柳永、黄庭坚、秦观、周敦颐、张载、程颢、程颐、沈括等著名历史人物。从科举考试的形式来看，皇帝直接控制最后的关口，进士及第者成为"天子门生"，自然对皇帝感恩戴德，这使得科举考试更加适应了专制皇权的需要。除此之外，统治者还用特恩、特奏名的办法笼络人心，以吸引更多的知识分子参政。

客观地讲，学与仕的结合既为知识分子实现修身齐家治国的抱负找到了合法的实施途径，使社会精英有了确定的流向，又为统治阶层从社会中下层中汲取新鲜血液提供了来源，从而壮大了统治力量，这对社会稳定发展无疑是件有益的事。即便如此，我们必须正视的一个问题是，个别人背叛自己出身的阶级而飞黄腾达，同他们出身那个阶级的解放事业有时甚至毫不相干。正如马克思所说："一个统治阶级越能把被统治阶级中的最杰出的人物吸收进来，它的统治就越巩固，越险恶。"[1] 就在"学而优则仕"的不竭呼喊中，追求"内圣"的孔孟之徒，转而成为帮助君主维护统治的帮凶，谋求的则是个人的权位和私利，所谓"阳为道学，阴为富贵，被服儒雅，行若狗彘"（李贽：《续焚书·说汇·三教归儒说》）。这显然与诸子先贤的美好期盼相悖。自士大夫"降而为官僚"的那一刻，"更降而为文饰天下太平的司仪喝彩之流"。[2] 元人高明《琵琶记》所云："朝为田舍郎，暮登天子堂。将相本无种，男儿当自强。"这大概就是那个时代最为豪迈的声音。最终，知识分子成为一种新兴的利益阶层："原本不能造成世卿世官那样的贵族身份的社会，却藉着知识的统治和长期独占，而无形中帮同把士大夫的身份更特殊化或贵族化了。"[3]

事实上，中国两千余年的专制社会，正是以皇权为基石和核心，并辅之以等级森严的官僚制度为基本运作模式的。所谓"为与士大夫治天下，非与百姓治天下也"（《续资治通鉴长编》卷二二一，熙宁四年三月）——宋人文彦博的这一千古名言，正是对这一体制的真实写照。在这种高度集权的官僚体制中，政府是唯一的权利主体，政府与社会高度合一，整个社会生活高度政治化，所谓"王权

---

① 参见《马克思恩格斯选集》第三卷，人民出版社 1975 年版，第 679 页。
② 参见费孝通：《皇权与绅权》，生活·读书·新知三联书店 2013 年版，第 49 页。
③ 参见王亚南：《中国官僚政治研究》，中国社会科学出版社 1981 年版，第 78 页。

支配社会"。① 由此而发展出以"官本位"为主要特征的社会政治秩序。

在官僚体制中,皇帝处于权力金字塔的顶端,其下是中央到地方的各级官吏,官吏之下是众多的全国民众。在这种格局中,皇帝独掌一切大权,以官为本、以权为纲;官为中心,民为边缘;各种权力(权利)向官员倾斜、集中,各种义务(责任)向平民倾斜、集中,权力(权利)与职责(义务)不对等、不平衡、不一致。这就是中国专制制度下政治权力的配置特征。官僚权力的来源,既不是单纯依赖血统关系,更不是依赖哪怕是表面上的群情民意,而只是自上而下的授予、"仰沐上恩"的结果,这就形成了官僚集团内部下级对上级的人身依附。这种权力来源的"唯上"性,势必在君臣之间形成一种"主卖官爵、臣卖智力"(《韩非子·外储说右下》)的主仆关系。这种人身依附关系不仅表现在君臣之间,而且在官僚集团内部的上下级关系中同样存在。下级官吏的命运完全掌握在上级的手中,他们进取升迁的欲望能否实现,完全取决于上司的意愿。故而,上对下发号施令,颐指气使;下对上惟命是从,马首是瞻。在这种权力格局中,官员利益高于人民利益,长官意志高于人民意志。官员们干工作、做事情,首先考虑的是否符合上级或长官的意愿,而不管群众是否高兴、拥护。一旦权力到手,他们当然会为君主的"知遇"而感激涕零地"谢主隆恩"。既食君禄,就必须"忠君之事",容不得半点的"不忠""不敬"。于是,围绕着权力,形成一个看不见的权"场"。各种意有所图的人都会在"权场"中向着权力中心作定向移动,造成的一个客观结果,便是"一人得道,鸡犬升天"。权力越大,包围就越厚。于是,官官相护,共同构成一个对付人民的"生物链"。

正是由于权力来源的"唯上"性和权力变更的非程序性,因而,官僚政治权力的基础是极不稳定的。专制君主从维护自己的独裁统治出发,总要千方百计地对臣属的权力加以种种限制。例如,官吏任职过久,容易导致主官与属官的相互勾结,从而对君权形成某种潜在的威胁。为了防止这种情况的出现,君主们往往采取缩短官职任期、频繁调动官职等手段来限制官吏久任。除此之外,造成官僚权力基础不稳定的原因,还在于统治集团内部频繁激烈的政治斗争所导致的无休止的权力再分配。在争权夺利的争斗中,得势者当然会加官晋爵,失势者则必然大权旁落。"一朝天子一朝臣",主官升迁,属官也会附于骥尾、鸡犬升天。主官失势,属官难免殃及池鱼、被遭株连。一场政治斗争,常常造成一系列连锁反应的权力变更。对于在任官吏来说,面对朝赏暮罚、忽迁忽徙的命运和"昨为座上客、今为阶下囚"的政治现实,则会产生一种宦海险恶、仕途莫测的恐惧感和危机感。

---

① 参见刘泽华:《分层研究社会形态兼论王权支配社会》,载于《历史研究》2000 年第 2 期,第 12～14 页。

这种人人自危、朝不保夕的严酷政治局面，往往潜伏着新的政治危机，酝发出新的政治争斗，从而使既有权力分布秩序总是面临动荡变更和不稳定的状态之中。

在官本位体制下，类似的"权力—依附"关系在全社会普遍存在，譬如，师徒之间犹如君与臣、父与子，等等。可以说，几乎一切人与人之间的纵向关系都有明确的序位，并依序位构成"权力—依附"式的等级关系。这就是使除帝王以外的一切社会角色都在不同程度上具有"奴"的属性，从而塑造了国民屈从、迎合于威权的卑劣性格，形成"臣民"而非"公民"的政治文化传统，所谓"一人为刚，万夫为柔"①。而层层为奴必定层层为主，其分别只在上下之间，凡相对居上者皆为主，相对居下者皆为奴。凡是处于等级金字塔中间的人必然亦上亦下，亦主亦奴。② 马克思指出："君主政体的原则总的来说就是轻视人，蔑视人，使人非人化……哪里君主制的原则占优势，在那里人就占少数；哪里君主制的原则是天经地义的，在那里就根本不存在人。"③ 这种对人的限制，成为社会管理中的一种高昂的制度成本，最终也限制了社会经济的发展，导致几千年中国传统社会的发展滞缓。

在"官本位"的观念中，权力的占有是基于道德与才干的权威，而普通民众没有任何道德与才干的优势可言。这意味着，在权力面前民众只有服从，而服从的对象正是具有道德与政治双重权威的"圣主明君"与官僚这种观念所蕴含的是社会上少数精英对大众或平民进行统治的合法性，导致了愚民和驯民，也催生出掌权者自我感觉"完美无误"与"一贯正确"的理念——精英主义。其实，精英治国的理念不唯中国独有。例如，柏拉图的"哲学王"观念："除非哲学家成为我们这些国家的国王，或者我们目前称之为国王和统治者的那些人物，能严肃认真地追求智慧，使政治权利和聪明才智合二为一……否则的话……对国家甚至我想对全人类都将祸害无穷，永无宁日。"④ 历史地看，这种精英治国的观念一直长盛不衰，诸如卡莱尔的英雄史观、伯纳姆和加尔布雷思的专家治国论，都是风靡于世的典型论调，并常常用各种"天赋"论进行包装，典型代表就是各种"领导特质理论"的诞生。这些论调认为，某些人生下来就注定要成为领导者，诸如恺撒、贞德、拿破仑等，他们天生就具有诸多使他们成为伟大领袖的个人特质。在这种"英雄式领导"观念中，领导者往往被视为具有天分和超凡魅力的人，这实际上包含了一些关于组织领导能力的虚妄假设。然而，在实践中，这其

---

① 参见《龚自珍全集》，上海古籍出版社 1999 年版，第 20 页。
② 参见刘泽华：《论中国古代的亦主亦奴社会人格》，载于《南开学报》1999 年第 5 期，第 110 ~ 117 页。
③ 参见《马克思恩格斯全集》中文第二版，第 47 卷，人民出版社 2004 年版，第 59 页。
④ 参见［古希腊］柏拉图：《理想国》，商务印书馆 1986 年版，第 214 ~ 215 页。

实是一个过分的要求，只是一种"致命的自负"。同时，这种以"远见"作为前进动力的哲学，必定维护着这样一个神话——组织必须依赖于个别人物（通常是天才）来决定行动的方案，而其他人只需热情地执行。在这种组织中，除了"上级想让你知道的那些，你将一无所知"。这产生了功利性的而非有责任心的、热情的、自律的行为主体——员工们按照要求去做，却又游离其外，从而意味着最终消灭组织中所有的不同意见和个体的主动精神。

不可否认，人类社会的发展史，本质上就是组织中少数精英治理组织多数的历史。在现时代，官僚制对官员队伍的专业化和专家治国的强调，制造了一个基于教育文凭和专业资格的官僚阶层。然而，一个不可回避的事实是，随着现代行政组织中职业化官僚对政策制定和法律执行权力的垄断，公民越来越依靠官僚组织的运营，日渐丧失了公共事务的参与途径而成为旁观者。与此同时，在精英管理的组织中，由于不关心自身私益的"圣人"很难出现，组织效益最大化的目标往往会被少数精英的个人目标所超越。这种"官僚自主性"在缺乏有效监督的情况下，官僚自身利益往往会成为自身优先关注的问题。于是，在现代社会就出现了这样的情况：官僚名义上作为人民公仆，代表全民利益，实际上却作为特殊利益阶层，高居于社会、人民之上。应该承认，坚持由"内行"来领导的"专家治理论"等精英主义观念，可以实现决策的科学性、避免随意性。但是，对精英个体或阶层的过度推崇，又会削弱组织决策的民主意识，助长独裁意识，进而反过来会影响决策的科学性。因而，如何既坚持由"内行"来领导，又能克服精英的独断、偏执，便成为现代组织运营必须面对的问题。

可以说，当今流行的参与式管理、学习型组织理论等，一定程度上便是试图走出这种"困惑"与"纠结"的积极努力。在这种管理理念中，个人不再像以前那样被视为巨大复杂机器中的一颗小小齿轮，相反，作为组织中最基本的单位，个人是一种可以成为推动组织发展的具有创造性的积极力量。这反映在具体的管理上，就是主张对人的内在激励，让其担当具有挑战性的工作，满足其自我实现的需要；同时，要求管理者给员工更多的自主权和信任，参与管理和决策，共同分享权力，等等。在复杂多变的环境下，由于随时可能发生的各种变化均使未来的结果具有极大的不确定性，领导者根本无法了解事情进展过程中的每一个细节，因而，需要创造结构、过程和体制以培养高层与底层之间不断进行战略对话，共同探索各种复杂的、冲突性的问题。"在传统官僚组织中，高层管理者思考，基层人员行动；而在一个学习型组织中，每一个人的思考与行动都必须合为一体。"① 这种集体

---

① 参见［美］彼得·圣吉：《第五项修炼：学习型组织的艺术与实务》，生活·读书·新知三联书店1998年版，第333页。

性的对话和共同学习，如果是以建设性的方式进行的，将会使组织成员对组织机构的复杂性具有一个更丰富的把握，达到个体所不能达到的新的明确性和洞察力，较好避免精英的独断与偏执，从而有助于实现决策的科学化、民主化——这应成为现代组织突破官僚体制的一个努力方向。①

二、"以吏为师"与"循吏"精神

在官僚体制下，官吏如何作为，直接关系到老百姓的生产和生活，如《管子明·法解》所言："吏者，民之所悬命也"。而如何实现官僚制度的有效运作，则需要"以吏为师"，即官吏学习法律，依法教民。依法教民要教的法，不单单是已经成文的法律条文，也包括朝廷的各项政策法令、皇帝最新的诏书敕令等，从而使国家最新的政策法令得到贯彻和落实。

从湖北云梦睡虎地十一号墓出土的秦简《为吏之道》可以看出，秦代在"以吏为师"精神的指引下，对官吏的品行、能力、责任等有着十分周详的要求："凡为吏之道，必精洁正直，慎谨坚固，审悉无私，微密纤察，欲富太甚，贫不可得，欲贵太甚，贱不可得，毋喜富，毋恶贫，正行修身，祸去福存。"具体而言：要"慈下勿陵""使民毋惧"，不要"见民倨傲"；要"听谏勿塞""听有方，辨短长"，不要"擅折割"；要"止欲去愿"，不要"欲富太甚""欲贵太甚"；要"审当赏罚""均徭赏罚"，不要"决狱不正"；要"悔过毋重"，不要"须身遂过"；要"安静无苛""宽裕和平"，不要"强良"或"苛难留民"；要"安乐必戒"，不要"安家室而忘官府"；要"临财见利，不取苟富"，不要"居官善取"；要"善度民力""举事审当"，不要"兴事不当""兴事不时"；要"尊贤养义""审民能以任吏"，不要"废置以私"；要"兴之必疾"，不要"临事不敬""善言惰行"；要"言如盟""发令索正""毋发可异"，不要使人无法遵循；要"喜为善行""恭敬多让"，不要"倨傲无人"；要"严刚毋暴""廉直"，不能"决狱不正""废置以私"，等等。而与《为吏之道》一同出土的《语书》（又称《南郡守文书》）还对良吏与恶吏进行了明确区分，指出，"凡良吏明法律令，事无不能也，有公心；有能自端（也）"；而恶吏则是"不明法律令，不智事，不廉絜，毋以佐上，緰隨疾事，易口舌，不羞辱，轻恶言而易病人，毋公端之心"。大意是说，良吏通晓法令、公正自律、勇于担当；而恶吏则相反。《语书》坚信，通过法律的赏罚，可以使人们趋于向善，"以教道民，去

---

① 参见彭新武：《贤人之治：价值与流弊》，载于《山西大学学报》（哲学社会科学版）2016年第2期，第1~6页。

其淫僻，除其恶俗"，体现出鲜明的法家吏治精神。

秦始皇根据李斯的建议而推行的"以吏为师"，事实上也成了历代王朝一直奉行的一项国家制度。在汉史文献中，我们会看到很多非常直接的文字表述："牧民而导之善者，吏也"（《史记·孝文本纪》）；"三老，众民之师也"（《汉书·文帝纪》）；"夫吏者，民之师也"（《汉书·景帝纪》）；"国有贤相良将，民之师表也"（《史记·太史公自序》），等等。在汉代，司马迁在《史记》中专设《循吏列传》，提出"循吏"概念："奉法循理之吏，不伐功矜能，百姓无称，亦无过行。"（《史记·太史公自序》）在这里，所谓"奉法循理"，显然依循的是法家的吏治精神。同时，道家意味也十分浓厚：所谓"不伐功矜能"是指不自我标榜、炫耀自己的功绩与才能；"百姓无称"的意思，不是说没有政绩，而是说不居功自恃；"无过行"，并不是说他们不犯错误，而是说循吏奉法循理，实事求是，勇于担当，使百姓无可挑剔。

司马迁在《史记·循吏列传》中一共描写了五个循吏：孙叔敖、子产、公仪休、石奢、李离。孙叔敖为楚相，执政宽缓，有禁必止，官不邪恶，民无盗贼。一个典型事例是：楚庄王曾下令把小币改铸为大币，但使用起来很不方便，为此，孙叔敖请求庄王恢复旧币。这表明孙叔敖不奉迎君主，而是从百姓实际需要出发，勇于纠错。还有一个事例是：楚国人习惯于坐矮车，楚王认为不便于驾马，想下令把车改高，但孙叔敖认为，屡发政令，会使百姓无所适从。为此，他建议教乡里人家加高门槛，这样，乘车人为了方便，自然就把车改高了。可谓"不教而民从其化"。更值得称道的是，孙叔敖治楚以霸，虽然权重功高，却多次婉拒楚王的赏赐，持廉至死。郑国国相子产同样遵循自然无为之道治国，深受百姓爱戴："为相一年，竖子不戏狎，斑白不提挈，僮子不犁畔。二年，市不豫贾。三年，门不夜关，道不拾遗。四年，田器不归。五年，士无尺籍，丧期不令而治。治郑二十六年而死，丁壮号哭，老人儿啼，曰：'子产去我死乎！民将安归？'"公仪休为鲁相，奉法循理，率先垂范，百官自正。据说，他吃了自家种的蔬菜感觉好吃，就把自家园中的菜都拔出来扔掉；他看自家织的布好，就把妻子赶出家门并烧毁织机。之所以这样做，是由于他认为官员靠其俸禄生活，不宜再与百姓争利。石奢，楚昭王时期的国相，廉正正直，却遇到一个忠孝难以两全的问题：为了行孝，他放跑了杀了人的父亲；为了尽忠，他主动请罪，并拒绝了昭王的宽恕，"伏诛而死"。李离是晋文公的法官，因察案有误而枉杀人命，知道真相后，他竟把自己拘禁并判以死刑。尽管晋文公一再宽慰，但他仍然坚持不能违背国法，最后"伏剑而死"。

如上五个循吏皆依理行政、奉法守职、坚直廉正、不与民争利，从而有效治理了国家。司马迁由此得出一个结论："法令所以导民也，刑罚所以禁奸也。文武不备，良民惧然身修者，官未曾乱也。奉职循理，亦可以为治，何必威严哉?"（《史记·循吏列传》）这里的"奉职循理"与前述"奉法循理"的意思是一致的。就是说，只要官吏遵循自然之道，老百姓就有了榜样。如此一来，即使在文功武备都缺失的情况下，百姓自会向善，社会也能治理好，何须违背自然而硬性人为呢? 故而，司马迁反对以"威严"治民，而主张以宽厚仁德为政。他在做《循吏列传》之外，还写《酷吏列传》，记述了西汉初期以酷刑峻法而著称的十几个酷吏，并引用孔子之言："导之以政，齐之以刑，民免而无耻；导之以德，齐之以礼，有耻且格"（《论语·为政》），指出，"信哉是言也! 法令者治之具，而非制治清浊之源也"（《史记·酷吏列传》）。在司马迁看来，秦时法令严密，但奸伪萌生，以至于丧败，不可拯救；而汉武帝时期吏治虽"武健严酷"，但就像扬汤止沸一样，乃治标不治本。可见，司马迁的循吏观念亦充分体现出儒家的仁爱政治观。

由上观之，司马迁的循吏观既具有法家因素，也不乏道家和儒家色彩，因而，就不能简单地认为司马迁的循吏观念是法家的、道家的或儒家的。[①] 更为准确地说，司马迁应该是倾向于"黄老之道"的。这是和司马迁所处时代黄老之道的盛行氛围分不开的。司马迁循吏观念的学术底色是"黄老之道"，他所推崇的是一种奉职循理、坚直廉正、不与民争利、"无为而民自化"的治民之官。

而司马迁推崇循吏，乃是与汉武帝时代酷吏弄法、施政严酷的社会现实密切关联的。从汉武帝的施政方略来看，可谓"外儒佯宽，内法实猛"：一方面，强调德教，广施教化；另一方面，又"以刑罚痛绳群下，是俗吏尚严酷"（《汉书·循吏传》）。例如，汉武帝时，淮南王刘安谋反，"所连引与淮南王谋反列侯二千石豪杰数千人，皆以罪轻重受诛"（《史记·淮南衡山列传》）。酷吏的共同特点是"严而少恩"，从而与"宽缓不苛"的循吏相对立。汉武帝要加强中央集权，看中的正是酷吏不惧权势、敢于打击富商大贾和地方豪强的特点。酷吏弄法，"所爱者挠法活之，所憎者曲法诛灭之"，致使刑网密集，"吏民益轻犯法，盗贼滋起"（《史记·酷吏列传》）。不过，就酷吏的个人品质而言，其中不乏一些忠贞廉明、克己奉公的酷吏。例如，郅都，"伉直，引是非，争天下大体"，"行法不避贵戚"，"不发私书，问遗无所受，请寄无所听"，"奉职死节官下，终不顾妻子"；赵禹，"据法守正"，"为人廉倨，为吏以来，舍毋食客。公卿相造请禹，

[①] 如有学者认为，循吏是中国封建社会儒法文化背景下官僚群体中的典范。由循吏治世形成的循吏文化是中国古代特有的政治文化，是以德治国、"隆礼重法"的综合体现（王志玲：《论中国古代循吏的行政特点》，载于《中州学刊》2011 年第 4 期）。有学者认为，司马迁以孔子、老子的"为政以德""以道治国"思想为本，对历代吏治做了深刻的论述和总结，并明确地表达了为政应该宽厚仁爱、法制宽缓，注重以德教民的吏治思想（李大明：《〈史记·循吏列传〉与历代正史〈循（良）吏传〉的设置》，载于《中华文化论坛》2013 年第 8 期）。

禹终不报谢，务在绝知友宾客之请，孤立行一意而已"；张汤任职时，极力从事国家法制建设，贡献极大，"以知阴阳，人主与俱上下，时数辩当否，国家赖其便"，且为官廉洁，死后，"家产直不过五百金，皆所得奉赐，无他业"。对于酷吏的廉洁奉公、禁奸止邪，司马迁称赞说："其廉者足以为仪表"，"虽惨酷，斯称其位矣！"（《史记·酷吏列传》）

即便如此，酷吏为政之"酷烈"，仍为司马迁所谴责："其污者足以为戒"。例如，王温舒，只凭个人憎恶行法，"多谄，善事有势者；即无势，视之如奴。有势家，虽有奸如山，弗犯；无势，虽贵戚，必侵辱。"司马迁还列举了冯当、李贞、弥仆、骆璧、褚广、无忌、殷周、阎奉等人，他们或暴挫妄杀，或分尸锯项，或椎击成狱，毒若蛇蝎，无恶不作，以至司马迁悲叹道："何足数哉！何足数哉！"（《史记·酷吏列传》）事实上，酷吏是君主专制政治的产物，他们"逢君之恶"，惟皇帝意志是从。例如，就前面所提到的张汤而言，他尽管很廉洁，但依然得顺应皇帝的心思，"所治即上意所欲罪，予监史深祸者；即上意所欲释，与监史轻平者"。杜周，"上所欲挤者，因而陷之；上所欲释者，久系待问而微见其冤状"（《史记·酷吏列传》）。这些酷吏虽然在官场常能平步青云，但大多结局悲惨。皇帝用酷吏，是为了维护专制政治之威；杀酷吏，也是为了维护专制政治。这正是专制体制下官吏不可避免之命运。

东汉班固撰《汉书》，继承《史记》体例，立《循吏传》，开篇云："汉兴之初，反秦之敝，与民休息，凡事简易，禁罔疏阔，而相国萧、曹以宽厚清静为天下帅，民作'画一'之歌。孝惠垂拱，高后女主，不出房闼，而天下晏然，民务稼穑，衣食滋殖。至于文、景，遂移风易俗。是时循吏如河南守吴公、蜀守文翁之属，皆谨身帅先，居以廉平，不至于严，而民从化。"（《汉书·循吏传》）这段话的大意甚明，其中，"不至于严，而民从化"一语，更是继承了司马迁的循吏观念，与司马迁所言"何必威严哉"相照应。不过，与司马迁突出强调循吏以身作则而民自化的品质不同，班固的循吏概念更强调政平讼理、富民安民、德让教化，代表了"儒家教化型"的循吏观。对于教化型循吏的内涵，西汉晚期刘向在《说苑·至公》一文中也有所阐发。该篇讲述了一个事件：子羔在卫国当狱吏时，曾刖人之足。而后卫国内乱，牵及子羔。子羔出逃时，遇到了当年所刖之人守门。刖者"不计前嫌"，把子羔藏在屋子里，使其躲过了这场灾难。当子羔问刖者，什么原因使他不借机报复，反而救助自己？刖者说，触犯刑罚，理当论罪，无可抱怨，但子羔在执法时极力从宽设法的仁人之心更让他感动。从这一事例来看，作为一个执法者，子羔不同于一般奉法循理之吏的地方，就在于他不仅秉公执法，还具有一种深厚的道德精神。《说苑》也正是在此意义上，将儒家宽厚仁道精神与法家奉法尚公精神统一了起来。

　　教化型循吏的出现，与汉代儒教兴盛的时代氛围密切相关。正是在儒学与"禄利之路"紧密联系的情况下，具备一定的儒学素养即为做官所必需。儒家温情脉脉的抚慰，催生出许多勤于国事、不懈于治的贤臣良吏，由此"汉世良吏，于是为盛，称中兴焉"（《汉书·循吏传》）。他们不再只以奉法循理为务，而是以"化民成俗"为己任，追求道德的自我完善，清正廉明，尽心为百姓谋福祉，兴学校，广树蓄，增户口，造福一方，治绩斐然，因而得到百姓的衷心拥戴和倾情歌颂："所居民富，所去见思，生有荣号，死见奉祀，此廪廪然庶几德让君子之遗风矣。"（《汉书·循吏传》）例如，文翁，"为蜀郡守，仁爱好教化"，"至今巴蜀好文雅，文翁之化也"；尹翁归，为官清廉公正，拒受贿物，死后家无余财；韩延寿为官，崇尚礼义，爱好古人古事，推行教化，每到一地，必定聘请当地贤士，以广泛听取建议；韩延寿的继任者黄霸，更是"以外宽内明得吏民心，户口岁增，治为天下第一"；龚遂遵照宣帝的指示，把安定百姓作为治政的首要目标；召信臣则以"好为民兴利"著称，通过开辟水渠，建立水利设施，使得物阜民丰，等等。当然，其中也有个别徒务虚名者，例如，宣帝最先表扬的王成，就有"伪自增加（户口），以蒙显赏"的劣迹，故班固言"是后俗吏多为虚名"（《汉书·循吏传》）。

　　值得注意的是，由于儒家道德自律的制约，更出现了一些不畏强权、勇革弊政的循吏。例如，宣帝时期的赵广汉，任职期间"侵犯贵戚大臣"，精明强干，处理公务往往通宵达旦，且讲究办事效率，官属和百姓无不交口称赞。然而，赵广汉却因为惩腐治恶得罪权臣而被腰斩，当时，长安城里曾出现众人送行的动人场面（《汉书·赵广汉传》）。有的循吏甚至对皇帝的不当言论也敢于指正，如，任延将任武威太守时，皇帝曾亲自接见，令其"善事上官，无失名誉"，任延则据理反驳，曰："臣闻忠臣不私，私臣不忠。履正奉公臣子之节……善事上官，臣不敢奉诏"。皇帝为之感动，曰："卿言是也"（《后汉书·循吏传》）。更为可贵的是，有些循吏在面对国家法律与百姓权益发生冲突之时，不惜触犯法律、舍身为民。譬如，第五访在处理饥荒时，来不及上报，擅自开仓放粮，而后自请其罪，在他看来，"若上须报，是弃民也。太守乐以一身救百姓！"（《后汉书·循吏传》）

　　如上所述，无论是司马迁倡导的"黄老无为型"循吏，还是班固所主张的"儒家教化型"循吏，其内涵特质无不与其各自生活时代的文化精神密切相关。自汉代以来，随着儒家学说成为社会主导意识形态，"德主刑辅"成为历代王朝的基本统治方略。故而，班固所倡导的循吏观念中的儒家教化、有所兴作等色彩便日显突出，而司马迁原本所崇尚的那种"奉法循理""无为而自化"等循吏内涵则有所弱化。从史籍看，自《史记》《汉书》以来，在"二十四史"中，共有19 史载有循吏（或为良吏、良政、能吏）列传。"二十四史"之外，《清史稿》

也设有《循吏传》。① 在这些史籍中，历代史家对循吏的表述虽然略有不同，但大体上没有脱离班固所界定的儒家教化型循吏的内涵。质言之，后世之循吏，一般是指那种具有良好的道德品质且积极人世、有所作为的官吏。由于他们大多娴于吏道，善应棘手疑难问题，因而，也就是通常所谓的"能臣""干吏"，从而与那种好空谈、善作秀的"清流"人士相区别。②

纵观历朝历代，清流之士不乏其人，他们以儒家伦理道德为行为准则和终极目标，德行高洁、负有名望，虽不肯与邪恶沆瀣一气，却也不敢革故鼎新。明代张居正曾经把官员大体分为三类：一是无能的贪官污吏，他们是地地道道的官场寄生虫；二是清流派，他们行为端正，忠君爱民，但往往沽名钓誉，做事不肯变通，空获清官美誉却无治绩可寻；三是循吏，他们做事不拘形势、不拘小节，力求把事情做成。为此，张居正主张重用循吏、慎用清流、摒弃贪官。在他看来，如果只讲做人而不会做事，只能是一个庸吏；而能办成事却不洁身自好的，则是贪官（《明史·张居正传》）。可见，张居正关于官吏的选择，不是一味拘泥于道德品性，而是主张"道德"与"功利"兼得。与张居正一脉相承，《清史稿·循吏传》的撰写者夏孙桐在《清史〈循吏传〉编辑大意》中谈到，循吏入传，必须"廉能"，二者缺一不可。

从历史来看，历朝历代任用官员的标准并非一成不变。一般而言，乱世用人重才，治世用人重德。如唐代魏征所言："乱代唯求其才，不顾其行。太平之时，必须才行俱兼，始可任用。"（《贞观政要·择官》）在社会动荡时期，用人以才能为先，因为乱世需要过关斩将、攻城略地、摧坚陷敌的人，权略诡辩之士均须罗列，所谓"进取不以才则无功"（司马光：《才德论》）譬如，三国乱世，曹操曾下了四道"求贤令"，道道紧逼，其主旨均在于打破"唯德是举"的旧例，以适应三国争霸的需要：第一道求贤令说"治平尚德行，有事赏功能"，接着两道是"唯才是举，勿废偏短，盗嫂受金之徒皆可"，最后一道干脆提出只要有"治国用兵之术，不仁不孝者可皆人吾彀中"（《三国志·武帝纪》）。而和平时期治理国家，则需要为社稷作长远打算，必须任用品德高尚、有仁义之心的忠厚人，因为"守成不以德则不久"（司马光：《才德论》）。在现实中，由于两者并不能在所有人身上并存，因此，司马光在《才德论》中根据德与才的关系，将人分为四类："才德全尽谓之圣人，才德兼亡谓之愚人，德胜才谓之君子，才胜德谓之

---

① 《后汉书》《北齐书》《南史》《北史》《隋书》《宋史》《金史》《明史》都载有《循吏列传》，《晋书》《魏书》《宋书》《梁书》《旧唐书》《新唐书》《元史》改《循吏列传》为《良吏列传》，《南齐书》又易名为《良政列传》，《辽史》复变言为《能吏列传》。

② 清流人士的行为类似于传统士人议论时政的"清议"方式。在后世的演化中，人们通常是把那种崇尚空谈、标榜道义而无真实计谋、行为乏力的人士，称之为"清流"。

小人。"在选拔人才时,最理想的是选拔德才兼备的圣人,其次是德行高于才能的君子。在对待愚人和小人的态度上,司马光以为自古以来扰乱朝政、败坏家庭的人都是"才有余而德不足"的"小人"。因为"愚者虽欲为不善,智不能周,力不能胜",愚人不能控制局势,便不能兴风作浪;但"小人智足以遂其奸,勇足以决莫暴",容易以假象取信于人,从而颠覆家国。由此,司马光提出一条著名定理:"用小人不如用愚人"。近世的曾国藩也认为:"与其无德而近于小人,毋宁无才而近于愚人。"(《曾文正公全集·杂著·才德》)

据统计,在"二十四史"及《清史稿》中,共记述了五百多位循吏的事迹。作为中国传统社会数千年来的中坚力量,这些循吏不是单纯的"清官",而是一群恪尽职守、奉法循理、勇担重担、积极创新和廉洁自律的"良吏"。他们事迹各异、各有建树,体现在道德教化、平讼理狱、扶助农桑、救灾赈济、兴修水利、镇边平叛、防匪缉盗等社会生活的方方面面,从而为后人树立了勤政、廉政、善政、德政、惠政、实政的正面典范。

当然,在不同的社会制度下,官吏的地位和职责自然也有所不同。在专制时代,官吏作为皇权的附庸,实施的是"统治"的功能,这自然与今日服务于人民大众的"公仆"不可同日而语。即便如此,作为社会事务的管理者,无论是传统时代的官僚还是当今社会的人民公仆,在承担社会管理职能和具体行为规范上应具有一致性。质言之,传统循吏所具有的那种奉法循理、廉洁清正、勤政爱民、富有作为等基本品行,依然为当今社会所必需。当今吏治的根本问题,不仅在于官场的腐败,更在于官员的慵懒、平庸与不作为。因而,司马迁所强调的那种"奉法循理""无为而自化"的循吏内涵,在当今具有十分重要的借鉴价值。

具体而言,所谓"奉法",就是要做到"依法行政",将官员的行为牢牢框范在法制范围之内,这并非要片面、纯粹地倡导法治之"威严"与施政之"酷烈",而更应强调官员的以身作则。所谓"循理"就是要遵循自然规律而行动,而不是"胡乱作为",诸如只顾追求政绩而缺乏成本效益考虑的各种"形象工程",以及那种缺乏远见只求短期效应的"竭泽而渔"的发展之道,等等。所谓"无为而民自化",并不是主张官员什么都不干、都不做,而应该以发挥被管理对象的主动性、积极性为核心,通过民众的"自我管理",做到人尽其才。事实上,国家政权和统治者、领导者的"无为",将使民众有更多的自由从事自己所愿从事的活动,所谓"为无为,则无不治"。因此,高明的管理者应是领导和激发众人才智的"导演",而不是扮演具体角色的"演员",应"有所为,有所不为"。质言之,只有充分发扬民众的能动性、自我觉醒意识和创造性,增强社会的活力,才能更好地实现社会管理。

第二节 "利出—孔"与国民博弈

全能主义的社会管理模式，反映在经济生活领域，就是在"崇公抑私"的号召下，力图垄断全社会的生产、生活资源及其分配渠道，所谓"利出一孔"。作为君主对资源的最高垄断权的体现，这成为历代王朝解决财政危机的一大法宝。它与君主制度互为表里，成为主导后世中国两千年的经济方略。正是在这种经济方略的指引下，历代统治者"利民"之策，无不以国家财政利益的最大化为其基本宗旨。

一、"利出一孔"的资源分配机制

先秦诸子争鸣的结果，就是"崇公抑私"成为响彻时代的精神口号。这一观念从理论上支持君主对资源的最高垄断权，它与君主制度互为表里，为专制制度整合社会资源、控制分配权提供了理论依据。对此，法家说得直截了当："国者，君之车也"（《韩非子·外储说右上》），"主者，人之所仰而生也"（《管子·形势解》）。荀子干脆宣布："贵为天子，富有天下。"（《荀子·荣辱》）这种把君主视为天下臣民和一切的最高所有者，为君主支配一切奠定了理论基础。这种观念体现在经济上，就是政府以"强国"为目的，实现利权独断，全面控制人民的经济命脉，尤其是国家直接经营既关系国计民生、又可获暴利的行业，如粮食、货币、盐铁等。正是通过这种"利出一孔"的手段，使得一切利达之路皆由国家或君主颁赐："塞民之养，隘其利途。……予之在君，夺之在君，贫之在君，富之在君"。从而迫使人们俯首听命："民之戴上如日月，亲君若父母"（《管子·国蓄》），"毋曰使之，使不得不使；毋曰用之，使不得不用"，"夫富能夺，贫能予，乃可以为天下"（《管子·揆度》）。

春秋时期，管仲相齐，致力于富国称霸。为了促进当时齐国的农业生产，管仲在"均田分力""相地而衰征"（《国语·齐语》）的同时，还结合齐国实际，向齐桓公提出了"官山海"之策，即由国家对盐、铁等重要资源实施垄断经营，具体做法是：政府将盐、铁的生产权放给私人，生产的盐、铁全部由政府收购；再由政府统一向外销售，政府控制流通环节并制定销售价格。这种专卖形式可概括为：民制、官收、官运、官销。这就是历史上著名的"直接专卖制"。在这一过程中，由于官府掌握了整个流通环节，从而可以通过肆意加价而获得超额利润："王国守始，国用一不足则加一焉，国用二不足则加二焉，……国用十不足则加十焉。"（《管子·乘马数》）在此之前，周厉王曾实施"专利"法，导致了可悲的结局，但是，从春秋中期开始，"山川林泽之禁"，即禁止人民从山川林泽中汲取资源，实施山川林泽的垄断经营，日渐成为各诸侯国的普遍政策。其理由是："夫山泽林盐，国之宝也。国饶，则民骄佚。近宝，公室乃贫。"（《左传·成公六年》）管仲之所以能够取得成功，是因为他与周厉王赤裸裸的剥夺方式不同，其高明之处就在于通过"寓税于价""民不知而谋其利"的隐秘策略，让人民"见予之形，不见夺之理"（《管子·国蓄》）。

"官山海"开启了专卖制度的先河，后世因此尊管仲为"盐宗"。除了垄断经营之外，管仲还提出了用宏观调控手段对调节财富分配的方式——"轻重之术"。"轻重"一词原见于《国语·周语》，说的是作为商品交换媒介的货币的重量，主要指物价高低，低为轻，高为重。《管子》将轻重这一概念广泛应用于政治、经济、军事等多个方面：其一，国家根据对商品敛散之轻重，控制物价。市场物价受供求影响，囤积则价格上涨，发售则价格下降，即"物多则贱，寡则贵，散则轻，聚则重"，因此可以"以重射轻，以贱泄贵"（《管子·国蓄》）。同时，通过征收赋税，征发徭役及限定期限的缓急，也可引起物价的起伏："令有徐疾，物有轻重。"（《管子·地数》）其二，利用价格波动，增加国家收入。在价格的上下波动中求其准平，不能使其"常固"，以此来调控经济生活，为国家谋利："故善者委施于民之所不足，操事于民之所有余。夫民有余则轻之，故人君敛之以轻；民不足则重之，故人君散之以重。敛积之以轻，散行之以重，故君必有什倍之利，而财之橅可得而平也。"（《管子·国蓄》）其三，通过对货币的控制，掌握住粮食等重要商品，把握好谷物、货币和商品三者之间的轻重规律："币重而万物轻，币轻而万物重"（《管子·轻重》），"粟重黄金轻，黄金重而粟轻"（《管子·轻重甲》），"粟重而万物轻，粟轻而万物重"（《管子·轻重乙》）。其四，用商战的手段打败敌国。比如，为对付强大的楚国，齐国高价收购楚国的生鹿，使楚人"释其耕农而田鹿"，而齐国则"藏粟五倍"，然后断绝楚国的粮食供应，结果，"楚人降齐者十分之四。三年而楚服"（《管子·轻重戊》），等等。

到了战国时期，由于频繁的兼并战争，各诸侯国在盐业管理上出现松弛局面，造就了许多以盐致富的商人。而秦国在商鞅变法中为了使人民安心于农，实行"壹山泽"的国策。"壹山泽"中的"壹"字是统一管理而非国家专有、独占的意思。秦国对于一般的山泽产品，由于品种繁多、零星分散，国家无法全部包揽，可让私人从事一些生产、开发，由政府征收重税。但是，对于既关系国计民生又可获暴利的行业，如盐铁等产品，从生产到流通，则完全由政府严格控制。

这可称之为"完全专卖制"。

无论是管仲的"直接专卖制",还是商鞅的"完全专卖制",二者的实质上都是由政府控制国民经济的干涉主义。在汉高祖时,便"令贾人不得衣丝乘车,重租税以困辱之"(《史记·平准书》)。孝惠帝与高后执政时期,虽然放宽了限制商人的条例,但仍然对商人进行抑制,规定"市井之子孙亦不得仕宦为吏"(《史记·平准书》),甚至强行没收商人财产。在打击商业的同时,当时的贾谊把储积粮食的多寡与专制皇权的命运联系起来,大声疾呼"积贮":"夫积贮者,天下之大命也。苟粟多而财有余,何为而不成?"(贾谊:《论积贮疏》)晁错的《论贵粟疏》与贾谊的《论积贮疏》堪称姊妹篇,晁错认为,"粟者,王者大用,政之本务",并发展了贾谊的"积贮"思想,认为只有粮食储备("贵粟")才是"积贮"。

除基于"强本"的需要之外,西汉抑制民间商业的另一个主要原因,还在于打击豪强兼并势力,加强中央集权,增加财政收入。汉武帝时期,基于应对大规模战争的财政需要,开始推行盐铁官营、酒类专卖的政策,还利用平准、均输机构,建成了一个遍及全国的商业网。所谓平准,就是平抑物价水准,以限制商人的投机倒把和操纵市场的不法活动,稳定物价:"大农之诸官尽笼天下之货物,贵即卖之,贱则买之。如此富商大贾无所牟大利,则反本,而万物不得腾跃,故抑天下物,名曰平准。"(《史记·平准书》)所谓均输,就是平均输送负担:"往者郡国诸侯各以其物贡输,往来烦难,物多苦恶,或不偿其费。故郡置输官以相给运,而便远方之贡,故曰均输。"(《盐铁论·本议》)具体办法是:各郡国应缴之贡物,按照当地市价,折变为当地丰饶而廉价的土产品,再由均输官将这些廉价土产品运往高价地区出售。这样,既可免除输送贡物入京之烦难,又可避免贡物到京师后成本上升,官府还可在辗转中获得巨大利润。

桑弘羊是制定和推行汉武帝财政政策的关键人物,他主管西汉财政40余年,出现了"民不益赋而天下用饶"(《史记·平准书》)的场面。然而,创办官营工商业就不可避免地出现与民争利的情况,同时,繁重的徭役、赋税和长期战争以及奢侈浪费,不仅使国库空虚,更加重了人民负担,使社会矛盾日益激化。昭帝时期,在始元六年(公元前81年)召开的盐铁会议上,来自全国的贤良文学人士与桑弘羊等执政大臣,围绕盐铁专卖政策展开了一场激烈的争论。贤良文学认为,当时实行的盐铁酒榷均输等政策,是造成民间疾苦的总根源,为此力主罢黜,认为,政府不与民争利,不应直接从事营利性行业,更不应干预控制物质产品的生产和流通,所谓"仕者不穑,田者不渔,抱关击柝,皆有常秩,不得兼利尽物"(《盐铁论·错币》);最高统治者必须限制膨胀的贪欲,减少宫室园林的修建,节制奢侈消费,"寡功节用,则民自富"(《盐铁论·水旱》);应做到不扰民："上不苛扰，下不烦劳，各修其业，各安其性"（《盐铁论·执务》）；政府官员应为大众谋利益，否则，"诸侯好利则大夫鄙，大夫鄙则士贪，士贪则庶人盗"（《盐铁论·本议》）。而以桑弘羊为代表的当权者则极力为盐铁官营辩护，认为，盐铁官营有利于农业生产："盐、铁、均输，万民所戴仰而取给者"（《盐铁论·本议》）；盐铁官营能解决抗击匈奴的巨额军费："盐铁之利，所以佐百姓之急，足军旅之费，务蓄积以备乏绝"（《盐铁论·非鞅》）；盐铁官营能从经济上打击富商大贾、地方豪强："笼天下盐铁诸利，以排富商大贾"（《盐铁论·轻重》），还可起到调剂物资、保障人民生活必需品的供给："盐、铁、均输，所以通委财而调缓急"（《盐铁论·本议》）；更为根本的，国家只有加强对经济的控制，才能巩固"大一统"的中央皇权；否则，会导致地方势力控制商品交易并与中央相对抗："故山泽无征则君臣同利，刀币无禁则奸贞并行。夫臣富则相侈，下专利则相倾也。"（《盐铁论·错币》）

贤良文学同桑弘羊等政府官员之间关于盐铁专营的存废之争，显然基于各自不同的政治立场。贤良文学大多来自民间，了解民间的现实与疾苦，故而打着"民本"的旗帜，认为应藏富于民："王者不畜聚，下藏于民。"（《盐铁论·禁耕》）这一富民主张来自孔孟等原始儒家的民本观，认为，人民富裕是国家财政的基础，所谓"民用给则国富"（《盐铁论·禁耕》），"畜民者，先厚其业而后求其赡"（《盐铁论·未通》）。而桑弘羊则从维护中央集权和政治稳定的角度出发，指责贤良文学议罢盐铁是"损上徇下"（《盐铁论·取下》），且助长奢侈风气，所谓"故民饶则僭侈，富则骄奢"（《盐铁论·授时》），甚至会威胁到统治："民大富，则不可以禄使也；大强，则不可以罚威也。"（《盐铁论·错币》）桑弘羊遵循的是先秦法家"利出一孔"的思维逻辑，并试图竭力突破先秦法家的国富民穷、国强民弱的"零和博弈"逻辑，认为盐铁官营既可以增加国家财政收入，又能更好地有益于民生："有益于国，无害于人。"（《盐铁论·非鞅》）

值得注意的是，贤良文学反对"官与民争利"，又不断说要"以礼义防民欲"（《盐铁论·本议》），实际上是反对民众从事私营小手工业。毕竟，在现实中，能够担负盐铁开采及大规模制造的"民"并不是一般的老百姓，只可能是"豪民"、富商大贾。正如桑弘羊等人所指出的："夫权利之处，必在深山穷泽之中，非豪民不能通其利。"（《盐铁论·禁耕》）而对于农民而言，他们获取财富的只能是本分地从事农业，所谓"工商盛而本业荒也"（《盐铁论·本议》）。由此可见，贤良文学尽管打着"为民请命"的旗帜，实则主要是主张去除政府对富商大贾、诸侯豪门的经济限制。至于桑弘羊等政府官员实现利益独断的主张，本身就是专制主义的题中之义："总一盐铁，非独为利入也，将以建本抑末，离朋党禁淫侈绝并兼之路也。"（《盐铁论·复古》）

　　关于盐铁专营的存废之争，还涉及对农业与商业的不同认识，即所谓本末之争。在中国传统农业文明时代，历代统治者都把发展农业当作"立国之本"，而把工商业当成"末业"来加以抑制。因而，先秦诸子无不提倡"重农"，并表达了对商业的"敌视"，如孟子斥商人是"贱丈夫"（《孟子·公孙丑下》），荀子认为"工商众则国贫"（《荀子·富国》），商鞅主张"令商贾技巧之人无繁"（《商君书·外内》），韩非则视工商为社会之害，称作"五蠹"（《韩非子·五蠹》）之一。尽管如此，对于法家而言，他们并非完全禁止工商业。从管仲相齐所推行的"官山海"和商鞅变法中实施的粮食贸易管制和货币控制等举措来看，法家所谓的"抑商"，只是指私营商业而非官营商业。在盐铁会议上，桑弘羊等人出于对盐铁政策的辩护而打出了"重商"的旗号："古之立国家者，开本末之途，通有无之用，市朝以一其求，致士民，聚万货，农商工师，各得所欲，交易而退……故盐、铁、均输，所以通委财而调缓急。"（《盐铁论·本议》）其基本结论是："富国何必用本农？"（《盐铁论·力耕》）

　　桑弘羊虽然主张重商，但从其国家主义的立场来看，显然只是为官营经济张目，说到底只是一种权力经济，它"排困市井，防塞利门"（《盐铁论·本议》），从而不可避免地会出现以权谋私的现象："吏不奉法以存抚，各以其权充其嗜欲"（《盐铁论·执务》），导致"因权势以求利者，人不可胜数也"（《盐铁论·贫富》）。对此，贤良文学力主"进本退末，广利农业"（《盐铁论·本议》），认为政府的专卖政策是"与民争利"（《盐铁论·本议》）"与商贾争市利"（《盐铁论·园池》），不仅违背了"君子谋道不谋食"（《论语·卫灵公》）的儒家传统，更会使民众背弃礼义，产生争夺之心，引发社会动乱："自食禄之君子，违于义而竞于财，大小相吞，激转相倾"（《盐铁论·错币》）。不过，贤良文学在"重农"这个根本前提下，也承认工商业自有其重要作用："故商所以通郁滞，工所以备器械"（《盐铁论·本议》）；农工商是社会分工的必然要求，政府只有任其自由发展，才能互相满足需求："商工市井之利未归于民，民望不塞也"（《盐铁论·相刺》），"陶冶工商，四民之求足以相更"（《盐铁论·水旱》）。贤良文学所主张的"抑商"，实际上主要是针对官营商业，反对政府垄断经济，而推崇民营经济，坚持自由放任："山海者，财用之宝路也……宝路开，则百姓赡而民用给，民用给则国富"（《盐铁论·禁耕》），并主张归利于民："罢利官，一归之于民。"（《盐铁论·能言》）

　　应该说，国家垄断和自由放任各有其利弊。诚如贤良文学指出的，官营商业的弊端在于：由于垄断经营，致使"盐、铁价贵，百姓不便"（《盐铁论·水旱》），以至出现了"木耕手褥"的现象；产品质量差，使用不便："县官鼓铸铁器，大抵多为大器，务应员程，不给民用。民用钝弊，割草不痛，是以农夫作剧，得获者少，百姓苦之矣"；销售中官僚作风严重，毫无责任心，"吏数不在，器难得"，结果农民"弃膏腴之日，远市田器，则后良时"；官商甚至强迫人们购买滞销产品："铁官卖器不售，或颇赋与民"；不讲经济效益，高投入，低产出："用费不省"（《盐铁论·水旱》），等等。而相比之下，私营工商业则具有诸多优越性：由于存在竞争，产品价格低廉："盐与五谷同价"（《管子·轻重》）；产品方便适用，适应性强："器和利而中用"，让农民"置田器，各得所欲"；生产者能齐心协力："家人相一，父子戮力"；生产精益求精，产品质量有保证："各务为善器，器不善者不售"；经营灵活，送货上门，方便购买者，还可以赊欠，不误农时："农事急，挽运衍（散）之阡陌之间。民相与市买，得以财货五谷新币易货；或时贳民，不弃作业"（《盐铁论·水旱》），等等。当然，私营工商的弊端也是明显的，就铁器生产来说，私人生产规模小，资金不足，技术和设备落后，往往出现"铁力不销炼，坚柔不和"（《盐铁论·水旱》）的问题，而官营工商则能较好地避免这一问题。

盐铁会议上的这场辩论表现在价值观层面，实际上正是先秦诸子义利之辨的延续。贤良文学基于传统儒家"重义轻利"原则，认为盐铁官营恰恰是"崇利忘义"，必然会造成社会上惟利是图、见利忘义的贪鄙之风，将人民引向追逐利益而无视道德的境地："散敦厚之朴，成贪鄙之化，是以百姓就本者寡，趋末者众"（《盐铁论·本议》）；而取消盐铁官营等政策，正是为了"广道德之端，抑末利而开仁义"（《盐铁论·本议》）。说到底，贤良文学的主张，是让儒学作为意识形态贯彻到具体政策中去的一种努力。然而，这种崇义贬利思想，往往会扼杀包含追功求利的进取精神，甚至变成了"防淫佚、尚敦朴"（《盐铁论·本议》）的安贫乐道，因而其消极意味是十分明显的。不仅如此，贤良文学在理论上把德与利各自的利弊片面化、绝对化，即"导民以德，则民归厚；示民以利，则民俗薄"（《盐铁论·本议》），而忽视了二者的相互助益。对此，桑弘羊等政府官员站在法家的立场予以反驳，指出，追逐利益是人的本性，道德教化需要有一定的物质基础作为支撑，否则"贫贱而好义，虽言仁义，亦不足贵者也"（《盐铁论·毁学》）。当然，话说回来，"利"之诉求必须以不违背"义"为前提，尤其对于政府而言。站在今天宪政原则的角度看，政府作为一个公共性的存在，其首要宗旨就是维护公共利益。因而，从这一角度看，贤良文学关于"天子不言多少，诸侯不言利害，大夫不言得丧"（《盐铁论·本议》）的立论，对当今现实具有极大的警示意义。

实施盐铁政策需要以法制作保障，故桑弘羊力主重刑密法："法之微者，固非众人之所知也"（《盐铁论·刑德》）。这自然牵扯到对法家人物的历史评价上。贤良文学认为，商鞅变法一心追求国家富强，丝毫不顾及百姓的生计，被处以车裂之刑是咎由自取："卒车裂族夷，为天下笑。斯人自杀，非人杀之也。"（《盐铁论·非鞅》）桑弘羊等政府官员则认为，商鞅志在强国利民，具有远见卓识："夫欲粟者务时，欲治者因世。故商君昭然独见存亡不可与世俗同者，为其沮功而多近也。庸人安其故，而愚者果所闻"（《盐铁论·遵道》）；商鞅所以受到攻击，是因为有人对他获得成功的妒忌："是以相与嫉其能而疵其功业也"（《盐铁论·非鞅》）。

无论如何争论，盐铁会议的实际结果是争议双方的相互妥协。由于当时政府的财政主要由专卖收入来支撑，故而桑弘羊等人认为专卖制度"不可废"，但又不能不对贤良文学之士所提出的一些意见做出表示，对贤良文学揭露的"百姓贫陋困穷"的社会现实加以承认，对商人要求分利的呼声做出部分让步。因此，桑弘羊在盐铁会议结束后上奏昭帝："请且罢郡国榷沽、关内铁官"（《盐铁论·取下》），即罢除对国家财政影响不大、对广大人民为害不深的酒类专卖和关内铁官，但盐铁官营政策依然保持不变。这说明，在经济方面，儒家思想没有多大影响力，经济体制和政策的制定主要遵循法家重利轻义的原则；贵德、重义等儒家原则作为口号喊喊是可以的，但真正面临义与利的选择时，统治者更为看重的还是实际利益。[①]

西汉末年，王莽建立新朝后，面对当时严重的财政危机，竭力独占山川林泽之利，推行了名为"六莞"的激进财政政策，将盐、酒、铁、名山大泽、五均赊贷都纳入专卖体系，并以严刑峻法保障推行，最终激发民变，王朝倾覆。东汉建立之初，光武帝刘秀废除食盐专卖法，任民制盐，自由贩运，官征其税，即实施"就场征税制"。到了三国时期，基于争霸的需要，魏蜀吴三国均实行专卖制。两晋南北朝时期，盐业有时实行征税，有时实行专卖。而从隋文帝开皇三年（公元583年）直至唐朝开元时期（714～740年），在长达100多年的时间内，政府完全放开盐禁，任民经营，且免除征税。

唐朝安史之乱后，政府财政陷入困境，盐业专卖又重新实行。在这一过程中，唐代杰出的理财家刘晏着力从制度上对盐政进行改革：首先，他将原来的"官运官销"的直接专卖制，改为民制、官收、商运、商销的"间接专卖制"。由于是在产盐之地将食盐收购起来卖给商人，故而，又称为"就场专卖制"。刘晏改革的基本精神，就是在销售环节上引入商业机制，使商人自由竞争，官府只把住生产与总批发环节。这种自由竞争机制，既调动了盐商的积极性，又避免了奸商哄抬盐价。在这种体制下，零售价格由盐商根据市场行情自行定夺，盐商们"相所缺而趋之，捷者获焉，钝者自咎其拙，莫能怨也"（王夫之：《读通鉴论》

---

① 参见彭新武：《论盐铁会议的四重逻辑》，载于《哲学动态》2016年第6期，第24～31页。

卷二十四）。其次，保护私商。为了降低商人的经营成本，保障食盐的正常流通和价格稳定，除正常收税外，刘晏禁止地方官吏和军队对过境食盐层层设卡收税。同时，为减少商人缺钱、换钱的困难，规定商人可以纳绢代钱购盐。最后，设置"常平盐"和"储备盐"。具体而言，对于距离盐产地较远、交通不便的地区，为保障供应又避免商人们高价买盐，刘晏创设"常平盐"，即预先调运部分食盐到这些地区贮存起来，如果商人不来，食盐供应紧张而价格上涨，政府则以平价把官盐销售，这就是所谓"常平盐"。与此同时，对于产盐区每年出产的积余之盐，刘晏在交通要道特设大盐仓加以收购、储备，在食盐短缺、脱销之际，进行市场调剂，避免盐商们高抬盐价，这就是所谓"储备盐"。储备盐和常平盐一样，作为对就场专卖制的补充，充分发挥了官营盐业应有的作用，真正做到了"使天下无甚贵贱而物常平"（《新唐书·刘晏传》）。

刘晏的食盐专卖，在精神上与管仲、商鞅、桑弘羊一脉相承，但在具体做法上更为切实可行，也更为完善：一方面，由于国家控制了货源，掌握了批发环节，又管理了零售市场，商贾只能在规定的范围之内从事正常的商品流通，不大可能兴风作浪、牟取暴利；另一方面，政府可以大大节省费用开支，充分利用商人尤其是中小商人"马驮人挑"的销售能力，把食盐运销到农村的各个角落。史称："及晏代其任，法益精密，官无遗利。"（《旧唐书·刘晏传》）这种在官营商业领导下对私营商人进行限制和结合的"就场专卖制"，创造了一种"多赢"的局面："官获其利而民不乏盐""国用充足而民不困弊"（《资治通鉴·唐纪四十二》），盐户的生产状况也有所改善，商人也得到了合理的利润。一般的理财家，都抱守一种孤立的理财观念，只以国家收入的增多为目标，结果，理财变成了"聚敛"，百姓却日益贫困。所以，从秦国的商鞅到西汉的桑弘羊，都没有好名声。而刘晏管理财政近20年，盐政收入成了财政的主要来源，"天下之赋，盐利居半"（《新唐书·食货志》），将大唐王朝从经济崩溃的边缘拉了回来，成为历史上著名的"救时财相"。然而，刘晏死后，唐王朝盐政日渐紊乱，走上了一条掠夺商人和农民的聚敛之路，最终引发唐末盐商王仙芝、黄巢所发动的农民起义。①

赵匡胤建立北宋之初，基本上取法桑弘羊的官营垄断政策。到了宋太宗时期，逐渐改为刘晏的官收商销政策。当时，北方用兵抗辽，乃推行"折中法"：令商人输纳粮草至边塞，计其代价，发给"盐引"；商人拿"盐引"到京师，再由政府移交盐场；商人去盐场领盐、运销。宋仁宗时代，范祥创行"盐钞法"，采取了更为便捷的方式，将"折中法"中的输纳粮草改为由商人用现钱买取，故

---

① 参见张雯、彭新武：《盐铁官营：流变与反思》，载于《求索》2017年第4期，第189～195页。

名"盐钞"，以之作为取盐的凭证。南宋、元朝沿用北宋引法不变。但是到了元代后期，盐政日趋紊乱，军人违禁贩运，权贵托名买引，致使官盐价贵，引发淮南盐贩张士诚、浙江盐贩方国珍的武装起义。

明朝立国之初，为防御蒙古铁骑的侵扰，朱元璋调动军队沿长城各关口组成千里防线。为了给边关提供足够军需，1370年，朱元璋仿效北宋"折中法"，实行"开中制"，让商人们向各边镇纳粮，以此换取贩卖官盐的"盐引"。除纳粮外，还可以交纳棉、布、马、铁等物资来换取盐引。在这一过程中，山西商人基于地缘优势捷足先登，垄断了北方军需贸易，风靡中国商界数百年的"晋商"由此崛起。1492年，明朝户部尚书叶淇发动盐法变革，仿照宋代"盐钞法"，规定盐商可直接用银子而不必再运送物资来换取盐引，这就是所谓"折色制"。由于两淮盐区距离徽州都很近，徽州商人自此成批投入到盐业经营的行列，徽商也由此崛起。明代中叶以后，由于政府滥发盐引，权贵专擅盐利，导致官盐壅塞，私盐盛行。1617年，户部尚书的李汝华和两淮盐政大臣袁世振等人推行"纲法"，实行民制、商收、商运、商销。从此，官不收盐，收买、运销之权悉归于商人，故称"商专卖制"。"纲法"还严格控制商人数量，这使得纲册原载的商人获得到了政府特许的垄断经营权，并可世袭。官督商销、权力寻租的红顶商人时代，由此开启。

清初大体上沿袭了明代的"商专卖制"，盐商向官府缴纳巨额银两（即"盐课"）以取得垄断经营权，并到指定的区域进行买卖。清代的一个突出特点是实行"总商"制，即政府选择家道殷实、资本雄厚者为"总商"，代替政府向盐商征收盐课。由此，少数总商逐渐垄断了食盐流通，形成一个富裕而显赫的社会阶层。其中，以两淮盐商最具代表性。两淮盐商最初由山西、陕西的盐商主导。而自清朝尤其是康乾时代以来，徽商进入鼎盛局面并超越晋商。晋商、徽商的成功，与山西人的诚信和徽州人的"徽骆驼"精神自然不无关系，但盐商之所以富可敌国，关键还在于获得了盐业的垄断经营权。然而，当时的社会现实是，拥有万贯家财的盐商在社会地位和影响力方面，仍无法与当时的官员、名士相比肩。因而，盐商在获得了充足的金钱资本之后，他们考虑更多的不是将商业资本转化为产业资本，而更倾向于捐纳官职，或是通过报效、科举等方式，寻求新的社会身份的改变，从而把大量的可生产资本投向各种非经济性用途，因而就不难理解：为什么拥有巨额资本的两淮盐商，并没有进一步发展成为像欧洲那样的商业资本主义。

盐商尽管与官府结为利益同盟，并在商场上长袖善舞，但他们在对自身累积财富的保护方面，却又无能为力。他们不仅要向政府缴纳巨额的盐课银两，每遇重大军需、庆典、赈务、工程之时，盐商们还要捐输巨额银两。对于盐商的报效、捐输，政府不仅在政治上奖给职衔，而且在经济上给予优恤，譬如，允许盐商对盐"加价""加耗"（增加每引捆盐斤数），有时甚至豁免部分盐税，在资金周转不灵时还俾资周转。然而，清代中叶之后，盐商报效、捐助的压力渐渐增大，又要向官府交纳贷款息银，再加上自己生活豪奢，很多盐商逐渐入不敷出。为了克服这一危机，盐商只能不断抬高盐价，结果民怨沸腾、私盐盛行、官盐滞销，直接影响清政府的财政收入。乾隆时期发生的震动朝野的"两淮盐引案"，正是这种恶性循环的一次集中爆发。当时，盐商要预支盐引，需向朝廷交利息，而捉襟见肘的盐商们只有一再贿赂盐政官员，请求迟缓利息缴纳。前后二十年，经历了三个盐政官员，盐商们共亏欠国库 1 000 多万两银子。之后，许多官吏和大盐商被捕，其中包括纪晓岚等知名政府要员。

在官盐发生严重滞销、朝廷财政收入衰减的情势下，清政府决心对盐法进行改革。1832 年，道光时期两江总督陶澍将淮北引盐改为票盐，在那些交通不便的地方允许资本较小的商人在向政府缴纳盐课后凭票贩盐。这从根本上取消了盐商在两淮盐业中的垄断特权，且取消了行盐地界，结果盐价"骤贱"。随后，两江总督陆建瀛又将此法推行于淮南。对于盐商们而言，"噩运"终于来临，他们由于交不起朝廷规定的重税，又没生意可做，于是纷纷破产，境况十分凄凉：众多盐商的屋舍园林一律罚没，家族子孙流离失所，妻女沦落风尘者也不乏其数。昔日风情万种的两淮盐商，遂成历史云烟。①

清朝陶澍等人的"废纲改票"之精髓，在于通过自由竞争，调动普通商贩的积极性来降低成本、平抑盐价、提高销量，以确保盐税。在这一举措下，小商多则大商不能垄断，官场积弊亦少，官府、商人与民众各得其所。然而，随着票法的推行，在市场竞争中必然会出现大商吞并小商并垄断盐利的局面。咸丰、同治时期，曾国藩、李鸿章等人倡导的盐法改革，就是以大商排斥散商，重掌垄断，以确保盐税。此后，晚清盐政始终在"纲法"与"票法"之间来回交替，因循苟且，直至清朝覆亡，也未能做出实质性的变革。

盐铁官营的奥妙在于利用垄断而独掌利权，故而成为历代王朝（除个别时期外）解决财政危机的一大法宝。曹操对此一语道破："察观先贤之论，多以盐铁之利，足赡军国之用。"（《三国志·袁张凉国田王邴管传》）此后，历代政府对专营禁榷的范围还不断扩大，除盐铁外，茶、酒、醋、曲、香料、药材和矾等也成为国家垄断的项目。然而，在帝国的财政体制下，专营往往被官僚集团的"内部人"控制，专卖遂成为制造腐败、破坏公平、伤害社会道德的渊薮。白居易《盐商妇》诗云："每年盐利入官时，少入官家多入私。官家利薄私家厚，盐铁

---

① 参见张雯、彭新武：《盐铁官营：流变与反思》，载于《求索》2017 年第 4 期，第 189～195 页。

尚书远不知。"（白居易：《白居易诗集校注·卷第四·盐商妇》）司马光曾痛斥食盐管营："天地所生财货百物，不在民，则在官，彼设法夺民，其害乃甚于加赋"（《宋史·司马光传》）。苏轼说得更为尖刻："言之则污口舌，书之则污简牍"（苏轼：《东坡志林·司马迁二大罪》）。赞成也好，反对也好，专卖制度作为君主对资源的最高垄断权的体现，成为主导后世中国两千年的经济方略。故而，明代大儒李贽曾慨叹道："盐、铁不可废"（李贽：《史纲评要·汉纪·汉孝昭皇帝》），"桑弘羊者，不可少也"（桓宽：《盐铁论·杂论》）。

纵观食盐经营从"直接专卖制"到"就场专卖制"再到"商专卖制"的历史演变，虽然官营的成分在不断减少，市场化的成分日渐增加，但是，国家掌握着专卖权的管理发放，政府对盐业的垄断本质并没有改变。明清之后随着商品经济的发展，盐利在国家财政收入中的比重虽然日渐下降，但是，国有经济的垄断性质和地位并没有发生实质性的改变，而只是将国有经济的大头转移到了新兴产业。

唐朝韩愈在《论变盐法事宜状》中曾经指出：私人经营"利归于己"，能有较大的积极性，方式灵活，服务周到；官吏销盐受制度约束，"利不关己"，难以主动去开展销售业务，更不会走乡串户，上门服务；偏远地区百姓稀少，官府售盐因行政成本高而往往得不偿失，私人经营则无此问题；国家专营还易诱发腐败和敲诈百姓以及强行摊派等事情发生（韩愈：《韩昌黎文集注释》卷八）。

既然官营与私营各有其利弊，因而二者需要进行恰当的结合。历史地看，自由放任的市场经济模式曾主导了资本主义国家早期的经济发展，但由于20世纪二三十年代西方世界经济大萧条，从而导致主张国家干预经济的凯恩斯主义的盛行。这种"看得见的手"之所以出现，是因为"看不见的手"具有相当程度的盲目性，完全的自由放任会使市场走向非理性，引来市场的无序和疯狂，导致经济危机，这便是"市场失灵"。因此，政府这只"看得见的手"适时、适当地干预，便可以纠正"市场失灵"，促使市场理性回归，实现市场运行正常。

问题在于，既然市场能够"失灵"，那么，政府干预会不会"失灵"？既然政府或准政府机构是运作主体，那么，就应具备足够的知识、丰富的信息，以及快速的反应体系和敏锐的决策体系，再加上适时的纠错机制。然而，按照哈耶克的理论，知识和信息是高度分散在社会个体的，政府机构获得知识和信息有一个学习和收集的过程，知识和信息往往具有某种滞后性，而政府对信息的掌握又不可能完备。同时，政府机构的反应体系和决策体制服从于政府机构的既定程序，在这种情况下，政府很难及时地进行纠错，等等。在这些约束条件下，政府要非常有效地运作，往往是很困难的。

惟其如此，关于"看得见的手"和"看不见的手"之争，现在大多集中在政府多大程度上对经济进行调节和控制，而不是断然否定政府进行调节和控制的作用。历史经验表明，在一国或一个经济体之内，纯粹的"一只手"主义，不能够解决经济运行的复杂问题，只有将"两只手"结合起来，才是有效的选择。这不仅是一个理论问题，更是一个实践难题。国家统一管理和自由放任如果能够相得益彰固然美好，但在具体的现实环境中，二者之间总是充满了复杂的博弈。施行国家垄断，为的是"富国足用"，但有可能削弱民间经济发展的活力，导致"国富民（包括豪民）穷"。更有甚者，如果政府一旦从市场的裁判者转变为市场中的竞争者，就可能会滥用公权力而谋取私利。[①] 应该说，即便在今天，这依然是一个巨大的理论和实践难题。

二、"国"与"民"的利益博弈

回溯历史，夏、商和西周时代的贵族政治，是以村社共同体为基础的，其内部的一项基本生存原则，就是"因民之所利而利之"（《论语·尧曰》），即保证农业生产的正常进行。当时，劳役地租普遍不超过当时土地产出的十分之一，且只有在农闲时才可以征用少量徭役，所谓"使民以时"（《论语·学而》）。如果重敛于民，人民就会去寻求其他政治力量的保护，所谓"适彼乐土""适彼乐郊"（《诗·小雅·四月》）。

春秋之后，随着各诸侯国普遍加强集权和"国用"的迅速增加，国家治理的基本理念，也由原先的"因民之所利"，而逐渐转变为保证国家的"财用"。这以鲁国"初税亩"为代表。这一举措实行"履亩而税"（《公羊传》），即计亩征税，就是把公田的土地折算分配给农民，实行一家一户的个体经营。然后，依据土壤的肥瘠、视年成丰歉而征收数额不等的实物农业税，劳动者与土地所有者按一定比例共同分成（税率一般大约为十分之一），从而将以前井田制下的劳役地租转变为实物地租。这可以说是中国土地制度和财税制度上的一次重大变革。晋国"作爰田"，楚国"量入修赋"，秦国的"初租禾"等都基本如此。除了这种田税外，楚的"量入修赋"还包括按照土地数量征收"车兵、徒兵、甲楯之数"（《左传·襄公二十五年》），即军赋。而很多国家将军赋单列为一个税目，如郑国子产"作丘赋"（《左传·昭公四年》），晋国则称为"作州兵"（《左传·僖公十五年》），鲁国称为"作丘甲"（《左传·成公元年》），性质相同。到了战国时期，力役（徭役）也成为单独的税目；等等。

由于货币税的出现，"布缕""粟米""力役"这三大征收形式，便逐渐汇聚

---

① 参见盛洪：《二千年前的"国进民退"大辩论》，载于《南方都市报》2010 年第 11 期，第 90～93 页。

形成实物、力役和钱币三位一体的国家税收体系。《汉书·食货志》中有云："财者，帝王之所以聚人守位，奉天顺德，治国安民之本也。"这里存在的一个关键问题在于：从秦汉到明清，历代统治者"利民"之策虽然讲得很多，但总是以国家财政利益的最大化为宗旨。在实际的国家治理中，随着"国用"的增加，国家不断以增税的法令来破坏既定的税制，所谓"总无名之暴赋而立常规"（《新唐书·食货志二》），而"因民之所利"越来越变得无足轻重——这成为中国历史上税制演进之常态。

从理论上讲，国富与民富既有相互促进的一面，也有相互对立的一面。二者如果能够相得益彰固然美好，但在具体的现实环境中，二者之间总是充满了复杂的博弈。基于"固本"的需要，一些开明的统治者一般都能够高扬儒家"仁政"理想，将富民放在优先地位，但随着各个王朝继任之君的日渐腐败与奢华，"让利于民"常常变为"与民争利"，实际上从未逃脱所谓"黄宗羲定律"：历代税赋改革，每改革一次，税就加重一次，而且一次比一次重，所谓"积累莫返之害"（黄宗羲：《明夷待访录·田制三》）。

纵观中国历史上所有变法，其核心问题都是在处理国与民之间的利益关系。这里以历史上著名的王安石变法和张居正改革为例来对此进行解说。

北宋政权的建立，虽然结束了"五代十国"的割据局面，但"积贫积弱"，国家财政力量薄弱，国家军事力量弱小，无法有效抵抗来自外族的侵扰。到了北宋中期，兵弱、财匮、民困这三大问题，更是成为长期困扰北宋朝廷的难题。在这种情势下，宋神宗图谋富强之路，于熙宁二年（1069 年），把王安石推上了变法的舞台。

王安石首先实行均输法：原先各州县进贡京城的货物需长途运输，王安石则按"徙贵就贱、用近易远"（《宋史·王安石列传》）的原则，其一，就近采购以节省运费，这等于把之前的运输机构变成了兼具商贸功能的国营企业。其二，实行青苗：由官府来承担原本民间的放贷业务，在青黄不接时向农民放贷，秋收后连本带利收回。其三，为了改善农业基础设施，王安石还实行了"农田水利法"。其四，王安石又推出募役法，又称"免役法"，废除原来按户等轮流充当州县差役的办法，改由州县官府自行出钱雇人应役，雇员所需经费由民户按户分担。原来不用负担差役的女户、寺观，也要缴纳半数的役钱。其五，"市易法"：是由朝廷官办企业经营商品批发业务。其六，"方田均税法"：是针对北宋土地占有极不均等的现象进行改革的，"方田"是每年由县长举办土地丈量，"均税"是以"方田"丈量的结果为依据制定税数，等等。

从上述法令看，均输法早在西汉桑弘羊时试行，就是变"地方贡奉"为"中央采购"，所谓"发运使衙门"就变成了一家庞大的国营垄断企业。青苗法和市易法的问题也正在于此。王安石推行青苗法所定的利息自然较富户为低，既免除了农民所受的高利贷盘剥，也增加了国家的财政收入。实行青苗法所需的经费也不成问题，王安石的办法是将常平仓和广惠仓卖出陈米的钱用来做"抵押贷款"。这一做法有平抑物价、救济农民、抑制奸商富豪等多重功效，然而，实际操作下来的结果却极其可怕：王安石定的利息标准是年息二分，这其实已经很高了，而各地还要加码；为了推行新政，王安石给全国各地都下达了贷款指标，结果，老百姓增加了负担，地方官增加了收入，且"多少坏事借变法之名以行之"（《宋史·王安石传》）。这样一种改革，说得好听叫"理财"，说得不好听就只能叫"聚敛"。正如司马光所言："不取诸民，将焉取之？"（司马光：《司马温公集编年笺注·疏札·论财利疏》）更为严重的是，王安石以青苗法取代常平法、惠民仓，实质上使政府所承担的社会保障功能弱化，等同于把政府降格为一个带有垄断地位的高利贷者。如果说青苗法是衙门做银行，市易法则是衙门做商店，兼做银行。在实行过程中，市易务官吏为了提高本钱发放率，获取批零差价，扩大赊贷额，转嫁赊贷本息，强迫商户"必买于市易"，使市易务成为"挟官府而为兼并"的市场垄断机构。[1]"市易司"后来就变成了最大的投机倒把商，专门抢购紧俏物资。其结果，官吏暴富、政府损失、商民受害。[2]而募役法则是赤裸裸地以增加税赋的方式直接为国家敛财了。募役法规定，不论上户下户，按户交纳免疫钱，这对于上户而言并不构成大负担，但对于下户而言则不胜苛重，等于增加了新的摊派。此法令虽然在一定程度上体现出"公平"，但直接触动了原本拥有免役特权的大官僚大地主的利益。

从王安石变法的实际后果看，最大成效就是国家财政明显好转。变法不仅抹去了积欠多年的财政赤字，还建立起五十二座战备物资库，直到徽宗时还是"余财羡泽，至今蒙利"（陆佃：《陶山集·神宗皇帝实录叙录》）。然而，作为一种应对社会危机的政治需要，王安石变法丝毫没有从根本上触及政治体制问题，不仅经济领域里抑制兼并、平均税役等问题没有解决，冗官冗兵冗费问题也没有得到根本解决，军队的战斗力并没有根本的提升。最终，变法走入国富而民困的怪圈。

围绕着王安石变法，北宋产生了新、旧两党的党争：以王安石为代表的主张变法图强的"新党"和以司马光为代表的"旧党"。司马光把社会动乱的原因归结为"三纲不正"，只重功利而不及义理："汉氏虽不能若三代之盛王，然犹尊君卑臣，敦尚名节"，"自魏、晋以降……于是风俗日坏，入于偷薄，叛君不以为

---

① 参见魏天安：《宋代市易法的经营模式》，载于《中国社会经济史研究》2007年第2期，第20~29页。

② 参见易中天：《王安石变法为什么事与愿违》，人民网，2010年8月2日。

耻，犯上不以为非，惟利是从，不顾名节。至于有唐之衰……不复论尊卑之序，是非之理。陵夷至于五代，天下荡然，莫知礼义为何物矣。"（李焘：《续资治通鉴长编》卷一百九十六）相反，王安石则认为，享国日久的国君最终败亡的原因在于不善远谋，因循苟且："自秦已下，享国日久者，有晋之武帝、梁之武帝、唐之明皇。此三帝者，皆聪明智略有功之主也。享国日久，内外无患，因循苟且，无至诚恻怛忧天下之心，趋过目前，而不为久远之计，自以祸灾可以无及其身，往往身遇祸灾，而悔无所及。"（王安石：《上时政疏》）

新旧两党的分歧主要表现在：其一，王安石重事功，视求利为理所当然："至于为国之体，摧兼并，收其赢余，以兴功利，以救艰厄，乃先王政事，不名为好利也。"（李焘：《续资治通鉴长编》卷二百四十）旧党人士虽然力主变革，但大多主张渐变，反对急功近利，如司马光认为："当举其大而略其细，存其善而革其弊，不当无大无小，尽变旧法，以为新奇也。"（司马光：《司马温公集编年笺注·与王介甫第三书》）苏轼也认为："不患不明，不患不勤，不患不断，但患求治太急，听言太广，进人太锐！"（《宋史·苏轼传》）其二，王安石理财的根本目标是把富国强兵看作百姓安居乐业和生活富足之保障，强调"民不加赋而国用饶足"（《宋史·食货志·均输》）。司马光等人则主张藏富于民，富民为先："仓库盈实，百姓富给，斯为善治财矣！"（《资治通鉴》卷七十三）其三，在理财原则上，王安石主张以天下之力生天下之财，以供天下之费。而旧党人士则认为，国用不足，在于用度太奢，赏赐不节，宗室繁多，官职冗滥，军旅不精，为此，提出将减节用度作为解决财政危机的主要办法："减节用度，则租税自轻，徭役自少，逋负自宽，科率自止。"（司马光：《司马温公集编年笺注·疏札·谏西征疏》）

随着新旧两党的相互攻讦，双方从最初的政策之争，进而变成无原则的党派倾轧。在这一过程中，随着反对力量日益强盛，改革力量逐渐削弱。元丰八年（1085 年），宋神宗病逝，改革遂戛然而止。神宗死后，哲宗元祐元年（1086 年），以司马光为首的旧党上台执政，新法尽废，史称"元祐更化"，王安石也含恨而死。六年以后，宋徽宗即位，起初强调安定团结，不久又改变初衷，崇尚王安石时代的熙宁之政。就在这种频繁折腾中，朝政越发混乱，最终将北宋引向了衰亡的不归路。时人言："宋人议论未定，金人兵已渡河"，公元 1127 年，即王安石变法失败后四十一年，金兵攻入北宋首都，虏获徽、钦二帝，北宋灭亡，史称"靖康之难"。

在中国历史上，堪与王安石变法相比拟的，是明朝的张居正变法。明朝自中叶以来，政治腐败，经济萧条，军备废弛，外患不断。在此情势下，张居正于万历元年（1573 年）出任内阁首辅，发动了一场全面的改革：首先，张居正从整顿吏治开始，推行"考成法"，主要立足于加强内阁的行政和监察责任，提高吏、户、礼、兵、刑、工六科的监察职能。考成法还对六部、都察院等具体行政衙门实施随时考核、事事责成的稽查制度等。这一严密而完整的考成系统，将宦官统率六科、稽查章奏权移交内阁，从而在一定程度上减少了宦官干政的可能，提高了内阁的权威，加强了号令天下的中央集权。考成法还提高了办事效率，减少了各部门的相互推诿、扯皮，为精简机构、节省政府开支提供了可能。"考成法"实施以后，朝廷的政令实现了"虽万里之遥，朝下而夕奉行，如疾雷迅风，无不披靡"（《明史·张居正传》），从而为推动经济改革作了组织上的充分准备。之后，张居正针对嘉靖、隆庆时期行贿受贿、贪污腐败的社会状况，整治驿政和赋役。与此同时，为了开辟财源，增加财政收入，张居正还重新丈量土地，改革税制，推行"一条鞭法"。此外，张居正积极推行"外示羁縻，内修守备"（《明史·王崇古传》）的方针，重视整饬军备，加强边防，等等。①

张居正对明王朝的全方位改革，取得了明显的成效，故时人称"救时宰相"。然而，张居正"殚精毕智，勤劳于国家，阴祸机深，结怨于上下"（《明史·于慎行传》），触动了保守势力的利益，故而遭到保守势力的坚决反对。万历十年（1582 年），张居正离世后，保守势力得势，考成法、一条鞭法被废止，支持改革的官员均遭到排挤迫害，最终落得个"人亡政息"的结局。明王朝衰颓之势不可逆转，最终灭亡。

从历代王朝在土地兼并问题上的"抑制"与"不抑制"的种种举措，也许可以帮助我们认识"国"与"民"利益博弈问题的本质与复杂性。在农业社会，土地是最主要的生产资料和财富，因而社会各阶层对土地资源的争夺便首当其冲。纵观我国传统社会土地所有制的历史演变，虽然从形式上看表现为从土地国有制向封建地主大土地私有制、自耕农小土地私有制的转变趋势，但是，"不管是小土地私有制形式还是大土地私有制形式，都不是纯粹的私有制形式，而是在国家最高所有权支配下的土地私有制度"，即在官府主导下，在形式上的"公有""私有"之间轮回转换——官府将私有土地公有化然后出卖，将土地分给权贵然后招佃，将土地配给农户然后他们再典卖，……这一系列过程构成了土地在形式上"公有"和"私有"的相互转化的动态格局。② 随着经济的发展，私有产权的发展虽然成为一种大趋势，但事实上，王朝对土地的控制逐渐从直接占有土地和直接控制土地分配，通过对私人因占有、使用土地征收高额赋役的形式，而

① 参见徐昌强：《试论王安石变法与张居正改革成效不同之原因》，载于《荆州师专学报》1998 年第 3 期，第 24～27 页。

② 参见邓建鹏：《私有制与所有权？——古代中国土地权利状态的法理分析》，载于《中外法学》2005 年第 2 期，第 181～202 页。

转变为直接对土地的收益进行绝对性支配。造成这一局面的深层根源在于，中国传统政治文化中缺乏独立的个人及其正当性的私人权利，故而，以国家法律为基础的制度性的私人所有权始终不见于历代王朝。

基于维持社会稳定的需要，历代统治者大都采取限制土地兼并的政策，但只要土地可以自由买卖，土地集中的现象就不可避免。历史地看，历来主张"抑兼并"者大都有如下理由：一是通过削富、益贫，为的是"百姓均平"；一是施行"利出一孔"，为的是"富国足用"。而"不抑兼并"的理由则是所谓"官不与民争利"。然而，由于在私人中并不存在平等的自由竞争，"不抑兼并"实际上是害怕权贵与老百姓一同被"抑"。如果说"抑兼并"导致了国富民穷，"不抑兼并"的结果则是国与民俱贫，而官独富。于是，朝廷轮番用药，在二者的交替循环中最终陷入"管死放乱"的怪圈。问题的关键还在于，中国历史上所谓的"兼并"在本质上并不是经济行为，而是权力行为。与其说是富民兼并贫民，不如说是有权者兼并无权者（包括无权的富民）、权贵兼并平民、统治者兼并所有者。其结果，抑兼并，则朝廷禁网遍地，民无所措其手足；不抑兼并，则贪官污吏横行，民无所逃其盘剥。除了国家法定的赋税之外，官僚集团往往为了满足自己的利益进行非法加派赋税。而农民由于缺乏公民权利及组织涣散，面对各种非法加派，只要还能生存下去就只能选择忍受。当然，在极端情况下，则是选择以暴力的方式去"剥夺剥夺者"。[①]

第三节　思想一统及教化之道

全能主义的社会管理模式，反映在思想意识形态领域，就是力图实现全社会的"思想一统"。自汉代以来，随着儒家被定于一尊，文化一律遂成为历代王朝思想统治的一项既定方针。虽然儒学在此后也曾经历过几度衰落与复兴的命运，但儒学能够与时俱进而发展出新的理论形态，始终在官方意识形态中占据统治地位。而为了更好地实现思想一统，历代王朝常常软硬兼施、双管齐下：一是采取愚民和教化这样一种"软"的方式；二是通过制度安排甚至通过强制手段打击那些不利于统治的舆论与行为的"硬"手段。由此，原本是创造力极强的中华民族，便进入一个创造力衰微、万马齐喑的灾难境地。

[①]　参见秦晖：《中国经济史上的怪圈："抑兼并"与"不抑兼并"》，载于《战略与管理》1997 年 4 期，第 70～75 页。

一、思想一统的"共识"

在全社会实现意识形态的"思想一统"格局，很大程度上也是先秦诸子的"共识"，如墨子的"尚同"说，法家的"以法为教"。荀子甚至认为，思想归于正道，实现思想的统一，不能靠说理，而要靠极权政治的威势，靠强权和刑法："凡邪说辟言之离正道而擅作者，无不类于三惑者矣。故明君知其分而不与辨也。夫民易一以道而不可与共故，故明君临之以势，道之以道，申之以命，章之以论，禁之以刑。"（《荀子·正名》）韩非对此尤其明确："禁奸之法，太上禁其心，其次禁其言，其次禁其事。"（《韩非子·说疑》）就是说，法治的最高境界是禁止邪恶的思想，其次是禁止邪恶的言论，最后才是禁止邪恶的行为。可见，先秦诸子几乎无一例外，都把国家治理的根本点对准了人的心灵领域。这也成为后世中国历史和中国政治的基本特征。

关于实现思想统一的缘由，《管子》一书说得极为透彻："昔者，圣王之治人也，不贵其人博学也，欲其人之和同以听令也。……故有国之君，苟不能同人心，一国威，齐士义，通上之治，以为下法，则虽有广地众民，犹不能以为安也。"（《管子·法禁》）大意是说，古之圣王在考核人才时，不是看他们是否博学，是否有学问和思想，而是看他们是否能与国君保持思想的一致性。一国之君，如果不能整齐人心，不能统一士人的思想和意志，虽有广土众民，也不能保障国家的安全。因此，圣明的君主治国，就是要做到人民不敢私立异议，不能有自己的个性，一国之内的风俗习惯、法度礼节、思想议论都必须绝对统一。对那些傲慢不恭、乱改法令、私立异说的，都要加以诛戮或惩罚。对那些有强烈个性的人，强硬的使之屈服，冒尖的使之挫折，顽固的必须攻破。而为了使亿万民众的思想与国家或君王保持一致，甚至可以采用法度制裁、杀戮、管制等严酷手段："明君在上位，民毋敢立私议自贵者。国毋怪严，毋杂俗，毋异礼，士毋私议。倨傲易令，错仪画制，作议者尽诛。故强者折，锐者挫，坚者破。引之以绳墨，绳之以诛僇，故万民之心皆服而从上。"（《管子·法法》）

从实践来看，秦朝在统一天下的过程中，就充分意识到了思想一统的重要性。《吕氏春秋·不二》说："一则治，异则乱；一则安，异则危。"而随着秦王朝专制集权的建立，鼓吹一元文化的工作也开始实施。秦始皇接纳李斯的建议，以法家思想为圭臬，全面推行文化专制主义政策，实现思想的"大一统"："今皇帝并有天下，别黑白而定一尊。私学而相与非法教。"（《史记·秦始皇本纪》）为此，秦王朝颁布"挟书令"，在全国范围内实行以吏为师、以法为教。一切有违这一官方思想的异端邪说，都必将受到排斥和镇压："史官非秦记皆烧之。非博士官所职，天下敢有藏《诗》、《书》、百家语者，悉诣守、尉杂烧之。有敢偶语《诗》《书》者皆弃市。以古非今者族。"（《史记·秦始皇本纪》）先秦百家争鸣的辉煌局面，从此基本结束。

汉承秦制，但同时"汉易秦政"，新王朝在统治政策上迥异于苛严的秦政，在政治、经济、思想诸方面施行较为宽松的政策，注意开放言路，倾听士人对朝政的议论。史载，汉高祖"纳善若不及，从谏若转圜，听言不求其能，举功不考其素。"（《汉书·杨胡朱梅云传》）汉武帝也"好忠谏，说至言"（《汉书·杨胡朱梅云传》）。尽管如此，为了教化风俗、长治久安，需要形成和维护一个稳定的舆论环境和主导思想。汉文帝时，陆贾秉承先秦儒学排他性的片面传统，强调儒学的惟我性与独尊性，以保证思想、文化上的同一："故圣人执一政以绳百姓，持一概以等万民，所以同一治而明一统也。"（《新语·怀虑》）这就明确提出了意识形态上的专制性与同一性问题。那么，如何才能"执一"呢？陆贾主张以《诗》《书》及仁义伦常来一统众说，反对异端"邪说"蛊惑人心。这种观念实际上与商、韩、李斯之文化禁锢思想并无二致。有所不同的是，商、韩一派"以法为教""以吏为师"，禁绝百家；而陆贾则主张以儒家仁义为本，强调以"圣人之道"来收敛民众之心。

到了汉武帝统治时期，基于强化中央集权的需要，董仲舒在《天人三策》中提出用儒家思想来统一思想："今师异道，人异论，百家殊方，指意不同，是以上亡以持一统；法制数变，下不知所守。臣愚以为诸不在六艺之科孔子之术者，皆绝其道，勿使并进。邪辟之说灭息，然后统纪可一而法度可明，民知所从矣。"可见，董仲舒不像李斯的主张那样粗暴和简单，而是采用引导人们采纳某种思想的柔性手段，使"民知所从"，自觉投入他所设定的思想牢笼。他并不焚烧其他学派的典籍，而只是利用政策导向的作用；他不限制异己的东西，而只提倡所尊崇的东西，使其自然"灭息"。这种柔性手段自然是容易为人们所接受的。这一做法为儒学成为中国民族唯一的思想来源、实现真正的思想独断打下了基础。①

汉武帝之后，中华帝国进入了思想"大一统"的时代。董仲舒的"天人感应"论把人的"个体性自我"湮没在神权之中。光武帝更宣布图谶于天下，谶纬迷信成为东汉之"正宗"。自此，自我被湮没于儒家名教纲常的人伦社会群体之中，不敢"一伸己见"，最终唯君主意志是从。王充写作《论衡》一书，批判董仲舒以来的"天"有意志论，以"冀悟迷惑之心，使知虚实之分"（王充：

---

① 参见李振宏：《秦至清皇权专制社会说的思想史论证》，载于《清华大学学报》（哲学社会科学版）2016年第4期，第5~40、194页。

传统中国之治的历史与逻辑

《论衡·对作》）。王充反复申言"天"自然无为，万物的生长是"自然之化"：
"天动不欲以生物，而物自生，此则自为也；施气不欲为物而物自为，此则无为
也。"（王充：《论衡·自然》）不仅如此，王充的批判更把对圣贤所言的盲从权
威之风刻画得淋漓尽致："世儒学者好信师而是古，以为圣贤所言皆无非，专精
讲习，不知难问。夫贤圣下笔造文，用意详审，尚未可谓尽得实，况仓卒吐言，
安能皆是？不能皆是，时人不知难；或是，而意沉难见，时人不知问。案贤圣之
言，上下多相违；其文，前后多相伐者，世之学者，不能知也。"（王充：《论衡·
问孔》）然而，这种批判毕竟是微弱的。随着儒家被定于一尊，文化一律遂成为
历代王朝思想统治的一项既定方针。虽然儒学在此后也曾经历过几度衰落与复兴
的命运，但儒学能够与时俱进，而发展成新的理论形态，从而始终在官方意识形
态中占据统治地位。

应该承认，儒术独尊在维护国家统一、保持中华文明的完整性与涵容力、实
现个体的安身立命等方面，自有其不可磨灭的正面价值，但是，这种模式只是给
了各家自由发展一种形式上的合法性，实际上却压缩了其发展空间，从而使得儒
学以外的文化得不到社会承认与正常发展。儒学的排它作用是如此强烈，以至于
理学在兴起之初，也曾受到社会主导舆论的极大排斥："一有刚毅正直、守道循
理之士出乎其间，则群讥众排，指为'道学'，而加以矫激之罪。十数年来，以
此二字禁锢天下之贤人君子，复如昔时所谓元祐学术者，排摈诋辱，必使无所容
其身而后已。"（王懋竑：《朱熹年谱·宋史朱熹传》）之后，朱熹之学被斥为
"伪学"，朱熹死时仍是"四方伪徒期会，送伪师之葬，会聚之间，非妄谈时人
短长，则谬议时政得失"（王懋竑：《朱熹年谱》卷四）。直至理学在南宋末期上
升为官学，被统治者用来作为统一思想、言行的工具，它才获得承认和普及。

随着儒学与政治意识形态的结合，对于知识分子而言，在专制主义的氛围
中，"依附"与"同流"便成为一种宿命，而不再具有认识主体的独立性。与先
秦时期相比，汉以后的儒生虽积极入世，但已不再坚持"儒者为帝王师"的伟大
梦想，而是曲学阿世，力争成为统治阶级驾驭百姓最得心应手的政治工具。在专
制体制下，士人阶层便在"学而优则仕"的不竭呼喊中，作为实现"贤者在位、
能者在职"理想的所谓学问和知识，竟变成了造出特殊身份的武器，而成为专制
体制之"帮凶"①。

故而，缅怀历史，百家争鸣的春秋战国，总会给人留下一道莫名的乡愁。
在那个"礼崩乐坏"的时代，激烈的社会变革催生了诸子百家，创造出空前绝
后的文化繁荣。他们负笈而行，周游列国，天马行空，积极参与政治。秦朝初

---

① 参见王亚南：《中国官僚政治研究》，中国社会科学出版社1981年版，第75~78页。

年，知识分子还依然保留有春秋战国时期的风尚，然而，秦始皇的焚书坑儒，以其残酷的形式向知识分子提出警告，君主专制制度从本质上拒绝知识分子以制衡为目的的参政议政。最终以董仲舒的独尊儒术为标志，知识分子完全站到了专制君主一方，成为专制君主的理论代言人和专制统治的辩护者。李零先生指出："虽然孔子当年，他在政治上不太得意，所以对讲求德行的弟子更偏爱，但孔子死后，……情况却正好相反，他的学生，真正得志的反而是长于言语、政事和文学者。……他的很多学生，还有学生的学生，其实都很趋时趋势，与政治潮流有密切合作。比如子夏对三晋地区的法术传统（这个传统后来被商鞅传播到秦国），还有好谈制度，传帝王术给韩非、李斯的荀卿，就有很大影响。战国晚期，流行刑名法术和阴阳五行，儒家与这类学术对话（利用儒家典籍中的亲缘成分），也主要是制度派，而不是道德派。他们的所作所为，虽未必合于孔子本人的理想，但却是战国秦汉儒学发展的主流。当时，颜回一流的人物，只能'隐而不见'，人数很少，而且吃不开。"①

而为了实现思想一统的大政方针，使子民柔顺地依从与听命，历代统治者常常采取"愚民"的方式。如秦代"挟书令"的颁布和禁止私学。汉初虽然废除"挟书令"，但并非放弃愚民策略，"独尊儒术"对于人们的思想禁锢，事实上并不亚于秦代对《诗》《书》的焚烧。在两汉"以经治国"原则逐步确立的前提下，在儒学与"禄利之路"紧密联系的情况下，在"遗子黄金满籝，不如一经"（《汉书·韦贤传》）的社会风气里，具备一定的儒学素养为做官所必须，从而使一元文化发展到极点："百有余年，传业者浸盛，支叶蕃滋，一经说至百余万言，大师众至千余人，盖禄利之路然也。"（《汉书·儒林传》）正如顾颉刚先生指出的："秦始皇的统一思想是不要人民读书，他的手段是刑罚的裁制；汉武帝的统一思想是要人民只读一种书，他的手段是利禄的引诱。结果，始皇失败了，武帝成功了。"②

从汉明帝开始，官撰史书即成制度，此后历代王朝大都是皇帝钦令来编订史书，以标榜正统。同时，统治者还通过编纂类书、丛书来粉饰太平，并排斥异端，查禁、销毁不利于其统治的图书。这种思想一统之风，在明代尤甚。朱元璋认为"治本于心"，其重要性不下于"治本于法"，故而登基伊始即宣布"明教化，以行先圣之道"（《明史·礼四·至圣先师孔子庙祀》），主张用孔孟之道来统一思想，控制舆论。除此，朱元璋还力图使皇帝成为思想信仰的最高权威，利用皇权干预思想文化的是非争论，是谓皇帝兼作"教主"。孟子虽然是儒教的

① 参见李零：《重见"七十子"》，载于《读书》2002 年第 4 期，第 37～42 页。
② 参见顾颉刚：《秦汉的方士与儒生》，上海古籍出版社 2005 年版，第 36 页。

"亚圣",但其"民贵君轻"之类的言论不利用皇权统治,故而朱元璋命令儒臣编纂《孟子节文》,以尊君为根本标准,凡是对君不恭敬的话都以"抑扬太过"为由删除。在这方面,清朝做得也很"出色"。康熙曾向臣民颁发训谕,作为立身行事的准则,其中之一便是"黜异端以崇正学"。乾隆帝在主持《四库全书》的编撰时,曾指示对书籍禁毁或"改易违碍字句","务须详慎抉择,使群言悉归雅正,副朕鉴古斥邪之意"(永瑢:《四库全书总目·圣谕》),等等。

　　一个偌大的帝国,只允许有一种官定思想,必然造成两个结果:一是使这种官定思想变成一种随机应变、左右逢源的体系。于是,孔夫子连同其创始的儒学,一并成为被任意摆布的道具。鲁迅说过:"待到伟大人物成为化石,人们都称他伟人时,他已变成傀儡了。"[1] 另一个结果是,为了维护官定思想的权威性和严肃性,就要将它变成一种僵化的教条,成为束缚人们思想的桎梏。的确,自儒家思想被确立为正统思想地位以来,任何理论创新的尝试都不可避免地被贴上"离经叛道"的标签,从而使知识分子彻底丧失了保持精神独立的可能性,一代代文化人遂成思想上的"植物人",从而断送了一个民族进步的活力。正如蔡元培指出的:"吾国承数千年来学术专制之积习,常以见闻所及,持一孔之论。"[2]孙中山指出,文化专制主义的严重危害,一是"堵塞人民之耳目,锢蔽人民之聪明",二是"最大的是思想不自由,言论不自由,行动不自由",久而久之,养成对君主"盲从附和"的"奴性",形成墨守成规、听天由命、安于现状、因循守旧的心理,等等。[3] 如此一来,晚清以后中国人的落后、被动与挨打,似乎也就成了一种历史的必然。

二、教化的"两手"策略

　　为了更好地推行思想一统,历代统治者都非常重视"教化"的手段。所谓教化,按照许慎在《说文解字》中的解释:"教,上所施下所效也";"化,教行也。"在儒家的教化理念中,礼乐教化必重师以化民。《尚书·秦誓》曰:"天佑下民,作之君,作之师。"至于师与君之关系,《尚书·周官》曰:"立太师、太傅、太保,兹惟三公;……少师、少傅、少保,曰三孤。贰公弘化,寅亮天地,弼予一人。"《孔传》曰:"师,天子所师法。傅,傅相天子。保,保安天子于德义者。"这就是说,君必有师,君必尊师。《礼记·学记》云:"是故古之王者,

---

[1]　参见鲁迅:《鲁迅全集》(第3卷),人民文学出版社1981年版,第256页。
[2]　参见蔡元培:《蔡元培文选》,上海远东出版社2012年版,第320页。
[3]　参见孙中山:《孙中山文集》,团结出版社1997年版,第565~569页。

建国君民，教学为先"，"君子如欲化民成俗，其必由学乎！"

作为周礼文化的拥趸者，孔子毫不掩饰教化培养顺民的功效："君子学道则爱人，小人学道则易使也。"（《论语·阳货》）而孟子更是一语道出教化的功效和儒学宗师们选择教化作为基本国策的缘由："善政不如善教之得民也。善政，民畏之；善教，民爱之。善政得民财，善教得民心。"（《孟子·尽心上》）孟子认为，每个人都有成善的可能性，只要通过道德教化，不断提高道德修养，"人皆可以为尧舜"。为此，孟子反复强调肯定办学的重要性："设为庠序学校以教之。庠者，养也；校者，教也；序者，射也。"（《孟子·滕文公上》）荀子认为，孟子未对先天的"性"与后天的"伪"进行区分，为此，他从"人之性恶，其善者伪也"（《荀子·性恶》）的观点出发，提出人的本性是恶的，善只是人为的产物，应通过礼义法度和圣人的教化，才能矫正。实现善的方法是"化性而起伪"（《荀子·性恶》）。相比较而言，孟、荀对人性的认识不同，孟子在重视外在道德教育的同时也看重主体的个人修养，荀子则更多地强调圣人的教化，但都得出重视道德教化的结论。

此后，先秦儒学的教化之道成为统治者的"常规"："教者，政之本也"（《新书·大政下》）董仲舒甚至把教化视为实施仁政、治国安邦的根本："凡以教化不立而万民不正也……是故南面而治天下，莫不以教化为大务。"（《汉书·董仲舒传》）董仲舒认为，圣人之性是至善的，小人之性是至恶的，只有中民之性有善有恶、可善可恶："圣人之性不可以名性，斗筲之性又不可以名性。名性者，中民之性。"（《春秋繁露·实性》）这意味着，对圣人不需教化，对中人必须加强教化；而对冥顽不化的小人根本不用教化，只好用刑罚来制裁，即"发刑罚以立其威"（《春秋繁露·威德所生》）。这正是先秦儒家所提倡的"先教后刑"。在东汉，"凡郡国皆掌治民，进贤劝功，决讼检奸……每县、邑、道，大者置令一人……皆掌治民，显善劝义，禁奸罚恶"（《后汉书·百官五》）。在唐代，"京畿及天下诸县令之职，皆掌导扬风化，抚字黎氓"（《旧唐书·职官志》）。在宋代，"诸府置知府……掌总理郡政，宣布条教，导民以善而纠其奸慝"（《宋史·职官七》）。在明代，"知府，掌一府之政，宣风化，平狱讼，均赋役，以教养百姓"（《明史·职官四》）。

从教化方式上看，秦朝开创"以吏为师"的政治传统，以宣传统治法规、政策，实施依法教民。这一制度设计造成了官府话语垄断，社会、人生的一切问题，都要由官员说了算，真正落实了墨子"尚同"之义。汉代统治者在继承"以吏为师"的基础上，更在依法教民的同时强调社会教化，并通过设置各类学校来控制教育，进而达到思想统一的目的。董仲舒建议国家设立太学，地方设立庠序，来推广社会教化："故养士之大者，莫大乎太学；太学者，贤士之所关也，教化之本原也。今以一郡一国之众，对亡应书者，是王道往往而绝也。臣愿陛下兴太学，置明师，以养天下之士，数考问以尽其材，则英俊宜可得矣。"（《汉书·董仲舒传》）董仲舒的倡议以及随后汉武帝表彰六经以后，尊孔读经成了士人生活的精神支柱，"御定"的儒家说教几乎垄断了当时的世俗教育。譬如：刘向撰著《列女传》，分门别类地讲述古代贞女贤妇的事迹，成为东汉以后的"闺训"教材。班昭作《女诫》，概述了关于妇女自身修养及与家庭成员关系的准则，即所谓的"妇礼"。东汉《白虎通义》表面上是"讲议《五经》异同"，实质上是一份体现国家意志的臣民教育读本。《白虎通义》之后，纲常名教一统天下，奠定了中华帝国政教合一、君师一体、圣王一统的基本治理范型，所谓"上自黄帝，下及三王，莫不明德教，谨庠序，崇仁义，立教化。此百世不易之道也"（桓宽：《盐铁论·遵道》）。

在社会教化的过程中，历代儒者更是殚精竭虑，推波助澜。北宋时期，二程针对宋王朝的政治经济危机，提出将教化当作重要国策，对皇帝、官吏、庶民实施分类分层教化。二程更强调受教育者的主体作用，提出了诚敬为本、礼乐感化、内省自得等自我教育方法。这与不求甚解、因循固守的旧教育形成鲜明对比。当然，礼义道德教化是一个长期过程，必须持之以恒："移风易俗，非一朝一夕所能成，故善俗必以渐也。"（程颐：《周易程氏传》卷四）教化之道在明代最为突出。朱元璋十分推崇教化的实施，除了在中央和地方建立起一套完整的地方学校教育体系之外，还专门编撰和颁行《大诰》，要求"一切官民诸色人等，户户有此一本"，并列为各级学校的必修课程，"欲其自幼知所循守"（《明太祖实录》，卷二百一十四）。此外，还颁布《教民榜文》，作为乡村社会治理的法令。朱元璋还十分重视官德建设："百姓安否在守令，守令之贤者以才德。有才则可以应变集事，有德则足以善治。"（《明太祖宝训》卷三）而为了推行基层教化，朱元璋大量选用"年高德劭"的老人参与乡政，在地方上倡导恢复乡饮酒礼，全力褒扬三代邻里相助、患难相恤之古风，等等。如此一来，从中央到地方，从官员到民众，涉及社会生活方方面面，形成了一套完整的教化体系。帝王有时还直接以经学大师的身份自居，御撰经疏，教化民众。

教化以长者仁慈的面目出现，蕴含了统治者对民众的绵绵"爱意"和无尽"关怀"，使人在感恩戴德的心情下慢慢中毒，贞节牌坊即是典型的样板。与这种"软"的方式相对应，还有一种"硬"的思想控制方式，即通过制度安排甚至通过强制手段打击那些不利于统治的舆论与行为。这主要表现在人才选拔上。可以说，科举制突破了门第限制，尤其为下层士人提供了通过自身努力改变命运、步入上层社会的可能空间，极大地增强了社会活力。然而，自明朝以来，科举制日趋走向僵化，科举考试不仅规定以《四书》《五经》等儒家思想为基本内容，而

205

且规定以八股文为主要形式，"其文略仿宋经义，然代古人语气为之，体用排偶"（《明史·选举制》）。倘若对程朱理学稍有不敬，即被视为悖圣逆道。鲁迅先生曾揭露道："汉朝以后，言论的机关，都被'业儒'所垄断了。宋元以来，尤其厉害。我们几乎看不见一部非'业儒'的书，听不到一句非'士人'的话。除了和尚道士，奉旨可以说话的以外，其余'异端'的声着，决不能出他房门一步。"①

显而易见，科举的目的已不仅仅限于选拔"人才"，更重要的是用科举来控制人的思想，甚至诱之以利。明代规定，死读四书五经，遵守孔孟礼教的，出了国子监，即可直接任职做官。于是，千千万万的读书人的唯一出路，就是皓首穷经，奋进于科举仕途。此后，文人的头脑多被理学和八股禁锢，只会空谈性理。只要有颜如玉、黄金屋、千盅粟，自然就会有"学成文武艺，货与帝王家"的忠心。这种统治手法可以说比秦之"焚书坑儒"、汉之"独尊儒术"更为高明。然而，士人从中所得到的，只是一些陈旧的政治、伦理与文化知识，真是"欲求公卿大夫之材于其中，以立国而治民，是缘木而求鱼也"（顾炎武：《顾亭林诗文集·生员论上》），最终造成"人数益众，学术益衰，学术衰而人才日敝"②的局面。

除科举制度外，历代统治者对民众的言论自由严加限制。在宋代及以前，如果说士人还能够多少拥有一定的议政资格的话，那么，到了明清时代，这似乎已成为天方夜谭。史载，宋神宗一次与程颢论及人才，神宗说："朕未之见也。"程颢立即质问皇帝："陛下奈何轻天下士？"宋神宗只好耸然曰："朕不敢！朕不敢！"然而，六百年后的大清盛世，纪晓岚为协办大学士，尝论国事，遭乾隆叱斥："朕以汝文字尚优，故使领四库书，实不过以倡优蓄之，汝何敢妄议国事？"（天嘏：《满清外史》）而对于离经叛道者，轻则及身，重则灭族。自明清以来，"文字狱"大盛，范围更是遍及一切文字领域，若稍有只言片语触犯"禁忌"，一律处死，甚至满门抄斩。朱元璋对那些不符合儒学的"异端邪说"，视之为洪水猛兽，严加镇压："夫邪说不去，则正道不兴。正道不兴，天下乌得而治？"（《明太祖实录》卷二十九）康熙、雍正、乾隆三朝"盛世"，因只言片语而招致杀戮株连的案件更多。在此情势下，学者或致力于不触忌讳的儒家典籍考证，重训诂，审音义，或醉心于猎取功名富贵的八股考试："避席畏闻文字狱，著书都为稻粱谋。"（龚自珍：《咏史》）

显然，儒家所倡导的人物风格，于"干禄"则可，于民族的自我觉醒、个性

---

① 参见鲁迅：《鲁迅全集》（第 1 卷），人民文学出版社 1981 年版，第 122 页。

② 参见王昶：《天下书院总志序》，见《中国古代教育史资料》，人民教育出版社 1961 年版，第 278 页。

解放则适得其反。明末宋应星著述《天工开物》曾写道:"欲购奇考证,而乏洛下之资;欲招致同人商略赝真,而缺陈思之馆。"(宋应星:《天工开物》序)鲁迅说:"奴隶只能奉行,不许言议,评论固然不可,妄自颂扬也不可,这就是'思不出其位'。"[1] 正如马克思在批判普鲁士政府的书报检查制度时所言:"你们赞美大自然令人赏心悦目的千姿百态和无穷无尽的丰富宝藏,你们并不要求玫瑰花散发出和紫罗兰一样的芳香,但你们为什么却要求世界上最丰富的东西——精神只能有一种存在形式呢?我是一个幽默的人,可是法律却命令我用严肃的笔调。我是一个豪放不羁的人,可是法律却指定我用谦虚的风格。一片灰色就是这种自由所许可的唯一色彩。每一滴露水在太阳的照耀下都闪现着无穷无尽的色彩。但是精神的太阳,无论它照耀着多少个体,无论它照耀着什么事物,却只准产生一种色彩,就是官方的色彩!"[2]

① 《鲁迅全集》第6卷,人民文学出版社1981年版,第44页。
② 《马克思恩格斯全集》第1卷,人民出版社1995年版,第111页。

第六章

礼治天下与“人治”的迷局

先秦礼治尽管经过战国变法运动和秦代“以法为教”的强烈冲击，但自西汉中期以来，政治家和思想家通力合作，经过融法入礼的礼治重构，最终促成了礼治社会的形成。这种治理规范由于深深根植于中国传统的宗法关系和宗法观念中，而保持着长期的稳定形态，从而成为中国传统社会治理的基本模式。然而，这一治理模式不可避免地使得中国传统社会陷入“人治”的窠臼。当今中国治理现代化的一个重要议题，便是如何走出传统人治的格局，而真正走向现代法治的治理轨道。

第一节 礼治的重建与礼治社会

秦汉时期是中国政治文化的一个整合时期，政治家和思想家通力合作，以“儒法合流”为基调，传统礼法制度和宗法观念又重新焕发生机，最终在全社会层面确立了“三纲五常”为核心的礼治秩序。此后，中国传统社会的治世思想虽然也发生过嬗变和衰落的现象，但基本上没有脱离这种治理格局。

一、礼治的流变与重建

春秋时期的社会大变革虽然使宗法等级制度与“周礼”遭到了一定程度的破

坏，但究其实，这只是诸侯、卿大夫把过去只有天子、诸侯所使用的礼仪加以照搬，以凸显自身的权势。在当时的社会生活中，礼制依然是各国维系统治的有效手段，寓于旧礼之中的纲常伦纪观念仍然受到一些统治阶层的重视。譬如，管仲曾对齐桓公说："臣闻之，招携以礼，怀远以德，德礼不易，无人不怀。"（《左传·僖公七年》）《管子》一书还称礼、义、廉、耻为"国之四维"，认为"四维张，则君令行"，"四维不张，国乃灭亡"（《管子·牧民》）。

孔子以西周王道正统的继任者自居，并将重建周礼作为自己的历史使命。孔子以"仁"释"礼"，将对礼制秩序的遵从，建立于人之为人的内在自觉和自律上，而不需要任何理由和外力的强制。故而，遵循"礼"便成为时人生活的一部分。如李泽厚所言：孔子是"把原来的僵硬的强制规定，提升为生活的自觉理念，把一种宗教性神秘的东西变而为人情日用之常，从而使伦理规范与心理欲求融为一体"。① 孟子把孔子的仁为礼之本、不仁则不礼的思想经过充分发挥，进一步将礼的根源诉诸人的内心，认定人性本善，人生而有仁、礼的端绪于内在的心性之中，自仁而为、自礼而行，而不是依循外在的规矩。②

与孔孟向内寻求的思路不同，荀子则从外在的社会生活和经验层面，论证了礼的合法性基础。荀子通过对现实世界的观察，认为，人们最难以忍受的是与自己同样的人凌驾于其上，所以社会要稳定，就必须造就一定的差别："分均则不偏，势齐则不壹，众齐则不使。有天有地而上下有差，明王始立而处国有制。夫两贵之不能相事，两贱之不能相使，是天数也。"（《荀子·王制》）而从社会分工的角度来看，社会各个阶层都应当有其固定的行为模式或职业范式，否则就会导致社会的混乱："职分而民不慢，次定而序不乱。"（《荀子·君道》）因此，荀子认为，消除争乱应从"明分使群"开始，即通过明确人们的社会地位，并通过建立一定的社会机制，使人们都能按照"分"的要求去行动："治国者，分已定，则主相、臣下、百吏各谨其所闻，不务听其所不闻；各谨其所见，不务视其所不见。"（《荀子·王霸》）故而，荀子所强调的"礼"主要便体现在对社会等级的划分上："礼者，贵贱有等，长幼有差，贫富轻重皆有称者也。"（《荀子·富国》）在荀子看来，如果没有"礼"，等级秩序就无法建立，社会就会陷入混乱无序的状态。只有通过"隆礼"，就可以使君主更好地管理臣子和推行政事："先王恶其乱也，故制礼义以分之，使有贫富贵贱之等，足以相兼临者，是养天下之本也。"（《荀子·王制》）荀子在强调以礼为"别"的同时，还认识到必须依靠"乐"以消融不同分工所导致的怨怒情绪，使人们安于"礼"的秩序，所

---

① 李泽厚：《中国古代思想史论》，天津社会科学院出版社 2008 年版，第 15 页。
② 参见李国娟：《试论孔孟荀对礼制合法性基础的构建》，载于《晋阳学刊》2009 年第 3 期，第 92~95 页。

谓"乐合同，礼别异。"（《荀子·乐论》）此外，荀子还经常把"义"和"礼"合在一块来讲。在荀子那里，"礼"是外在的"分"，即宗法等级制度所规定的等级名分；而"义"是内在的"分"，即对宗法等级制度及其等级名分的自觉意识和服从，所谓"少事长，贱事贵，不肖事贤，是天下之通义也"（《荀子·仲尼》）。

从实践上看，秦国虽然厉行法治，但"礼"仍然受到统治阶层的重视："至秦有天下，悉内六国礼仪，采择其善，虽不合圣制，其尊君抑臣，朝廷济济，依古以来。"（《史记·礼书》）史载，秦始皇外出巡游，在诸多名山留下了许多刻石文字，其中不乏儒家礼治思想。譬如，琅邪刻石写道："尊卑贵贱，不逾次行"；在泰山刻石曰："男女礼顺，慎遵职事，昭隔内外，靡不清静，施于后嗣。"会稽刻石写道："饰省宣义，有子而嫁，倍死不贞。防隔内外，禁止淫泆，男女洁诚。夫为寄豭，杀之无罪，男秉义程。妻为逃嫁，子不得母，咸化廉清。"（《史记·秦始皇本纪》）这些都表明秦王朝在一定程度上也注意社会的教化，并将此视作端正风俗进而达到"行同伦"的手段。此外，秦律在任官标准上始终坚持"德才兼备"的原则，所谓："凡为吏之道，必精洁正直，慎谨坚固，审悉无私，微密纤察，安静毋苛，审当赏罚。严刚毋暴，廉而毋刖，毋复期胜，毋以忿怒决。宽容忠信，和平毋怨，悔过勿重。慈下勿陵，敬上勿犯，听谏勿塞。"（《秦简·为吏之道》）事实上，秦始皇通过设置皇帝名号，进一步完善了一整套礼仪。孙楷所撰《秦会要》设有"礼"部，对见诸文献记载的秦礼制，按照吉、嘉、宾、军、凶五礼的分类予以汇编。这充分说明秦人已有了相当程度的礼制仪式。只不过，在秦王朝"礼"与"法"的"混一"状态中，"法"的比重和社会功能要高于"礼"。

西汉立国之时，"天下草创，未遑立制"（《通典·礼一》），"群臣饮酒争功，醉或妄呼，拔剑击柱"（《史记·刘敬叔孙通列传》）。基于此种情由，叔孙通建议刘邦："臣愿征鲁诸生，与臣弟子共起朝仪。"（《史记·刘敬叔孙通列传》）刘邦接受了这一建议："汉王已并天下，诸侯共尊为皇帝于定陶，通就其仪号。"（《汉书·郦陆朱刘叔孙传·叔孙通》）之后，在叔孙通主持下，进行了皇帝加冕仪式，诸侯群臣举行了朝拜大礼。在庄严的气氛中，"诸侯王以下莫不震恐肃敬。……诸侍坐殿上皆伏抑首，以尊卑次起上寿。……无敢喧哗失礼者。于是高帝曰：'吾乃今日知为皇帝之贵也！'"（《汉书·郦陆朱刘叔孙传·叔孙通》）叔孙通所制定的这一礼仪盛况，意味着汉代礼制的初步奠基。

汉初的礼治建设与皇权强化密切关联。"礼治"的实施强化了皇帝的尊贵，同时，而皇权的强化又为礼治的推行提供了保障。不过，叔孙通制定的礼仪只属草创，远不完备。汉文帝时，随着儒学开始兴盛，儒生开始广泛介入政治。贾谊便是重新确立"礼"之主导地位的关键人物。针对当时汉初尊卑不分、上下逾等的混乱状况，贾谊认为，最根本的，还是要建立一种"等级分明""下不得疑"的礼法制度。受先秦法家"势论"影响，贾谊以"势"入礼，力倡君臣之礼，试图通过人为地造成一种尊君之势，使天子"其尊不可及"（《新书·阶级》）。他把君臣之位形象地比喻为建筑物的"阶级"，并对君臣之间等级的重要性进行了阐述："人主之尊，辟无异堂。阶九级者，堂高大几六尺矣。若堂无阶级者，堂高殆不过尺矣。天子如堂，群臣如阶，众庶如地，此其辟也。故堂之上，廉远地则堂高，近地则堂卑。高者难攀，卑者易陵，理势然也。"（《新书·阶级》）也就是说，君臣之间只有严格等级，"厉廉耻行礼义"（《新书·阶级》），才能"君仁臣忠"，统治政权才能巩固。对于君民关系，贾谊认为也应纳入礼治秩序的范围，严守尊卑等级之分。贾谊针对当时社会上衣服无等，富人侈奢之风，特别是"众庶""富人大贾"服饰方面的严重僭越行为，认为这些都是"不敬""无等""冒其上"的表现，有害于君主实行有序统治："君臣相冒，上下无辨，此生于无制度也。"（《新书·瑰玮》）为此，他提出了一个"制服之道"，一律以人们等级地位之高低为标准来决定其名号、旗章、礼仪、秩禄、冠履等，以维护其等级的尊卑，所谓"改正朔，易服色，法制度，定官名，兴礼乐"（《史记·屈原贾生列传》）。在贾谊看来，礼是用来"明"等级，以达"固国家、定社稷"（《新书·礼》）之目的，人们的一切行为都必须以礼为原则："故道德仁义，非礼不成；教训正俗，非礼不备；分争辨讼，非礼不决；君臣、上下、父子、兄弟、非礼不定；宦学事师，非礼不亲；班朝治军、莅官行法，非礼威严不行；祷祠祭祀、供给鬼神，非礼不诚不庄。是以君子恭敬、撙节、退让以明礼。"（《新书·礼》）

到汉武帝时期，随着董仲舒和公孙弘等人的出现，"礼治"成为在社会政治生活中起主导作用的统治方略："汉承百王之弊，高祖拨乱反正，文、景务在养民，至于稽古礼文之事，犹多阙焉。孝武初立，卓然罢黜百家，表彰《六经》。……兴太学，修郊祀，改正朔，定历数，协音律，作诗乐，建封禅，礼百神，绍周后，号令文章，焕焉可述。"（《汉书·武帝纪》）《晋书·礼志下》详细记载了汉武帝举行的一次飨会礼："至武帝，虽改用夏正，然每月朔朝，至于十月朔，犹常飨会。其仪，夜漏未尽七刻，受贺及赞，公侯璧，中二千石、二千石羔，千石、六百石雁，四百石以下雉。三公奉璧上殿御坐前，北面。太常赞曰'皇帝为君兴'。三公伏。皇帝坐，乃前进璧。百官皆贺，二千石以上上殿称万岁，举觞。御食，司徒奉羹，大司农奉饭，奏食举之乐。百官受赐，宴飨，大作乐，如元正之仪。"在这种庄严、神圣的氛围里，汉武帝俨然人间的神明。对此，班固曾描绘道："汉承百王之弊，高祖拨乱反正，文、景务在养民，至于稽古礼文之事，犹多阙焉。孝武初立，卓然罢黜百家，表章《六经》。遂時咨海内，举其俊茂，与之立功。兴太学，修郊祀，改正朔，定历数，协音律，作诗乐，建封禅，礼百神，绍周后，号令文章，焕焉可述。"（《汉书·武帝纪》）

与汉武帝一脉相承，汉宣帝大力推行礼治，曾下诏："导民以孝，则天下顺。"（《汉书·宣帝纪》）随着礼治作为统治思想的确立和广泛传播，特别是以经治国的理念日益强化，为了评判经学内部的是非纷争，汉宣帝还特别召开石渠阁会议。这场会议讨论的焦点，是《公羊春秋》和《谷梁春秋》的异同。由于公羊学中贯穿着"大义灭亲"的严刑峻法思想，虽然有利于"三纲五常"的弘扬，却削弱了儒家的宗法情谊，而谷梁学重礼义教化、重宗法情谊，具有加强宗法礼仪的功能。故而，宣帝最终将《谷梁春秋》列为官学。自此，"公羊学"和"谷梁学"相辅相成，共同成为"三纲五常"的理论依托。正是由于官方的重视，以及众多儒家学者的努力，西汉时代造成了礼学的进一步流行。

西汉末年由于战乱不断，礼仪制度遭到毁坏，但重建后的东汉政权对"礼乐盛世"的向往更加强烈。如果说汉代礼治的确立是在西汉中期的武、昭、宣时期，汉代礼治的成熟阶段则是在东汉时期。史载，光武帝刘秀建立东汉之初，运用"柔道"治理天下，"偃武修文，崇德报功，勤政治，养黎民，兴礼乐，宣教化，表行义，励风俗"（司马光：《稽古录》），创造出"海内欢欣"、"天下晏然"的"光武中兴"。其主要做法有：（1）奖用儒士，奖励名节，表彰忠臣、廉吏，"诏求天下义士"。只要能遵行纲常名教，奉礼守道，就能平步青云，致位显贵。（2）通过"三雍"来推行风俗教化。三雍，即明堂、灵台、辟雍。明堂是周制最重要的礼制建筑，先秦典籍多以明堂为布政之所；辟雍为帝王行教化之所，也是礼乐教化的象征，在这里举行的大射礼、养老礼都具有浓重的教化色彩；灵台为帝王观察天象，以达到其行事与之相睦的目的。（3）把学校教育作为推行儒家伦理道德教育的重要方式。建武五年（29年），刘秀"使大司空祠孔子"，又兴建太学，立五经博士凡十四家，"各以家法教授"，使太学进而成为一个有校舍有组织领导的机构。与此同时，还通过地方官学（"庠序"）、鼓励民间私学的发展来推行教化。一时间，"四海之内，学校如林，庠序盈门"（班固：《两都赋》）。（4）在人才选拔制度上，以恪守儒家伦理道德作为重要条件，采取"四科取士"："一曰德行高妙，志节清白；二曰学通行修，经中博士；三曰明达法令，足以决疑，能案章复问，文中御史；四曰刚毅多略，遭事不惑，明足以决，才任三辅令：皆有孝悌廉公之行。"（《后汉书·百官志》）正由于统治者对经学的提倡犹不遗余力，整个社会表现出崇尚经学、崇尚气节的风气："三代以下风俗之美，无尚于东京者。"（顾炎武：《日知录》）

　　值得注意的是，东汉时期，儒学开始走向谶纬化。"谶"是一种假托神意制造的政治预言，据《说文解字》："谶，验也"。"纬"则是以神意对儒家经典进行的解释。二者结合而称"谶纬"。汉代灾异之说盛行，事必有征，异必有验，这在当时已经成为共识。汉代秦立、"大一统"、异姓受命、布衣天子，诸如此类的大事件，对于汉初的人来说，向所未闻，如果没有预兆，是无法想象的。而统治者也非常需要见到这样的预兆，以证其得天下是事有必至、理有当然。秦汉之际，中国社会虽然经历了沧海桑田之巨变，但由春秋战国延续下来的鬼神崇拜、占筮求仙等活动依然方兴未艾。秦末农民起义便是借鱼腹藏书、鬼火狐鸣等方式而揭竿起事的。鲁迅指出："中国本信巫，秦汉以来，神仙之说盛行，汉末又大畅巫风，而鬼道愈炽。"① 汉代从皇帝到贵族官僚再到寻常百姓，都十分崇信神仙、鬼怪、相术、卜筮、巫术。刘邦曾立黑帝祠、蚩尤之祠，在长安置祝官、女巫。汉景帝时，"祠官各以岁时祠如故"（《史记·封禅书》）。汉武帝"尤敬鬼神之祭，更热衷于方术、巫占、鬼神之事"（《史记·武帝纪》），设明堂，尊泰一神，派人海上求仙。在民间，"夫世人不学诗书，行仁义乃论不验之语，学不然之事，图天地之形，说灾异之变。"（《新书·怀虑》）

董仲舒的新儒学便是这样一种宣扬天人感应、灾异遣告的具有浓厚神学色彩的官方学说。在这种文化氛围下，儒生为了保持儒学已有的崇高地位，在原有的神学内容基础上吸取方士之术，向着儒学神学系统化的方向前进；而方士则以自己掌握的数术等技术知识，借助儒学以开拓新的领域以提高身价。二者在各自的专业范围内相互借鉴对方的优势并逐渐合流，出现了方士化的儒生和儒学化的方士。他们依照阴阳五行、天人感应、灾异祥瑞与现实政治相贯通的理论，假托孔子或黄帝、尧、舜等神圣人物，对儒家经典重新进行解释和阐发，于是出现了所谓的"纬书"。"纬者，经之支流，衍及旁义。"（《四库全书总目·卷六·经部·易类六·附录》）

谶纬至东汉之初达到鼎盛，可谓帝王之学。例如，王莽称帝就利用谶语制造舆论，制作了"告安汉公莽为皇帝"的石碑。刘秀建立东汉政权后，对谶纬崇信更甚："初，上以《赤伏符》即帝位，由是信用谶文，多以决定嫌疑。"为更好地维护谶纬学说的地位，刘秀"宣布图谶于天下"（《资治通鉴·汉纪三十六》），通过国家法令的形式，使经过删定的图谶成为国家法定的经典，反映了谶纬的制度化。时人称谶纬为"内学"，而今文十四博士之学则沦为"外学"（《后汉书·张衡列传》）。这种情况演化为政治传统，影响了东汉以后的政治生活，但凡即帝位、人事任免、国家典礼制定、官学统一、机构名称的废立等重大事项，无不以谶纬为依据。当时的储君、诸侯王、贵戚及官僚、学者等，都以通晓谶纬为时

---

① 鲁迅：《中国小说史略》，人民文学出版社1973年版，第29页。

尚，甚至成为一种政治荣耀。在学术界，经学的谶纬化不仅成为学术研究之时尚，更重要的是成为肯定现实政权的某种政治表态。

谶纬之学的盛行使得儒家经义更加宗教化，再加上《五经》章句繁多、歧义纷出，使得当时政治思想和学术领域出现了极其复杂的矛盾。为此，汉章帝于建初四年（79年）召开了白虎观会议，其目的是"简省章句""共正经义"，即统一经学及其解释，使得学者有所遵守。白虎观会议的最终成果是《白虎议奏》和《白虎通义》。《白虎议奏》失传，《白虎通义》则由班固整理编辑，流传至今。《白虎通义》以阴阳五行理论为基础，对董仲舒以后的今文经学，以及谶纬神学所宣扬的君权神授、天人感应等理论作了总结和发挥，其最大特征就是凭谶纬来统一五经经说，并对"三纲五常"作了明确统一的论证和规定，并作为官方钦定的经典刊布于世。

《白虎通义》的主要内容有：（1）提出了"三纲六纪"的道德律："三纲者何谓也？谓君臣、父子、夫妇也。六纪者，谓诸父、兄弟、族人、诸舅、师长、朋友也。故今文嘉曰：'君为臣纲，父为子纲，夫为妻纲'。又曰'敬诸父兄，六纪道行，诸舅有义，族人有序，昆弟有亲，师长有尊，朋友有旧。'"并认为"三纲法天地人，六纪法六合。"（《白虎通义·三纲六纪》）这显然是对"三纲"中三大人伦关系的进一步扩展和补充，增强了"三纲五常"的宗法性。（2）进一步神化了君权："王者父天母地，为天之子也"，"帝王德合天地"（《白虎通义·号》）；强调君主的独尊地位："君，群也，天下所归心"（《白虎通义·三纲六纪》）；宣扬君与臣的统治与服从关系："君之威命所加，莫敢不从"（《白虎通义·嫁娶》）。（3）用天地自然法则论证纲常伦理："五行者何谓也？谓金木水火土也。言行者，欲言为天行气之义也。地之承天，犹妻之事夫，臣之事君也。谓其位卑，卑者亲事，故自周于一行，尊于天也。"（《白虎通义·天地》）（4）对夫权作了更加绝对的规定："男女谓男者任也，任功业也。女者如也，如人也。在家从父母，既嫁从夫，夫没从子也"，"夫妇者何谓也？夫者扶也，扶以人道者也。妇者服也，服于家事，事人者也"（《白虎通义·嫁娶》），等等。可以说，这些观点充分调动了宗教神学、官方经学、庸俗字学、世俗迷信等各种思想工具，进一步强化了"三纲五常"的价值准则，成为"钦定"的统治思想。

《白虎通义》借助政治力量，使经学神学化、神学经学化，彰显出儒学的宗教特点和功能。白虎观会议数年之后，章帝命曹褒制订《汉礼》，这是贾谊、董仲舒们想做而当时没能做成的"大业"。虽然章帝晏驾后，《汉礼》没能施行，"斯道竟复坠矣"（《后汉书·曹褒传》），但制定《汉礼》的思想趣味及其所倡导的以礼仪化为特征的礼治模式，在后来逐步实现。这主要表现为东汉经学的发展，特别是何休、郑玄注解儒家经典，巩固了礼治的思想文化成果。尤其是郑玄遍著群经，混乱今古文家法，成为汉代经学的集大成者。而各级官吏也以礼学为行政准则，更是巩固了礼治的成果。东汉名教的出现，与东汉经学特别是作为其核心的礼学的兴盛密切相关。"名教"一词渊源于孔子的"为政之道在正名"之说，名教者，顾名思义，就是以名为教。教者，申以大义，化民成俗之谓，名者，定名立分，各有所宜之称。名教实际上便是以"三纲五常"为主要内容的礼义教化的总称。因而，"名教"其实就是礼治思想的具体化，只不过礼治偏重具体实践，而名教偏重于思想观念的引导。

综观汉代礼治的发展历程，从武帝举贤良对策，到宣帝石渠阁会议，再到东汉章帝白虎观会议，横贯两汉时期，历时二百余年，最终奠定了其后中国礼制的基本方向与框架。这自然也决定了汉代礼学、礼治的现实性和实践性品格，以及不可避免地依附政治的可能性。而对于后世影响极为深远的一件事，无过于皇帝关注并参与学术讨论，并亲自裁决学术问题。于是，学术的独立性被统治者的现实政治需求所挤压，成为政治的附庸。而学术、学者对于现实政治和社会应当保持的距离，自然便消弭于无形。

二、礼治社会的特质

随着礼学的兴盛，礼制日渐成为彰显统治者合法化和神圣化的手段，这主要表现在：其一，名号之制。孔子说："唯名与器，不可以假人"（《左传·成公二年》），因为它是"君之所司"（《左传·成公二年》）。由此，统治者在称谓上便把自己神化了："君天下，曰'天子'。朝诸侯、分职、授政、任功，曰'予一人'。"（《礼记·曲礼》）秦始皇统一天下后，以"皇帝"名号独尊，自称"朕"，命为"制"，令为"诏"。这就从名号上确定了皇权的惟一性和合法性，并为后世历代王朝所沿袭。其二，祭祀之礼。通过祭祀天、地，显示出王权来源的合法性。周代实施郊天礼，目的便是通过这一形式来获得天神的认同。这一举措影响甚远，后代皇帝登基便要郊天，改元也要郊天。秦朝和西汉前期虽然已经建立了完善的郊天系统，但秦皇、汉武仍不满足于此，还要到东方泰山去封禅，因为按照儒家的天神崇拜系统，只有亲临泰山、秘祝天神，才算是获得天神的正式认同。故而，历代正史《礼仪志》首卷记载的往往便是郊祀制度。显然，这种祭祀祖先之礼，彰显的是皇帝血统的沿续性和政权的合法性。其三，营建都城和陵墓。都城建设也是受命于天的表征，左祖右社、南坛北丘的都城设计，包含了天、地、人三大神祇系统对王朝合法性的认同和庇护，从而神化了统治者的等级身份。营造陵寝的作用与祭祖礼相同，都是用实物和建筑来对其法统加以昭示，等等。

根据礼制的要求，社会各阶层成员的日常生活都有严格的、细密的等级规定，不得逾越。其中，服饰最具有代表性。从帝王后妃、各级官吏到庶人，在衣服的形式、服色花样图案及质料等方面都有严格的规定，使人们"见其服而知贵贱，望其章而知其势"（贾谊：《新书·服疑》）。在住的方面，屋舍的大小、间数、式样、装饰，各有定制，不能随意乱用。关于行的方面，不同的等级也各不相同。一般来说，士大夫可以乘车骑马，庶人及贱民通常只能步行，或只能乘用指定形式的交通工具，从而使人们的等级关系明朗化、确定化。由此，全体社会成员形成一个由低到高、由卑到尊的等级序列，并按照"礼"的要求，"卑己尊人"（《礼记·表记》），"以贵下贱"（《孟子·尽心上》）。当这些琐碎的规定被作为生活常识为人们接受之后，其背后隐含的纲常名分观念就成为"天经地义"："礼义立，则贵贱等矣。"（《礼记·乐记》）故而，历代王朝都将制礼兴乐作为头等大事："功成作乐，治定制礼。"（《礼记·乐记》）

从汉末直至南北朝，南北分裂，战乱频仍，儒学传统的主导地位受到严峻挑战，传统礼治亦饱受侵凌。随着隋初政治上的统一，儒学开始走向复兴，隋文帝命太常卿牛弘定《五礼》一百三十篇。其后，隋炀帝加以修订，成《江都集礼》。至唐有天下，唐太宗贞观初年制定《贞观礼》，随后唐高宗制定《显庆礼》，唐玄宗更是集前代礼制之大成，制定了规模更大的《大唐开元礼》，由此奠定了中华礼制的基本格局："唐之五礼之文始备"，"后世用之，虽时小有损益，不能过也"（《新唐书·礼乐志》）。唐代杜佑的《通典》全书二百卷，记述礼制的部分竟占到一半左右。

隋唐之前，官方礼制的内容主要是朝会典制、君臣礼仪、官僚等级等规定，庶民礼仪不见于礼典之中。由于当时庶民阶层没有资格谈论礼学，故而，也不大可能完全按照官方礼典为人处世。而自隋唐以后，礼治开始打破这种"礼不下庶人"的局面，开始表现出向基层社会"下移"的趋向。唐太宗继位不久，就令天下学习《孝经》《论语》等儒家经典。由此，礼开始深入到广大庶民中间。在这一过程中，民间相继出现了一大批诸如《孝子传》《慈孝经》《珠玉抄》《励忠节抄》《婚仪》《朋友书仪》《劝善经》等礼学教育著作，从而极大推动了唐代庶民阶层礼治观念的提高。贞观之后，礼学更是出现了世俗化发展的倾向，"礼"被广泛应用于庶民家庭内部，一时在全社会蔚然成风。如《珠玉抄》里面讲："夫人有百行，为孝为本。人有三事：一事父，二事君，三事师；非父不生，非君不事，非师不教。已所不欲，勿施于人；已欲求达，先达于人。赐子千金，不如教子一艺。德润身，富润屋。"不仅如此，礼学已被广泛应用于社会交往之中，比如，在《珠玉抄》一书里所讲的"十无去就"："不卸帽，通暄凉，一；言语多狠谈，二；不扣门，直入人家，三；主人未请，先上厅，四；坐他床椅，交踞教，五；宴席不慎涕唾，六；主人未劝，先举匙筋，七；探手隔人，取美食，八；众人饭未了，先卸匙，九；不离坐，便漱口，十。"

北宋时期，庶人礼仪正式成为一个详备而独立的部分出现在官方礼制中。如宋徽宗时期修订《政和五礼新仪》，其中，涉及庶人礼仪的内容便有很多。宋代以后，推礼于庶民、教民化俗的政策被继续推进。由此，原属于士大夫阶层的"礼"进一步社会化、大众化，成为所有社会成员共同遵循的行为准则。历代王朝正是通过广兴教育、颁行礼典、派员教化等诸多手段，以礼化俗，将国家之礼融入各地之俗，使之成为日常风俗、民俗的重要组成。与此同时，在以礼为俗的同时，民间一些原来的习俗也被纳入儒家纲常的网络之中，从而实现了礼俗融通。在这一过程中，许多地方缙绅都争相仿效而制定"乡礼"，如著名的《朱子家礼》。据估计，目前存世的各种家法族规约有三、四万种。这些家法族规所涉及面广，基层宗族成员的几乎所有行为均由这些礼制规范来约束。这些成文的家法族规的出现，不仅使礼的约束和存在状态显性化，还彰显出其强制性特点，从而使礼又具备了法的特征。

总的来看，就中国古代社会的运行机制而言，"礼治"活动直接参与国家的政治运作或者就是国家政治的一部分，"为国以礼为本"（丘濬：《大学衍义补·治国平天下之要·礼仪之节》）成为治国的根本方略。故而，正如钱穆先生所言："中国的核心思想就是'礼'。"[1] 费孝通先生也因此将传统中国社会称之为"礼治的社会"[2]。

无可否认，中华礼制所蕴含的注重个人道德品质的完善、家庭伦理关系的协调以及社会人际关系的和谐，这些中华传统礼仪的精华至今仍在传递不息，发挥着重大的社会价值。梁漱溟先生曾说："抽象的道理，远不如具体的礼乐。具体的礼乐，直接作用于身体，作用于血气，人的心理情致随之顿然变化于不觉，而理性乃油然现前，其效最大最神"，"这些礼文，或则引发崇高之情，或则绵永笃旧之情，使人自尽其心而涵厚其德，务郑重其事而妥安其志。"[3] 然而，站在现代文明的角度来看，"礼"的负面价值亦是明显的。这主要体现在：

其一，平等观念的缺乏。中国传统礼制奠基于身份和等级之上，明显表现出平等观念的缺乏。值得注意的是，贯穿于"礼"始终的基本原则"上尊下卑"，与儒家最高理想"仁"之间事实上存在着一种内在矛盾："上尊下卑"规定了人与人之间不平等的"礼治关系"，然而，在设计这个理想的"不平等"的"礼治关系"同时，却牺牲掉了"下卑"与"上尊"在"仁"上的对等关系，牺牲了"下卑"对于"仁"的独立理解，去服从"贵者""尊者""长者"的"仁"，甚

---

① ［美］邓尔麟：《钱穆与七房桥世界》，蓝桦译，社会科学文献出版社1998年版，第9页。
② 费孝通：《乡土中国生育制度》，北京大学出版社1997年版，第9页。
③ 梁漱溟：《中国文化要义》，学林出版社1987年版，第109、112页。

至还要"为尊者讳耻，为贤者讳过，为亲者讳疾"（《论衡·问孔》）。故而，所谓"克己复礼，天下归仁"（《论语·颜渊》），也就在事实上成了贵者、尊者、长者所有的"仁"。不仅如此，自原始儒家始，礼制思想就拥有一定的强权色彩。"礼"是外在施加的尺度，《礼记·乐记》云："礼自外作。"只许接受，不许有任何异议："礼者，人主之所以为群臣寸尺寻丈检式也。"（《荀子·儒效》）在这种等级秩序中，每一个社会主体往往从属于比其更高的等级阶层，导致社会主体权利的弱化和国家权力的强化，最终使"礼"沦为统治者维护自身地位和权益的工具。与这种等级意识相伴而生的，则是官长的骄横跋扈和下级的惯于服从、隐忍乃至谄媚。这种文化上的病态，彰显出人的个体权利意识、平等观念的极度匮乏，导致独立人格的缺失，从而难以形成追求权利与自由的行为模式。

其二，义务本位主义。宗法伦理将家族、社会的整体利益作为个人利益的唯一参照物，个人只有孝服家庭，忠诚国家和社会，才能体现出人生的意义。这种重视群体价值而忽视、贬低个体价值的倾向，消解了个体价值，故而，传统中国个人权利意识是极其淡薄的：一方面，以尊使卑、以贵凌贱，尊贵者具有单向度进行强制行为的全部正当理由，而被强制人对此则只能恭敬地接受；另一方面，卑贱者则必须单向度地履行自己的义务，而不能提出任何反馈于卑贱者的权利要求，从而构成了一个完整的主宰与被主宰关系。按照儒家的逻辑："为人子而不能孝其父者，不敢言人父不能畜其子者；为人弟而不能承其兄者，不敢言人兄不能顺其弟者；为人臣而不能事其君者，不敢言人君不能使其臣者。"（《大戴礼记·曾子立孝》）这就是说，在礼所设定的普遍义务的网络中的所有的人，都只能自己去尽自己的义务，而不是要求别人尽义务；都只能自己约束自己，而不是先去约束别人。即使去约束别人，也是为履行自己的义务。故而，礼的规范都是义务性规范。比如，在家族内部，原始儒家虽然推崇"父慈子孝"，但后世则提出"天下无不是的父母"（《孝经》），从而淡化了"父慈"的义务，将孝顺转化为子女无条件的义务。至于为政者的"修己""不欲""正其身"等，自然只能靠为政者的自我约束，而无任何刚性的制度保障。

其三，对人性的忽视乃至压抑。原始儒家十分重视自律和修养，以塑造完美人格。但是，过分地内求，会压抑个性，使人将正常的人性需求当成非正常之"欲"。这恰恰也是统治者非常喜欢的，因为这种人更便于统治。自董仲舒之后，礼制更是成为不容置疑的"礼教"，朱熹明确说："圣贤千言万语，只是教人明天理，灭人欲。"（黎靖德：《朱子语类·持守》）他将天理、人欲绝对对立起来，强调二者不容并立："人之一心，天理存，则人欲亡；人欲胜，则天理灭，未有天理人欲夹杂者。"（黎靖德：《朱子语类·力行》）从先秦到宋代，由对人欲的合理限制到完全禁绝，最终使社会发展失去了动力源泉。传统礼制连同礼教、礼俗不免与"乾纲独揽"的帝制官僚体制纠缠扭结，最终成为禁锢臣民思想、束缚百姓手脚的镣铐和枷锁。

第二节　宗法传承与"家国同构"

中国传统礼法制度和礼法精神，之所以具有如此顽强的生命力和渗透力，就在于宗法与政治的结合。纵观整个中国历史，虽然经历了从先秦的宗法分封制到秦汉以后的君主专制的转变，统治方略也多有更易，但是，宗法关系及其观念却根深蒂固，兴盛不衰。正是以此为基础，统治者经过"家国同构"的方式，为君主专制的存在和运行奠定了牢固的基石。

一、社会变迁与宗法传承

在激烈的战国变法运动中，靠血缘宗法关系世代掌权的"贵戚之卿"被迫退出历史舞台，至战国晚期，"战国七雄"中仅燕国王室为姬姓，其余六国均由异姓掌权，宗法统治体制逐步瓦解。尽管如此，血缘、家长和等级观念并未因此而消亡，人们仍然认为"周，天下之宗室也"（《战国策·秦策一》）。战国时期的各国君主对于宗庙依然恭敬有加，"聚散民，立社稷主，置宗庙"（《韩非子·初见秦》）。无论是哪个社会阶层的人，都依然将宗族作为安身立命的根本，非常重视本宗族的宗庙的存亡之事："为人孙者，体此道以守宗庙，宗庙不灭之谓祭礼不绝。"（《韩非子·解老》）法家吴起在回答魏武侯之问"治兵、料人、固国之道"时，就强调："必谨君臣之礼，饰上下之仪，安集吏民，顺俗而教。"（《吴子·图国》）

秦统一六国后，随着郡县制取代分封制，除帝王继统仍由血缘确定外，官员的任用主要体现的是"尚贤"原则。不过，这并不意味着宗法关系的消除。事实上，自秦汉以后，随着个体家长制家庭的发展，加上贫富分化和土地兼并，这使得地方乡绅得以在血缘、同姓关系的基础上进一步发展宗族势力。汉代的宗族重建主要是在上层社会进行的，特别表现在皇族建设方面，同时也为士族宗族的出现奠定基础。当时的皇族建设的主要内容有：其一，置宗正官，管理宗籍。汉高祖设置宗正官以序九族，奖励异姓，给予皇族身份——赐姓，赐姓者列入宗室，由宗正掌管其籍属，享受皇家待遇。汉文帝四年（公元前176），恢复犯罪宗室成员的属籍。武帝元光元年（公元前134），因七国之乱而丧失属籍者，也恢复了其宗籍。宣帝地节元年（公元前 69 年），为有罪丧失宗籍者复籍。平帝元始五年，在郡国设立宗师，以教育宗室成员。其二，设立宗庙及举行祭祀。汉代宗庙制度完善，皇帝继位或废黜举行告庙仪式；建立祧制，将祭祀刘邦的高庙作为太祖庙，文帝的顾成庙作为太宗庙，永远祭祀；皇帝亲耕，用藉田的收成祭祀祖宗，表示虔诚，等等。其三，西汉政府实行以孝治天下的政策，是希望改变父子分家异财、不相救助的局面，让民间父子兄弟互相关爱，以利于社会稳定。不仅如此，汉朝政府还鼓励民间宗族的重建，并为其创造政治条件。其四，举孝廉。这项政策始于汉武帝，两汉历久相沿。通过这种制度，向民间进行孝道的教化。其五，实行家族互隐与连坐法。这使得家人、族人进一步增强认同感，凝聚在一起，有利于家族、宗族的形成。

而随着儒家思想的日益得势，汉代大力提倡大家族同居共财的生活方式，数代同居共财现象得到社会褒扬，而分家别居则受到社会鄙视，从而催生出大量家族合并体。正是在这种情势下，在两汉之交，宗法性豪强势力崛起，形成门阀世族，其势力之大，有时可以影响到地方政府行使权力，有的甚至公然与政权分庭抗礼。三国时，曹魏的法律更明确规定："除异子之科，使父子无异财。"（《晋书·刑法志》）从而又助长了宗法家族势力的进一步发展。陶渊明《诫子书》云："颍川韩元长，汉末名士，八十而终。兄弟同居，至于没齿。"赵翼《陔余丛考》记载："樊重三世共财。缪彤兄弟四人，皆同财业……蔡邕与叔父从弟同居，三世不分财，乡党高其义。"①

魏晋之后，宗族势力已经发展到能拥有独立的政治、经济、军事力量，形成地方割据势力，或者与中央政权对抗割据的形态，或者皇帝与各大政治家族共同执掌政权。在这一背景下，士族所享有的特权自不待言。"上品无寒门，低品无士族"，便是其政治特权的真实写照。士族的经济特权则体现为占田式及荫客荫亲属之制。西晋以来的荫客荫亲属制使士族及其宗亲往往有制度上的连带特权。《晋书·食货志》所记西晋之荫亲属制规定：自第一品荫及九族到第九品荫及三世，这是最为重要的连带特权，再加上宗室、国宾、先贤之后及士人子孙都拥有的荫亲属特权，其范围已相当大了。而宗族中或家族中只要一人仕官或者前有人仕官，或前为士人，都可获得自三世到九族不等的连带特权。一些士族之外的强宗大族虽然不能拥有士族那样的身份性特权，但他们往往通过出任地方掾吏或主政乡里的方式，获得多少不等的经济与政治特权。在县以下的基层单位，施行宗主督护制，行政长官和宗族族长遂合二为一。② 北魏时期，统治者往往要通过承

---

① 赵翼：《陔余丛考》，商务印书馆 1957 年版，第 853 页。
② 冯尔康：《中国古代的宗族和祠堂》，商务印书馆 2013 年版，第 36 页。

认宗主的权利才能取得与他们的合作。在南朝,尽管门阀士族已腐化堕落,但仍然享有政治特权和高贵的社会地位。司马光对此曾批评道:"选举之法,先门第而后贤才,此魏晋之深弊也。而历代相因,莫之能改也。"(司马光:《资治通鉴》卷 140)

至隋唐时期,随着中央集权政体的强化,大家族势力才开始走向衰弱。自北周实行将乡豪武装中央化的府兵制,隋唐时更是统一全国的军士征调与管理,宗族私家式武装已无生存空间。同时,科举取士制度的推行和文官集团的形成,宗族的政治凝聚力大为消解,"血缘文化"得到相当程度的遏制,门阀制度走向衰落。自此,宗族已不再掌握地方政治军事权力。不过,自宋代以来,地方士绅开始取代门阀士族,成为国家机器的主要齿轮,并与通过科举渠道上升的政治精英共同组成了宋代"国家"的统治骨干。在这一基层自治生态圈中,社会资源是宗族的主要兴趣所在,实力对比是维持秩序平衡的重要基础,"德行"则是宗族扩张的内在限制要素。宗法政治文化将身在群族内部的个体利益连在一起,形成了自给自足的管理体系,从而为地方秩序奠定了相对稳定的基调。明清时期,宗法安排经由律法得到确认,调和了社会习俗与法定制度的功能矛盾,加深了宗法观念在教化功能上的作用,基层结构的内在逻辑与血缘维系之间产生了一定分离。明朝通过律法,创造了"里甲"制度,从而增强了宗族的开放性:依靠地域界定,也得以获得特定宗族的成员身份,这使得宗族拓展为血缘与地域双准入规则的社会组织。随着宗族文化的鲜明化,宗法日渐演变为宗族组织的族法,并使更多的家族进入政治教化的辖区。明代还出现了"乡约",并通过律法创"里甲"制,增强了宗族的制度性与开放性。而清代则进一步将乡约与保甲之法衔接起来,引出清雍正时期以宗族为主导的"族正制"。彼时的各家族虽各有家长,但他们通过联宗修谱,将分布于不同府、州、县的族群联系在一起,从而形成跨越地缘的"大宗族"的社会形态。①

而在宗族共同体内部,逐渐形成以族长权力为核心,以家谱、族规、祠堂、族田为手段的宗族制度。在这一制度下,族长是族内的最高首领,是族规、族约的主持者和监督者,具有至高无上的权威。这些伦理性共同体进行自我组织、自我管理、自我教化,在地域社会拓展出一定的自治性的空间。《宋史》曾记载陆九韶家族的情形:"其家累世义居,一人最长者为家长,一家之事听命焉。岁迁子弟分任家事,凡田畴、租税、出内、庖爨、宾客之事,各有主者。九韶以训戒之辞为韵语,晨兴,家长率众子弟谒先祠毕,击鼓诵其辞,使列听之。子弟有过,家长会众子弟责而训之;不改,则挞之;终不改,度不可容,则言之官府。"

---

① 参见冯尔康:《中国古代的宗族和祠堂》,商务印书馆 2013 年版,第 61、69 页。

（《宋史·儒林列传·陆九韶》）可以看出，这种家族组织依据血缘亲疏和宗族习俗，建立了一套小规模的权威管理体系。

这种宗法家族作为一种基层地区性势力，自成一套体系，"生相亲爱，死相哀痛"（《论语·子路》），形成"一村唯两姓，世世为婚姻。亲疏居有族，少长游有群"（白居易：《朱陈村》）的局面。事实上，这些宗族组织也成了秦汉以后中国社会的基本单元。在相当广泛的地区，宗族已成为基本的社会组织，包括了众多的乡里组织的功能。由于宗族关系的安定是帝国秩序的根基，故而，"宗法废，而天下为无本矣"[1]。而在"皇权不下县"的广袤乡村，宗族长老、地方绅士则成为县衙处理地方事务的重要依托，在一定程度上构成了地方治理的重要基础，成为政权的辅佐工具。事实上，正是借助于宗族以及领袖宗族的士绅阶层，中华帝国才得以贯彻政令，实现社会动员、社会控制和社会整合。由此可见，宗法组织成为中国传统社会赖以长期延续的政治支柱，在维护社会秩序、保障地方安定方面发挥着重要作用。而许多宗法组织的宗约族规，都以对王朝国法的恪守作为重要旨归。

中国传统的宗法文化还体现在一切社会关系之中，如"师徒如父子""朋友如兄弟"，等等，从而形成一种"泛宗族主义"或者说"泛血缘文化"。正是由于宗法体制历千年而不朽，故而打造出中国社会的一种"超稳定结构"。对此，严复曾指出："由唐、虞以讫于周，中间二千余年，皆封建之时代，而所谓宗法，亦于此时最备。其圣人，宗法社会之圣人也；其制度典籍，宗法社会之制度典籍也……乃由秦以至于今，又二千余岁矣，君此土者不一家，其中之一治一乱常自若，独至于今，籀其政法，审其风俗，与其秀杰之民所言议思惟者，则犹然一宗法之民而已矣。"[2]

就这样，宗法家族观念以其源远流长的历史，经过一本正经而又娓娓动听的说教和渲染，极大地影响了中国人的国民心理和性格。这不仅表现为对血缘关系的高度重视，还表现为对祖先的顶礼膜拜，以及对传统的极端尊重，等等。而长期的血缘集团聚居生活，形成了国人家族本位的思想观念，使得传统中国人无不把传宗接代视为天经地义的义务，将光宗耀祖看成义不容辞的责任。在这种文化氛围下，人们服从和依赖权威，贬低自我，缺乏和反对创造精神，谨小慎微，又盲目排外。除非万不得已，人们是不会冒险去造成冲突与战争的。鲁迅先生说得好："遇见强者，不敢反抗，便以'中庸'这些话来粉饰，聊以自慰。……一到全败，则又有'命运'来做话柄，纵为奴隶，也处之泰然，但又无往而不合于圣

---

① 归有光：《震川先生集》，上海古籍出版社 1981 年版，第 38 页。
② ［英］甄克思：《社会通诠》，严复译，商务印书馆 1981 年版，第 1 页。

道。"① 这种忍辱求生的奴性，使宗法家族制度下的中国人永远习惯于接受现实，顺从天命。而这正是维护政权稳定所急需的。

正是这种宗法关系和宗法意识，构成了千百年等级制和专制意识牢不可破的基石。这种关系和观念的延伸，便是同乡、同窗、同僚关系等朋党意识。由此，中国社会成为典型的"关系型"社会。由于"仁"的本质是等差之爱，在华人社会的人际交往中，人际交往自然而然形成了一种差序模式。正如费孝通的"差序格局"理论认为的，中国人的关系就"像水的波纹一样，一圈圈推出去，愈推愈远，也愈推愈薄。"② 这也正是千百年来中国政治社会生活中朋党林立、帮派倾轧层出不穷的基本缘由。当今社会依然根深蒂固的家族观念和裙带关系，显然正来自这种精神传统的历史积淀。

二、"家国同构"与忠孝之道

正是宗法家族和宗法伦理，构成了两千多年君主专制制度的基石。这种治理方式的基本思维模式，便是所谓"家国一体"或"家国同构"。其实，在西周时期，家国一体的思维就已经基本成形。在当时的宗法分封制下，尽管由于异姓诸侯的存在，宗法与分封两者之间并非完全契合，但异姓诸侯与世卿大夫总体上仍被纳入于宗法秩序之中，从而形成以宗法制为核心、族权与王权相重合的政治社会框架，并通过嫡长子继承制与世卿世禄制得以复制延续。在这种治理框架下，天子、诸侯、大夫等各层的垂直等级结构，基本局限于贵族内部，而未触及一般平民阶层。在这种治理格局下，各级贵族按其等级身份行事，而无须做己身外推的伦理拓展。

随着秦汉"大一统"，皇权政治在消除强宗大族的基础上不断加强。然而，汉初官僚主要仍以功臣与外戚为主，与皇室之间拟血缘的宗法关系已然终结。这也使得异姓外家与皇家政权之间的"家""国"矛盾开始凸显出来：一方面是要确保皇家政权"家天下"的独占性；另一方面则要杜绝外家官僚"化家为国"的可能性。为此，汉高祖在消灭了汉初的韩信、彭越等异姓王之后，重行分封皇室宗亲为诸侯王。这种皇家内部"家天下"的分封制，虽然在纯粹的血缘纽带上使得"家""国""天下"构成了统一的整体，然而却始终存在着内在的悖论：一方面皇权力图巩固皇权以防止异姓争夺；另一方面宗室诸侯王本身却又成为皇权不稳的重要动因，发展成为皇家内部的"家""国"矛盾。

① 鲁迅：《鲁迅全集》第三卷，人民文学出版社1981年版，第446页。
② 费孝通：《乡土中国生育制度》，北京大学出版社1998年版，第26～27页。

自汉末到唐初的几百年间，除了少数民族内迁等因素之外，门阀士族对王室皇权构成了严重威胁，皇权常常不得不借重于皇族宗亲来制约门阀士族，却同样导致了皇族内部的权力纷争。这又为门阀士族或寒门武将的谋篡提供了便利，但新的皇朝并不能摆脱倚重士族抑或皇族的窠臼，从而造成了皇权乃至皇朝频繁更替的恶性循环。隋唐的中央集权一方面逐步停止了皇家内部的分封制，另一方面开始通过以基于科举制的官僚政治来取代基于门阀制的官僚政治，皇权开始有意识地摆脱对士族官僚的依赖。

有宋一代，同宗诸侯皇族与外家门阀士族都不再是皇权依赖的统治基础，相当多平民出身的士大夫通过科举成为官僚的主体力量，平民阶层与统治阶层之间的间隔由此被打破，从而实现了皇帝与士大夫统治的联合，所谓"为与士大夫治天下，非与百姓治天下也"。[1] 这些通过科举渠道上升的政治精英与地方士绅一道，共同组成了宋代国家机器的骨干，实现了士绅官僚宗族与帝王皇家政权的有效衔接。[2] 由此，又一次实现了"家国同构"。相比之下，先秦宗法分封制时代的"家国同构"的基本要义是：尽管由于异姓诸侯的存在，使得宗法与分封并非完全契合，即便如此，异姓诸侯与世卿大夫通过联姻等方式仍然能够被纳入宗法秩序。在这种治理框架下，天子、诸侯、大夫等各级统治结构基本局限于贵族内部而未触及平民阶层。而宋代真正结束了皇族内部的分封制，宗族的平民化与皇权的集权化使得宋代真正实现了"家""国"同构的局面。由此，修身齐家治国平天下的儒家理念，似乎也可能适用于上至天子下至平民的所有人。

儒家的礼治秩序强调的是血缘亲情和等级尊卑关系。其中，父子兄弟是天伦，体现的是血缘和宗法伦理；君臣朋友是人伦，体现的是政治生活关系，君臣关系是父子关系的推演，朋友关系是兄弟关系的推演；夫妇介于二伦之间，体现的是一种联姻的亲缘关系。如此一来，这些人伦关系就把血缘、宗法、等级，把家、国结合了起来。"家"在政治秩序的实体层面连接着"己"和"国"，是政治传导的接续点，"克勤于邦，克俭于家"（《尚书·大禹谟》），"一家仁，一国兴仁；一家让，一国兴让"（《礼记·大学》）。这样，家、国相通，家法与国法、生活秩序与国家秩序，结成一种以权力维系的"亲属"关系，俨然一个"大家庭"。具体而言，家是国的原形，国是家的放大；家有家规，则国有国法；家无二主，则国无二君；家族成员对家长的孝，对应着社会民众对君主的忠。由此，君权独断便在情理之中了。在"隆一而治"的一元政治下，君主本是国家的政治领袖，而中国人却把他称作"君父"；民众本是被统治者，中国人却自称"子

---

[1] 李焘：《续资治通鉴长编》卷221，上海古籍出版社1985年版，第2057页。
[2] 参见沈毅：《"家""国"关联的历史社会学分析——兼论"差序格局"的宏观建构》，载于《社会学研究》2008年第6期，第155~173页。

传统中国之治的历史与逻辑

民"。事实上天下国家被看成是一个大家族："圣人耐（能）以天下为一家，以中国为一人"（《礼记·礼运》），"上为皇天子，下为黎庶父母"（《汉书·鲍宣传》），都是这种观念的极好表达。就是小小的地方长吏，也习惯地被称作是老百姓的"父母官"。统治与被统治的阶级关系，由此罩上了一层温情脉脉的宗族关系的面纱。

对于每一个传统中国人而言，从人生起始就落入家国同构的生活中，最终构造出了冯友兰先生所说的"以家为本位"的宗法型社会制度。① 这种宗法政治结构使政治生活家族化，而联系二者的桥梁则是"忠""孝"等宗法伦理。忠、孝本是两种不同类型的关系的伦理规范：忠是臣民对君主，孝主要用于规范亲属关系，特别是父母关系。在春秋战国时期，已开始出现"忠孝互通"的说法，如荀子说："先王之道，忠臣孝子之极"（《荀子·礼论》），"臣之于君也，下之于上也，若子之事父，弟之事兄"（《荀子·议兵》）。西汉王朝建立后，为巩固统治并达到长治久安的目的，刘邦在思想上竭力强调忠道。一个非常突出的事例，就是对于丁公、季布的不同处理。据《汉书·季布传》记载：丁公与季布在楚汉之争中都是项羽麾下的大将。季布对刘邦曾穷追猛打，必欲置之死地而后快，令高祖恨之入骨；而丁公则手下留情，使高祖免于危难。然而，刘邦称帝后，却赦免了季布，处死了丁公。汉高祖这种做法，从道义上讲完全是恩将仇报，但正表明了他对提倡忠道的急切心情。

显然，如果能在家庭中做到孝亲，那就必然会在朝廷里尽忠。如孔子所言："其为人也孝弟，而好犯上者，鲜矣；不好犯上，而好作乱者，未之有也。"（《论语·学而》）简言之，就是把君、父的角色合而为一，使皇帝既具有至高无上的政治权威，同时又可以成为天下所有人都必须尽孝的父母，向皇帝尽忠也就等于最大的孝亲。于是，统治者在提倡忠道的同时，也开始把孝用于统治之中。史载，汉高祖为表现孝道，尊其父太公为太上皇，下诏说："人之至亲，莫亲于父子，故父有天下传归于子，子有天下尊归于父，此人道之极也。……今尊太公曰太上皇。"（《汉书·高帝纪》）此后，汉代皇帝号皆以孝治天下。惠帝时举民孝悌，力田者免除劳役。文帝时以"孝悌，天下之大顺也"，"廉吏，民之表也"（《汉书·文帝纪》），并在选拔官吏之时设有孝悌、廉吏之科。汉武帝也一再倡导、奖掖孝行。东汉以后，以"孝廉"选官，竟成为政府用人的主要来源，所谓"求忠臣必于孝子之门"（《后汉书·韦彪传》），等等。这实际是把孝亲作为忠君的手段，而把忠君作为孝亲的目的。

作为国家伦理与宗法伦理的核心，忠君、孝亲所要求的义务是被家族结构铸

---

① 冯友兰：《三松堂全集》（第4卷），河南人民出版社1986年版，第252页。

就的，因而是绝对、恒定、一统化的。从某种意义上说，孝道就是忠道，忠道亦就是孝道。因为就国家而言，它无非是家庭的扩大；就皇权而言，则无非是父权的扩大。所以对孝道的论证，也就完全变成了对忠道的论证。如董仲舒说："五行者，乃孝子忠臣之行"（《春秋繁露·五行相生》），"事君，若土之敬天也"（《春秋繁露·五行之义》），"是故圣人之行莫贵于忠，土德之谓也"（《春秋繁露·治水五行》）。对统治者来说，要想倡导人们尽忠，最好的办法亦莫过于推崇孝道。所谓"虽天子必有尊也，教以孝也；必有先也，教以弟也。"（《春秋繁露·为人者天》）而对于普通百姓来说，要履行神圣的忠孝义务，即必须做到《孝经》所要求的"始于事亲，中于事君，终于立身"（《孝经·开宗明义》），所谓"退家则尽心于亲，进宦则竭力于君"（《汉书·张敞传》）。自此，这种"由孝劝忠"的理论体系便成为汉代政治理论的一个主要内容，并越来越得到重视。

在这种观念的指引下，统治者极力倡导孝道，以达"劝忠"的最终目的。《孝经》的"开宗明义"一章就充分表示了这种意图："夫孝，德之本也，教之所由：生也"，"先王有至德要道，以顺天下，民用和睦"。这几句话明显地指向政治目的，"孝"是诸德之本，又是政治教化的根源："夫孝，天之经也，地之义也，民之行也"（《孝经·三才》）。因此，当时重孝蔚然成风。从宣帝开始，为了更进一步贯彻"以孝治天下"的方针，还明令规定"亲亲得相首匿"（《汉书·宣帝纪》），"夫臣之事君，犹子之事父，欲全臣子之恩，一统尊君"（《白虎通义·朝聘》）。即使皇帝不能像父母一样爱民如子，也决不让百姓反抗或非议。"孝"遂成为最高的道德和行为准则："人之行，莫大于孝。"（《孝经·开宗明义》）章帝公开宣称："夫孝，百行之冠，众善之始也。"（《后汉书·江革传》）《礼记》言："忠臣以事其君，孝子以事其亲，其本一也。"（《礼记·祭统》）《孝经》言："君子之事亲孝，故忠可移于君；事兄悌，故顺可移于长。"（《孝经·广扬名章》）由此可见，君与父、国与家之间的隔膜被打通，所谓"事君不忠，非孝也"（《吕氏春秋·孝行览》），倘若"不忠不孝"，则为"大逆不道"。这些充分说明了君臣关系比拟成父子关系，在很大程度上已经被认为是理所当然之事。

从现实效果上看，这样做也确实在很大程度上达到了由孝劝忠的目的。自从汉武帝"独尊儒术"，任职三公者大多有"孝谨"之称。例如，公孙弘"养后母孝谨，后母卒，服丧三年"（《汉书·公孙弘传》）；刘般"素行孝友，谦让洁清"（《后汉书·刘般传》）；胡广年逾八十，"继母在堂，朝夕瞻省，旁无几杖，言不称老。及母卒，居丧尽哀，率礼无愆"（《后汉书·胡广传》）；杜乔"少为诸生，举孝廉"（《后汉书·杜乔传》），等等。三公尚且如此，普通官吏就更不用说了。而孝子如此之多的涌现，自然造就了更多的忠臣，并多少达到了"其教不肃而成，其政不严而治"(《孝经·三才章》)的效果。这种观念影响深远，使得后世帝王们不论多么卑鄙残暴，都忘不了倡导"以孝治天下"，都忘不了把自己装饰成既孝且慈的"天下之父"的形象。当皇帝成为"孝"的最终推动者时，他就成了宇宙最高价值的体现者，成为上天意志的代表，成为天下人无法置议的"慈父"。于是乎，通过"孝道"这条坦途，在天下苍生的无限感激之中，皇帝获得了天道所具有的绝对性，王权也就以一种无比自然的方式呈现为一种"天经地义"。

不过，在现实生活中，许多人仍然把"孝"看得比"忠"还重。按《孝经》解释，孝敬父亲本身即高于忠君："资于事父以事母，而爱同；资于事父以事君，而敬同。故母取其爱，而君取其敬，兼之者父也。"(《孝经·士章》)为了避免这种"舍忠而取孝"的不利于尊君的局面，有不少人公开提倡"忠重孝轻"的观点，如鲍骏言："《春秋》之义，不以家事废王事"(《后汉书·桓荣丁鸿列传》)。为了鼓励忠道，经学家马融还撰写了《忠经》，把"忠"提到"天地神明"的高度："天之所覆，地之所载，人之所履，莫大乎忠。"(《忠经·天地神明章》)然而，问题在于，君臣乃是社会关系，父子则是血亲关系，故二者不可能完全等同。统治者重孝就是为了劝忠，但过分重孝又必然会出现变形，乃至本末倒置。这显然是一个让统治者颇感两难的问题。在现实中，对于士绅官僚而言，对"家"之"孝"较于对"国"之"忠"，仍有着相当的优先性。然而，皇权至上的权力格局则要求士绅官僚义无反顾的"尽忠"，决不能有取而代之的观念与行为。显然，只有形成士绅官僚之"家"依附于帝王皇家之"国"的利益共享格局，这才能够得以实现。因此，我们看到，自宋代之后，在家庭伦理政治化和政治规则家庭化的双向渗透过程中，为了维护皇权的绝对性，君臣、父子、夫妇关系开始绝对化。朱熹明确指出："父子之仁，君臣之义，莫非天赋之本然，民彝之固有，彼乃独以父子为自然，而谓君臣之相属特出于事势之不得已，夫岂然哉？"(《晦庵先生朱文公文集》卷八十二《跋宋君忠嘉集》)在这里，朱熹把君臣关系与父子关系同视为天赋的、不可改变的绝对性关系，即便帝王无道，也终无异辞。这成为中华文化的一大盲点。

第三节　从"人治"到"法治"

经常与礼治相伴随的一个观念，便是法治。中国历史上的礼与法，由混一而分化，再由对立而融合，经历了一个长期的演化过程。大体而言，可概括为三个阶段：一是法融于礼；二是礼法分立；三是礼法合流。究其实，无论是礼治还是法治，二者都是维护专制体制的工具，差别只在刚柔的程度不同而已，最终都不可避免地落入了"人治"的窠臼。惟其如此，才有了中国人对于现代法治的不懈诉求。

一、礼法合流与人治传统

在夏商周时期，国家施政的成败得失，人们言行的功过是非，罪与非罪，统统以"礼"作为评判的根据。而彼时之"法"，即所谓"刑"，作为维护"礼"的手段之一，依附于"礼"而存在。故而，在古代典籍中"礼法"也常常连用。在这种礼法未分的混沌模式中，礼的施用巨细靡遗，规范万有，法在礼中，礼外无法，礼治最大程度地发挥了教化的作用，而法与刑的锋芒却被深深隐藏。

周公"制礼"，通过许多复杂的典章、礼仪，将宗法等级秩序制度化，从而使礼在系统化、规范化的同时，也在某种程度上法律化，对违反血缘人伦道德的人也有刑罚惩治，所谓"出礼入刑"（《尚书·周书·周官》）。如《周礼·地官·大司徒》中所言："以乡八刑纠万民：一曰不孝之刑，二曰不睦之刑，三曰不姻之刑，四曰不弟之刑，五曰不任之刑，六曰不恤之刑，七曰造言之刑，八曰乱民之刑。"作为周礼衣钵的自觉继承者，儒家以"复礼"为己任，并极为重视执政者的个人素质和群体素质，认为人是政治实践中的决定性因素。孔子曰："善人为邦百年，亦可以胜残去杀矣"（《论语·子路》）；"子为政，焉用杀？子欲善而民善矣"（《论语·颜渊》）。孟子说："君仁，莫不仁；君义，莫不义；君正，莫不正。一正君而国定矣。"（《孟子·离娄上》）荀子指出，治理好国家的根本和关键是"有君子"而不是"有良法"，所谓"有治人，无治法"（《荀子·君道》），因为在荀子看来，"故法不能独立，类不能自行；得其人则存，失其人则亡。"（《荀子·君道》）如果说是贤者治政，即使法有不至、职有不通的地方，也可以"其有法者以法行，无法者以类举"（《荀子·王制》）。如果不是贤者治政，"则法虽具，失先后之施，不能应事之变，足以乱矣。"（《荀子·君道》）总之，荀子认为，法关键在于靠什么样的人来执行。如果"得其人"，法就能"存"；如果"失其人"，再好的法也无济于事，所以，"法者，治之端也；君子者，法之原也"（《荀子·君道》）。荀子在这里虽然承认法是"治之端"，但强调的更重要的是人，认为只有"君子"才能制定"良法"，才能保证"良法"的推行。荀子的这一思想，在《礼记·中庸》中得到了进一步的发挥："文武之政，布在方策。其人存，则其政举；其人亡，则其政息。"同样，如《孔子家语》所言："'为政在于得人'，语意尤备。人，谓贤臣，身，指君身。道者，天下之达道。仁者，天地生物之心，而人得以生者，所谓元者善之长也，言人君为政在于得人，而取人之则又在修身。能仁其身，则有君有臣，而政无不举矣。"

自然，不能因为儒家强调了人的因素，就简单对其进行"人治"的断定。毕竟，无论是法治还是人治，都离不开人，都是人对人的管理。"人治"中不是不要法律，法治中也不能没有人的因素。正如著名政治哲学家科恩指出的："划分法治与人治的最根本的标志，应该是在法律与个人意志（或者少数执政者的意志）发生矛盾冲突的时候，是法律的权威高于个人意志？还是个人意志凌驾于法律之上？凡是法律权威高于任何个人意志的治国方式都是法治，凡是法律权威屈从于个人意志的治国方式都是人治。"① 可见，人治社会并非不重视法律，而是其法律只是当权者个人意志的工具。故而，在人治社会中，法律因人而异，人人平等之类的话语只是毫无意义的说辞。在儒家的观念系统中，法律也是存在的，但都出自帝王的个人意志，都是为了维护"家天下"的帝王和皇族的统治利益。在司法过程中，由于帝王个人专断，可以超越法律之上，因而带有极大的随意性。孟子说："君子犯义，小人犯刑。"（《孟子·离娄上》）荀子说："由士以上则必以礼乐节之，众庶百姓则必以法数制之。"（《荀子·富国》）这无异于公开申明，法律只是用来对付老百姓的，而"君子大人"则可以不受法律的约束。

先秦法家崛起于"礼崩乐坏"之际，它以"法"的确定性取代了"礼"的随意性，而成为贯彻君主意志、实现国家目标重要的手段。当其时，诸侯国大都各自为法，以应对和解决当下危机，其所规范和要求的事项也围绕变法而来，务实而功利。且新颁之法，无论祷之于鼎，还是书之于竹，均公之于众，其内容务求明白而确定。法家讲究"不别亲疏、不殊贵贱、一断于法"（《史记·太史公自序》），强调的是一视同仁的、非身份性的"一赏一刑一教"，而儒家则要求针对不同人的身份使用不同的赏罚规则和标准。因此，二者之间的差别，体现为"差别性行为规范"与"同一性行为规范"之争。② 由此，早先浑然不分的礼法日渐分化，终至礼、法对立而不可调和。

基于对儒家人治观念的反动，慎到指出，"身治"（人治）无一定标准，随心而定："君人者，舍法而以身治，则诛赏予夺，从君心出矣。"（《慎子·君人》）而且心机易变，只要一转念，结果便会差之千里："君舍法而以心裁轻重，则同功殊赏，同罪殊罚矣。"赏罚不公，"怨之所由生也。"（《慎子·君人》）同时，人治使"国家之政要在一人之心矣"（《慎子·威德》），然而，问题在于，一个人无论多么高明，他的认识能力也是有限的："一人之识识天下，谁子之识

① ［美］科恩：《论民主》，聂崇信、朱秀贤译，商务印书馆1988年版，第25~26页。
② 瞿同祖：《中国法律与中国社会》，中华书局2010年版，第378页。

能足焉?"(《慎子·逸文》)在这里,慎到基于个人认识的有限性,论证了把国家政要系于一人之心是危险的,这一见解可谓超群卓识。不过,法家虽然强调"君臣皆从法",但在君主制下,由于"法自君出",这就从根本上决定了"专制"破坏"法治"的必然性。在专制体制下,无论法典上的律法条文,还是君主的口谕、诏书和赦令都具有法律效力,故而,法律具有相当大的主观性和不确定性。同时,由于中国古代独立司法和诉讼程序的缺乏,更使执法官吏随心所欲舞文弄法,草菅人命。此外,政治操作和司法实践中表现出"权、术、势"合一的非道德化,无法使政治、法律按理性程序运行。因此,这种"法治"实为帝王一人而左右,是帝王之法,其实质还是一种"人治"。虽然韩非也告诫君主不能够"舍常法而从私意"(《韩非子·饰邪》),却没有去考虑如何设计出一个外在的抑制君主的强制力量。因此,法家的法治观念虽然在一定程度上限制了"专制",但是在现实中君主常常凌驾于法律之上。历史地看,虽然有少数开明君主较为注意不以意乱法,但终究无法改变"专制"破坏"法治"的这种必然性。

汉代以降,儒法之争已渐平息,统治者通过"援法入儒",将儒家最为推崇的"礼治"观念贯穿到全社会,达到"礼法合一"。贾谊针对当时社会上所宣扬的"礼谊之不如法令,教化之不如刑罚"(《汉书·贾谊传》)的片面重法思想,指出,仁义礼乐、法令刑罚各有功用,二者对于统治来说都是极其有效的。周朝之所以能"千余载不绝",就是因为周朝能使二者"序得其道",秦朝的灭亡是因为"本末并失",不懂攻守之术(《新书·过秦下》)。故而,贾谊认为,治国之道应礼法并用:"夫仁义恩厚,人主之芒刃也;权势法制,人主之斤斧也。"(贾谊:《治安策》)贾谊强调,礼的作用偏重于教化,发生在人们的过失罪恶未产生以前,通过"劝善"的办法防止恶的行为发生,防患于未然,但它不具备法的威慑力;法的作用在于当罪恶发生之后,毫不留情地按规定施以刑罚,法能收到比礼较快的效果:"夫礼者禁于将然之前,而法者禁于已然之后,是故法之所用易见,而礼之所为生难知也。"(《汉书·贾谊传》)为此,贾谊一方面对秦的"繁法严刑"表示强烈反对;另一方面又认为该用刑法时必须果断用之。譬如,对于诸侯王的越礼非法之举,就必须坚决以法治之。不过,贾谊认为,王侯贵族、王公大臣都是"君子",懂得廉耻节礼,没有庶人的"无耻之心",对于他们的罪行只能赐死,但决不能施以黥、劓、髡、刖、笞、弃市等极刑。正是这一原则的确立,使贾谊成为中国思想发展史上"礼不及庶人,刑不上大夫"理论的著名辩护士。在贾谊看来,按制度办事就是守礼,而破坏了制度也就是违法。贾谊正是通过制度这一环节,沟通了礼与法二者之间的关系,扩大了人们对礼和法的理解。但是,二者又不是完全处于同等地位:刑法对于统治者的统治虽然必不可少,但相对于仁德礼义,它是辅而不是主:"道之以德教者,德教洽而民气乐;

驱之以法令者，法令极而民风哀。"(《汉书·贾谊传》)

贾谊的思想成为汉代礼法合流的先声。其后，随着汉武帝独尊儒术，经学大盛。其中，由于《春秋》体现了尊王攘夷、尊君卑臣的原则，很适合统治者的口味。故而，凡有军国大事、司法审判都要称引《春秋》来议决。董仲舒首创"春秋决狱"，将儒家义理提升至国家法律原则的高度，开创了以儒家经义决狱的先河。史载："董仲舒老病致仕，朝廷每有政议，数遣廷尉张汤亲至陋巷，问其得失。于是作《春秋决狱》二百三十二事，动以经对，言之详矣。"(《后汉书·应劭传》)"春秋决狱"的核心要义在于：一是维护尊尊原则，即保护君主和嫡亲尊长的特权，维护三纲五常，譬如，妇女要严格遵守"夫为妻纲"的规范，不得违犯，所谓"妇人无专制擅恣之行"。二是坚持亲亲原则、提倡亲属之间尤其是父子之间应互相包庇隐瞒犯罪行为，不得相互揭发，所谓"父为子隐，子为父隐"，并反对株连，所谓"善善及子孙，恶恶止其身"。三是"原心定罪"(《汉书·哀帝纪》)，即根据犯罪的动机、心理的善恶来定罪量刑，而将犯罪的行为效果放在次要地位，所谓"春秋之听狱也，必本其事而原其志。志邪者不待成，首恶者罪特重，本直者其论轻"(《春秋繁露·精华》)。

正是受"春秋决狱"的影响，西汉中期以降，无论立法、司法都要求"应经合义"(《晋书·刑法志》)，儒家的经义既是立法、司法的指导，又是审判的准绳，儒家经义由此走向法典化。可见，帝王要杀人，除了引据法律条文以外，还要在儒家经典中找根据。追源溯始，中国历史上"以理杀人"的独特传统，正是和这种"春秋断狱"分不开的。自此，儒家思想成为历代王朝法律制定和实施中支配性的价值准则，形成"法律之儒家化"的政治法律传统：一方面，由于法时常以礼的面貌出现，而对礼的违犯又伴随着刑罚惩处，因而在同为行为规范的礼与法之间，"并没有截然可分的界限，惟其应用范围不尽相同且与时变化"①；另一方面，由于礼于法有统摄作用，礼的精神渗透于法之中，在律例的制定、法律的实施、案件的诉讼、案犯的量刑等方面，都浸透了等级意识和纲常伦理，受到"礼"的强制。

汉代所开创的礼法一体化进程，历经三国两晋南北朝，至隋唐最终定型。唐朝开国之初，一方面汲取了"无为而治"思想之精华，实行了包括提倡节俭、轻徭薄赋、和平外交等政策；另一方面则积极寻求更为有为的施政方式。唐太宗君臣通过对历史的深刻考察发现，前代君王任用儒学之士，治致太平，而到了魏晋以后，儒学地位下降，淳风大坏，社会动荡。因此他们确信，要使天下大治，必须重振儒术："朕看古来帝王，以仁义为治者，国祚延长；任法御人者，虽救弊

---

① 梁治平：《清代习惯法：社会与国家》，中国政法大学出版社1996年版，第180页。

于一时，败亡亦促。即见前王成事，足是元龟。今欲专以仁义诚信为治，望革近代之浇薄也。"（吴兢：《贞观政要·论仁义》）在唐太宗君臣看来，隋炀帝之所以灭亡，不是因为"甲仗不足"，而是因为"仁义不修"，"群下怨叛"（吴兢：《贞观政要·论仁义》），故而，唐太宗明确宣称："朕所好者，唯尧舜周孔之道。"（吴兢：《贞观政要·慎所好》）

当然，唐太宗对德治的尊崇，并不意味着对法治的忽视。唐太宗深切认识到："国家大事，惟赏与罚。赏当其劳，无功者自退；罚当其罪，为恶者咸惧。则知赏罚不可轻行也。"（《贞观政要·封建》）为此，他主张明正赏罚，力求"君之赏不可以无功求，君之罚不可以有罪免者也。"（吴兢：《贞观政要·论择官》）唐太宗认为，赏罚要"以公平为规矩，以仁义为准绳"（吴兢：《贞观政要·论择官》），而不能以是否符合自己的"私虑""私益"为标准："适己而妨于道，不加禄焉；逆己而便于国，不施刑焉。故赏者不德君，功之所致也；罚者不怨上，罪之所当也。"（《帝范·赏罚》）在制度建设上，唐太宗在"贞观修礼"的同时，还制定了我国历史上最完整、最系统的治国法典——《贞观律》，其基本原则便是力求"宽简""慎罚"。所谓宽简，就是针对前朝法令严苛而力求轻刑省罚："死者不可再生，用法务在宽简。"（《贞观政要·论刑法》）唐朝法律虽然"务在宽简"，但惩治贪官污吏的律文却极其严厉。比如，职制明确规定：严禁官吏接受任何人请托，嘱托求情者与接受者均予严惩。所谓慎罚，就是不可滥施刑罚。唐太宗对死刑的处决尤其持慎重态度，对死刑的判决、推勘、复核都规定了严格的程序，规定："大辟罪皆令中书、门下四品以上及尚书九卿议之"（吴兢：《贞观政要·论刑法》），从而开创了封建时代九卿会审制度的先例。唐太宗君臣还总结继承并发展了汉代以来的"录囚"制度，规定：皇帝和各级司法、监察机关对囚犯的情况进行审录，以防冤狱，刑部每年正月派员至各地巡复狱情，各州行政长官"每发巡属县，……录囚徒"（《唐六典》卷30），也让御史台出巡办案，视察狱情，代表皇帝分道录囚。这就是后世"八府巡按"之类复审案件的来源。此外，与中国其他朝代相比，唐朝的法律具有一定的独立地位，即使是皇帝本人，也须予以一定程度的尊重："夫帝王之所以与天下为画一，不以贵贱亲疏而轻重者也。"（吴兢：《贞观政要·论刑法》）故而，当时皇族犯法，大多受到依法惩治。

唐高宗永徽年间完成的《永徽律》，基本上是唐太宗时期《贞观律》的翻版。此后，长孙无忌等人又对《永徽律》逐条逐句进行疏证，以阐明律条文义，撰成《律疏》三十卷。《律疏》与《律》合为一体，统称《永徽律疏》。至此，《唐律》基本定型。宋元时期将《唐律》称之为《故唐律疏议》，明清时期又称为《唐律疏议》。《唐律疏议》立法比较审慎，内容比较周详，条目比较简明，解释比较确当，故而成为此后历代修法立制的楷模。就思想实质而言，《唐律》是将儒家纲常伦理全面贯彻于法律思想中，"礼"与"法"两者相互配合，构成了唐代君权统治的完整体系，其总的思想原则便是"德礼为政教之本，刑罚为政教之用"（《唐律疏义》）。后代律法虽在一些具体的条文上有所变化，但对"以刑弼教""修刑以复礼"（白居易：《白居易文集校注·策林三·刑礼道》）的宗旨则恪守不渝。为了确保皇权至上，《唐律疏议·名例》中把危害皇帝并影响专制统治的行为列为十大重罪，其中，谋反罪属于"不赦之大恶"。唐律中的定罪量刑始终贯穿了"尊卑贵贱"的原则。例如，《唐律疏议》规定："良贱既殊，何宜配合"，即严令禁止"贱人"娶"良人"为妻的行为。而为了确保父权在家族中的至高性，《唐律疏议》对家长在家族财产、子女婚姻、教育等方面的特权都做出了具体而严格的规定，等等。《四库全书总目》"提要"说："唐律一准乎礼，以为出入得古今之平，故宋世多采用之，元时断狱亦每引为据。"

当然，道德与法律毕竟是两类不同的治理规范，故而在实践中难免会发生冲突。这在中国古代盛行的"血亲复仇"现象中最为引人注目。血亲复仇，礼经所崇而律法不容，对此，历史上曾有过激烈的争论。汉代标榜"以孝治天下"，血亲复仇被视为一种孝道的体现："父之仇弗与共戴天，兄弟之仇不反兵，交游之仇不同国。"（《礼记·曲礼》）故而，自然不能对复仇行为严加制裁。相应地，民间舆论多认为它是值得称道的行为，而受到大力赞扬。但是，杀人毕竟为犯罪，对社会秩序有破坏性的影响，故而，官方法律并不鼓励复仇。由此产生道德和法律的矛盾。在实践中，多以调和折中的办法来解决这一冲突。比如，《周礼·地官司徒》中说："父兄之仇皆使之远避以和难，不避则执之。"这种"远避"表明国家在社会复仇面前的无可奈何。从实际演绎来看，东汉以前对血亲复仇采取默认的态度，若自己的亲人被杀害，可以杀死对方报仇，官府不加追究。东汉以后，血亲复仇在法律上逐渐被禁止，但实际上执行并不严格，往往采取迁就的态度。《唐律疏议·名例》将亲亲容隐的适用范围从子对父扩展到家族内部成员，将汉朝时期的"亲亲得相首匿"发展为"同居相为隐"（《唐律疏议·名例》），即只要是同居的亲属，即使没有服制关系，都可以援用"同居"律文。宋代君主审判此类案件，或是"壮而释之"，或是因"义之"、因"其情可矜"而特诏贷死（《宋史·刑法志》）。从效果上看，虽然二者的紧张没有得到根本解决，但还是缓和了二者的关系，对社会的稳定起到了一定的积极作用。问题在于，如果一人犯法便会找亲人帮助隐瞒，那么倘若多人犯法，将会出现什么局面？这不能不说是中国传统礼治模式所难以绕开的一大症结。

值得注意的是，礼法一体化的过程，通过将本属于礼的领域逐渐法制化，从而也将"特权"法制化，包括犯罪"上请"的特权、有爵者减刑的特权、入财赎罪的特权等。其中，最重要的，还有"八议"之法的实行。"八议"之法始于西周的"八辟"，即《周礼·秋官·小司寇》所谓："议亲之辟，议故之辟，议贤之辟，议能之辟，议功之辟，议贵之辟，议勤之辟，议宾之辟。"这项法律赋予了贵族阶层司法特权的合法性，目的是使各贵族阶层自觉维护宗法秩序，保障"家天下"的长治久安。春秋时诸国实行法制改革，"八辟"之法遂废而不行。汉代独尊儒术之后，"八辟"之法又逐渐恢复。从魏开始，"八辟"改为"八议"。此后，历代君主都比较重视"八议"之法，为的是防止人们"有轻吾爵禄之心"（《宋史·刑法志》）。按照《唐律疏议·名例》的解释："亲"指皇室一定范围的亲属；"故"指皇帝的某些故旧；"贤"指朝廷认为"有大德行"的贤人君子；"能"指"有大才业"，能整军旅、莅政事，为帝王之辅佐、人伦之师范者；"功"指"有大功勋"者；"贵"指职事官三品以上、散官二品以上及爵一品者；"勤"指"有大勤劳"者；"宾"指"承先代之后为国宾者"。唐律规定：这8种人犯了死罪，官府不能直接定罪判刑，而要上报到朝廷，由负责官员集体审议，报请皇帝裁决；这8种人犯流放以下的罪，要减一等论罪。唯一例外是，如果他们犯十恶罪，则不适用上述规定。对于官僚犯罪问题，八议之外尚有官当制度以减免其刑罚，唐律规定："诸犯私罪，以官当徒者，五品以上一官当徒二年；九品以上一官当徒一年。若犯公罪者，各加一年当。以官当流者，三流同比徒四年。"显然，官当制度是一种典型的司法特权。①

由唐至宋，随着君主权力的日渐走高，在对"违礼"案件的审判中，"重罚"已经日趋成为一种稳定模式。《宋史·刑法志二》云："律令者，有司之所守也。太祖以来，其所自断，则轻重取舍，有法外之意焉。"所谓"自断""取舍"，有"法外"之意，即是君主利用其司法特权"伸礼而屈法"。从礼制推行的角度来讲，刑罚威慑往往比刑罚本身更具有力量，所谓："惩恶本欲人惧。"（董诰：《全唐文》卷八百七十三）在宋代，地方官还着力扩展司法惩戒的界限，建构起一个联系俗世与天地鬼神的惩罚体系。由此，礼制逐渐具有了法的强制性。在"礼即是法"的观念逐渐明确的同时，法也因为礼而更具有普遍性。在此意义上而言，礼法合流并不仅是两种制度的合流与贯通，更大意义上是中国古代社会统治模式的逐步完善。从此，礼不仅表现为政治制度、法律规范，而且还是人们日常生活中普遍遵循的伦理规范，最终成就了中国古代社会独特的"礼法之治"。

自宋以后，占统治地位的儒家致力于把原来属于士大夫以上阶层专有的

---

① 参见安剑泉：《从〈唐律疏议〉看中华法系的宗法性》，载于《商丘师范学院学报》2015 年第 2 期，第 81 ~ 84 页。

"礼"进一步社会化、大众化,使之成为所有社会成员共同遵循的行为准则。早期儒家所讲的礼法关系中的法主要指刑,它与礼是一种外在关系。而宋代儒者所讲的礼法关系中的"法"同先秦法家的"法"已经有很大不同,它与"礼"是一种内在关系。这种内在关系主要是指法律规范和司法活动中浸透了礼的精神,刑政则成了推行德礼的工具。宋代儒者李觏曾有"礼者,圣人之法制也"(李觏:《李觏集·礼论》)的说法。在这里,所谓"礼"泛指儒家道德,法制应该体现儒家的道德精神。因而,德主刑辅、礼本法末,便不再是轻重先后的机械性的外在关系,而变成了相融无间的有机关系:"有德礼,则刑政在其中"(《朱子语类》卷二三),"教之不从,刑以督之,惩一人而天下知所劝戒,所谓'辟以止辟'。虽曰杀之,而仁爱之实以行乎其中"(《朱子语类》卷八十七)。由于德教和刑罚都是为了维护和弘扬三纲五常,故两者之间的先后缓急已不再造成冲突,可以"推仁义而寓之于法"(方孝孺:《逊志斋集·深虑论》)。换言之,对礼的重视,无碍于对法的加强。对此,程颐论述道:"明刑禁以示之,使之知畏,然后从而教导之……刑罚立而后教化行……故为政之始,立法居先……不去其昏蒙之桎梏,则善教无由而入。既以刑禁率之,虽使心未能喻,亦当畏威以从,不敢肆其昏蒙之欲,然后渐能知善道而革其非心,则可以移风易俗矣。"(《二程集·易·蒙》)按照这种观念,刑罚不但不妨碍教化,甚至成为教化的条件和保障,故先刑后教亦可。如此一来,礼寓于法,法亦糅于礼,则礼、法之争自然也就消弭于无形。

总的来说,"礼治"实质上是通过把人确定为不同的名分,划分为不同的等级次序来维护社会统治的。正是"礼治"的等级特权秩序造就了"人治"社会基础,只要人们没有走出"礼治"的牢笼,就永远只能停留在"人治"的老套路上。不仅如此,"礼治"还为"人治"提供了"治"的准则,所谓"为国以礼"(《论语·先进》),一切事情都要以"父子之亲、君臣之义、三纲之重"(《晦庵集》卷十四)为原则。朱熹甚至主张:"凡有狱讼,必先论其尊卑、上下、长幼、亲疏之分,而后听其曲直之辞。凡以下犯上,以卑凌尊者,虽直不右;其不直者,罪加凡人之坐。"(《朱子文集》卷十四)可见,有法不依,尊者有超越法律之上的特权,这些都是由"礼治"的尊卑等级原则所决定的,因而是天经地义的。这成为中国传统政治法律文化的一大盲区。

二、"法治中国"的价值诉求

人类发展的历史证明,法治是人类文明的一种必然选择。当然,对于长期沉醉于礼乐文明的传统中国人而言,要认识到这一点自然是十分困难的。至近代国门洞开，以林则徐、魏源、严复等为代表的一些开明人士，已意识到西方法治的可取可为。由此，"要法治，不要人治"也逐渐成为一种共识。1949 年后，中国新政权也有不断立法的过程，但法律不仅未能限制扩张的权力，反倒催生了"政法合体"。改革开放后，新中国法治运动的大幕重新开启，在实现"现代化"的目标主导下，"法治"作为国家治理的工具，服务于"全面建成小康社会"的现代化目标，但是，如何促使"法治中国"的真正实现，在许多问题上还需要进一步加以澄清和取得共识。

其一，弘扬法治的理性精神。

在古希腊，苏格拉底就以"认识你自己"的箴言告诉人们：只有通过人的理性，才能认识人的本性，获得"真正的知识"；政治需要智慧和专门知识，应该让经过训练、有知识才干的人来管理国家："君王和统治者并不是那些拥大权、持王钻的人，也不是那些由群众选举出来的人，也不是那些中了签的人，而是那些懂得怎样统治的人。"① 苏格拉底的这种精英治国理念，导致了他同当时雅典民主制的直接冲突。最终，苏格拉底以从容赴死的"殉道"方式向世人宣示："法律是人世间最后的裁决"，"守法就是正义"②。柏拉图秉承苏格拉底的理性精神，进一步将世界二分为流变的感性世界和永恒不变的理念世界，并开始脱离开苏格拉底精英治国理念的影响，从早年对"哲学王"统治的崇尚，晚年转向了对法治的推崇："一个人不应该以统治的好，而应该以服务的好而感到骄傲——并且首先是服务于法。"③ 不过，在柏拉图那里，法治只是一种"退而求其次"的选择。而到了亚里士多德，法治则被推崇为最佳选择："法律是最优良的统治者。"④ 在亚里士多德看来，法律没有感情，不会偏私，具有客观性和公正性；法律基于众人的判断而制定，总比个人判断来得可靠；法律借助于规范形式来确认，具有明确性和稳定性及普遍适用性，等等。

正是在古希腊理性精神的光照下，古罗马人进一步发展了存在于自然界的"正确的规则"或"最高的理性"的自然法理念，使西方人拥有了视法治为最高权威的价值理念。西罗马帝国灭亡后，在中世纪的欧洲，虽然理性的光辉一度为宗教信仰所遮蔽，但随着神意成为一切正当性的来源，对规则的遵守更上升为宗教戒律。在文艺复兴和启蒙运动中，自然科学向人们展现了一个万物有因的客观世界，并认为通过人的理性可以发现社会秩序的运行规律，进而提炼出普遍适用的确定性规则。然后，就可以根据这些规则来治理社会。在这种信念的指引下，

① ［古希腊］色诺芬：《回忆苏格拉底》，吴永泉译，商务印书馆 1984 年版，第 118 页。
② ［古希腊］色诺芬：《回忆苏格拉底》，吴永泉译，商务印书馆 1984 年版，第 164 页。
③ ［古希腊］柏拉图：《法律篇》，张智仁、何勤华译，上海人民出版社 2001 年版，第 175 页。
④ ［古希腊］亚里士多德：《政治学》，吴寿彭译，商务印书馆 1997 年版，第 163～171 页。

这一时期出现了诸如霍布斯、洛克、孟德斯鸠等启蒙思想家的各种秩序方案。按照这种理性主义信念，规则应是决定组织运行的主要依据，这种规则具体体现为组织内部的各种法律、法规，并坚信一切机构和个人都应接受事先制定规则的约束，法治由此成为西方社会的基本治理方式。

其实，中国传统社会并不缺乏"自然法"及规则主义之资源。在战国变法运动中，先秦法家的"缘法而治"便体现出一种难得的理性主义的闪光。如果说西方人将"自然"作为道德和法律的理论基础，法家则习惯于以"道"为准则来对人的行为和制度进行正当性论证，所谓"以道为常，以法为本"（《韩非子·饰邪》）。二者名异而实同，都秉承对自然规律客观性的信仰与追求。法家之严刑峻法尽管长期以来饱受诟病，但究其实，在法家那里，法就像度量衡一样，是一套客观规则："法者，天下之程式也，万事之仪表也"（《管子·明法解》）。20世纪美国著名法学家富勒（Lon L. Fuller）曾概括出法律在制定、解释、适用等程序上的八个原则：一般性或普遍性；公布；非溯及既往；明确；不矛盾；可为人遵循；稳定性；官员行为与法律的一致性。① 事实上，这些在先秦法家那里都已得到充分阐述：（1）普遍适用性："法者，天下之仪也。所以决疑而明是非也，百姓之所悬命也"（《管子·禁藏》）；"君臣上下贵贱皆从法"（《管子·法法》）；"法不阿贵，绳不挠曲"（《韩非子·有度》）。（2）公开："法者，编著之图籍，设之于官府，而布之于百姓也"（《韩非子·难三》）。（3）法不应溯及既往："令未布而民或为之，而赏从之，则是上妄予也；令未布而罪及之，则是上妄诛也"（《管子·法法》）。（4）明确："故圣人为法，必使之明白易知，名正，愚知遍能知之……行法令，明白易知……万民皆知所避就，避祸就福，而皆以自治也"（《商君书·定分》）（5）法不应有内在矛盾："一置其仪，则百官守其法；上明陈其制，则下皆会其度矣。君之置其仪也不一，则下之倍（背）法而立私理者必多矣"（《管子·法禁》）。（6）相对稳定性："法者，不可不恒也"（《管子·法法》），"法禁变易，号令数下者，可亡也"（《韩非子·亡征》）。（7）可遵守性："立可为之赏，设可避之罚"（《韩非子·用人》），"故令于人之所能为，则令行，使于人之所能为，则事成"（《管子·形势解》）。（8）官方行动与已颁布的法律的一致性："明主使其臣不游意于法之外，不为惠于法之内，动无非法"（《韩非子·有度》），等等。

法家注重客观性，避免主观随意性，虽然并不能保证绝对的社会公正，但相对于儒家以"尊卑等级"为核心的礼治秩序而言，显然更有利于实现社会公正。在实践中，法家正是通过"一断于法"的制度设计，打破了"别亲疏，殊贵贱"

---

① Lon L. Fuller：*The Morality of Law*. Revised Edition. Yale University Press，1969，pp. 46 - 94.

的传统礼治秩序，从而推动了当时的政治变革。然而，随着汉代以后的儒法合流，以"德主刑辅"为核心的儒教成为此后中国两千年的主导治理模式。在这一过程中，法家控制社会、民众的技术性的一面得到强化，而法家的"真精神"则被长期遮蔽。这主要表现在：其一，法的客观性的丧失。自董仲舒首创"春秋决狱"以来，《春秋》等儒家经典成为判案的标准。由此造成的问题在于：由于它的微言大义，同样的事情，可以做出完全不同的解释，这就为司法专断打开了方便之门："《春秋》之治狱，论心定罪，志善而违于法者免，志恶而违于法者诛。故其治狱，时有出于法之外者。"（《盐铁论·刑德》）由此，法的客观性逐渐为人之主观性所吞噬。其二，平等精神的丧失。在礼治秩序下，一切都要以"君臣之义"为原则，结果，礼仪越来越烦琐，越来越森严，以严贵贱尊卑之别。至此，原本在法家那里具有一定平等精神的"法"日益蜕变为维护尊卑等级的工具。其三，权利与义务的分离。在礼治秩序中，统治阶层尽情享受着"没有义务的权利"，而广大民众则被迫履行着"没有权利的义务"。至此，"骨肉可刑，亲戚可灭，至法不可缺"（《慎子·佚文》）的法家宣言遂成历史绝唱，中国社会不可避免地落入"人治"的窠臼。

在"人治"社会格局下，君主的权力和意志凌驾于法律之上，法律体现的是统治者个人意志，是随意性的、没有客观标准的，规则常因人而异，且将道德的威力看得比法律更为重要和有效。而人治之所以能够大行其道，究其根源，就在于中国古代所隐藏的宗法观念及其礼治秩序。在这种秩序中，人们总是依照由亲及疏、由近及远的逻辑而行动。站在现代文明的角度看，这种重人情、重关系的传统，构成了弘扬法治的最大障碍。

当然，理性自身也有其局限性：现代法律通过抽象出一般规则并赋予其普适性的效力，往往会忽视现实的差异性、多样性，且预先设计的规则难以适应社会情境的变化。尤其在日新月异的现代社会生活实践中，诸多新的事实不断涌现，预先设计的规则难以应对新的事实。如果事后确立规则，则违反"不溯及既往"的法治原则。[①] 从这种意义上讲，当代实用主义法治观强调社会环境的"具体情况"自有其合理之处，但是，不能以此而夸大法律的不确定性、漠视法律的规范性与一般性，乃至导致"规则怀疑主义"。毕竟，一个社会的正常运行，离不开客观的行为和关系规则。尽管事物变幻莫测，但法律的确定性、明确性仍然是立法者不懈的追求。当下中国的法治建设虽然没有必要也不可能以西方法治模式作为参照模板，但是，社会秩序的维持需要人们对法律契约和社会规则的自觉维护，故而，我们依然需要大力弘扬和严格恪守法治的理性精神。

---

① 参见高鸿钧：《现代法治的困境及其出路》，载于《法学研究》2003 年第 2 期，第 3～31 页。

其二，超越个体本位与国家本位的对立。

法治作为常态化的规则治理，避免了恣意、激情、非理性，使人类社会得以有序化发展。除了规则主义这一属性，法治还涉及另一本质特征，即法律的价值诉求。按照著名法学家裴文睿（Randall Peerenboom）对"单向度"（thin）的法治理论与"多向度"（thick）的法治理论的区分：单向度理论强调规则，即法治的形式或者工具性的维度，与什么是好的法律相比，它更为关心什么才算是法律；而多向度的法治理论除了要实现法律的形式品格外，还要求促进自由、平等、人权、正义等实体价值。① 换言之，法治作为社会治理模式，其属性可划分为两种要素，一是形式属性或形式理性，可称之为形式法治；二是价值属性或实质理性，可称之为实质法治，二者共同铸成现代法治的坚实统一体。

历史地看，在苏格拉底那里，法律的价值诉求尚未引起充分重视，他认为，"守法就是正义，不管是良法还是恶法都应得到遵守"②。到了亚里士多德，法律的价值诉求才开始得到强调，并将"法律"划分为"良法"与"恶法"。良法体现了正义和公众的智慧，且还需得到大家的遵循，方能算是法治："已成立的法律获得普遍服从，而大家所服从的法律又应该本身是制定良好的法律。"③ 古罗马法学家进一步认为，法律除了维护社会秩序外，关键是保护私人的利益和权利，并赋予法律以自由、正义、平等的内涵，由此奠定了后世西方法治价值追求的基础。这种价值理念的确立，得益于西方社会的契约精神。在古罗马时期，契约关系在社会生活中已日渐凸显。在《圣经》中，则到处都可看到人与上帝立约的事例。随着《圣经》的传播，契约意识逐渐成为西方文明的一个标志。17、18世纪的资产阶级政治革命后，社会契约思想被广为传播。在这种观念中，人们基于维护个人应有之权利，通过共同制订规则来维护现有秩序。这种制订规则的过程，便是民主商讨的过程。而一旦规则确立，全体成员则务必遵守。这种防止国家权力侵犯个人自由的宪政理念，构成了西方文明的精髓和法治传统，即法的正义是以个体的权利为基础的，应在每个人的权利方面要保持公正。这种以个体权利为核心价值的良法法治观念，成为当今西方法治文化的主导观念。这种"个体本位"的价值立场，并不是说让个体脱离群体的归属而成为一个个孤立的个体，而是说法律要首先确立人之所以人的权利，诸如财产、人身安全、自由表达，等等。

与西方法治定位于"权利""自由""正义"等价值理念不同，在中国的传统语境中，"法治"主要是一个关乎"秩序"的概念。这种"秩序"不是从个人

---

① Randall Peerenboom：*China's Long March Toward Rule of Law*. Cambridge：Cambridge University Press，2002，p. 3.

② ［古希腊］色诺芬：《回忆苏格拉底》，吴永泉译，商务印书馆1984年版，第164页。

③ ［古希腊］亚里士多德：《政治学》，吴寿彭译，商务印书馆1997年版，第199页。

的"私权利"出发保障个性自由的自治秩序，而是以社会整体的统一、稳定、和谐为诉求的。正因为"法治"是从"秩序"的需要出发，传统中国的"法"本身也就表现出明显的制裁性："法者，刑罚也。所以禁强暴也。"（桓宽：《盐铁论·诏圣》）在这种"秩序"意识之下，个人并不具备相对于国家和社会的先在性价值，而是需要纳入集体的秩序中去衡量；相应地，法治的目标是维护"大一统"的社会秩序，并着意于推进号令统一、令行禁止的"集体人格"的形成。这种法治秩序不为民众设定任何权利，相反，民众从来只有服从的义务，法律普及也只是为了使"民莫敢为非"（《商君书·画策》）。秦汉之后的礼法合流，依然以尊君、卑臣和愚民为前提，以维护"家天下"的专制统治为目的，忽视个性自由，不承认个人利益的合理性和正当性。王权也由此以一种自然的方式呈现为"天经地义"，即便帝王无道，也终无异辞。这种集体本位或者说国家本位的理念，更多地强调人的社会性质，个人依附于整体，且无条件地服从整体。虽然中国传统文化中也有个体意识的表现，比如，孟子畅言的"大丈夫"精神，但这种独立性主要体现在个体对群体责任的担当，个人权利方面则缺乏应有的考量，即使有所顾忌，也无非是修身养性和独善其身而已。在这种社会文化氛围下，"争讼"往往被认为是违背礼教的行为，法律的目标就是调处息事，多诉诸家族的调解，尽量避免对簿公堂。久而久之，人们便形成了"畏讼""厌讼"的观念，从而遏制了人们运用法律追求正义的诉讼意识的形成。

毋庸讳言，当下中国的法治依然带有这种浓厚的国家主义色彩。比如，宪法对公民基本权利的行使进行了"概括式的限制"：公民"在行使自由和权利的时候，不得损害国家的、社会的、集体的利益和其他公民的合法的自由和权利"①。而刑法、治安管理等其他法律领域的法律法规条款也为公共力量的社会管制提供了较为"开放式的授权"，背后隐含着维护"国家能力"的考量。

当然，对于个人主义的过分强调与放纵，也会助长个人中心主义和自私自利，妨碍社会群体的互惠合作。值得注意的是，自20世纪以来，西方个人本位的权利观越来越遇到挑战，除了出现自由和平等的矛盾、权利之间的冲突之外，还造就出只伸手要权利却不承担责任的"贪婪的公民"，进而导致权利"空壳化"和秩序危机。对广大下层民众来说，很多自由、平等权利实际上只是一张空头支票，神圣权利旗帜挥舞的结果却是下层民众权利在事实上被剥夺。于是，随着当代新自由主义和凯恩斯主义的流行，"自由放任"开始走向"自由限制"，权利神圣走向了关注责任与和谐。按照社群主义的观点，社群决定个人、公益优先于权利，应从那

---

① 参见李海平：《论基本权利对社会公权力主体的直接效力》，载于《政治与法律》2018年第10期，第109~123页。

传统中国之治的历史与逻辑

种不受干预的消极权利转向争取条件和机会的积极权利，并突出社群的集体权利；同时，也要通过分散权利，以避免权力垄断，从而促进所有人自由和权利的均衡发展。可见，自由和权利的实现需要有义务和责任作保证，二者现实关系及其制度设计不是以哪个为"本位"或"重心"就能轻松回答或解决的。

就当代中国的法治实践而言，改革开放后市场经济的发展，促成了重大的利益分化和多元化进程，出现不断上升的新生权利、多元权利诉求和主张，但是，不同等的政策倾斜、资源配置和权利赋予，使得分配不公等问题也日渐凸显。不仅如此，随着当下市场经济的发展和社会的急剧转型，传统的诚信、包容、礼让、信义等道德准则逐渐被经济利益最大化的价值追求所消解。这自然容易造成民众在追求自我利益过程中超越法律底线，甚至为追求自我利益最大化而严重扰乱公共秩序的行为，从而成为制约法治进程的重要瓶颈。因此，当下中国的法治价值诉求，需要在国家与社会、权力与权利、权利与义务之间寻求某种协调与平衡。在非常状态下，"法治有时会容忍国家权力对个人权利与自由的临时性或应急性限制，有时也会容忍个人自由和权利对国家权力的冒犯，有时会容忍道德规则对法律规则的抵御甚至替代，等等。但这种妥协和让步必须服从正义精神，受到规则和程序的严格限制，而不能演化成以强欺弱、侵吞权益的借口。"①

其三，法律权威与权力权威的调适。

从法治建设的社会环境来看，法律与特定社会的道德、政治等因素密切关联。而在这诸种关系当中，法律与权力的关系最为核心。

亚里士多德认为，要使法律能够得以遵守，首先，要保证法律的权威："法律应在任何方面受到尊重而保持无上的权威。"② 其次，须将"自由"限制在法律所规定的范围内："公民们都应该遵守一邦所定的生活规则，让各人的行为有所约束，法律不应该被看作和自由相对的奴役，法律毋宁是拯救。"③ 此外，更为重要的，还要对权力进行法律监督与制约："不让任何人在政治方面获得脱离寻常比例的超越地位——实际上这一成规可以适用于一切政体。"④ 古罗马人在充分汲取古希腊宪政理念的基础上，以其特有的追求秩序和纪律的天赋，进行了组织制度化的实践，确认了人民集体为国家最高权力，并设立了权力制约机制，从而为近代西方资本主义宪政国家的创建提供了范本和思想资源。罗马著名哲学家西塞罗依据罗马共和国的传统来重新定义国家——"国家是人民的事业"⑤，

① 马长山：《法治的平衡取向与渐进主义法治道路》，载于《法学研究》2008年第7期，第3~27页。
② 〔古希腊〕亚里士多德：《政治学》，吴寿彭译，商务印书馆1997年版，第192页。
③ 〔古希腊〕亚里士多德：《政治学》，吴寿彭译，商务印书馆1997年版，第276页。
④ 〔古希腊〕亚里士多德：《政治学》，吴寿彭译，商务印书馆1997年版，第268页。
⑤ 〔古罗马〕《西塞罗论共和国》，王焕生译，中国政法大学出版社1997年版，第39页。

就是说，国家作为一种人群的联合，权力应由人民掌握，并实行依法统治。这一概念，不仅反映出罗马共和国的基本特征，也突破了古希腊"城邦"的狭隘界限——国家不再是狭小的"公民"团体，而是理解为"人民的联合体"，包括公民、自由人乃至奴隶等。同样，在基督教的观念世界里，所有的人（包括君主在内）都是上帝的子民，不能超越代表神灵意志的法律。按照 13 世纪的经院哲学家托马斯·阿奎那的观点，法律和权力来自人民，"人类的意志可以根据共同的同意使本身并不违反自然正义的任何事情而具有法律价值"[1]。这种法律至上观念，构成了西方近代法治观念的根基。

在中世纪，欧洲各国的国王虽然大多表现出专制的一面，但市民阶层随着逐步成为与贵族、教士并立的社会等级，从而构成了对国家权力的制约。自 12 世纪起，所有的西方国家包括君主制国家中，人们普遍认为，君主也应当受到法律约束，并在实践中出现了许多制约王权的模式。17 世纪英国的资产阶级革命，揭开了整个世界范围内的资产阶级革命的序幕。为避免专制王朝的复辟，英国议会决定以法律形式限制国王的权力，通过《权利法案》《王位继承法》确立了"议会至上"原则。在此基础上，洛克进行了资本主义宪政的理论建构，确立了法律作为社会的最高权威；而"人民的福利是最高的法律"[2]，"法律的目的不是废除或限制自由，而是保护和扩大自由"[3]；为了防止国家权力对个人权利的可能侵犯，政府的权力结构包括立法权、执行权和对外权等不同职能，它们相互分立，互相制衡，共同组成了政府。洛克虽然阐述了立法权与执行权相分离，却没有提到司法权独立，而孟德斯鸠则进一步将国家的权力划分为立法权、行政权和司法权，并指出要实现政治自由，这三种权力就需要彼此分立、相互制衡。其后，美国联邦党人汉密尔顿等人在美国国家制度的建构中，按照立法、行政和司法三权既彼此独立又相互制约的原则，精心设计了各种权力的局部混合，即以参议院钳制众议院，以行政、司法权力牵制立法权力，同时立法机关又以弹劾权约束行政机关，等等。至此，分权与制衡才演变为西方宪政的基本原则。

按照这种权力制衡思维，为了确保法律至上的原则，法律的首要功能就是制约政府权力。与之形成鲜明对照的是，中国传统的"以法治国"（rule by law），实质上不是法治（the rule of law），不过是政治统治或管理的工具。先秦法家虽然强调"君臣上下贵贱皆从法"（《管子·法法》），但在君主制下，由于"法自君出"，这就从根本上决定了"专制"破坏"法治"的必然性。儒家传统的"君权天授"主张虽然包含着制约君主的普遍政治法则，但儒家的"天"无基督教

---

① ［意大利］托马斯·阿奎纳：《阿奎那政治著作选》，马清槐译，商务印书馆 1963 年版，第 138 页。
② ［英］洛克：《政府论》（下篇），叶启芳、瞿菊农译，商务印书馆 1964 年版，第 100 页。
③ ［英］洛克：《政府论》（下篇），叶启芳、瞿菊农译，商务印书馆 1964 年版，第 36 页。

之上帝那样的对君权的神圣约束力，事实上，儒家素来主张民众"唯君是从"，所谓"心之所好，体必安之；君之所好，民必从之"（《春秋繁露·为人者天》）。在中国传统社会中，国家与社会浑然一体，国家权力庞大、社会权利微弱，政治在整个社会结构中占据主导地位，法治缺乏独立的地位，由此形成"权本位"的法权关系。

由于传统的历史惯性，当代中国的法治环境仍然存在着"权本位"的痕迹，从而使法治失去应有的独立性和客观精神。值得可喜的是，在当今深化改革的情势下，党中央作出了"全面推行依法治国"的决定，强调将权力关进"制度笼子"，以真正树立宪法和法律的权威。习近平总书记在党的二十大报告中指出："全面依法治国是国家治理的一场深刻革命，关系党执政兴国，关系人民幸福安康，关系党和国家长治久安。"[①] 而从根本上讲，要实现从权力至上到法律至上的转变，让法治摆脱行政权力的干预，就需要改变国家吞并市民社会的状态。历史表明，"一个多元的且独立于国家之外的自组织的市民社会是民主的一个不可或缺的条件，无论是谁提倡国家和市民社会的统合都将危及民主的革命。没有社会制约的国家权力总是危险的和不可欲的，它是对专制主义的放纵"。[②] 国家过于强大，无疑会造成对社会权利的剥夺和侵害；如果公民社会过于强大，也会造成同一体的解构。因此，国家和公民社会应保持各自的恰当位置，通过相互协作和相互监督，实现社会的良性发展。

其四，从"适应"到"共生"。

"法治中国"的建设之路，还涉及法治与社会环境的关系问题。对此，当今最流行的，便是所谓"国情论"，即"法治中国"之路必须考虑中国的现实与国情，现代法治观念只有与中国的现实国情相结合，才能在中国土壤上生根发芽，等等。毋庸置疑，任何法治建设都必须面对不同的国情，各个国家的法治本来就各具特色。问题在于，如果过多强调中国法治之路的独特性，就会忽略人类的共同理念，忽视法治的一般性、普遍性。当下有学者提倡法治的"本土资源"说，固然具有一定的积极意义，但对"本土资源"的过分探寻和过高企盼，就有可能出现"返祖性"（即对传统非法治形态的复归）；而把秩序等同于法治或赋予法治以过多的"地方性知识"属性，则有可能消解法治本身。[③] 毕竟，"特色"只能表明区别，而难以改变本质。如果更多强调特殊性，过分相信法律是一种"地

① 习近平：《高举中国特色社会主义伟大旗帜，为全面建设社会主义现代化国家而团结奋斗——在中国共产党第二十次全国代表大会上的报告》，载于《人民日报》2022 年 10 月 16 日。
② 魏志学：《民主宪政：转型期中国法治进路的模式选择》，载于《中国司法》2005 年第 8 期，第 84～88 页。
③ 参见张亮：《当代中国权利本位思想之发展与意义检视》，载于《广西社会科学》2010 年第 4 期，第 75～79 页。

方性知识"，只能改变普遍法治的意义。如果一味以中国国情与中国特色而标榜，容易导致我们在中西法治思想交流、对话过程中处于劣势，从而不利于把握世界法治的发展潮流或趋向。在现今的"世界结构"中，国家间的合作越来越深入，中国在其中应该有着足够开放的态度和包容的胸怀。正如习近平总书记在中共第十九次全国代表大会报告中指出的："要尊重世界文明的多样性，以文明交流超越文明隔阂、文明互鉴超越文明冲突、文明共存超越文明优越。"① 既然中国本身是"世界"重要的构成单元，那么，人类在最低限度上可以有基本的法治共识，诸如对权力进行有效的制衡，坚持法律至上，对公民权利进行保护，实现社会的公平正义，等等。

实际上，"国情论"背后所蕴含的是一种环境适应论的逻辑，即认为只有让法律适应于社会，才能更好地使其发挥作用。问题在于，由于社会的复杂性，法律不可能和各种社会关系都相吻合。尤其是在对适应现实环境的过程中，法治会导致对"不良"现象的妥协，而忽视了法律主体对现实改造的自主性和能动精神。究其实，这种适应环境论是达尔文主义流行的产物。按照达尔文的自然选择学说，有机体的产生离不开与自然环境的作用。但是，自然与世界的进化过程并不单纯是适应环境的产物，而还包括一个有意识地塑造环境的过程。英国大气学家拉夫洛克（James Lovelock）提出的"盖娅"假说认为，生命并不总是去适应其周围的稳定的环境，而是不断地与自己所处的环境相互作用，最终也造成它自己的环境，这是一种共同进化。从这种共同进化的观念看，如果一味强调法律要适应社会，会导致放弃了法治调整社会、改造社会的功能。毕竟，溃败的社会也是社会的组成部分，对此，法治只能改造而不能适应。

法治的现代性问题在逻辑上就是先行回到人本身，就是说，建设法治中国除了具备相应的经济、社会等物质生活条件外，培育公民的理性精神、法治意识、契约意识，重塑公民人格，将是推动法治发展的先导。为此，我们一方面需要把范围庞大的国家权力转化为范围有限、理性可控的公权力，以适应市场经济需要和民主法治要求；另一方面也要求社会多元力量的民主参与，实现多元权利对权力的分享、平衡和制约。在这一过程中，德治方显其价值。应该承认，伦理道德不仅是当代自由社会的重要土壤，也是自生自发秩序的重要基石，因此，现代法治秩序仰赖于道德秩序的有力支撑。如果对规则的遵守被内化为一种道德修养，自然就会产生自觉的守法行为。当然，法治与道德过度地纠缠一起，可能会使道德绑架法治，从而影响法治的独立和客观精神。因此，"以德治国"和"依法治

---

① 习近平：《文明交流互鉴是推动人类文明进步和世界和平发展的重要动力》，载于《求是》2019年第 9 期，第 4～10 页。

国"固然可以相互促进，但"有法之常"（《韩非子·守道》）作为治国基本准则的功能，则是道德所不可取代的。

综上所述，建设"法治中国"，无论体制层面还是观念层面的变革，都是一个潜移默化的过程。无论是理性精神的培育，还是社会自主能力和自律机制的养成，都是一个长期的过程。为此，我们不宜采取国家权力和社会权利的"对抗式"策略，而只能采取渐进主义和互动平衡的发展道路，在国家权力和多元社会权利的相互制约、相互支撑和适度平衡中稳步推进民主和法治秩序。否则，如果急速消解国家权威，很可能会导致社会秩序失控。当然，这种国家权威不能是保守的、专断的，而应该是受公众理性评判和法律限制的。如此，才能有效促进当代中国的法治建设，进而真正保障公民自由和权利的充分实现。

第七章

走出"治乱相循"的迷雾

纵观历史，中国传统的社会演变，就是一部王朝兴衰与更替的历史。在这种"一治一乱"循环中，尽管有"变法图强"的种种努力，但社会经济生活的单调重复及其与循环史观的相互生发，宗法关系和家国伦理的稳固性，官僚集团的利益和价值驱动，以及治道理论自身的完善性，使得专制主义保持着惊人的长期性与延续性，所谓"王道恒常"。这一体制与意识形态在维护"大一统"秩序的同时，也导致中国社会长期停留在低水平的"轮回"轨道上。这使得中国社会在与近世西方先进文明的强烈冲撞中走向落伍，便势所必然。因而，如何走出"治乱相循"这一"历史周期律"，关系着当下中国社会转型和优良秩序的建构。

第一节　王朝更替与王道恒常

自君主专制体制成立之日起，尽管中国传统社会形态总的来看是"大一统"，这一过程中，总会出现"合久必分，分久必合"。一般而言，每一个朝代的"治世"总是出现在最初几个皇帝统治的时期，经过一段时期的比较安定的局面之后，便会走向衰落，为新的朝代所替代，故而便有了"前人田地后人收""顷刻兴亡过手"的历史感叹。类似的事件一再发生，成为中国人耳熟能详的老套，所谓"治乱相循"。孟子曾言，"五百年必有王者兴"（《孟子·公孙丑下》），似乎已预见到了这种演变趋势。可以说，两千多年的君主专制史，实乃一部统一与分裂、篡夺祸乱的历史，也是一部王朝更替、兴衰治乱的历史。

一、王朝更替的演绎逻辑

东汉末年仲长统在其政论著作《昌言》中，通过历史考察，总结出一个"乱——治——乱"而"每乱愈甚"的历史循环规律。在其看来，一个王朝的建立，并不是什么"天命所归"，只不过是天下大乱之后群雄争夺的产物。天下一旦出现动乱的局面，众多的"豪杰"都争着想登上皇帝的宝座，于是"并伪假天威，矫据方国"，"竞雌雄"，"推此以往，可及于尽"（仲长统：《昌言》）。仲长统的这一论断，可以说足以覆盖中国整个专制历史的流程。大体来看，自秦始皇统一后的整个君主专制时代，大型的统一与分裂共有四次：秦汉大统一到东汉末年的三国争霸；西晋一统至南北朝时期的大分裂；隋唐大统一至五代十国时期的大分裂；宋元明清的大统一至中国社会的近代转型。具体而言：

其一，秦汉"大一统"到东汉末年的三国争霸。

历史地看，随着战国末期诸侯兼并的日益激烈和战国变法运动的不断开展，君主专制几近成为先秦诸子的一致呼声和各国君主的共同选择。在此其中，秦国变法由于最为彻底，也最为成功，而成为诸侯争霸的最后赢家。秦始皇"以法为教"，结束了自春秋战国以来五百年来诸侯分裂割据的局面，建立起一个中央集权制的"大一统"王朝，从而奠定了中国两千余年政治制度的基本格局。

西汉王朝正是在秦末战争的废墟上建立起来的。经过长期的战争动乱，人心思定、人心思治，汉初统治者开始意识到帝国守成的重要，认为以宽简为治术，也可收长治久安之效。正是这种社会情势，助长了黄老之道在汉初的勃兴，并带来"文景之治"。然而，汉朝初年分封同姓王的同时，却导致了"七国之乱"。再加上文景之治以来的诸多社会弊端，以及匈奴的威胁，导致了汉武帝统治方略的更张。汉武帝在位期间，进一步加强了专制统治。在政治上，汉武帝在以严刑峻法打击豪强商贾、削弱诸侯的同时，还加强对郡县的控制。公元前106年，"乃置交阯、朔方、之州及冀、幽、并、兖、徐、扬、青、荆、豫、益、凉等州，凡十三部，皆置刺史焉"（《资治通鉴·汉纪》）。而在经济上，为有效支援旷日持久的与匈奴的战争，武帝任命桑弘羊等人在经济上大力推行盐铁官营、算缗告缗、平准均输、酒类专卖等措施，在增加了政府收入的同时，也从经济上进一步打击富商大贾、地方豪强，加强了中央集权。但是，到了汉武帝后期，由于统治集团的挥霍浪费、巧取豪夺以及长期的穷兵黩武，造成"天下户口减半"（《汉书·五行志》），并一度引发大规模的流民暴动。武帝之后，昭帝即位，因其尚幼，故由霍光等人辅政，开始推行轻徭薄赋的政策。昭帝之后，宣帝即位，进一步步兴利除弊，励精图治，使社会生产重新得到恢复和发展，还通过联合乌孙大击匈奴，平定西域，最终使匈奴帝国俯首称臣，西汉国力甚至超越了文帝、武帝时期，故与汉昭帝一道被后世称之为"昭宣中兴"。然而，昭宣之后西汉政治却日益走向衰败。此后，篡夺西汉政权的外戚王莽"托古改制"，企图用儒家经学重建一个理想世界，从而使他的改革显得迂腐不堪，故而最终失败。

刘秀重新统一汉朝江山后，废除王莽弊政，大兴儒学，加强中央集权，史称"光武中兴"。汉明帝、汉章帝沿袭轻徭薄赋政策，招抚流民，故而也一直能够维持较为稳定的发展局面。然而，自东汉中后期以来，外戚、宦官交替专权，贪污腐化之风盛行，一切官爵都唯钱是授，人才选拔上的察举征辟度日渐沦为豪门贵族网络党羽的途径，上流社会的奢侈和官场腐败愈演愈烈："当今之世，有三空之厄哉！田野空，朝廷空，仓库空，是谓三空。"（《后汉书·陈蕃传》）与此同时，土地兼并也日趋严重，地主豪强"连栋数百，膏田满野，奴婢千群……三牲之肉，臭而不可食；清醇之酎，败而不可饮"（《后汉书·仲长统传》），而底层劳动者却"生有终身之勤，死有暴骨之忧，岁小不登，流离沟壑，嫁妻卖子，其所伤心腐藏，失生人之乐者，盖不可胜陈"（严可均：《全后汉文》）。加之东汉自然灾害频繁，最终导致黄巾起义。在平叛过程中，政府制定了州牧制度，将军权下放给各地州官，反而导致了群雄割据。从此，各地豪强大族拥兵自重，演变成东汉末年军阀割据一方、群雄逐鹿以及之后三国鼎立的局面。

其二，西晋一统至南北朝时期的大分裂。

三国之际经过多年战火纷争，最终"三家归晋"。然而，晋朝的统一又是短暂的。鉴于曹魏宗室孤弱的教训，晋武帝遂一改汉武帝以来虚封王侯的惯例，分封子弟为王，以郡为国，又引发"八王之乱"。再加上执政者大多贪图享乐，骄奢淫逸，导致王室凋敝。当时陆续南迁的少数民族趁势崛起，"五胡乱华"，西晋灭亡。随后，北方士族大多南迁，东晋十六国时代开启，在乱世中实现了短暂的统一，百姓得以休养生息。东晋是个诗酒风流的年代，也是个门阀当道的时代。尽管有"九品中正制"，但是，在世族政权下，强调以门第选人，"举贤不出世族，用法不及权贵，是以方不济务，奸无所惩"（《资治通鉴·晋纪》）。到了南北朝时期，一些庶族出身的将领迅速上升，尤其是南朝宋、齐、梁、陈四朝的开国诸帝均为庶族将领，并在实际执政中通过任用庶族官吏，开始打破门阀地主一统天下的局面。后经"侯景之乱"，世族被屠戮一空，走向衰落。

北朝起始于北魏建立，后分裂为东魏、西魏，再后来各自又为北齐、北周所取代。北朝由于缺乏政治经验，重用汉人世族，故而北方世族并没有因战乱而衰落。北周之际，进一步融合鲜卑及汉文化，以消除胡汉隔阂。在这一过程中，一个新兴贵族集团横空出世，这就是纵横中国近二百年的"关陇军事贵族集团"。

相对于南方士族，他们身上军事气息浓厚，更加铁血和富有生机，其发端便是盛极一时的西魏的"八柱国""十二将军"①。他们之间互相联姻、形成了稳固的军政同盟。西魏、北周、隋、唐这四个王朝的皇室，大多出自关陇军事贵族集团，如宇文泰子孙为北周皇族，李虎子孙为唐朝皇族，大将军杨忠子孙为隋朝皇族，等等。

其三，隋唐大统一至五代十国时期的大分裂。

隋文帝杨坚结束南北分裂，再建统一大帝国，采取了一系列措施加强皇权，比如，创立三省六部制，推行科举制选拔人才，从而大大弱化了世族垄断仕官的现象。史载，隋文帝生活节俭，整饬吏治，宽简刑法，减免赋役，与民休息，提倡文教，还促使突厥分为东西两部，得以消除北顾之忧，一时出现了万国来朝的局面，史称"开皇之治"。隋炀帝杨广继位后，完成大运河开发，完善科举制，畅通"丝绸之路"，并对四周展开征讨，拓展疆土。然而，隋炀帝执政后期，政治日趋腐败；同时过于急功好利，多次发动战争劳民耗财，特别是三征高丽陷入泥沼；山东、河南又发生严重水灾，各地纷纷造反；再加上隋炀帝对关陇集团的限制、削弱引发强烈反弹，最终导致严重的统治危机。隋朝仅仅存活了38年，成为继秦朝、西晋之后的第三个"短命"王朝。

唐朝继隋朝而起，基本沿用隋朝政治制度。唐太宗在位期间，鉴于隋亡的现实，"不敢恃天下之安，每思危亡以自戒惧"，因而常与侍臣"访以古今""共观经史"（《贞观政要·慎终》），研讨立国安邦之策，励精图治、兴利除弊，从而创造出饮誉后世的"贞观之治"。其后，唐高宗萧规曹随，在位期间边陲安定，百姓阜安，史称"永徽之治"。此时，唐朝的领土最广。武则天掌权与称帝期间，进一步打击关陇集团，大力提拔科举出身的官员，终结了世族政治，史称"武周之治"。唐玄宗通过政变恢复了李唐王朝后，励精图治，整饬吏治，推崇节俭，抑制佛教，抑制土地兼并，并再次降服契丹、室韦、靺鞨等民族政权，开创了"开元盛世"。不过，唐玄宗在执政后期，承平日久，志得意满，放纵享乐，朝政日渐败坏。后又出现了宦官干政的局面。唐玄宗好大喜功，边境将领为此经常挑起对异族的战事。在当时，"府兵制"逐渐瓦解，朝廷开始实行"募兵制"，节度使与军镇士兵的密切结合，遂导致边将自专。为了拒止周边各族的侵犯，唐玄宗在边防地区大量设立节度使，赋予军事统帅权、财政支配权以及监察管内州县的权力，武将割据问题遂成尾大不掉之势，最终招致"安史之乱"。这成为唐王朝由盛而衰的转折点。

---

① "八柱国"是指宇文泰、元欣、李虎、李弼、于谨、独孤信、赵贵、侯莫陈崇。其中宇文泰总领诸军，而元欣为西魏皇族，兵权受到限制，剩下的六人每人统领两名大将军，即为府兵中的"十二将军"，分别为元育、元赞、元廓、宇文导、宇文贵、李远、达奚武、侯莫陈顺、杨忠、豆卢宁、贺兰祥、王雄。

唐朝政府为了抵御叛军的进攻，又进一步将军镇制度扩展到内地，就构成了唐代后期所谓的藩镇，又称方镇。安史之乱结束后，朝廷又无力彻底消灭这些势力，便以赏功为名授予节度使的称号，由他们分别管辖原来叛军所占据的地盘。这些拥有军政实权的强藩大镇互相兼并，竞相叛乱，严重祸害百姓，危及国家，从而爆发了大规模的"建中之乱"。此后，叛乱虽平，但人丁锐减，土地大量荒芜，各地节度使依然全面控制地方军政、财政大权，威福自行，割据一方。而自宪宗开始，以李德裕、牛僧孺为代表的两派朝臣相互攻讦，党争内耗。而皇帝为了巩固权力，在朝臣之外又宠信宦官，结果宦官权柄日重。唐穆宗以后几乎每一任皇帝都由宦官拥立，甚至被宦官杀害。到了唐朝后期，经济政治衰退，民变频发，战争不断，唐朝遂亡。之后，各地藩镇纷纷自立，形成"五代十国"的割据局面。这是继南北朝之后的又一个大分裂时期。在此混乱中，北方的契丹族建立了辽国。

其四，宋元明清的大统一至中国社会的近代转型。

五代后期，北周将领赵匡胤发动陈桥兵变，建立宋朝，史称北宋，结束了五代十国的局面。基于安史之乱和五代以来王权衰微、藩镇割据、武人干政的教训，宋朝开国伊始，确立了崇文抑武、强干弱枝的方针，集财权、军权、司法权等一切权力于中央，大幅度削夺各级官僚和地方权力，从而使宋代专制主义中央集权达到前所未有的程度。同时，鉴于五代政治之失，北宋政权较为注重调整统治集团的内部关系，在政治上宠以名位、爵禄和特权，笼络士人、官僚，又大兴科举，广泛吸收知识分子参政。然而，正由于北宋滥设机构，冗增官吏，优给俸禄，仅数十年就造就了一个庞大的食禄阶层。结果，北宋建立不到几十年就出现积贫积弱的局面。宋太宗两度征辽失利之后，对辽方略转攻为守，"安内攘外"（《续资治通鉴长篇》卷三十）遂成北宋国策，以后遂成被动挨打之势。到了北宋中期，兵弱、财匮、民困，成为长期困扰朝廷的难题，故而才有了王安石变法的出台。然而，王安石变法丝毫没有从根本上触及政治体制问题，不仅经济领域里抑制兼并、平均税役等问题没有解决，冗官冗兵冗费问题、吏治问题也没有得到根本解决，军队的战斗力并没有根本的提升。最终，变法走入国富民困的怪圈，将北宋引向了衰亡的不归路。北宋灭亡后，残余皇族偏安南宋，和金国形成对峙局面。南宋中后期奸相频出，朝政糜烂不堪，而终为蒙古所灭。忽必烈完成了中国的统一，建立元朝，结束了自唐末藩镇割据以来多个民族政权长期并存的分裂局面。元代统治者以武力征服天下，但怠于治理，且种族歧视浓厚，故而立国不到百年，便被汉族武装赶回到蒙古高原。

明朝立国之初，朱元璋一方面封皇子、皇孙于北方，以藩屏国家；另一方面为了防止朝内权臣篡权，把军权从开国功臣手里转移到皇族手里，又付与各地封王"清君侧"的权力，结果酿成燕王朱棣夺取皇位的"靖难之变"。不过，在明朝前期，历经洪武之治、永乐盛世、仁宣之治等盛世，政治清明、国力强盛。然而，明朝自中叶以来，政治腐败、经济萧条、军备废弛，外患不断。在此情势下，张居正于万历元年（1573 年）出任内阁首辅，实施改革，史称"万历中兴"。不过，张居正离世后，保守势力得势，改革举措被废止。此后，皇帝怠于政务，内阁平庸无为，官员结党营私，相互攻讦，直至灭亡。

清代从立国之初至康雍乾三朝，国力较强，社会稳定，经济快速发展，人口增长迅速，统一多民族国家得到巩固，史称"康乾盛世"。但是，到了清朝中后期，由于政治僵化、文化专制、闭关锁国、思想禁锢、科技停滞等因素，从而使中国逐步落后于西方。鸦片战争后，屡遭列强入侵，主权和领土严重丧失。1911年，辛亥革命爆发，清朝统治瓦解。自此，中国社会开始了从传统社会到现代社会的艰难转型。

在历史上，人们对王朝兴衰治乱的探讨，大多集中于"人"的层面，且往往归咎于后宫、外戚、宦官、权臣，不一而足。的确，如果单从个体角度而言，在专制体制下，君主的责任自然首当其冲。一般而言，历代开国之君大多习知民间疾苦、社会情伪，故而能够励精图治。而继任之君大都不知忧虑，不思进取，甚至"非暴即暗，非暗即辟，非辟即懦"（唐甄：《潜书·鲜君》），自然难以胜任政治角色的要求。当然，除了"人"的因素，王朝的兴衰治乱还存在着制度方面的原因。在东汉时代的仲长统看来，君主集权制度才是产生动乱的主要根源。一般而言，每当一个王朝建立后，统治虽然有一段相对稳定和发展，但由于君主集大权于一身，必然又要酝酿新的动乱。其中，一个原因在于，皇帝的权力是至高无上的，不受任何法律和制度上的有效限制："贵有常家，尊在一人"，"恩同天地，威作鬼神"，必然导致"奔其私嗜，骋其邪欲"，"君臣宣淫，上下同恶，目极角抵之顽，一耳穷郑卫之声。入则耽于妇人，出则驰于田猎，荒废庶政，弃亡人物"（仲长统：《昌言》）。而皇帝所"信任亲爱者，尽诌按容说之人也，宠贵隆丰者，尽后妃姬妾之家也"，让这些人来执掌朝政，犹如"使饿狼守危厨，饥虎牧牢豚"，"遂至熬天下之脂膏，研生人之骨髓"，最后必然导致天下大乱："怨毒无聊，祸乱并起，奋中国扰攘，几四夷侵叛，土崩瓦解，一朝而去。"（仲长统：《昌言》）正如顾炎武所言，专制君主才是动乱的根源："百年之忧，一朝之患，皆上所独当。"（顾炎武：《日知录·法制》）

在历史上，人们总是把希望寄托于"圣主明君"，这种儒家式的德治思维依赖于君主的自觉性。然而，历史证明，"仁政"只能从优良的制度中产生，如严复所言："国之所以常处于安，民之所以常免于暴者，亦恃制而已，非恃其人之仁也。"[①] 那

---

① 严复：《严复书评》，河北人民出版社 2001 年版，第 212 页。

么，究竟是"人"还是"制度"的因素对于王朝的兴衰治乱更为根本呢？这样的问题不能做出抽象的解答，因为在真实的历史事件中，二者是相互缠绕而共同发挥作用的。从系统论的角度看，社会作为一种由因素众多、结构复杂的系统与其周围的环境要素所组成的组织模式，其运行轨迹取决于其组织结构内部诸要素与外部环境之间的复杂的相互作用，而非仅仅取决于"人"或"制度"这些单一因素。惟其如此，才使得任何对社会生活中的事件的分析都不能孤立地进行，而必须用之以整体性思维。同时，由于社会组织演化的单元并不是孤立的实体，而是一个因素众多、结构复杂的系统与其周围的环境要素所组成的一种组织模式，这使得我们必须以一种关系思维来进行分析和考察。正如恩格斯所指出的："历史是这样创造的：最终的结果总是从许多单个的意志的相互冲突中产生出来的，而其中每一个意志，又是由于许多特殊的生活条件，才成为它所成为的那样。这样就有无数互相交错的力量，有无数个力的平行四边形，而由此就产生一个总的结果，即历史事变，这个结果又可以看作一个作为整体的、不自觉和不自主地起着作用的力量的产物。"① 此外，由于世界是一个不断演化的动态过程，因而我们必须坚持一种过程思维。② 因此，面对真实的政治实践，对于社会组织系统演化的分析，我们不仅需要从整体上把握其组织结构及其组织结构内部诸要素的复杂关系，更需要对其动态的组织行为做出考察和解答。

从如上视角出发，我们可将社会组织系统分解为君、臣（包括宗室、勋贵、士族和官僚）、民众及其相互关系来进行分析。大体而言，皇权与宗室、勋贵、士族、官僚之间尽管存在着复杂的争斗，但由于这一统治集团有着共同的利益诉求，故而官官相护，共同构成对付人民的生物链。因此，在社会组织系统中，主要包含两组关系："皇权与官僚集团的内部关系"及"官僚集团与民众的关系"。此外，在王朝更替过程中，社会组织系统外部的自然与社会环境也扮演了重要角色，如自然灾害以及"异族"入侵等。正是这些体制内部与外部因素的相互作用，决定着一个王朝的兴衰更替。具体而言：

其一，皇权与官僚集团。皇帝既然成为一切权力的象征，不可避免会造成臣属对于君权的觊觎。与此同时，在官僚体制下，官位的最终获得都是"仰沐上恩"的结果。这种由上而下的权力授予关系，不仅存在于君臣之间，而且在整个官僚体制的上下级之间也莫不如此。在这种依附关系下，官员们的命运往往并不取决于德才与政绩如何，而更取决于他们与上级的"关系"如何，由此形成"挂线入圈"的政治传统，故而竞争在所难免。官僚之间的权力之争，绝不仅仅

---

① 《马克思恩格斯选集》第 4 卷，人民出版社 2012 年版，第 478~479 页。

② 参见彭新武：《复杂性思维与社会发展》，中国人民大学出版社 2003 年版，第 34~58 页。

只是个人之间，而往往与官场"党争"交织在一起。显而易见，当整个官场日已沦为一种恶性竞争的舞台之际，"清官淘汰"便成为一种必然现象。而当全社会的精英人物都围绕着"权力"趋之若鹜之时，将所有聪明才智贡献于争权夺利之时，便必不可免地使原本富有开创精神的中华民族陷入一种创造力日趋衰微的境地。

其二，官僚集团与民众。自秦汉君主专制确立以来，民众日益成为君主成就霸业的工具和承担纳税、徭役等义务的"黔首"或者说"编户齐民"。而为达到控制民众的目的，历代统治者一方面从制度上设计出一整套完备的"弱民"机制；另一方面则是从思想上还实行"愚民"，使之逆来顺受、安分守法。当然，基于民众在争取和维护政权稳定性中的作用，在中国的政治意识形态中，"民本"一直是中国社会重要的官方意识。不过，这种立场往往出于维系统治秩序的思维而表现明显的工具性。在现实中，为了应付统治集团日益扩大的消费需求或战争开支，传统王朝又总是倾向于加大对民众的资源攫取和掠夺。在"家天下"的框架下，皇权至高无上，国家利益至上，而民众的个人权利意识极其淡薄，更缺乏有效保护。相应地，宗法伦理重视群体价值而忽视、贬低个体价值，由此，构成了一种主宰与被主宰关系。对于民众而言，只要还能生存下去，就只能选择忍受。而一旦身陷绝境，便只能揭竿而起。然而，历次的农民起义和改朝换代，并没有改变这种法权结构和宗法伦理，故而便只能是王朝更替的单调重复。元朝诗人张养浩《山坡羊》中的一句"兴，百姓苦；亡，百姓苦"，便成为一个巨大的历史魔咒。

其三，自然灾害。除了如上社会体制的内部治理因素之外，影响王朝兴衰更替的，还有洪水、旱灾、饥荒、瘟疫等自然因素。史载，中国古代最大的一次瘟疫发生于东汉末年，当时又逢黄巾起义，天灾人祸叠加。在此期间，中国人口从东汉末年的五千万骤然降至区区五百多万。关于明朝的灭亡，一般人们都归咎于农民起义以及女真入侵，而鲜有人提及当时那场给予明王朝带来毁灭性打击的"鼠疫"。史载，明末崇祯六年（1633年），全国旱灾，饥荒肆虐，山西首先暴发鼠疫，后迅速扩散至华北、江南，死者多达千万。当李自成的起义军进入北京城之时，实际上已基本无人防守。还有，清朝光绪时期，华北发生的一次旱灾，引发蝗灾，饿死人数竟达一千万以上。值得注意的是，在这些大饥荒、大灾难当中，天灾因素自然不可避免，但也不乏"人祸"色彩。在官僚极权体制之下，信息的传递不仅缓慢且存在隐瞒、失真，灾害发生之时，往往不能及时应对，部署失措，甚至推诿归咎，而群众则由于缺乏对整体局面的准确了解，故而，局面遂走向失控。

其四，"异族"入侵。农耕地区的中原王朝与北方游牧民族之间的争夺，可以说贯穿了传统中国的整个历史进程，且往往引发大规模的军事冲突和王朝颠覆。历史地看，自命为华夏文明发源地的西周，就是第一个被蛮夷灭亡的华夏政权。战国至秦汉之间，匈奴问题始终是帝国政治中的重大问题，二者之间的缠斗几乎贯穿了汉王朝的始终。西晋时期，匈奴、羯、鲜卑、氐、羌等北方游牧民族先后入主中原，建立了诸多的政权，史称"十六国"。鲜卑族统一北方之后，历史进入政权分立的南北朝时期。直至隋唐时期，全国政权才有重新实现统一。但即便是在唐朝时期，也还先后存在过回纥（回鹘）、吐蕃、契丹（辽国）等少数民族建立的政权。而此后的北宋政权则始终与北方的辽、西夏、金等少数民族政权之间存在着激烈的冲突。之后，北方蒙古崛起，先后灭掉西夏、金、南宋之后，最终重新实现了"大一统"。明朝时期，中原王朝与北方蒙古残余势力也始终存在着激烈的争夺。而清王朝则是由女真族直接建立的。可见，中原王朝的历史，就是一部血与火的历史。当然，正是在这不断的冲突与融合中，中华民族才最终奠定今日多民族"大一统"的格局。

二、"王道恒常"的吊诡

实际上，治乱交替、分分合合，只是社会组织演化的一种普遍性特征。就像生态系统一样，社会组织也存在着和谐、危机与再生的周期循环。这种和谐与危机、稳定与变革的复杂变奏充满了整个社会变迁过程。人类社会发展至今，许多文明经历了一轮轮的洗礼与更迭，都曾经历过一个兴盛衰亡的过程。但是，在中国社会的演化进程中，真正的特殊之处在于王朝兴亡的单调重复，而没有质的改变。自君主专制建立之日起，在长达两千年的时间内，无论其政治秩序理论形态如何演变，但王权模式则一脉相承，所谓"君道不废""王道恒常"。可以说，中国传统"王朝周期律"这一历史问题的真正症结，不仅在于人们所期盼的如何维持一个社会的"长治久安"，更在于破解这一体制在中国传统社会中如何得以代代相承、万世一系。中国君主专制制度之所以能够长期延续，根源何在？

其一，社会经济生活的单调重复与循环世界图景的生成。

从世界范围来看，华夏文明作为农耕文明的典型，分散性的家庭生产构成其基本单元，自给自足。而基于社会协作以及抵御外敌入侵的需要，使得集权和专制的产生便成为必然。然而，中原地区相对封闭的地理环境，从而使得这种小农经济具有明显的保守性和"对内求安"的文化特色。在这种社会生产条件和文化氛围下，"数千年知识学问之累积，皆在人事一方面，而缺乏自然之研究。殖产营利，尤为读书人所不道。这就导致古代中国始终未能出现能够打破原有社会结构的阶级革命和产业革命，帝制王朝也由此陷入一治一乱之循环。"① 由于生产力始终没有质的突破，故而这种小农经济具有很强的稳定性而长期占据主导地位。中华帝国长时间的王朝更迭，实际上只是农耕文明的自身演化。由于这种周期性的"改朝换代"并未能使政治体制发生彻底的改观，故而，王朝的社会结构始终是"皇帝——官僚——农民"。也正是在这个意义上，黑格尔指出，"中国没有真正的历史"，始终服膺于专制的统治，社会的变迁只是"一种如此固定的东西代替了一种真正历史的东西"。② 在这种相对封闭、简单的大陆文明生活中，由于缺乏与之相对比的政体形态，故而在大多数人的心目当中，君主专制是唯一合理的。这种状况在中国农业社会数千年的历史演化中，由于没有发生任何实质性的改观，从而形成循环史观。作为中国最早哲学形态的阴阳五行观念，就是这种典型的循环世界图景的体现。中国古代诚然并不缺乏变易思想，但"王道恒常"的观念始终占据主导地位，即君主专制作为"天道"是不可也不需改变的。按照董仲舒的说法："天不变，道亦不变。"（《汉书·董仲舒传》）就是说，历史上的改朝换代只是以仁义为实质内涵的"天道—王道"的鼎故纳新。在这种观念下，人们所关注的焦点，便只能是如何在现有制度框架下的政策性的适时调整，而非制度性的根本变革。故而，历史上无数次的农民起义无一例外都是从造反君主专制开始，最后又回到了专制主义的轨道上。

其二，宗法关系和家国伦理的稳固性。

纵观中国历史，虽然经历了从先秦的宗法分封制到秦汉以后的君主专制的转变，统治方略也多有更易，但是，宗法关系及其观念却始终根深蒂固。尽管在激烈的战国变法运动中宗法秩序遭到极大破坏，但固有的血缘、家长和等级等宗法观念依然存在。秦汉之后，随着个体家庭的发展，地方乡绅得以在血缘、同姓关系的基础上进一步发展宗族势力，并成为帝国秩序的牢固根基，故而，"宗法废，而天下为无本矣"。③ 而维护这种宗法关系的，便是千百年来一直在延续和强化的强调血缘亲情和等级尊卑关系的儒家礼治秩序。这种家国伦理的温情脉脉，使人们沉醉其中而不自知。这决定了专制体制形态具有了一种"超稳定性"。在"家天下"的框架下，国家利益至上，国家利益实质上也就是君主利益，而民众的个人权利意识极其淡薄，更缺乏有效保护。历次的农民起义和改朝换代并没有改变这种法权结构和宗法伦理，故而便只能是王朝更替的单调重复。可以想象，如果没有外界环境的冲击，人们在这种体制和观念中便只能陈陈相因，世代沿袭。

其三，"官本位"体制的利益与价值驱动。

---

① 梁漱溟：《中国文化要义》，上海人民出版社 2011 年版，第 216 页。
② ［德］黑格尔：《历史哲学》，王造时译，上海书店 2006 年版，第 161 页。
③ 归有光：《震川先生集》，上海古籍出版社 1981 年版，第 38 页。

中国两千余年的专制社会，是以皇权为核心并辅之以官僚制度而实现运作的。尤其自隋唐以来，随着科举制度的确立，人才的选拔逐渐实现规范化，由此形成典型的文官集团，并发展出以"官本位"为主要特征的政治、文化秩序。可以说，这种体制和文化模式是一种非常安全、有益的体制安排。凡能进入体制者，即可分享权力和利益，并由此形成崇拜权力、敬畏官员的价值观念。谋权求官的目的，实际上已成为当时人们发财致富的有效途径，而非为民谋福祉。如梁启超所言："秦汉以来，取天下于马上，制一切法草，一切律则，咸为王者一身之私计，而不知有民事。"① 虽然这不排除在特定环境下有执着为民的"清官""青天"，但这只是个例，而非常态。

其四，意识形态的完善性。

自孔子、孟子、荀子始，以儒学为核心的那幅王道、仁政的理想政治蓝图经过长时间的演化，在理论上形成一种非常成熟、完备的形态。尤其自汉代儒学被定于一尊，文化一律遂成为历代王朝统治的一项既定方针。魏晋南北朝之际，社会"大一统"秩序的解体，儒学虽然曾一度走向衰落，但随着隋唐之际"大一统"政权的重新复归，儒学也开始走向复兴。此后，宋代理学更使儒学走向了全面复兴之路。理学以天理观念为核心，为儒家的道德理想主义奠立了哲学基础。从此，日渐成熟的儒教最终成为居于支配地位的统治方略，并"顺理成章"地把集权模式推及整个国家政治生活。

应该承认，中国社会在从封建割据走向"大一统"的过程中，君主专制在维持国家统一、抵制外来侵略等方面曾发挥过重大作用，也有利于统一调配资源、组织大规模劳动、快速应对各种突发事件。然而，千百年来，"仅成此一治一乱之局，而半步未进"② 的现实，促使人们进一步寻求这一体制的流弊：

其一，强权的高压。

从秦始皇始，如何才能确保皇位永存、世袭罔替？这构成了中国政治的全部焦虑所在。而解决这一问题的基本方式，无非是高压统治。按照韩非子理论，人是一种渴望利益和惧怕暴力的卑劣动物，因此，统治天下的最好方法就是用法、术、势来操纵和消灭任何可能对君主权力构成威胁的势力。继秦始皇之后，汉武帝罢黜百家、独尊儒术，推行思想专制。隋唐以后的科举制度更是通过制度安排的方式，把全社会的智力资源集中到功名利禄的单一指向，从而有效遏止了人们智力的多极化发展。此后，历朝历代皇帝们的智力接力，使得中国的专制制度达到了近乎完美的地步，中国社会终成铁板一块。这个社会的本质特性就是"超稳

① 梁启超：《饮冰室合集》（二），中华书局 1989 年版，第 62~63 页。
② 严复：《严复集》第 4 册，中华书局 1986 年版，第 961 页。

定", 人们的智力被牢牢禁锢, 活力被有效扼杀, 如同戴着沉重镣铐的囚徒, 极端麻木然而又极端富于忍耐力。在暴力和专制面前, 中国历史上无数次的揭竿而起, 以血流成河的代价, 并没有换来人民权利的伸张, 反而使专制制度越来越严密。

正是这种高压统治, "使饿狼守厄厨, 饿虎牧牢豚, 遂至熬天下之油膏, 断生人之骨髓"(范晔:《后汉书·仲长统传》)。君主统治的实质, 就是通过剥削人民, 以满足自己一人的欲望:"君立而虐兴, 臣设而贼生。"(阮籍:《大人先生传》)君主制度的建立和维护, 就是一种欺骗与暴力:"夫强者凌弱, 则弱者服之矣。智者诈愚, 则愚者事之矣。服之, 故君臣之道起焉; 事之, 故力寡之民制焉。然则隶属役御, 由于争强弱而校愚智。"(葛洪:《抱朴子外篇·诘鲍》)因此, 也就不难理解, 自从有了君主, 社会反而愈来愈坏, 人民反而愈来愈受罪:"劳之不休, 夺之无已, 田芜仓虚, 抒袖之空, 食不充口, 衣不周身。"(葛洪:《抱朴子外篇·诘鲍》)故而, 黄宗羲指出:"然则为天下之大害者, 君而已矣。"(黄宗羲:《明夷待访录》)唐甄则直接宣称:"自秦以来, 凡为帝王者皆贼也。"(唐甄:《潜书·室语》)龚自珍指出, 历代帝王为了一姓之私利, "不能无私举动, 无阴谋。霸天下之统, 其得天下与守天下皆然"[1], 从而捅破了历来美化和神化封建皇帝的骗局。康有为把专制制度视为人间苦难的根源, 指出:"君之专制其国, 鱼肉其臣民, 视若尘沙, 恣其残暴。"[2] 孙中山从中国历代专制君主对内采取的高压政策, 揭示了历代君主残酷镇压反对派的历史真相:"故中国一个人造反, 便连到诛九族。用这样严重的刑罚, 去禁止人民造反, 其中用意, 就是专制皇帝要永远保守皇位。"[3] 在《狂人日记》中, 鲁迅通过狂人的笔, 把中国旧制度归结为"吃人"二字, 向整个封建旧社会发出了最猛烈的呐喊:"自有历史以来, 中国人是一向被同族或异族屠戮, 奴隶, 敲掠, 刑辱, 压迫下来的, 非人类所能忍受的楚毒, 也都身受过, 每一考查, 真叫人觉得不象活在人间。"[4] 在理论上, 道义制衡尽管一直存在于中国古代社会, 但是, 与无限的君权比起来, 道义制衡往往是软弱无力的, 正如鲁迅所言:"'时日曷丧, 予及汝偕亡!'愤言而已, 决心实行的不多见。"[5]

其二, 奴才体制。

在专制统治的条件下, 人人互相戒备, 彼此猜测, 相互利用, 并会非常自觉地将自己的权利心甘情愿地让渡给他的主子, 一心一意做忠实的仆从, 从而极大

---

① 龚自珍:《龚自珍诗文选注》, 江苏人民出版社 1976 年版, 第 101 页。
② 康有为:《大同书》, 华夏出版社 2002 年版, 第 1 页。
③ 孙中山:《孙文选集》(上册), 广东人民出版社 2006 年版, 第 480 页。
④ 鲁迅:《鲁迅全集》, 人民文学出版社 1981 年版, 第 425 页。
⑤ 鲁迅:《鲁迅全集》, 人民文学出版社 1981 年版, 第 210 页。

地塑造了国民屈从、迎合于威权的卑劣性格。龚自珍所著《病梅馆记》所说的"病梅"，正是这种人格丧失的真实写照："或曰：梅以曲为美，直则无姿；以欹为美，正则无景；梅以疏为美，密则无态。固也！此文人画士，心知其意，未可明诏大号，以绳天下之梅也。又不可以使天下之民，斫直，删密，锄正，以殀梅、病梅为业以求钱也。梅之欹、之疏、之曲，又非蠢蠢求钱之民，能以其智力为也。有以文人画士孤癖之隐，明告鬻梅者，斫其正，养其旁条；删其密，殀其稚枝；锄其直，遏其生气，以求重价，而江、浙之梅皆病。文人画士之祸之烈至此哉！予购三百盆，皆病者，无一完者。既泣之三日，乃誓疗之：纵之顺之，毁其盆，悉埋于地，解其棕缚；以五年为期，必复之全之。"① 刘泽华先生指出，在官本位体制下，"权力—依附"型结构广泛存在于社会生活的各个层面，几乎一切人与人之间的纵向关系都有明确的序位，并依序位构成"权力—依附"式的等级关系，所谓"尽人皆奴"。而层层为奴必定层层为主，其分别只在上下之间，即凡相对居上者皆为主，相对居下者皆为奴。凡是处于等级金字塔中间的人必然亦上亦下，亦主亦奴。②

专制主义抹杀了人的个性，代之而来的便是群体意识至上。鲁迅指出，只要有一位强有力的君主，较有秩序地收拾了天下，并且厘定规则：怎样服役，怎样纳粮，怎样磕头，怎样颂圣，就算是"天下太平"了。③ 由此，经过长期的积累，中国社会最终形成了"臣民"而非"公民"的政治文化传统。马克思指出："专制制度的唯一原则就是轻视人类，使人不成其为人……哪里君主制的原则是天经地义的，哪里就根本没有人了。"④ 扼杀了人，也就扼杀了社会进步的活力。康有为指出："尝考中国败弱之由，百弊丛积皆由体制尊隔之故。"⑤ 梁启超指出，专制制度的本质是对权力的独占与自私，是以剥夺人民的民权为前提的，这正是造成中国积贫积弱的根源："君权日益尊，民权日益衰，为中国政弱之根源。"⑥ 邹容在《革命军》中以尖锐、泼辣的笔调对君主专制制度进行了猛烈的抨击："自秦始统一宇宙，悍然尊大，鞭笞宇内，私其国，奴其民，为专制政体，多援符瑞不经之经之说，愚弄黔首，矫诬天命，挽国人所有而独有之，以保其子孙帝王万世之业。"⑦ 总之，"中国两千年的专制，乃中华民族一切灾祸的总根源。"⑧

---

① 龚自珍：《龚自珍选集》，人民文学出版社 2004 年版，第 315 页。
② 刘泽华：《论中国古代的亦主亦奴社会人格》，载于《南开学报》1999 年第 5 期，第 113～114 页。
③ 鲁迅：《鲁迅全集》，人民文学出版社 1981 年版，第 210 页。
④ 《马克思恩格斯全集》第 1 卷，人民出版社 2006 年版，第 411 页。
⑤ 康有为：《康有为政论集》上册，中华书局 1981 年版，第 219 页。
⑥ 梁启超：《饮冰室合集》（一），中华书局 1989 年版，第 128 页。
⑦ 熊月之：《中国近代民主思想史》，上海社会科学院出版社 2002 年版，第 406 页。
⑧ 徐复观：《中国思想史论集》，台湾学生书局 1959 年版，第 257 页。

其三，"不善治"及腐败。

在专制体制下，"天下之事无大小，皆决于上"（《史记·秦始皇本纪》）。而要做到、做好这一切，自然需要超强的政治能力。但是，现实中的君主毕竟是人而不是神，他的知识、精力、能力也总是有限的，都注定是不能胜任的。何况，即便是一位很圣明的皇帝，也难免会发生偏私与失误。在拥有绝对权力而没有有效约束的情况下，这种不受限制的权力，就会变成一匹脱缰的野马，而无所顾忌。亚里士多德指出，"让一个人来统治，这就在政治中混入了兽性的因素"[1]。这种君主实际能力的有限性与其在制度上所拥有的权力之间的矛盾，或者说权力与能力的"不对称"，必然造成严重的统治危机。龚自珍从官吏升迁制度分析了造成士大夫阶层毫无生气的原因：按照清代的用人资格，一个人从进士出身到一品高官，无论贤智、愚不肖，一般都要到65岁，这在当时已经是齿发苍老、精神疲惫的老人。高官得来不易，故无不碌碌无为，以保守为务。而刚踏入仕途的人，也只是静待以资格升迁，而绝无作为之心。君主专制为了保障皇权的绝对权威，制定了许多条条框框，规定人臣必须无条件的遵循，造成人身心的各种约束、羁縻，从而造成官吏的普遍无能。即使"圣如仲尼，才如管夷吾，直如史鱼，忠如诸葛亮，犹不能以一日善其所为，而况以本无性情、本无学术之侪辈耶"[2]。再加上在这种体制下，只有官府才有权管公家的事情："吾国公家之事，在在任之以官"，如果与他的政绩考核无关，他就没有兴趣关心了。而人民只是社会中"无政治阶层"的"类存在"，又无职权治理公家之事，久而久之，遂成心习，人各顾私。孙中山曾把专制君主比作"不善治家"的"富家翁"，控诉了君主专制统治带来的苦难后果："中国之为国，拥有广大之土地，无量之富源，众多之人力，是无异一富家翁享有广大之田园，盈仓之财宝，众多之子孙，而乃不善治家，田园则任其荒芜，财宝则封锁不用，子孙则日事游荡，而举家则饥寒交迫，朝不保夕，此实中国今日之景象也。"[3]

著名管理学家欧文·休斯指出："官僚个人融合成一个集体，并相互整合为官僚机器。这些官僚在利益上保持一致，以确保机器的各项功能得以延续，并在社会上维持其权威。"[4] 这就是公共选择理论所揭示的"官僚的自主性"。官僚组织的独立利益促使它维持并扩张自身的行政地位和权力，成为一种为所欲为、自行其是的潜在力量。而当这种独立的力量在缺乏有效监督的情况下，就会滥用公

[1] ［古希腊］亚里士多德：《政治学》，吴寿彭译，商务印书馆1965年版，第169页。
[2] 龚自珍：《龚自珍诗文选注》，江苏人民出版社1976年版，第15页。
[3] 孙中山：《孙中山文集》，团结出版社1997年版，第43页。
[4] ［澳］欧文·休斯：《公共管理导论》，张成福、马子博等译，中国人民大学出版社2002年版，第48页。

共权力，群众的命运实质上越来越依靠官僚组织的运营。于是，与民众的利益相比，官僚自身利益往往会成为自身优先关注的问题，从而不可避免地导致公共组织表现出严重的自我中心、自我服务、曲解民意、漠视公共需求等现象的发生。唐甄指出，专制制度下的最大虐政，就是官吏的"贪"："天下之官，皆弃民之官，天下之事，皆弃民之事。"（唐甄：《潜书·考功》）梁启超指出，"秦汉以来，取天下于马上，制一切法草，一切律则，咸为王者一身之私计，而不知有民事。"① 传统政制的这种极端自私的本质，决定了专制统治的基本原则是"防弊"——君主出于王朝私利，尽量束缚人们的手脚，以杜绝不利于王朝统治的"弊端"，从而造成了僵化、麻痹的社会政治局面。

第二节　文化自省与"主体"重塑

面对王朝更替、王道恒常的千年困局，走出"治乱相循"这一"历史周期律"，需要一场深刻的文化自省。在其中，最为重要的，便是走出传统视"民"为工具的"固本"思维，把人的解放和权利的保障作为根本目的，真正确立起"人民主体"的价值定位，进而建立起最广泛的、真正具有人民性的民主，实现从"治权在君"向"治权在民"的体制转换。

一、自我意识的觉醒

历史地看，中国人"自我"意识的觉醒和个体解放，经历了一个漫长的历史过程。孔子"为仁由己"的思想虽然有重视"自我"之自由、自主的意味，但"由己"受到外在的"礼"的束缚。这样，"仁"之理想终因自我的个体性、独立性被压制而成为虚妄。自汉武帝以来，中华帝国进入思想"大一统"的时代。董仲舒的"天人感应"论把人的"个体性自我"湮没在神权之中，且利用神权把"个体性自我"压制在森严的等级制度之下。东汉光武帝更宣布图谶于天下，谶纬迷信成为东汉之"正宗"。自此，"自我"日益被湮没于儒家名教纲常的人伦群体之中，不敢"一伸己见"，最终唯君主意志是从。

王充写作《论衡》一书，批判董仲舒以来的"天"有意志论，以"冀悟迷惑之心，使知虚实之分"（王充：《论衡·对作》）。王充反复申言"天"自然无

① 梁启超：《饮冰室合集》（二），中华书局1989年版，第62～63页。

为，万物的生长是"自然之化"："天动不欲以生物，而物自生，此则自为也，施气不欲为物而物自为，此则无为也。"（王充：《论衡·自然》）按照当时流行的"符瑞"说，夏的祖先是其母吃了一种叫作"薏苡"的草生下的，殷商（契）的祖先是其母吞吃了燕子的蛋而生的，汉高帝刘邦是其母在野地里和龙交合而生，东汉光武帝刘秀是生而室内有光，等等。《论衡》针对这种荒唐之言指出，人都是由父母生的，帝王亦不例外。既然天、人、物三者不是同类，不能相合，那么与"符瑞"也就毫不相干了。这种见解虽然只是一种直观的自然描述，但能把帝王赤裸裸地搬到了地上，显然是需要极大的胆识的。不仅如此，王充的批判更把对圣贤所言的盲从权威之风刻画得淋漓尽致："世儒学者好信仰而是古，以为圣贤所言皆无非，专精讲习，不知难问。夫贤圣下笔造文，用意详审，尚未可谓尽得实；况仓卒吐言，安能皆是？不能皆是，时人不知难；或是而意沉难见，时人不知问。案贤圣之言，上下多相违，其文前后多相伐者，世之学者不能知也。"（王充：《论衡·问孔》）

董仲舒的天人感应论和谶纬之术，先后统治两汉人的思想达四百余年之久。至魏晋日渐衰微，玄学勃兴。在崇"无为"、尚"自然"、轻"名教"的玄学风潮的影响下，魏晋人普遍追求个性解放的自由生活（当然也不乏消极避世的色彩）。这从魏晋士人所崇尚的超凡绝俗、傲然独得的人物风格中略见一斑。史载，嵇康"肃肃如松下风，高而徐引"，其"为人也，岩岩若孤松之独立，其醉也，傀俄若玉山之将崩"（《世说新语·容止》）；"阮籍……容貌瑰杰，志气宏放，傲然独得，任性不羁"（《晋书·阮籍传》）；刘伶虽"形貌丑陋"，然"肆意放荡，悠焉独畅，自得一时，常以宇宙为狭"（《世说新语·容止》）；陶渊明因不甘"为五斗米折腰"（《晋书·陶潜传》），而成为魏晋士人品格之典范。

儒家学说在后世随着宋明理学的出现而日趋完善。自南宋至明清，程朱理学终于成为官方哲学，成为许多士人升官、发财的敲门砖。这事实上背离了程朱理学纠正人心、改良社会的初衷，从而导致理学的"虚伪化"。南宋时期，面对民族危机和社会危机不断加剧的社会现实，陈亮积极倡导讲实事、究实理、重实效、求实功的学风："人才以用而见其能否，安坐而能者，不足恃也；兵食以用而见其盈虚，安坐而盈者，不足恃也。"（陈亮：《上孝宗皇帝第一书》）这与理学家们热衷于谈道说理、讲性论命的风气形成鲜明对比。他强调的是"人人须着些针线"的自由创造性和"屈头肩大担"的历史责任感，叱责那些"玩心于无形之表"的空谈家和"守规矩准绳而不敢有一毫走作"的迂腐之辈犹如"枯木死灰"。陈亮公开宣称自己的学说是"发出三纲五常之大本"，与理学家的观点并不矛盾，但有所不同的是，陈亮等人注重道德规范与社会实际相结合，力图改变汉唐以来经学化的儒学日趋空洞、教条、神秘的发展倾向，从而使之走上"义

261

利合一"的现实主义道路。① 与陈亮同时代的叶适也指出，董仲舒脱离现实的功利而片面讲道德的思想，不过是"无用之虚语"："仁人正谊不谋利，明道不计功，此语初看极好，细看全疏阔。……后世儒者，行仲舒之论，既无功利，则道义者乃无用之虚语耳。"（叶适：《习学记言》卷二十三）叶适认为，道德不应脱离物欲及现实的功利，而应把两者结合起来，道德是在物欲的基础之上，使"六欲皆得其宜"（叶适：《习学记言》卷十六），并极力强调天下人之利，甚至要求皇帝帮助平民满足和发展他们的物欲和实际功利："究观古今之变，尽其利害之情，而得其难易之实，解胶固，申挛缩，先有以大慰天下之心。"（叶适：《习学记言》卷十五）可以说，相比于中华文化长期以来所形成的空谈仁义道德、不务现实功利、不重科学求知的思想倾向，陈亮、叶适的"功利之学"的确让人耳目一新。

到了明代，阳明心学以"心外无物""心外无理"为旗帜，以人心中的"良知"取代"天""理"而成为道德的权威。这在全民"尊孔读经"的时代，可谓振聋发聩。王阳明之后，泰州学派的开创者王艮进一步张扬王阳明强化人的主体意识、追求个性尊严的精神，提出了"百姓日用即道"的观点："圣人之道，无异于百姓日用。凡有异者，皆谓之异端"，"愚夫愚妇与知能行，便是道"②。儒学由此走出了庙堂，不再是文化精英的专利，而逐渐演变为一种大众文化。明朝中晚期的启蒙思想家李贽对于那些求取功名利禄的"假道学"恨之入骨，提出"童心"说，即以绝假纯真的童心否定那些被世俗功利所异化的"假心"："夫童心者，真心也。若以童心为不可，是以真心为不可也。夫童心者，绝假纯真，最初一念之本心也。若失却童心，便失却真心；失却真心，便失却真人。人而非真，全不复有初矣。"（李贽：《焚书·杂述》）按照李贽的这一主张，既然人皆有一颗纯真之心，都有辨别是非、善恶、美丑的能力，当然也就不必以孔子之是非为是非。为此，李贽从挽救社会危机的实用利益出发，大声呼吁恢复人们的真心："大抵圣言切实有用，不是空头，若如说者，则安用圣言为耶！"（李贽：《焚书·复焦弱侯》）李贽的这些思想，已经超过了孟子、王阳明抽象的人性平等，而提升到了人格平等的程度，反映了中国启蒙思想家对人格独立的追求。

明清之际的启蒙思想家黄宗羲也受到了王学的影响。不过，不同于一些空谈心性的王门后学，黄宗羲强调内圣外王最后还是要落实到经世致用上。在黄宗羲看来，儒学之所以变成了空疏、迂腐的"语录之学"，乃是由科举制度造成的。

---

① 参见陈国灿、吴锡标：《陈亮的反理学思想和"朱陈之辩"》，载于《浙江学刊》2009年第6期，第56页。

② 王艮：《王心斋全集》，江苏教育出版社2001年版，第3页。

他说："举业盛而圣学亡。举业之士，亦知其非圣学也，第以仕宦之途寄迹焉尔。"① 科举制度在历史上曾经产生过非常积极的作用，但是到了明清时期，科举考试变成了脱离实际的经学游戏，从而窒息了儒学经世致用的灵魂，堕落成扼杀人才、窒息学术的工具。黄宗羲指出，儒家的"君臣父子"之说造成了社会上为君主尽忠的风气，使人们忽略了君主本身应尽的责任。为此，他提出"天下为主，君为客"的论断，认为理想的君臣关系应是臣下以天下万民为事而出仕君主："以天下为事，则君之师友也"；臣的职责"不在一姓之兴亡，而在万民之忧乐"。② 这一论断否定了君主的绝对权威，将君主及其统治权力定位于为民众谋求福祉的工具，在君主与臣民之间确立起一种相互承诺与信任的崭新关系。黄宗羲还提出设立"政事堂""公其是非于学校"，使君主不敢"自为非是"。这里虽然有以权力制约权力的思想，但总体来看，依然还局限在君主制度的范围内，并未延伸到政治参与权利的层面，故"未足语以真正之转变"。③

鸦片战争打破了"天朝大国"的迷梦，也揭开了中国人与世界文明"接轨"的序幕。中国人起初从"器物"上感到不足，进而寻求制度的改革，从而导致西方民主思想日渐风靡。西方近代民主思潮是以洛克和孟德斯鸠为代表的"权力分立"理论和以卢梭为代表的"人民主权"论为其主要表征的。他们的共同之处是把政治合法性来源归结到人民身上，认为国家之所以能够获得合法性支持，都是因为公民授权的结果。二者之间的差别在于，洛克认为，应把权力委托给政府，并通过法治和分权，以防止国家权力对个人权利的侵犯。洛克虽然阐述了立法权与执行权相分离的思想，却没有提到司法权独立。孟德斯鸠则将国家权力划分为立法权、行政权和司法权，并明确提出"三权分立"的原则。其后，美国联邦党人将"三权分立"原则进一步细化并落实到实践中，最终使分权与制衡成为西方宪政国家的基本原则。不过，对于卢梭而言，他不赞成洛克把权力委托给政府的做法，而主张将权力让渡给人民全体。同时，他反对洛克、孟德斯鸠所主张的代议制度，也反对作为表达人民意志的党派存在的合法性，而主张直接民主制。这虽然代表了人类社会发展的趋势和未来发展的方向，但是，问题在于，在大范围的民主政治中，如果不借助党派社团等中介机构，民众的政治参与将缺乏可操作的运行机制。故此，日后大多数资产阶级政权的普遍选择，往往是代议制而非直接民主制。

实际上，在西学东渐过程中，近世西方民主观念的两种倾向并没有被明确区分，而只是被糅合起来笼统地加以使用。康有为、梁启超、严复等维新志士认

---

① 《黄宗羲全集》第 10 册，浙江古籍出版社 2012 年版，第 4 页。

② 《黄宗羲全集》第 1 册，浙江古籍出版社 1985 年版，第 5 页。

③ 萧公权：《中国政治思想史》，商务印书馆 2011 年版，第 592 页。

为，民权思想和议院制度是西方国家繁荣富强的根本所在，故而他们积极倡导废专制、开议院、兴民权。康有为曾经上书光绪帝："上师尧舜三代，外强国，立行宪法，大开国会，以庶政与国民共之，行三权鼎立之制，则中国之治强，可计日待也。"① 梁启超指出，西方各国强盛，在于"人人有自主之权"，而中国则是有君权而无民权："三代以后，君权日益尊，民权日益衰，为中国致衰之根源。"② 因此，"今日策中国者，必曰兴民权"③。同样，严复认为，西方国家之所以强于中国，原因在于"以自由为体，以民主为用"④，故而，中国欲富强，"必自皆得自由始"⑤。

为了更好地宣扬民权、民主思想，维新派常常依托中国传统民本思想资源。譬如，康有为将儒家经典中一些话语解读为西方民主思想："天下为公，选贤与能，官天下也。夫天下国家者，为天下国家之人共同有之器，非一人一家所得私有，当合大众公选贤能以任其职，不得世传子孙弟兄也。"⑥ 梁启超也广泛征引古籍，以证明中国自有其民主传统："古代贤士大夫，盖绝对主张言论自由，故周厉王监谤，召穆公非之曰：'防民之口，甚于防川……夫民虑之于心而宣之于口，成而行之，胡可壅也（《周语》）。"⑦ 这种借助于传统民本观以宣扬西方民主的做法，无疑便于民权思想在国内传播、普及，易为人们所接受，事实上也成为近代中国人接受西方近代民主思想的基础和衔接点。然而，这种嫁接式学风的盛行，模糊了民本与民主之间的本质性区别。究其实质，在专制体制下，"治权在君"，并不具备"人民的统治"的理念。虽然中国古代也出现过"民主"一词，如"天惟时求民主"（《尚书·多方》），但这里的所谓"民主"不是民自为主，而是君为民"作主"，并不存在给人民大众以主权的意图，因而无法顺利与近现代民主思想接榫。如冯天瑜所言，民本思想"与民主主义之间颇多扞格，从内容到形式都难以自然发展为民主主义"⑧。虽然维新派通过介绍西方的民权说使中国的政治思想进程发生了重大转折，但他们寄希望于"圣主明君"以改善民生，而未能走出传统民本主义的窠臼。不幸的是，维新派式的这种嫁接法依然不绝如缕。比如，现代新儒家认为，只要重返先秦，回到孔孟，就能"开弘"出现代民主政治。在这种"儒家民主主义"论调中，许多学者将从"民本主义"到

① 《康有为政论集》（下册），中华书局1981年版，第337页。
② 梁启超：《饮冰室合集》（一），中华书局1989年版，第128页。
③ 梁启超：《饮冰室合集》（三），中华书局1989年版，第41页。
④ 《严复集》第1册，中华书局1986年版，第11页。
⑤ 《严复集》第1册，中华书局1986年版，第133页。
⑥ 《康有为全集》第5卷，中国人民大学出版社2007年版，第555页。
⑦ 梁启超：《先秦政治思想史》，上海古籍出版社2014年版，第35页。
⑧ 冯天瑜：《人文论衡》，武汉出版社1997年版，第278页。

"民主主义"视为历史发展的自然过程，甚至公开提出民本是现代民主的初级表现形式。然而，正如台湾学者韦政通所言："儒家教化中所持重的三纲与权威人格的培养与强调，思想观念的正统化，以及因维护正统而打击多元价值观，凡此皆与民主难以相容。"①

进入 20 世纪之后，以孙中山为代表的革命派主张的"民主共和"，取代维新派的君主立宪成为时代的主流。正是以西方民主为标杆，孙中山创建了民族、民权、民生的"三民主义"学说。所谓民族主义，就是推翻满清政权、摆脱列强蚕食，求得国家独立；民权主义就是反对君主专制、施行民主政治；民生主义则旨在探寻富国之道。在后来的《五权宪法》中，孙中山解释说："美国总统林肯他说的'The government of the people，by the people，for the people'，兄弟将他这主张译作'民有、民治、民享'。他这民有、民治、民享主义，就是兄弟的民族、民权、民生主义。"② 在这里，孙中山将三民主义与美国总统林肯的民有、民治、民享相比附，虽然未必恰当——因为林肯的民有、民治、民享是针对政府而言，是民权主义的基本内容，与民族、民权、民生似乎并不一一对应，但是，通过建立以现代民主政治制度为诉求的政治革命，在社会生活实践中使"民"真正成为政治主体提供了可能。孙中山指出，民权主要是人民的力量，就是要"替人民谋幸福"。③ 孙中山还指出："中华民国者，人民之国也。君政时代则大权独揽于一人，今则主权属于国民之全体，是四万万人民即今之皇帝也。国中之百官，上而总统，下而巡差，皆人民之公仆也。"④ 孙中山的公仆论不仅确立了以民为本位的执政原则，提出以地方自治作为实现直接民权的方法。不仅如此，孙中山还洞察并批判了西方资产阶级民主的虚伪性，指出："近世各国所谓民权制度，往往为资产阶级所专有，适成为压迫平民之工具"⑤。为此，他提出"民生主义"，实现社会革命，使中国成为欧美所不及的"社会的国家"⑥，一个"最新式的共和国"⑦，等等。

尽管如此，与康梁一样，孙中山在思想上同样有"恋旧"的痕迹。在《民权主义》演讲中，孙中山将"天下为公""民贵君轻"等民本经典看成反君权、兴民权的主张，甚至认为"孟子实为我等民主主义之鼻祖"⑧，"两千多年前的孔

---

① 韦政通：《儒家与现代中国》，台湾东大图书股份有限公司 1991 年版，第 101 页。
② 《孙中山选集》，人民出版社 2011 年版，第 512 页。
③ 《孙中山选集》，人民出版社 2011 年版，第 929 页。
④ 《孙中山选集》，人民出版社 2011 年版，第 181 页。
⑤ 《孙中山选集》，人民出版社 2011 年版，第 615～616 页。
⑥ 《孙中山选集》，人民出版社 2011 年版，第 91 页。
⑦ 《孙中山选集》，人民出版社 2011 年版，第 526 页。
⑧ 《孙中山全集》第 9 卷，中华书局 1986 年版，第 532 页。

子、孟子便主张民权"①。尤其值得注意的是，孙中山虽然否定了君主制，但基于当时推翻满清专制和抵制国外强敌的迫切任务，以及国力疲弊的现实国情，孙中山在理论上强调民族自由对个体自由的优先性："个人不可太过自由，国家要得完全自由。到了国家能够行动自由，中国便是强盛的国家。要这样去做，便要大家牺牲自由。"② 这一主张显然延续了传统中国"尚公去私"的价值取向，却否定了人们"为个人争自由"的正当性。最终，孙中山在以民权主义、"五权宪法"为核心而设计出的"建国纲领"中，确立起一个"权力集中"的"万能政府"，以之实现"国家强盛"的政治诉求，从而为此后中华民国走向领袖独裁提供了理论支持。

无论如何，经过立宪派和革命派的倡导，"民"的概念已日益演化为"国民""公民"，即享有独立、平等、自由、民主权利的国家主人。不过，当时对自由人权的鼓吹，并不是真正将自由权利视为构成民主机制的根源。当时的思想界也不太肯定自由人权的本位价值，除了严复外（但他很快认为中国当下不具备扩张自由权利的条件），大多没有真正清晰地认识到自由与民主之间的关联。而特别显示其含混性的，则是对民权与国权、族权的混合理解。③ 譬如，在梁启超看来，民权之所以值得提倡，完全是因为它是维护国权的保证，"全权之国强，缺权之国殃，无权之国亡"④，"欲维新吾国，当先维新吾民"⑤。在这里，兴民权、行宪政，都是从维护国权宗旨出发的，人权的终极性并非他们关注的中心。可见，对个体的自由、权利的诉求，尚未成为当时社会的主流。

二、"人民主体"的价值定位

中国人主体意识的真正觉醒，发生在五四新文化运动中。辛亥革命并没有建立起一个为人们所企盼的民主共和制度，迎来的却是袁世凯的帝制复辟。面对这一现实，五四新文化人在思想上所达成的共识是：政治与经济改革的先决条件是思想革命。正是在中西文化对比中，对"民主"与"科学"的诉求，成为了五四新文化人的"共识"。相比之下，五四启蒙主义者不像维新派思想家一样为强国而"新民"，也不像孙中山们一样为建国而动员民众，而是把人的解放和权利

① 《孙中山选集》，人民出版社 2011 年版，第 727 页。
② 《孙中山选集》，人民出版社 2011 年版，第 750 页。
③ 参见何卓恩：《"民本"与"民主"之间的晚清"民权"观念》，载于《贵州社会科学》2012 年第 1 期，第 117 页。
④ 梁启超：《饮冰室合集》（一），中华书局 1989 年版，第 99 页。
⑤ 梁启超：《饮冰室合集》（一），中华书局 1989 年版，第 620 页。

的保障作为根本目的。在五四新文化人那里，无论政治制度、经济制度还是道德规范、生活方式和风俗习惯，都需要通过人的自由和权利保障而获得合法性。如陈独秀所言，西方民主是人民为主体，而"民贵君轻"的民本思想是以君主的社稷为本位，"此等仁民爱民为民之民本主义，皆自根本上取消国民之人格，而与以人民为主体，由民主主义之民主政治，绝非一物"①，因此，"解放云者，脱离夫奴隶之羁绊，以完其自主自由之人格之谓也"。② 同样，在胡适看来，"欧洲有了十八、十九世纪的个人主义，造出了无数爱自由过于面包，爱真理过于生命的特行独立之士，方才有今日的文明世界"，因此，"争你们个人的自由，便是为国家争自由！争你们自己的人格，便是为国家争人格！"③ 正是在这种启蒙精神的影响下，新一代青年知识分子积极地走向社会，在 1919 年爆发了"外抗强权，内惩国贼"的"五四"爱国运动，成为新民主主义革命的序幕。

值得注意的是，"民主"和"科学"作为五四新文化运动的两面旗帜，在五四运动之后，显示出各自不同的命运。"科学"被抬高到了至高地位，甚至于能够指导任何可以认知的事物（包括生命的意义）。此后的中国，不管什么知识都要贴上科学的标签，从而造成科学主义之泛滥，使一切知识与信念都简单化地统一于科学，却并没有使真正的科学理性精神生根、开花、结果。与此同时，"民主"的号召却由于时势发展而渐次衰微。近代中国面临着深刻的民族危机，时代的发展要求中国政府必须能够迅速发展经济，动员全国人民，抵御列强侵略。在这种社会情势下，宪政更多地被视为推进国家独立富强的工具，从而选择了"富强为主、民主为辅"的道路。于是，一些知识分子公开赞成强人政治、强善政府。譬如，在梁启超看来，长期处于专制制度统治之下的民众缺乏自治的习惯，不了解团体之公益，最佳的选择只能是"开明专制"。④ 20 世纪 30 年代，"开明专制"论又演化为"新式独裁论"，其代表人物丁文江认为："在今日的中国，新式的独裁如果能够发生，也许我们还可以保存我们的独立。要不然只好自杀或是做日本帝国的顺民了。"⑤ 这种思想氛围正好为国民党以内乱外患为由确立领袖独裁制提供了口实。"九一八"事变后，"救亡图存"成了压倒一切的国家任务，国家需要一个强有力的政党整合全国各方政治力量，最终导致了国民党一党专政的"党国体制"。

马克思主义的传入为中国革命带来了新的方向。马克思主义充分肯定了西方

---

① 《陈独秀著作选编》第 2 卷，上海人民出版社 2009 年版，第 45 页。
② 《陈独秀著作选编》第 1 卷，上海人民出版社 2009 年版，第 159 页。
③ 胡适：《容忍与自由——胡适演讲录》，京华出版社 2006 年版，第 250 页。
④ 梁启超：《饮冰室合集》（三），中华书局 1989 年版，第 107 页。
⑤ 刘军宁主编：《北大传统与近代中国：自由主义的先声》，中国人事出版社 1998 年版，第 261 页。

资产阶级"人民主权"论的历史进步作用，同时也指出，这种人民主权论实际上将人民置于以生产资料私人占有为基础的市民社会的激烈竞争之中，结果必然导致少数强势群体对于财富的垄断，而多数人则沦为经济上的弱势群体，从而成为政治精英们算计利害的一个策略性对象。因此，唯有从根源上消除权利的不平等，才能解决人民生存与发展的根本问题。在马克思主义视野中，西方启蒙思想家把"人的本质理解为脱离社会实践的抽象的人、空洞的人"，事实上，人是"一切社会关系的总和"，① 脱离了人所生存的社会、历史，人的存在是无法想象的。为此，马克思主义坚持从社会现实中去考察人的本质，认为无论是经济基础还是上层建筑，归根到底都决定于物质资料的生产。正是以这种唯物史观作为理论基础，马克思主义批判指出，资产阶级革命尽管实现了人民的政治解放，但资本主义社会承认并保护私有制，这就使得国家政权实际操纵在资产阶级手里；只有废除资产阶级所有制，才能实现无产阶级的民主和自由。在这一过程中，最为紧要的，便是通过无产阶级革命推翻资本主义统治，使"无产阶级上升为统治阶级，争得民主"。②

1945 年，黄炎培在访问延安时与毛泽东的"窑洞谈话"中，问及毛泽东"中国共产党如何跳出这个周期率"的问题，毛泽东当时的回答是："我们已经找到了新路，我们能跳出这周期率。这条新路，就是民主。只有让人民来监督政府，政府才不敢松懈。只有人人起来负责，才不会人亡政息。"③ 对答虽然只有寥寥数语，但涉及"人人负责"的民主政治转型，也谈及"人人监督"的具体施政举措，可以说，包含了两千来年沉重的历史积淀和殷殷期待。

中国共产党人正是以马克思主义为指导，经过数十年的无产阶级革命，促成了中华人民共和国的成立和社会主义制度的建立，由此开启了一个全新的时代。当然，社会主义民主的探索终究是曲折的。新中国成立初期，由于传统历史的惰性以及受苏联政治体制的影响，社会主义的民主建设也曾受到斯大林模式的影响，国家和人民为此付出过沉重的代价。因此，中国才有了后来追赶"现代化"的改革开放之路。基于"文化大革命"中不尊重人权、民主被践踏的错误倾向，邓小平一再明确强调："没有民主就没有社会主义，就没有社会主义的现代化。"④ 值得注意的是，在当下，两千年传统专制的文化阴影依然根深蒂固，并伴随着一阵又一阵的"国学热"的复古之风，而阻扰社会民主化的进程，如时下流行的所谓"政治儒学"，主张恢复儒家的王道政治，实行"儒士专政"，其

① 《马克思恩格斯选集》第 1 卷，人民出版社 2012 年版，第 139 页。
② 《马克思恩格斯选集》第 1 卷，人民出版社 2012 年版，第 421 页。
③ 黄炎培：《八十年来》，文史资料出版社 1982 年版，第 148～149 页。
④ 《邓小平文选》第 2 卷，人民出版社 1994 年版，第 168 页。

"反民主"倾向是显而易见的，中国传统社会实际上就是这种皇权与文化精英的联盟。历史一再证明，儒教与专制体制相结合的社会体制，是一种扼杀人才和社会进步的僵化体制。

惟其如此，才有了将"发展社会主义民主政治，建设社会主义政治文明"作为实现我国现代化建设目标的重要措施。当代中共领导人立足于中国国情，不断强调和完善社会主义民主建设，形成包括邓小平理论、"三个代表"重要思想、科学发展观在内的中国特色社会主义理论体系。习近平同志在庆祝中国共产党成立95周年大会上郑重宣告："尊重人民主体地位，保证人民当家作主，是我们党的一贯主张。"① 这一理念不仅强调了人民在社会关系中的中心地位，更强调人民摆脱了以往的依赖性、工具性，成为一种具有能动创造性的独立、自由的个体，实现了从传统的"为民做主"到"人民当家作主"的转换。此后，习近平在一系列讲话中，反复强调"人民主体"理念，赋予"人民主体"更为丰富的内涵，展现出更为系统化的理论特质。其核心要旨可概括为如下几个方面：

其一，人民是实践的主体。人民群众是历史的创造者，是推动社会变革和进步的决定性力量。在革命战争时期，中国共产党人充分组织和依靠人民群众，取得了无产阶级革命的胜利，建立了新中国。在社会主义建设时期，人民又是社会主义建设的主力军，是社会改革的主体，是社会创新的主体。社会主义建设要获得持续的卓越，就要坚持"一切要依靠人民"，尊重人民首创精神，不断调动人民群众的积极性、主动性、创造性，让人民主动地参与到社会建设中来，实现"全民共建"。当然，民众并非只是实现国家富强的工具，国家的富强更应以实现民众的权益与幸福生活为前提。换言之，人民的利益在意识形态话语中不能是一种"名义上的存在"，而应该在实践中得到切实的贯彻，人民理所应当成为社会主义建设的"受益者"。这也正是习近平总书记所强调的"江山就是人民，人民就是江山"的本质含义。为此，中国共产党人提倡始终把人民群众的利益作为出发点和归宿，实现"以人民为中心"的"共享发展"，"顺应人民群众对美好生活的向往"，"使改革发展成果更多更公平惠及全体人民"，最终促进人的全面而自由的发展。这种发展理念不仅与此前提出的"为人民服务""人民共同富裕""执政为民""以人为本"一脉相承，更突出了人民的主体地位和主体作用。

其二，人民是权力的主体。人民既然是历史实践的创造者，自然就应该是国家和社会的主人。然而，数千年的中国历史，是一部本末倒置的历史，是"劳心者治人，劳力者治于人"的历史。社会主义民主政治的确立，确立了"人民至上"的观念，从根本上保证了人民不再是统治阶级的工具，而一跃成为历史舞台

---

① 《习近平谈治国理政》第二卷，外文出版社2017年版，第40页。

上的主角。《中华人民共和国宪法》规定："中华人民共和国的一切权力属于人民。"而社会主义公有制的确立，为人民当家作主逐步提供了现实的经济基础，从而克服了西方资产阶级人民主权论的实践局限，使得"人民当家作主"比以往任何时候具有了更为广阔的空间。

其三，人民是权利的主体。"人民"一词作为一个集体名词，表达的是国民的整体性。毛泽东在阶级对立或敌友之分的意义上曾做出了对"人民"的典型表述："在现阶段，在建设社会主义的时期，一切赞成、拥护和参加社会主义建设事业的阶级、阶层和社会集团，都属于人民的范围；一切反抗社会主义革命和敌视、破坏社会主义建设的社会势力和社会集团，都是人民的敌人。"① 而在告别了革命和阶级斗争，逐步走向民主法治的当下中国，在强调作为政治概念的"人民"的同时，还需要确立一个宪法意义上的"公民"概念。如此，才能将权利真正落实到具体的"个体"。毕竟，人民主权不是为了统治而统治，而是为了保护个体的权利。国家主权之中若无人权，主权也就失去存在的意义。当然，若无主权支撑，人权也将失去依托。因此，人权与主权相互依存，互为表里。② 在社会主义民主制度下，公民权利作为政治的终极目的，既是人的基本价值追求，也是社会文明演化进程所不可缺少的力量，国家的一切活动都必须以保障和实现人民权利为根本出发点和立足点。正如联合国于 1986 年通过的《发展权利宣言》所倡导的："每个人和所有各国人民均有权参与、促进并享受经济、社会、文化和政治发展，在这种发展中，所有人权和基本自由都能获得充分实现。"③

由上可见，人民主体论充分体现了国家的命运与人民密切相关，它一方面内在蕴含着传统"民惟邦本"的合理因素；另一方面它摈弃了中国古代帝王的"驭民"之术，使人民彻底摆脱"工具"地位，从而实现了对传统民本观的根本性变革。同时，人民主体论也充分吸收了西方资产阶级的"主权在民"的合理要素，但认识到其虚假性，而将人民的权力奠基于真实的经济生活和公有制之上，从而建立起最广泛的、真正具有人民性的民主。此外，人民主体论充分肯定了康梁维新派以及孙中山革命派等仁人志士的卓绝努力，克服了以往过于强调国家利益而忽视个人权利的倾向，实现了二者的相互统筹和辩证统一。总之，中国共产党人经过艰苦探索和不懈努力，不断夯实了人民作为国家主人的价值定位，丰富了马克思主义中国化的理论内涵，展现出鲜明的中国特色。

---

① 《毛泽东文集》第 7 卷，人民出版社 1999 年版，第 205 页。
② 参见黎尔平：《从国家主权到人民主权：三十年来中国主权与人权互动关系研究》，载于《学术界》2012 年第 9 期，第 221～222 页。
③ 汪习根主编：《发展、人权与法治研究——新发展理念与中国发展权保障暨联合国〈发展权利宣言〉通过三十周年纪念》，武汉大学出版社 2017 年版，第 275 页。

第三节　走向"民主行政"

　　民主自然不能仅仅局限于形而上学的层面上，还需要建立一套合适的治理模式。传统民本观尽管有精致的政治哲学，有良善的政治伦理，但并无刚性的制度法规保障。在这种人治格局下，施政实践的效果主要取决于领导者的素质、良知与能力。问题在于，这种建立在君王道德自觉上的举措，无异于缘木求鱼。诚如孙中山所言："要必民能治才能享，不能治焉能享，所谓民有总是假的。"[①] 因此，实现"人民主体"的价值理念，不能简单地强调把各项民主权利赋予人民，还需要落实"主权"与"治权"的关系，建立起一套与之相适应的管理体制和切实的施政模式——"民主行政"。

一、塑造参与、开放型的行政模式

　　自秦汉以来，中国传统社会一直是一种高度集权的国度，政府是唯一的权利主体，政府与社会高度合一，整个社会生活高度政治化。这种"单一中心的行政"导致的是一种对社会资源全面垄断的"全能主义"的国家政权和对社会生活全面控制的治理模式。实际上，无论是传统中国，还是前资本主义时期的西方国家，都强调国家是垄断社会资源、推进发展的"行动者"角色，由此形成一种"全能政府"的神话。到了西方自由资本主义时期，随着亚当·斯密经济自由主义的盛行，产生出一种"小政府大社会"模式。然而，第一次世界大战以来的两次沉重的经济危机，充分证明了市场存在"失范"的风险。由此，倡导"国家干预"的凯恩斯主义开始盛行。在此趋势下，美、英、法、澳等西方国家先后建立起与先前"小政府"价值定位截然相反的"福利国家"范式。这种"福利国家"范式虽然为人们展示了资本主义世界的美妙，但由于政府实施过度干预经济的政策，加之两次世界石油危机的打击而暴露出其弊端："通货膨胀率居高不下，实际经济增长缓慢，我们的'正常'失业率比任何时候都高。所有这些问题是由政府扩张造成的。"[②] 于是，自20世纪70年代始，主张限制政府干预，依靠市场

---

　　① 《孙中山选集》，人民出版社2011年版，第512页。
　　② ［美］丹尼尔·耶金、［美］约瑟夫·斯坦尼斯罗：《制高点——重建现代世界的政府与市场之争》，段宏等译，外文出版社2000年版，第146页。

机制的自由主义又重新复归，并以西方发达国家为先导在世界范围内相继掀起了一场政府改革的浪潮——新公共管理运动。这场运动尽管在实践中取得了相当的成效，但随着由于不断将权力下放到底层组织，使国家变得更为碎片化，从而使得政府在整体上对公共治理负责成为泡影。人们终于认识到，正如政府不是万能一样，市场本身也存在诸如盲目性、滞后性等问题，因此，政府不应该完全按照市场规则来办事，而必须寻求政府与社会之间的密切合作。由此，治理理论在全球范围内兴起。与以往"统治"理念不同，"治理"倡导在公共部门与私人部门之间寻求一种多元、合作与互动机制，并重视基层公民对公共事务的参与，由此形成公民、市场与政府三者之间相互协作的综合治理网络。

正是适应当今世界从"统治"到"治理"的转变，我国政府明确提出了"政府主导"与"公众参与"的协同治理方针。这显然是对古代"为民做主"的治民逻辑的彻底否定，意味着从传统君主及其文官集团作为主体的统治逻辑，转换到"政府主导"与"公众参与"的协同治理，即通过民主协商，把各社会治理主体最大限度地动员和组织起来，进而形成社会治理的整体合力。值得注意的是，当今西方社会盛行的协商民主理论将所有公民放置到一个共同的话语平台之上，力图改变精英垄断社会治理的现实。这可以说在一定程度上复兴了契约论者的民主理想，但在实践中却找不到任何保障精英与人民进行"对话"的措施，反倒赋予了精英统治以合法性。[1] 而马克思对巴黎公社的立法机构和行政机构合而为一的体制的描述，正好为解决这一弊端提供一种良好的思路："公社是一个实干的而不是议会式的机构，它既是行政机关，同时也是立法机关。"[2] 这种议行合一的中央政府体制既体现了人民主权原则，又通过实行普遍选举制度、随时罢免制度和工薪制度，使选举产生的所有公务人员成为为人民和社会服务的勤务员，从而使国家权力真正地掌握在人民手中。我国的人民代表大会制度显然充分体现了这种议行合一的精神。在这一体制下，全国人民代表大会和地方各级人民代表大会都由民主选举产生，对人民负责，受人民监督。这种代表制不同于西方代议制中那种基于委托者和代理人之间的分权制衡，而是通过分工协作，充分保障了权力的集中统一和有效行使，并通过健全基层群众自治，让人民群众成为基层社会治理的最广泛参与者。

实际上，"治理"模式所体现出的就是一种"权力"上的开放行政。除此之外，实施开放行政，还必须做到：其一，行政行为和公共政策的公开化。就要充分保障民众的知情权，公开有关的政务信息、政策制定程序和环节，除了法律、

---

① 参见张康之、张乾友：《现代民主理论的兴起及其演进历程——从人民主权到表达民主再到协商民主》，载于《中国人民大学学报》2011年第5期，第58页。
② 《马克思恩格斯选集》第3卷，人民出版社2012年版，第98页。

法规规定不宜公开的，其余的都应该对民众公开。在这一过程中，要广泛听取相关利益群体的意见，加强社会协商，使公共权力的行使和公共品的提供置于公共和媒体的监督下，减少保护主义，减少"黑箱操作"。其二，打造诚信政府。诚信不仅是市场交易的基本准则，更是整个人类社会生活的一个基本法则。然而，在当今社会中，政府在其政策行为上的不连贯、轻易承诺而疏于兑现，以及受短期利益诱惑的国家机会主义等各种缺乏公信力的事件屡见不鲜。为此，政府在行政过程中，在号召社会民众诚信的同时，更需要保持自身的诚信。其三，适度放松管制。在我国，规制太多的状况可以从现行的行政审批制度中略见一斑：审批事项过多过滥；审批程序复杂，环节多、时限长；一些审批机关重审批、轻管理，甚至以审代管；审批透明度低，自由裁量权大，极少数机关工作人员利用审批徇私舞弊，违法违纪，给公众利益造成了严重损害，等等。为此，我们同样需要一场放松规制的政府改革，等等。①

而在这一治理模式中，"党的领导"不可或缺。中国的历史传统和现实情境决定了治理模式的特殊性。其中，"党的领导"构成了中国社会主义民主政治的突出特色。党的领导之所以重要，原因在于，中国共产党的领导地位不仅为革命历史实践所证明，而且是社会主义建设的迫切要求。这是由党的性质和宗旨决定的。无产阶级政党所领导的"无产阶级的运动是绝大多数人的、为绝大多数人谋利益的独立的运动"，② 它比历史上其他任何政党都要接近人民主权的真谛。中国共产党作为人民利益的忠实代表，以实现最广大人民群众的根本利益为最高宗旨，因此，国家治理、政府治理和社会治理在本质上具有一致性，这就是中国共产党领导人民进行的治国理政。在这一体制中，中国共产党是国家的最高领导力量和决策中心，主导国家的政治方向，并以民主集中制为基本运行原则，从而形成一种总揽全局的轴心体制。正如习近平指出的，这种体制最大的优势就在于："在党的领导下，各国家机关是一个统一整体，既合理分工又密切协作，既充分发扬民主又有效进行集中，克服了议而不决、决而不行、行而不实等不良现象，避免了相互掣肘、效率低下的弊端。"③

在当下，基于中国所处的国际和国内社会环境的复杂性，坚持和加强党的领导显得尤为重要。为此，习近平告诫全党："中国共产党面临着许多严峻挑战，党内存在着许多亟待解决的问题，尤其是一些党员干部中发生的贪污腐败、脱离

---

① 参见彭新武：《中国社会主义民主行政的系统建构》，载于《北京行政学院学报》2009年第4期，第15页。

② 《马克思恩格斯选集》第1卷，人民出版社2012年版，第411页。

③ 习近平：《坚持、完善和发展中国特色社会主义国家制度与法律制度》，载于《求是》2020年第1期，第5~6页。

群众、形式主义、官僚主义等问题，必须下大力气解决。"① 在这种情势下，要赢得人民、凝聚人民，需要全面从严治党，不断地提高党的执政能力，加强党的合法性基础。而"人民是我们党的工作的最高裁决者和最终评判者"②，在任何时候、任何情况下，都要把"人民拥护不拥护、满意不满意、高兴不高兴、答应不答应"当作工作的出发点和行为准则。

二、实现"服务"与"责任"的统一

在"政府主导"与"公众参与"的协同治理结构中，劳动者管理国家的权利固然是劳动者最大、最根本的权利，但是，政府的作用依然不可或缺。在传统官僚体制中，由于强调集权主义，强调下级对上级在职务上的绝对服从，这在相当程度上抑制了官员的积极性和创造性。而官僚制对官员队伍的专业化和专家治国的强调，更是将"理性无知"的社会民众排斥在政府行政之外。这在某种程度上剥夺了基层成员的民主参与权利，从而使行政失去其民主特质，甚至还出现了这样的情况：官僚名义上作为人民公仆，代表全民利益，实际上却作为特殊利益阶层，高居于社会、人民之上。由此，科层官僚制演变成了一个官僚主义的怪物，而不是坚持国民利益至上的服务机构。因此，需要重新明确政府的角色定位和职能。按照新公共管理理论的观点，政府的职能是制定政策（掌舵），而政策的具体执行（划桨）则是通过建立准自治机构承担。③ 在新公共管理的理论视野中，自利是公共行为的动力，通过促使个体追求自我利益，最终使公共问题和个人问题都得到圆满的解决。然而，问题在于，一个受自利动机驱动的组织显然无法对公共利益倾注太多的关注。

正是基于对新公共管理强调个人价值的反叛，新公共服务理论认为，公共行政改革应该走出技术理性构筑的象牙塔，关注动荡时代的社会问题。它强调公共行政的公共性，认为公共行政应该承认政府在国家治理过程中的必要性和正当性，通过公众的讨论、参与扩大公共行政领域，避免过度强调市场而造成国家的"空洞化"："自由市场的存在当然并不排除对政府的需要。相反地，政府的必要性在于：它是'竞赛规则'的制定者，又是解释和强制执行这些已被决定的规则的裁判者。市场所做的是大大减少必须通过政治手段来决定的问题的范围，从而

① 《习近平谈治国理政》，外文出版社 2014 年版，第 4、第 16 页。
② 中共中央文献研究室：《十八大以来重要文献选编》（上），中央文献出版社 2014 年版，第 698 页。
③ ［美］戴维·奥斯本、［美］特德·盖布勒：《改革政府：企业家精神如何改革着公营部门》，周敦仁译，上海译文出版社 1996 年版，第 48 页。

缩小政府直接参与竞赛的程度。"① 为此，针对新公共管理强调政府"掌舵而非划桨"的主张，新公共服务认为，政府的角色应该是"服务而非掌舵"。在新公共服务的理论视野中，公共利益是一种共同的事业。行政官员和公务员的首要作用在于帮助公民表达和实现他们的公共利益，而非试图在新的方向上控制或驾驭社会。

正是受新公共服务等理论的推动，建立"服务型政府"如今已经成为世界各国普遍认同的理念。其实，早在新中国成立之初，我们就确立了社会主义政府职能的主导价值观，即全心全意为人民服务。无论是毛泽东曾反复强调的"人民是主人，干部是公仆"和"人民政府为人民"的理念，还是邓小平关于"领导就是服务"的论断，都深刻阐明了这一点。这种服务型政府的宗旨，就在于在树立一种"以人为本、执政为民"的执政理念，从"为民做主"转变为为民服务，并实现一种角色定位和职能的转变。具体而言：其一，政府主要是扶植自由、竞争、公正的市场，而不是取代市场，主要是保护公民的自由以及激励公民通过市场获得多样性、创造性。为此，政府必须落实"强化""弱化"和"转化"的要求，即强化政府对市场机制失灵的调控作用；弱化政府在市场机制能发挥作用的领域的职能，同时要履行对微观经济的规制职责（如保护和促进竞争、质量规制、劳动保护等）；实现政府职能向社会组织的转化，等等。其二，政府要集中人财物力去做必须由政府承办的社会管理和公共服务事务，如义务教育、公共卫生、人口与计划生育、弱势群体保护、基层文化体育、公共安全和社会风险管理等。其三，虽然政府的主要职能是向社会提供公共服务，但这并不意味着所有的公共服务都必须由政府直接提供，而应根据服务内容和性质的不同，采取相应的服务供给方式，如授权社区管理，实行市场竞争，让更多的私营部门参与公众服务的供给，等等。总之，在社会主义市场经济条件下，政府在重点转变经济管理职能的同时，要重视转变社会各项事务的管理职能，推动政府职能的总体转变，从而建立起与社会主义市场经济体制相适应的新型政府职能体系。

既然服务行政成为我国政府的基本角色定位，那么，就存在着一个如何更好地发挥其服务功能的问题。而要做到这一点，除了要求政府不断提高其服务和执政能力，改变官僚主义作风外，最重要的是廉洁行政。在当今现实中，滥用权力、权钱交易、违法行政等官员腐败现象，已严重背离了社会主义民主政治的宗旨，严重阻碍着社会主义各项事业的发展。官员腐败问题之所以根深蒂固，原因自然是多方面的，而体制问题尤为关键。在官僚制组织中，官员们并不总是以他们应当遵循的方式行事，他们具有一种人类本能的趋向，试图增大自己的权力，

---

① ［美］米尔顿·弗里德曼：《资本主义与自由》，张瑞玉译，商务印书馆 2004 年版，第 19 页。

并扩充自己的权利。一旦掌握公共权力的官僚组织在社会中形成了一个独立的利益群体，他们势必不断加强自己的行政权力，为自己及其利益集团谋取特殊的利益。"官僚个人融合成一个集体，并相互整合为官僚机器。这些官僚在利益上保持一致，以确保机器的各项功能得以延续，并在社会上维持其权威。"① 这就是公共选择理论所揭示的"官僚的自主性"，即官僚组织的独立利益促使它维持并扩张自身的行政地位和权力，从而成为一种为所欲为、自行其是的潜在力量。而当这种独立的力量在缺乏有效监督的情况下，就会滥用公共权力。于是，与民众的利益相比，官僚自身利益往往会成为自身优先关注的问题，从而不可避免地导致公共组织表现出严重的自我中心、自我服务、曲解民意、漠视公共需求等。而官僚体系作为一种集权结构，垄断了社会资源的配置权，具有信息和权力的排他性，使得官僚往往利用自己的专业技术优势和所处的信息垄断地位，按照有利于自己及其代理人利益的方式来处理公务，从而为官僚自主性的实现提供了可能。不仅如此，这种权力本位体制，会导致官僚们形成强势群体，凌驾于社会之上，并助长其职业骄傲，导致权力崇拜和争权逐利："支配官僚的是强烈的权力拜物教，官僚们把对权力的追逐作为其行政行为的主要目标。这样一来，就必然会在官员之间造成非道德的猎取权力的行为，官员会把通过忠于职守和通过自己的行政行为为社会提供良好的服务的途径看作一条十分困难的途径，他们就会选取人情关系、投机钻营等等途径去获取权力。"② 正是这种对权力的热捧和追逐，致使腐败现象滋生泛滥。

既如此，要使廉政建设真正取得成效，我们不仅需要在思想教育上下功夫，更重要的是加强制度建设。现代民主政治的经验表明，没有责任羁绊的公共权力，会失去行使的界限，从而导致对公共权力的滥用。因而，"责任行政成为民主政府的基本要求"。③ 在公共组织中落实民主管理，有必要对各级管理人员的权力进行有效的分割，把权力的划分和有效的监督控制结合起来。只有确保权力与责任的一致性，才能实现对于政治权力的有效制衡。在西方，传统的"三权分立"民主模式可以说在一定程度上有效防止了权力滥用，但是，这种模式并不能真正解决责任性的问题：其一，立法、行政、司法三权分立且相互制衡模式存在着责任错位（即"环式"民主）：行政组织直接面对公民，却不对公民负责，这使得官僚组织只按照自身适应的方式行事，而很少顾及服务质量、公众的反应；

---

① ［澳］欧文·休斯：《公共管理导论》，张成福、马子博译，中国人民大学出版社2002年版，第48页。
② 张康之：《韦伯官僚制合理性设计的悖论》，载于《江苏社会科学》2001年第2期，第64～65页。
③ ［美］乔治·弗雷德里克森：《公共行政的精神》，张成福等译，中国人民大学出版社2003年版，第183～203页。

传统中国之治的历史与逻辑

而真正的决策组织（议会）由于不直接面对公众而无法真正实现契约意义上的责任，何况，他们还受到利益集团和党派利益的制约，其决策并不一定就是选民意志的真实反映。其二，官僚制模式假定了政治与行政的二分，即行政官员仅仅在政策方面给政治官员提供建议，而自身保持中立，与政策制定无关。然而，在实践中，所谓的政治类事务和行政类事务根本难以区分，行政人员也很难被排除在决策职能之外。其三，官僚制组织实际上是一种依靠内部规则制度程序化运行的封闭而稳定的组织结构，官员只要遵循组织内部按部就班的各种规定，就会沿着职业发展的设计前景稳步上升，而不必担心外部群众的意见会影响自己的升迁。久而久之，政府就会逐渐退化为脱离环境、脱离群体、只顾自己利益的特殊利益集团；民众则由于难以了解政府部门的内情，也无力对政府行为进行制约，进而造成政府与民众互动机能失调，政府的回应性差和低效率等诸多弊端。其四，在这种模式中，行政人员机械地执行政治官员的决策，关心的是如何有效贯彻决策，避免出现错误，而不是关心决策的效果如何，从而不可避免导致行政官员逃避责任和规避风险的行为，等等。

正是基于传统行政模式的责任局限，新公共管理论者提出了自己的相关主张：其一，通过充分发挥公众的参与性来实现公共事务的治理，使公民投身于公共政策过程，在互动中对政府的政策与服务产生积极而广泛的影响。其二，从个体自身需求出发来激励官僚行动，并使之拥有较大的自主权，为较多的事情做出决策和承担责任，而不指望于官僚维持公共利益和社会福利的所谓"自觉性"。其三，强调公众是"顾客"，政府则是公共服务的提供者，通过竞争等市场机制直接影响公共服务的提供，并对他们所服务的顾客负责，等等。虽然说这种模式中由于市场化机制对个人需求和利益的强调，很可能会造成维护公共利益责任的缺失："当公共职能是交给私营部门或者是模仿着私营部门的模型重新塑造时，维护公平公民机会和公民的宪法权利而承担的公共责任，在定义上如果说不是丧失了那么也几乎遭到了损害。"[①] 但是，这种责任机制实现了从向政治官员负责的间接责任到以顾客为中心的直接责任，从满足于规避错误的消极责任到以目标和任务为导向的积极责任的转变，确实改进了传统责任机制中责任不明的问题。不仅如此，它通过公民的广泛介入来实施监督，能够更充分地保证行政责任的落实。此后，新公共服务理论更是明确地提出了一种"为人人负责，人人都负责"的参与原则："公共管理者必须对谁负责？答案是'每一个人'。"[②] "公共服务的

---

① ［美］珍妮特·V. 登哈特、［美］罗伯特·B. 登哈特：《新公共服务：服务而不是掌舵》，丁煌译，中国人民大学出版社 2004 年版，第 131 页。

② Behn，Robert：*Rethinking Democratic Accountability*. Washington，DC：Bookings Institution，2001，p. 120.

精神并非只限于那些正式为政府工作的人们……普通公民也希望有所贡献",①
等等。

这些做法，显然是非常值得我们借鉴的。我国社会主义民主政治的性质，要求政府在行政活动中必须是一个能够值得人民信赖的、负责任的政府。为此，我们必须做到：（1）权责一致。即责任的大小必须和权力的大小相适应，"位高就应责任重"。（2）决策、执行与监督相分离。这样做，是为了能够明确责任，避免责任含混不清。为此，我们需要进一步完善行政监督制度，如坚持用制度管权、管事、管人，规范行政许可行为，强化政府层级监督，自觉接受社会各个方面的监督，推行行政问责制度和政府绩效管理制度等。（3）时效原则。"迟来的正义为非正义"，责任追究如果不及时，则会增加人们对于政府公共权力的不信任感，会对政府公共权力产生抵触情绪，从而不利于社会的和谐与稳定。（4）而要使这种监督真正落到实处，最为重要的，就是要建立一种人人参与、人人负责的权力运行机制，等等。

三、建构公平、高效的社会体制

纵观西方公共行政的发展历史，就会发现其价值目标总是在效率与民主之间摆动。无论是韦伯所倡导的官僚制理论，还是新公共管理理论，都是以保证实现组织工作效率的最大化为目标的。然而，以弗雷德里克森为代表的新公共行政学派认为，效率固然是公共行政价值追求的目标，但不应该是其惟一价值；公共行政应回归到以自身价值为主体的地位，将公平、责任等价值注入公共行政过程，形成以社会公平为核心，民主、责任、效率并存的价值体系。按照弗雷德里克森的解释："行政管理者不是中性的，应当责成他们承担起责任，把出色的管理和社会公平作为社会准则、需要完成的事情或者基本原理。"② 奥斯特洛姆也指出，对行政过程的效率问题过于关注，通过集权和控制机制促进效率，这与民主思想背道而驰；现代民主社会中，公共行政应建立起"民主行政"的目标模式，即效率并非压倒一切的价值取向，公共行政最重要的目的在于促进人类幸福，促进社会公平。③ 同样，新公共服务理论也认为，公共行政的优先权应该放在个人价值

---

① ［美］珍妮特·V. 登哈特、［美］罗伯特·B. 登哈特：《新公共服务：服务而不是掌舵》，丁煌译，中国人民大学出版社 2004 年版，第 18～19 页。

② 参见彭和平、竹立家等编译：《国外公共行政理论精选》，中央党校出版社 1997 年版，第 300～301 页。

③ ［美］文森特·奥斯特罗姆：《美国公共行政的思想危机》，毛寿龙译，生活·读书·新知三联书店 1999 年版，第 169 页。

上而不是组织效率上，应将民主、公民资格与公共利益作为其核心目标。当然，这些理论并不排斥效率的价值，而是认为，真正的效率必须以公平的社会服务为前提，并置于由社会公平、责任等价值构成的价值体系之中："在民主社会里，当我们思考治理制度时，对民主价值观的关注应该是极为重要的。效率和生产力等价值观不应丧失，但应当被置于民主、社区和公共利益这一更广泛的框架体系之中。"①

当今人们对"效率"和"公平"问题进行了广泛讨论和反思。一个较为一致的结论是，对效率的追求本身并没有错，但是，社会发展和政府管理的首要价值是公平和民主的充分展现。如果说在物质匮乏的时代，对物质和效率的追求摆在一个优先地位而具有一定合理性的话，那么，在今天我们基本解决了这一问题，对社会公平的倡导和维护就应成为一个不可推卸的道义和责任。为此，我们必须从社会公平的角度规范政府行政的价值目标。这是民主行政及其制度安排的首要原则。这里的公平，不仅包括机会平等、分配公正，还包括对社会弱势群体的政策倾斜。具体而言：其一，机会平等包括支配、使用和分享公共资源的机会平等、公平的竞争和参政机会，力求保证每个人各尽所能。这要求政府在提供公共品的时候不能强行垄断，并要在机会均等方面做好基础性工作，保障公民进入社会和获得基本公共物品时不会因为地域、种族、语言、性别等方面的原因受到歧视性待遇。其二，分配公正是指依据贡献大小获得相应的职位、报酬和权益等，使其各得其所。其三，政府既要建立相应的制度确保公民的合法收益得到保护，又必须通过政府转移支付等必要的再分配手段来抑制富者愈富、穷者愈穷的现象。由于公共资源的有限性和占有上的排他性，因而公共资源必须对弱势群体有所倾斜。② 为此，政府尤其需要更多地响应社会弱势群体的需求，正如弗雷德里克森指出的："倡导公共行政的社会公平是要推动政治权力以及经济福利转向社会中那些缺乏政治、经济资源支持，处于劣势境地的人们。"③

当然，对公平行政的倡导并不是对效率或效益的排斥和忽视，相反，打造高效能的政府应是政府行为的一贯追求。"如果没有有效的政府，经济的、社会的和可持续的发展是不可能的。有效的政府（而不是小政府），是经济和社会发展的关键，这已越来越成为人们的共识。"④ 这种行政高效率的追求与低成本，实

---

① ［美］罗伯特·B. 丹哈特、［美］珍妮特·V. 丹哈特：《新公共服务：服务而非掌舵》，刘俊生译、张庆东校，载于《中国行政管理》2002 年第 10 期，第 44 页。

② 参见 ［美］约翰·罗尔斯：《正义论》，何怀宏等译，中国社会科学出版社 1988 年版，第 56 页。

③ 参见丁煌：《寻求公平与效率的协调与统一——评现代西方新公共行政学的价值追求》，载于《中国行政管理》1998 年第 12 期，第 83 页。

④ 世界银行 1997 年世界发展报告：《变革世界中的政府》，中国财政经济出版社 1997 年版，第 17～18 页。

际上是同一个问题的两个方面。少花钱、多办事、办好事，同样也是高效率。因而，追求高效率的政府，也必然是一个"廉价政府"。而要建立廉价政府，就必须精简机构，反对形形色色的官僚主义，尽最大可能地节约社会资源，降低行政成本。当然，廉价政府并不意味着是一个花钱最少的政府，而应该是最有效益的政府，是以最少的投入获得最大产出的政府。总之，只有维护一个公平而高效的国家治理模式，才能促进整个社会的基本稳定和持续繁荣。

总之，在如上社会治理模式中，塑造参与、开放性的治理模式，保障人民当家作主，是社会主义民主政治的本质要求，而党的领导则是保证这一模式良好运行的核心力量和根本保证；实现"服务"与"责任"的统一，是社会主义民主政治的一个基本准则；建构公平而高效的治理体系，是实现社会主义民主政治的有效机制，等等。这些事实上也构成了当代国家治理体系和治理能力现代化的重要优势和特色。

四、以"自我革命"引领"社会革命"

相对于君权至上的传统体制，基于"主权在民"的治理模式，最大限度地保障了公民自由、平等、公正和人权，因而其优越性是显而易见的。当然，没有任何一种体制和模式是绝对完美的。正如俞可平所指出的，民主使一些很简单的事务变得相对复杂和烦琐，从而增大政治和行政的成本；民主常会使一些决定悬而不决，从而降低行政效率；民主还会被一些政治骗子所利用，而成为其蒙蔽人民的工具，等等。[①] 即便如此，民主相对而言是弊端最少的。在民主体制中，人民作为国家和社会的"主体"，本身就体现出人类的基本价值诉求，并成为人类社会真正进入现代文明的重要标志。

当然，民主不可能解决人类的所有问题。同时，制度的选择和确立，也只是社会发展中的其中一项重要因素。有了好的制度，还需要有正确的作为。这显然对执政者提出了更高的要求。这不仅需要执政者提升自身的治理能力，更需要"刀刃向内""刮骨疗伤"，反躬自省，直面自身的"不足"与"弊病"。历史一再证明，由于得天下者往往不能解决好自身存在的问题，从而不可避免地走向懈怠和腐化。这成为执政者无法跳出历史周期率的关键症结。对此，习近平总书记深刻指出："有些封建王朝开始时顺乎潮流、民心归附，尚能励精图治、以图中兴，遂致功业大成、天下太平，但都未能摆脱盛极而衰的历史悲剧。导致悲剧的原因很多，其中一个共同的也是极其重要的原因就是统治集团贪图享乐、穷奢极

---

① 参见闫健：《民主是个好东西：俞可平访谈录》，社会科学文献出版社 2006 年版，序言。

欲，昏庸无道、荒淫无耻、吏治腐败、权以贿成，又自己解决不了自己的问题，搞得民不聊生、祸乱并生，终致改朝换代。"①

为此，习近平总书记提出了通过"自我革命"以跳出历史周期率这一重要举措："我们党历史这么长、规模这么大、执政这么久，如何跳出治乱兴衰的历史周期率？毛泽东同志在延安的窑洞里给出了第一个答案，这就是'只有让人民来监督政府，政府才不敢松懈'。经过百年奋斗特别是党的十八大以来新的实践，我们党又给出了第二个答案，这就是自我革命。"② "自我革命"的基本要义在于，以自省的"阵痛"建立起一种内部驱动的、系统的自我纠错机制，使路线、方针、政策避免走向错误的轨道。这不仅需要时刻对自身和社会情势的变化保持一种清醒的认知，还需要在行为上始终坚持自我净化、自我完善、自我革新、自我提高。与毛泽东同志提出的强调外部约束的"人民监督"相比，"自我革命"则强调自律自为、内部动能的重要性。二者均遵循人民至上的价值理念，注重对公共权力的监督制约，致力于维护党的执政安全，从而构成一个相互制约、相互促进的内在统一体。

当然，党的自我革命的根本目标，并非为了自我革命而自我革命，最主要的是始终保持党的先进性与纯洁性，通过改造主观世界方式来引领对客观世界进行改造的"社会革命"，以确保中国特色的社会主义现代化事业的持久繁荣、长治久安。故此，习近平总书记在党的二十大报告中指出："全党必须牢记，全面从严治党永远在路上，党的自我革命永远在路上，决不能有松劲歇脚、疲劳厌战的情绪，必须持之以恒推进全面从严治党，深入推进新时代党的建设新的伟大工程，以党的自我革命引领社会革命。"③ 为了实现这一社会革命的美好愿景，在当前社会情势下，做到以下几个方面是极其重要的。具体而言：

其一，持续增进社会开放与国际合作。

一个社会组织要维持存在和获得发展，一个首要前提就是该社会必须保持一定的开放度。正如耗散结构理论所揭示的，开放系统通过耗散能量而保持其结构，即所谓"耗散结构"。一个远离平衡的开放系统，只有通过不断与外界交换物质和能量，在外界条件变化达到一定阈值时，就可能从原先的无序状态转变为一种有序状态，即"通过涨落达到有序"。因此，系统因不完备而对外开放，因不相容而展开内部竞争，由此推动系统不断超出旧的框架，得到新的属性、结构

① 习近平：《论党的自我革命》，党建读物出版社、中国方正出版社、中央文献出版社2023年联合出版，第202页。
② 习近平：《以史为鉴、开创未来、埋头苦干、勇毅前行》，载于《求是》2022年第1期，第13页。
③ 习近平：《高举中国特色社会主义伟大旗帜，为全面建设社会主义现代化国家而团结奋斗——在中国共产党第二十次全国代表大会上的报告》，载于《人民日报》2022年10月16日。

和形态。就社会系统而言，它作为一种开放性的耗散结构，其开放性不仅表现在社会系统与自然界的交换方面，还表现在特定的民族国家、社会组织与世界的交流方面，呈现为一种多点、多维、多层次的复杂过程。因而，那种仅仅根据一个社会同其他社会系统有没有来往，而将其称为开放系统或封闭系统的做法是片面性的。实际上，民族国家与社会只有开放维度的多少、开放程度的大小之分，并没有绝对的开放与封闭之别。而这种开放维度与程度的大小，可以从各个角度进行区分，如波普在《开放社会及其敌人》一书中，把自由、平等、宽容及提倡理性批判精神和实行改良的社会称为开放社会，把与之相反的社会称为封闭社会等等。① 应当说，这种划分是具有创见性的。换言之，一个社会的开放，不仅仅体现在一个组织系统与外部的物质交流层面，更体现在其内在的精神文化层面。因此，我们的社会要获得发展和持续繁荣，在持续扩大对外交往的同时，更应增强社会的自由、平等、宽容及理性批判等内在精神。

在国际交往日益密切的今天，人类社会越来越体现为一种休戚相关的命运共同体。当下人类所面对的一系列全球性问题，诸如资源枯竭、环境污染、气候变暖、传染性疾病蔓延、毒品泛滥及恐怖主义等，任何一个国家对此都不能置身事外。故此，以习近平同志为核心的党中央提出构建"人类命运共同体"这一关于全球治理的"中国方案"，以之引领全球现代性向着增进人类共同利益和人类永续发展的方向推进。对于这些全球性的人类事务而言，自然需要一种超越国家主权和国家利益的权力机构，然而，当下的国际事务仍然属于现代主权国家的"国际游戏"，而民族国家主体背后所隐藏的民族国家利益、文化传统、基本制度、价值观念，与全球治理整体性、公共性及其全球利益之间存在着必然的冲突，并将是长时期的。尽管如此，当今世界任何一个国家、社会组织的发展都无法做到"置身事外"而"独善其身"，因此，作为人类大家庭的成员，我们有责任促使世界各国张扬人类精神的卓越性，超越利益与观念的藩篱，保持开放、自我质疑及理性沟通，增加团结、友爱、洞察力和理解，谋求最大程度的共识，从而促使人类继续朝更高形式和更高层次的合作和统一发展。

其二，不断提升社会的自组织能力。

要实现社会的持续发展和社会形态的超越，不仅要努力加强自身的开放程度，还要提高自身的自组织能力。按照自组织理论的基本原理，生物的复杂性本身具有形态发生的能力，具有创造新的形式和结构的能力。当这些新的形式和结构带来复杂性的增长时，就构成了自组织的发展。这表现为诸如系统内部的复杂化、行为的复杂化以及这些变化所带来的组织系统适应环境的灵活性、创造性

---

① 参见［英］波普：《开放社会及其敌人》第 1 卷，中国社会科学出版社 1999 年版，第 319～328 页。

等。因此，自组织作为一种动力学原理，它是构成生物的、经济的、社会的和文化的结构丰富多彩的形式世界的基础。与自然进化不同，社会进化的特殊性在于，它往往是在人的有意识的作用下而得以完成的。由于"自我意识"或"自主意识"的选择机制的存在，使得社会系统在其演化进程中总要不断调整自身的结构及与外界的关系，以使之更加适应于环境。在这种意义上讲，所谓"自由"，便意味着在自主的意义上利用不确定性和随机性的自组织能力的发展。

基于中国传统社会的历史惯性和文化遗留，在当下中国社会中，个人之于群体依然存在明显的依附性，个体的社会责任感及社会整体的公共理性存在着明显不足。这已成为制约中国现代化进程的重要因素。显然，只有冲决传统体制的罗网，通过民主政治推动社会组织系统的变革，培育具有自由精神与主体性的公民人格，从根本上解放人的潜力，不断增强社会的自组织能力，才能够确保社会的基本稳定和持续繁荣。按照费希特的哲学，个体的自我必须发展成为一种"社会自我"才有其存在的意义。福利特正是以此为基础，指出："我们只有在集体组织之中才能发现真正的人……人只有通过集体才能发现自己的真正品格，得到自己的真正自由。"① 因此，要造就公民对国家的深度认同，更应该让公民通过更具体、更广泛的基层直接参与式民主来实现，个体通过这种参与模式，造就并发展组织，同时实现自我价值。从这种意义上而言，真正的民主应该是一种个人与组织关系的互惠机制。

其三，居安思危，时刻保持高度的敏感性。

进一步讲，即便拥有一种优良的制度和积极的行为模式，也并不必然导致一个社会的长治久安。这是因为，人类社会的演化从其长期来看是无法被精确预知的。按照现代理性主义观念，人类取得的成就完全是人类理性自觉设计和控制的结果，只要社会受到理性的控制，这一过程就能为人类的目的服务。然而，正如哈耶克指出的，发展没有清醒的理性来规范和控制，更没有必然性作为保障，我们在人类事务中所发展的绝大多数秩序都是个人活动不可预见的结果，而不是人们精心设计的结果。② 一个社会的发展应当是一种以参与发展的所有人之间的互动交往及其产生的自发秩序为基础的过程。正如马克思所指出的："把经济的社会形态的发展理解为一种自然史的过程。不管个人在主观上怎样超脱各种关系，他在社会意义上总是这些关系的产物。"③

复杂性科学揭示，混沌或潜在混沌是非线性系统的本性。一个系统中最小的

---

① Mary Parker Follett, *The New State*, *Group Organization and the Solution of Popular Government*, London: Longmans, Green and Co, 1918（1920），p. 6.

② 参见［英］哈耶克：《个人主义与经济秩序》，北京经济学院出版社1989年版，第8页。

③ 《马克思恩格斯文集》第5卷，人民出版社2009年版，第10页。

不确定性通过反馈耦合而得以放大，在某一分岔点上引起突变，使即使是一个简单的系统也可能发生惊人的复杂性，从而令整个系统的前景变得完全不可预测。从这种意义上讲，社会的演化不会朝某一种特定的社会类型前进，而总是充满一定程度的不确定性。因此，在一个复杂的、非线性的世界中，决策者尤其是政治家们必须保持一种高度的敏感性。与以往相比，现代社会是一种以高度组织结构复杂性和信息网络连接为特征的社会，越来越具有复杂化和不确定性。信息的充分披露和全球性的迅速传播，往往会使得一点点小的失误都会酿成轩然大波。在这种日益复杂、不确定的社会里，"危机成为超国界的存在，成为一种带有新型的社会和政治动力的非阶级化的全球性危机。"[1] 为此，我们应将预防和处理"危机"作为社会管理的一件日常事务，真正做到"未雨绸缪""防患于未然"。

　　总之，社会环境是复杂而易变的，制度本身随社会情境的变动而变动，这是一个不断自我修订和完善的过程，因此，要实现社会的"长治久安"，我们不能一劳永逸地依赖于某种"优良"的制度。同时，由于人类能力的有限性，人类的知识和解决问题的方式在客观上总是不完备的，犯错误可以说是人类固有的天性，甚至有时候，"当我们处理现实的复杂系统时，难以查明错误"[2]，因此，我们也不能对人类的智识和行为抱有不切实际的乐观预期。我们唯一能够做的，就是不断反省我们自己的思维和行为模式，不断以"自我革命"推动"社会革命"，不断试探并摸索进入未来的方式。如此，我们才有望成为较好的问题解决者。

---

　　① ［德］乌尔里希·贝克：《风险社会》，张文杰、何博闻译，译林出版社 2004 年版，第 7 页。
　　② ［德］迪特里希·德尔纳：《失败的逻辑》，王志刚译，上海科技教育出版社 1999 年版，第 171～185 页。

第八章

天下主义的流变与重塑

中国相对封闭的地理环境，在很大程度上也决定了其独特的"天下"观念——以"华夏中心观"为基石的"华夷之辨"和"华夷一统"。纵观中国历史，这两种看似对立的观念并行不悖，且伴随中原王朝的始终。在这种华夷秩序中，还一直伴随着中原王朝与"异族"政权的"正统之争"。与这种观念和秩序相呼应，中原王朝在具体治理策略上逐渐形成了伸缩有度的"羁縻"之治和"一体化"治理，并最终造就出"中华民族"的共同体意识。至中华近代转型时期，传统天下观下的不平等邦交关系开始转向基于现代国家主权意识之上的"平等外交"。而基于现代西方文明的困境，再加上当今各种日渐显露的"全球性人类危机"，故而，才有了"人类命运共同体"这一新型理念的出场。

第一节 华夷之辨与正统之争

在"天下"观念萌生之初，"华夷大防"与"华夷一统"这两种观念形态实质上是并行不悖的，且一直并存于中华帝国演化的整个历史进程。前者凸显出华夏族的中心意识与华夏优越感，后者则体现出"华"对"夷"的控制与怀柔策略。在实践中，正是这两种关系的矛盾运动，促使华夷边界不断外移，并使华夷族群不断走向融合。

一、华夷之辨与华夷一统

在中国古代文化语境中，"天下"一词具有多重含义：（1）作为一个地理概念，泛指人类生存的整个空间，所谓："天地感而万物化生，圣人感人心而天下和平。"（《易经·咸卦》）（2）指代一种社会秩序：在"三代"时期，"天下"一般指直接统治的实际区域，即"中国"；后来这一概念又从"中国"逐渐扩展到涵盖"四夷"的整个区域。（3）有时也意味着一种对理想政治秩序的诉求，如《荀子·正论》中说："国，小具也，可以小人有也，可以小道得也，可以小力持也；天下者，大具也，不可以小人有也，不可以小道得也，不可以小力持也。"在这里，天下是一种由"得道者"所拥有和维护的理想秩序。当然，人们更多的是在地域以及社会秩序的层面来使用这一概念的。

在中国早期的部落联盟时代，即便社会结合度还较为松散，但在统治者所苦心孤诣地构造出来的社会秩序中，就已经有了一个以统治者及其所辖区域为"中心"的同心圆似的圈层结构。史载，帝尧以其仁德"平章百姓"并"协和万邦"（《尚书·尧典》）。而舜的仁政和刑罚则使"天下咸服"（《尚书·尧典》）。禹的威势更是"东渐于海，西被于流沙，朔南暨，声教讫于四海"（《尚书·禹贡》）。在这种同心圆结构中，外围的圆圈尽可以扩展，但中心始终是不可缺少的，并以此为内核形成一个统一体。这便是华夏中心观的最初由来。史载，为纪念战胜水患，大禹用当时天下九州出产的铜铸了九个鼎，借以显示自己成为"九州"之主，向人们展示了实现国家一统、九州攸同的政治蓝图。《诗经·商颂·玄鸟》中"邦畿千里，维民所止，肇域彼四海。四海来假，来假祁祁"的诗句，则展示了商汤及其子孙武丁不断开疆拓土的繁荣景象。到了西周初年，统治者通过列土分封，把宗族成员或有功之臣派到各地实行直接统治。在这一过程中，各部落文化逐渐皈依中原文化，服膺于周礼，所谓"帅其宗氏，辑其分族，将其丑类，以法则周公"（《左传·定公四年》）。随着中原地域华夏文化中心的形成，从周天子到以姬姓为主的各诸侯国，开始以诗书礼乐法度等相标榜，而逐渐滋生出浓厚的华夏族优越感。这便成为后世"华夏正统论"的雏形。

在夏商时期，"天下"一般指直接统治的实际区域，即"中国"，也叫"诸夏"。在其边缘是"四夷"，即东夷、西戎、北狄和南蛮。而到了周代，"天下"由原来的"中国"逐渐扩展到中国王朝的对外交往圈，即涵盖"四夷"的整个区域，由此进一步产生处理华夷关系和秩序的政治学意义。作为落实这种华夷秩序观的制度安排，朝贡制度便应运而生。早在夏朝时，就有了如下说辞："禹平洪水，定九州，制土田，各因所生远近，赋入贡棐。"（《尚书·禹贡》）这种

"贡赋"的出现，意味着各部落已经联结为一个政治共同体。具体而言，就是以王畿为中心，每隔五百里，依次将周边区域划分为"甸服"（中心统治区）、侯服（诸侯统治区）、宾服（绥抚地区）、要服（边远地区）、荒服（蛮荒地区），是为"五服"，各服享有相应的朝贡义务（《国语·周语》）。

随着地域的扩展和文明的辐射，五服制又逐步演变成九服制，如《周礼·夏官·职方氏》所载："乃辨九服之邦国：方千里曰王畿，其外方五百里曰侯服，又其外方五百里曰甸服，又其外方五百里曰男服，又其外方五百里曰采服，又其外方五百里曰卫服，又其外方五百里曰蛮服，又其外方五百里曰夷服，又其外方五百里曰镇服，又其外方五百里曰藩服。"

当然，在这种朝贡体制中，"中国"与"诸藩"关系的意义是双向的：藩属国要向"中国"进贡，"中国"则对其统治者进行册封，并负责其安全等事务。对于不遵守这种服事之制者，则先"修名""修德"；若再不贡不王，则将"修刑"（《国语·周语》）。在这种"天下"秩序下，异域政权被巧妙地安排于由"中国"主宰的"天下秩序"的不同序列："华夏蛮貊，罔不率俾，恭天成命。"（《尚书·周书·武成》）由此形成"天子有道，守在四夷"（《国语·周语》）的华夷统治格局。《古文尚书·周官》对周代这种普天之下的图景进行了恰切的描绘："惟周王抚万邦，巡侯甸，四征弗庭，绥厥兆民。六服群辟，罔不承德。归于宗周，董正治官。"

历史进入西周后期，政治日渐腐朽，王室日渐衰落，诸侯争霸的大门由此开启。在这一过程中，中原四周尤其北方、西北各族群大量迁入中原，形成一种犬牙交错的局面。到了春秋时期，就整个"华""夷"称呼而言，齐、鲁、晋、郑等奉行周礼的中原诸侯国，自称"中国""中华"或"华夏"；而居住在中原地带的不奉行周礼的方国及中原外缘的秦、楚、吴、越乃至于燕等，则被称为"夷狄"。例如，吴国尽管是周太王的儿子太伯、仲雍所建，但由于地处蛮夷，断发文身，故而仍被视为"夷蛮之吴"（《史记·吴太伯世家》）。楚虽然是黄帝之孙"颛顼之苗裔"（《史记·秦本纪》），越是"先禹之苗裔"（《史记·越王勾践世家》），但都因这种界定而被排斥在中国之外。秦亦为"颛顼之苗裔"，但因其长期受戎狄文化侵染，使中原诸侯对其"夷翟遇之"（《史记·秦本纪》）。

随着周王室的衰微，四夷之族纷纷入侵中原。到了春秋时期，列国纷争渐起。齐桓公首倡"尊王攘夷"，其后，晋、楚纷起效仿，相继成就霸业。在此情势下，中原地区各诸侯国为了"不以中国从夷狄"（《谷梁传·襄公十年》），故而一再强调应按照"亲亲"原则，要求宗族亲属之间相互帮助而不是相互伤害，团结一致，共同对夷，所谓："周之有懿德也，犹曰'莫如兄弟'，故封建之。其怀柔天下也，犹惧有外侮。捍御侮者，莫如亲亲，故以亲屏周。"（《左传·僖公二十四年》）除了"亲亲"的温情与协作，宗法规范的另一面则是强调尊卑有序，即各国以周王室为尊，同时明确各诸侯国间亦有等差。而随着时间的推移，这种等级规则越来越体现为霸主国和中小诸侯间的"事大字小"，即小国要对大国恭敬侍奉，大国也不应对小国失礼数。这种霸主的怀柔与小国的恭顺相辅相成，共同造就了当时的国际等级秩序："礼也者，小事大，大字小之谓。事大在共其时命，字小在恤其所无。"（《左传·昭公三十年》）

春秋时代的所谓"华夷之辨"，就是在这种背景下展开的，其内涵主要包括：首先，从文化上严格区分"华夏"与"夷狄"，强调尊夏贬夷，华夷有别，所谓"内诸夏而外夷狄"（《公羊传·隐公元年》）；其次，倡导夷夏之防，即华夏诸国共同应对蛮夷的入侵，所谓"戎狄豺狼，不可厌也；诸夏亲昵，不可弃也"（《左传·闵公元年》），并严禁夷狄对华夏正统的占有和僭越，所谓"裔不谋夏，夷不乱华"（《左传·定公十年》）；最后，倡导以夏变夷。即夷狄部落只要接受华夏文化，就可为华夏的一员。在这一问题上，孔子与后来的孟子在观点上有所差异。孔子认为夷夏可以互通互变，夷狄可进为中国，中国亦可退为夷狄："言忠信，行笃敬，虽蛮貊之邦，行矣。言不忠信，行不笃敬，虽州里，行乎哉？"（《论语·卫灵公》）孟子则坚持只能借助"诸夏"礼仪文明去改造落后的"蛮夷"，而绝不允许出现相反倒置的情况："吾闻用夏变夷者，未闻变于夷者也。"（《孟子·滕文公上》）

"华夷"之辩的结果，就是确立了"贵中华"而"贱夷狄"的华夏正统论。问题在于，以"华夷之辨"来解释民族关系、国家关系，不仅时常会陷入"非华即夷"的二元悖论，而且由于其中所蕴含的"高贵"与"低贱"、"文明"与"野蛮"之分殊，会导致各民族之间的不平等关系及其紧张状态。春秋初年，楚武王"欲以观中国之政，请王室尊吾号"（《史记·楚世家》），遭到拒绝后，便以楚先君为"文王之师""成王举我先公"相标榜，而自立为王。公元前606年，楚庄王更是观兵周境，问九鼎之轻重，直截了当地向周天子的正统地位发起挑战。自此，东南之地的吴、越，西方的秦，先后逐鹿中原，从而打破了以往惟有华夏国度才能争夺天下的局面。

随着中原逐鹿的进程加快，华夷之间的边界也随之漂移、扩展。在这一过程中，北方的狄族多为晋所兼灭，西方的戎族多为秦所兼并，东方的夷族多并于齐和鲁，南方的苗蛮及众多华夏小国则为楚所统一。于是，秦、楚、吴、越等这些原先被视为"夷狄"的族群，已开始与齐、晋等中原诸国同称"诸夏"。在这种情势下，王者"不与四夷之主中国"（《春秋公羊传·哀公十三年》）的政治观念，事实上已名存实亡。于是，儒家人士便开始标榜"王者无外"的理念，认为王者的目标是一统天下，而非刻意区分内、外，如《春秋公羊传·成公十五年》

所言："《春秋》内其国而外诸夏，内诸夏而外夷狄。王者欲一乎天下，曷为以外内之辞言之？言自近者始也。"按照这一主张，只要达成王道政治，就可得到诸夏及四夷的认同。在这种文化氛围下，曾经被视为蛮夷的秦、楚、吴、越等国，尽管先后发起对华夏正统地位的咄咄进逼，但又表现出对华夏文化的一种积极认同和强烈归属。于是，那些曾是夷族的首领，此时也被列入华夏族的正统始祖和圣君，如"舜生于诸冯，迁于负夏，卒于鸣条，东夷之人也。文王生于岐周，卒于毕郢，西夷之人也"（《孟子·离娄下》）。

到了战国时期，周初的数百个诸侯已大体重组为"战国七雄"。在这种情势下，"天下归一"或"大一统"逐渐成为先秦诸子共同追求的目标。《墨子·尚同上》云："天子唯能壹同天下之义，是以天下以治也。"《孟子·尽心上》说："中天下而立，定四海之民。"秦王朝的建立，先秦诸子"天下一统"的政治理想被付诸实践，中原王朝周围所分布着的众多蛮夷戎狄地区，遂被纳入王朝的"大一统"范围，所谓"六合之内，皇帝之土"（《史记·秦始皇本纪》）。

到了汉代，华夏族与蛮、夷、戎、狄各族融合成了汉民族，华夷一统、夷夏一体的思想开始形成，"四夷"则成为边疆地区少数民族的统称。故而，东汉何休将《公羊传》的"王者无外"解释为："王者以天下为家。"（《春秋公羊传·隐公元年》）在这里，"天下"概念已经超越了西周时期仅限于"诸夏"的范围，而扩展为"诸夏"与"夷狄"的统一。由此，"大一统"的内涵，除了指地理意义上的国土统一和时间意义上的江山永固，以及政治意义上的国家集权之外，"大一统"又指民族一统，也就是"汉夷一体"。至此，孔子先前所言"四海之内皆兄弟也"（《论语·颜渊》），才有了更为确切的含义。

秦汉之后，尽管中国社会分合无定，但是"大一统"观念却愈加强化，由此积淀为一种牢固的"天下"情结和国家一统大业："安边境，制四夷，国家大业不可废也。"（《汉书·公孙刘田王杨蔡陈郑传》）在经历过魏晋南北朝时期的长期社会动荡之后，隋唐时代"大一统"政权重新建立，各民族文化也有了融通互渗的环境，由此，中华文化展现出包容万千的生命力。在这种历史背景下，中原王朝的统治者更是明确倡导"华夷一家"，如隋文帝曾言："溥天之下，皆曰朕臣。"（《隋书·西域列传·吐谷浑》）唐太宗也反对"非我族类，其心必异"的观点，提出"夷狄亦人耳，其情与中夏不殊"（胡寅：《读史管见·唐纪》）。为此，他在位期间，坚持"汉夷并用"的治国方略："自古皆贵中华，贱夷狄，朕独爱之如一，故其种落皆依朕如父母。"（《资治通鉴》卷一百九十八）自此，这种视夷狄与华夏为一家的夷夏观，一直为历代君主所标榜。

经过不断的交流磨合，"夷狄"政权与汉族士人不仅趋向合作，各个民族之间也趋向融合。尤其是元朝的建立，破除了"内夏外夷""贵夏贱夷"的传统观念，在客观上模糊了夏夷界限，缩小了夏夷隔阂："圣人以四海为家，不相通好，岂一家之理哉。"① 元朝时，中原和边疆地区的政治、经济、文化乃至民族构成本身，发生了长达百年的富有特色的大融合，极大改变了统一多民族国家的传统结构和狭隘观念。元朝疆域的广大，也为汉唐所不及："自封建变为郡县，有天下者，汉、隋、唐、宋为盛，然幅员之广，咸事逮元。汉梗于北狄，隋不能服东夷，唐患在西戎，宋患常在西北。若元，则起朔漠，并西域，平西夏，灭女真，臣高丽，定南诏，遂下江南，而天下为一。故其地北逾阴山，西极流沙，东尽辽左，南越海表。"（《元史·地理志》）这一时期，在强大的统一政权之下，各民族杂居共处，交往频繁，中原文化、北方游牧文化、南方农耕文化、域外文化交流融会，形成空前开放的文化格局，中国从此显现出统一多民族的"中华一体"的国家形态。

有明一代，虽然北元政权与明朝一直相并立，但"大一统"始终是明王朝的恒定目标。明太祖曾言："蒙古、色目，虽非华夏族类，然同生天地之间，有能知礼义，愿为臣民者，与中夏之人抚养无异。"（《明太祖实录》卷26"元年十月丙寅"条）而明成祖亲更是制碑文以表达其实现"大一统"的雄心："朕君临天下，抚治华夷，一视同仁，无间彼此。推古圣帝明王之道，以合乎天地之心，远邦异域，咸使各得其所。"（《明史·列传卷二百一十四·外国七》）当其时，明朝统治者一面遣使诏谕边疆各族，一面积极建构朝贡制度，要求各族朝贡成员"各守境土，防护边疆，勉于为善，竭诚报国"（《大明宪宗纯皇帝实录》卷34"成化二年九月戊寅"条），以强化其"大一统"的体制。

满族入主中原后，随着文化上逐渐汉化，"不分内外、夷夏一家"的民族观遂成为主流意识。康熙三十年（1691年）多伦会盟后，外蒙古归附清廷，康熙放弃了主导历代王朝北部治边的长城防御体系："昔秦兴土石之工，修筑长城。我朝施恩于喀尔喀，使之防备朔方，较长城更为坚固。"（《清实录·大清圣祖仁皇帝实录·康熙三十年四月至五月》）由此，中央王朝数千年应对"边患"的长城防御体系，最终告别了它的历史使命，康熙言："帝王治天下，自有本原，不专恃险阻……守国之道，惟在修德安民，民心悦，则邦本得而边境自固，所谓众志成城者是也。"（《清实录·大清圣祖仁皇帝实录·康熙三十年四月至五月》）康熙三十六年，平定噶尔丹内乱之后，康熙皇帝又说："朕中外一视，念其人皆吾赤子，覆育生成，原无区别。"（《清实录·大清圣祖仁皇帝实录·康熙三十六年六月至七月》）

---

① 宋濂：《元史》，中华书局1976年版，第4625～4626页。

二、"正统"之争

历史的复杂性在于，"华夷之辨"与"华夷一统"的观念在中国历史的长河中始终是交织在一起的。在"天下一家"的框架下，在中原王朝与异族政权并存的历史时期，自然也牵涉到彼此之间的"正统"与"非正统"之争。"正统"一词源于《公羊传》："君子居大正""王者大一统"，简称"正统"。何休《解诂》注"居正"之义说："明修守正最计之要者。"又注"大一统"说："统者，始也。"（《春秋公羊传笺·春秋隐公经传解诂第一》）"大一统"思想特别强调"统"的重要，认为"统"正则一切皆正。统一天下、一脉相承的政权被称为正统；反之则被斥为"闰统"或"僭窃"。事实上，对正统地位的诉求由来已久。周武王在克商之际，为确立周族的正统地位，便把新都选址定于"有夏之居"（《尚书·洛诰》），自诩为夏文化的继承者，彰显出周政权的正统性质，如《国语·周语上》称周先王云："世后稷，以服事禹夏。"伴随着周初封邦建国的历史运动以及与此伴随的民族融合，"华夏正统"观念也得到加强。在这种情况下，"夏"的含义不再仅仅是原来的夏族、夏国或夏王朝，而日渐成为中原民族文化共同体的代称。比如，《诗经·周颂·时迈》的"我求懿德，肆于时夏"，《诗经·周颂·思文》的"无此疆尔界，陈常于时夏"等，这里所说的"夏"，都是指"中国"。

战国时期，周代既然名存实亡，"上天"接下来会以何种形式来展现自己的旨意？其间的演变有无规律？正是基于对这些理论问题的解答，阴阳学派的创始人邹衍的"五德终始"说遂应时而生。这一学说采用当时流行的五行相胜说，即水胜火，火胜金，金胜木，木胜土，土胜水，是为一个循环。同时，按照五行"从所不胜"（反过来说就是相胜或相克）的关系，安排历史上王朝的承继过程，即以黄帝为土德、禹为木德、汤为金德、文王为火德，其后继者应是有水德的帝王，之后再回到有土德的帝王，如此循环不已。按照这一立论，未来的"大一统"王朝，自然便是消灭并取代周朝的那个王朝。当政权更迭时，上天便降以符应以彰其旨。不过，命数虽是上天规定，但君王究竟是否具有政治合法性，则主要靠君王之"德"。显然，邹衍在这里所秉承的，依然是周代以来所流行的"天德合一"观念。在这种流行的解释中，黄帝、夏禹、商汤、周文等之所以能享有统治权，居有天命，是因为他们都是大德之人；而夏桀、商纣、周幽、厉王等之所以丢掉统治权，丧失天命，则是因为他们无德或是少德。

"五德终始"说宣告了新王出现的必然性和新王权威的合法性，因而受到当时逐鹿中原的战国诸雄的欢迎。史载：邹衍"适梁，惠王郊迎，执宾主之礼；适赵，平原君侧行撇席；如燕，昭王拥彗先驱，请列弟子之座而受业，筑碣石宫，身亲往师之。"(《史记·孟子荀卿列传》）正是由于德运说使得天命的流行具有确定性、客观性和历史性，从而与战国中晚期天下趋于一统的历史大势相应和。故而，就连三皇五帝都不放在眼里的秦始皇，也欣然接受了这一理论，秦代也由此成为中国历史上第一个采用五德建制的王朝。史载：秦始皇平定天下后，有人上书说黄帝得土德，夏得木德，殷得金德，周得火德："今秦变周，水德之时。昔秦文公出猎，获黑龙，此其水德之瑞。"(《史记·封禅书》）水克火，周为火德，秦当然就是水德。于是，秦始皇便下令，以水德改制："始皇推终始五德之传，以为周得火德，秦代周德，从所不胜。方今水德之始，改年始，朝贺皆自十月朔。衣服旄旌节旗皆上黑。数以六为纪，符、法冠皆六寸，而舆六尺，六尺为步，乘六马。更名河曰'德水'，以为水德之始。"(《史记·秦始皇本纪》）

秦始皇还把五德终始说与天命说融会贯通，在其玉玺上刻上"受命于天"四字，以证明其得以"王天下"的合法性与神圣性。就这样，"五德终始"论不仅为当时"争于气力"的社会现实和施政措施罩上一件"德运"的外衣，而且赋予了刚刚建立的秦王朝以无可置疑的合法性。周初统治者曾经打着"天佑有德"的旗号革了商朝的命，秦要证明比周更"有德"实在困难，况且"德"从来不是其立国之本，而"五德终始"论恰好以一种自然理性才具有的威力，为秦王朝的统治举行了一场授权触摸礼。

汉朝立国之初，也开始运用德运说论证其获得天下的合理性。《史记·历书》曰："汉兴，高祖曰'北畤待我而起'，亦自以为获水德之瑞。虽明习历及张苍等，咸以为然。是时天下初定，方纲纪大基，高后女主，皆未遑，故袭秦正朔服色。"何谓"北畤待我而起"？按照《史记·封禅书》的解释："（高祖）二年，东击项籍而还入关，问：'故秦时上帝祠何帝也？'对曰：'四帝，有白、青、黄、赤帝之祠。'高祖曰：'吾闻天有五帝，而有四，何也？'莫知其说。于是高祖曰：'吾知之矣，乃待我而具五也。'乃立黑帝祠，命曰北畤。"大意是说，秦始皇只祠白、青、黄、赤四帝，而没有祠黑帝。祠黑帝与北畤对应，故刘邦云"北畤待我而起"。在刘邦看来，支配历史运转的，彼时仍然为水德，而秦朝之所以遽尔灭亡，可能与没有立北畤、祠黑帝有关，因此只有立北畤、祠黑帝，才能与水德相应，才能显扬得水德的天命。

汉文帝即位后，儒士们为汉朝的德运问题展开了激烈的争论。贾谊、公孙臣等人认为汉朝当为土德，主张改正朔、易服色，以黄色为主色。这派意见一开始遭到了坚持水德说的丞相张苍的压制。武帝登基后，接受了汉为土德以代秦之水德的主张。这等于承认了汉朝是从秦朝沿袭而来的。然而，这样做带来的问题在于，秦朝酷烈的暴政在汉朝人眼中普遍缺乏正当性。从汉武帝对董仲舒的策问中，我们可以清晰地看到这位雄视百代的君主心中盘桓着的历史性焦虑和形而上困惑。针对这种焦虑和困惑，以董仲舒为代表的汉代今文学家首先提出天下受之于天而非受之于人："今所谓新王必改制者，非改其道，非变其理，受命于天，易姓更王，非继前王而王也。"（《春秋繁露·楚庄王》）这样一来，汉帝国便不会因为与秦朝暴政之间具有连续性而使其合法性受到影响。同时，董仲舒提出所谓"复古更化"，就是从形式上学习"三代"的"圣王"，即以"王道"精神来软化和消解战国至秦朝时期崇尚暴力的"霸政"余习。

不难看出，"五德终始"论名义上是以"天命"，实则是以人间的君主为中心而自导自演的戏剧。这一理论通过将帝王纳入天道，再辅之以历法、服色、数字等一系列配套措施，以诠释最高权力不容置疑的合法性。尽管如此，五德相胜相克之说，在人们心目中显得过于激烈和决绝。为了使得王朝更替在人们心目中显得更为合理、温和，西汉后期由刘向、刘歆父子的"五德相生说"遂应运而生。这一理论以"木—火—土—金—水"五行相生的宇宙气运规律来解说历史变迁。在这种理论视野中，朝代的变更不再被视为一种克服和战胜的关系，而成为一种衍生和相生的关系。相比之下，邹衍的旧德运说只能应用于暴力革命，却无法应用于禅让制。而刘向的新德运说对二者的解释同样适用。正是由于五德相生说把朝代的更换装扮成心甘情愿的禅让，从而掩盖了篡权者的阴险和斗争。西汉末年王莽的篡汉活动，便是利用刘向的新德运说来进行舆论宣传的。这个系统证明王莽为黄帝、帝舜之后，是土德。既如此，按尧舜禅让的传说，王莽承接皇位合乎天理之序。这实际上是为当时王莽"篡汉"寻找合法性根据。

值得注意的是，按照"五德相生说"，秦虽得水德，但气运、时运正从木德向火德转移，故秦不得天道之序，处于"闰位"。这一解释在否定秦的"正统"的同时，无疑也间接批评了"汉承秦制"未能真正奉天承运。这其中有两个明显的牵强之处：一是把原来按五德相胜说确定的汉的"土德"改为"火德"；二是按五德相生之说，汉火德与秦水德毫不相连，这就等于把秦排挤出正序之列。这是以"五德"论"正闰"之始。古人常用"闰"表示非正常的情况。正闰之辨是指在政权不统一的历史时期，如何区分正统与非正统。自魏晋直到宋、金、元的历代帝王，都以五德相生说论证自己受命应运之由。例如，东晋习凿齿主张"晋承汉统论"，即不以晋继魏，而主张直承汉统。这一论调并非重复五德正闰的陈词滥调，其重点在于根据"平定天下"的功业以确立正晋的"正统"之名，而不必用"魏晋禅代"的谎言来论证自己的合法性。

正是在这种天命的反复演绎中，保障人间合理秩序的"天"已成为一种非理性的、盲目的宰制力量，阴阳五行、天人感应之说也蜕变为服从于一己私利的巫术。为此，到了唐代，柳宗元等人力主"天人相分"，破解"天"对人间的宰制。柳宗元提出"贞符"论，认为，只有行保障民生之安利的"大公"之道才能真正"王天下"，保障民生之安利的"仁德"才真正是王朝受命的"贞符"。在宋代，欧阳修给"正统"下了一个全新的定义，即以"治乱之迹""功业之实"，而非虚幻的"天命"来衡量现实政权的正当性、合法性："正者，所以正天下之不正也；统者，所以合天下之不一也。"（欧阳修：《正统论》）章望之则以二程的"王霸之辨"论"正统"："以功德而得天下者，其得者，正统也"，"得天下而无功德者，强而已矣，其得者，霸统也。"（《苏轼文集编年笺注·正统论三首·笺注》）

章望之以此为由强烈批评欧阳修将"正统"给予以"霸道"得天下者的立场，由此在北宋掀开了一场"正统"之辨。在这场争论中，司马光捍卫了欧阳修的立场，明确提出"但据其功业之实而言之"（《资治通鉴·第69卷"文帝黄初二年三月"条》）的标准。苏轼进一步指出，政治之"正义"仅在于"天下有君"，所以"夫所谓正统者，犹曰有天下云尔"（《苏轼文集编年笺注·正统论三首·辩论二》）。苏轼的基本立场是，权力虽然在价值等级上低于道德，但权力自有其功用，不可为道德所取代："天下然后知贵之不如贤，知贤之不能夺贵，故不争。"（苏轼：《苏轼文集编年笺注·正统论三首·总论一》）苏轼的这一论说实际上为我们提供了正统论的两个重要因素："一统"和"居正"。前者是指政治权威之合法性的评价标准，后者则对应于道德之理。由于这二者常常不能完全合一，从而就为人们的选择、取舍提供了两种可能。

欧阳修、司马光、苏轼的正统论，皆偏重事功，重"一统"，而削弱了"居正"原则。在北宋时代，这种偏重统一功业的"正统"论占据主导地位，反映出当时中央集权强化的历史大势。而在南宋时代，由于失掉了天下一统的地位，面临社稷沦亡的威胁，于是，重"一统"的正统观念开始淡化，而更注重"居正"原则的"正统"论以及强调"攘夷"的论调开始占据上风。当时，强大"夷狄"居有中土，故而，自诩得到"道统"之传的以朱熹为代表的南宋士人，便极力倡导以"天理"为定准的"正统论"。朱熹以"天理"为衡定正统的标准，穷理究物，注重天道人道，究其实，乃在于说明只有真正的"仁义"之举，才有利于"天理人心"之常存常新，以坚定人们对至善历史理想的信心。

话说回来，德运之说本属无稽之语，只不过是把历史的发展纳入其臆造的"五行"相生相克的秩序中，使历史呈现出一种神秘主义的、决定论色彩。然而，这里看不到人的作用，也见不出历史演化的真正原因及其规律。故而，明代的王夫之将五德说、正统论斥之为"方士之言","非君子之所齿",认为它们只是统治者争相用以作为文饰统治的利器,关心的只是"一姓之兴亡",而缺乏对民众休戚的关切:"舍人而窥天,舍君天下之道而论一姓之兴亡,于是而有正闰之辨。"(王夫之:《读通鉴论·武帝七》)这一论断可谓一针见血。

从历史的实际演绎来看,异族政权"入主中原"的行动,也伴随着对"正统性"的获取与争夺。早在东晋十六国时期,匈奴贵族刘渊自承汉室正统,认为"帝王"无常,非华夏所专有:"夫帝王岂有常哉,大禹生于西戎,文王生于东夷,顾惟德所授耳。"(《十六国春秋别本·卷一·前赵录》)于是,他利用历史上匈奴与汉的甥舅关系,以汉为国号,上接汉统,以此来标榜自己政权的正统性,企图在精神上压倒南方的晋朝。同样,在前秦苻坚看来,非汉人政权,也可以建立"大一统"王朝:"今四海事旷,兆庶未宁,黎元应抚,夷狄应和。方将混六合以一家,同有形于赤子。"(《晋书·苻坚载记上》)而僻居西北的匈奴贵族赫连勃勃建立大夏国,为都城取名"统万",言下之意是:"朕方统一天下,君临万邦。"(《晋书·赫连勃勃载记》)

隋朝的建立,是魏晋南北朝时期以来民族大融合的产物,故而,隋文帝既以华夏正统自居,又很自然推崇"华夷同重"的观念。唐朝皇室祖上与鲜卑族有着密切的血缘关系,在民族问题上也坚持"中国既安,远人自服"的民族怀柔原则,并在实践中造就出唐前期"四夷宾服"的空前统一的局面。不过,"华夷之辨""尊华攘夷"的观念在汉族统治集团中依然存在。史载:在灭掉东突厥后,唐太宗与大臣议安边之策致之时曾说:"中国百姓,天下根本,四夷之人,犹于枝叶,扰其根本以厚枝叶,而求久安,未之有也。"(《贞观政要·论安边》)可见,在唐太宗心目中,华、夷虽可如一家,但华、夷的地位是有区别的。为此,在安置归附的突厥部落时,太宗综合采纳了温彦博和李百药的建议:"全其部落,顺其土俗,以实空虚之地,使为中国扞蔽";"突厥虽云一国,然其种类区分,各有酋帅。今宜因其离散,各即本部署为君长,不相臣属……请于定襄置都护府,为其节度,此安边之长策也"(《资治通鉴·第193卷·唐纪九》)。

纵观历史,由于华夏族的经济、文化和政治优势,华夏本位主义的"民族观"长期占据主导地位。不过,在不同时期,历代王朝对"华夷关系"的定位又有所侧重。当中央政权强大之时,便采用"华夷一统"论证其统治和扩张的合法性;而当国势日衰并遇到异族的激烈挑战之时,则会在政治上重新提出攘夷的问题,搬弄起"裔不谋夏,夷不乱华"(《左传·定公十年》)的古训来。

随着辽和北宋的相继灭亡,入主中原的金朝在接受汉文化、推行汉法的同时,也很自然地以中华正统自居。金熙宗为了显示正统,开始尊孔崇儒,封孔子后人为衍圣公。其后的金章宗还规定各地对伏羲、神农、轩辕、少昊、颛顼、高辛、尧、舜、禹、商汤、周文、周武王等汉族始祖三年一祭（《金史·礼志一》），以此表示自己是中国正统的传人。金章宗还掀起著名的"德运之议"，以阴阳五行说推德运。当时共有以金、木、土为德运四种意见：其一，主张不论所继，只为金德（国号为金，是因白金有不变、不坏之意）；其二，继唐朝土德而为金德，以五代、北宋为闰位；其三，继承辽朝水德而为木德；继北宋火德而为土德。最后决定以土为德。这一做法颇耐人寻味。继唐的说法，由于年代久远，缺乏现实性；继承辽朝的德运，无疑等于放弃了统一全国或者主盟的企图，与其一贯标榜的目标背道而驰；以金为德运，貌似有吸引力，但有自囿于东北一隅之嫌。惟有继承北宋，既坚持了宋太宗以来"荡辽戡宋"的一贯提法，又否定了南宋继续以火为德运的合法性。①

金朝争取正统的行动充分表明，各民族都有争取正统、争称"中国"的资格。"金士巨擘"赵秉文之所以极力强调春秋"华夷之辨"中轻血统、重文化的标准，目的便是要表明女真族进入中原后，讲求礼法，尊崇儒学，就已有资格称"中国"。他甚至剥夺了南宋作为"汉族"王朝的合法性，而把金朝视为"中国"的合法代表，从而打破了只有汉族建立的王朝才有资格称"中国"的话语垄断。在此之前，进入中原的各少数民族政权对贵华贱夷的观念都不敢触动，都自动居于"夷狄"之位，最多只不过是千方百计地对"华夷之辨"加以淡化。而金朝此时则大胆地宣称自己是"华"，大胆地追求正统，这无疑是一个巨大的变化。②

元朝统一中国后自然也以正统自居。忽必烈即位之初，便诏告天下，明确强调新政权作为皇朝的正统地位："朕获缵旧服，载扩丕图，稽列圣之洪规，讲前代之定制。建元表岁，示人君万世之传；纪时书王，见天下一家之义。法《春秋》之正始，体大《易》之乾元。"（《元史·世祖纪一》）1271 年，忽必烈改国号为大元，又诏告天下："诞膺景命，奄四海以宅尊；必有美名，绍百王而纪统……可建国号曰大元，盖取《易经》'乾元'之义。"（《元史·世祖纪四》）忽必烈根据汉文化经典改建国号的做法，进一步表明他所统治的国家已经不再单是蒙古民族的国家，而是"大一统"思想支配下的中原王朝的继续。

在元末农民大起义中崛起的明朝政权，为了争取到广大汉族的支持，曾以"华夷之辨"作为号召反元的思想工具，提出了"驱逐胡虏，恢复中华"（《皇明诏令·谕中原檄》）的口号。随着元朝败亡已成定局，朱元璋所扮演的角色也就由反元的民族英雄，转而成为代元而有天下的"新主"，于是便反复强调元朝的

---

① 参见宋德金：《正统观与金代文化》，载于《历史研究》1990 年第 1 期，第 70～85 页。

② 参见齐春风：《论金朝华夷观的演化》，载于《社会科学辑刊》2002 年第 6 期，第 110～114 页。

正统性，以表明朱明王朝继承了正统地位："天生元朝，太祖之孙以仁德著称，为世祖皇帝，混一天下，九蛮八夷，海外番国，归于统一。"（《明太祖实录》卷198 "洪武二十二年十一月甲子"条）由此，明王朝不再强调"华夷之辨"，而是一变而称"华夷一家"："华夷本一家，朕奉天命为天子，天之所覆，地之所载，皆朕赤子，岂有彼此？"（《明太宗实录》卷264 "永乐二十一年十月己巳"条）

同样，为了树立正统王朝的形象，清王朝建立之初，便大力提倡尊孔崇儒。顺治时期奉孔子为"大成至圣文宣先师"，又立太学，行科举，提倡程朱理学。其后的康熙帝更使程朱理学成为清朝官方学术。至雍正帝，面对曾静、吕留良等汉族儒士对满族成为"中国之主"合法性的质疑，更是编辑成《大义觉迷录》一书，系统阐发自己的"大一统"理论，以之为满族成为"中国之主"的合法性进行辩护："自我朝入主中土，君临天下，并蒙古极边诸部落俱归版图，是中国之疆土开拓广远，乃中国臣民之大幸，何得尚有华夷中外之分论哉！"（《大义觉迷录·雍正上谕》）其后，乾隆皇帝还将"尊王攘夷"篡改为"尊王黜霸"，主张凡"大一统"政权，无论何种民族建立，何种方式建立，都应该被视为正统。这种观点全面剔除传统正统论中的民族偏见成分，形成以推崇"大一统"政权为核心、以政权承继关系为主线、取消华夷之别为特征的正统论，使之更有利于清廷的政治统治和思想控制。[1]

综观历史上的正统之争，虽然都以各自的利益为本位，且不乏自我标榜和争夺，但也意味着一种文化上的认同，客观上促进了文化交流与民族融合，从而使"华夷一体""共为中华"的整体观念得到强化和发展。

第二节　国族建构与族群整合

在"大一统"王朝体制下，由于存在等级贵贱之分和血缘之传，使得人们很注重世系的排列。这便是中华文化中滋生"黄帝始祖"的基本动因。自司马迁确立"黄帝始祖"的帝王谱系以来，不仅中国历代王朝的奠基者都为寻求与黄帝始祖的血脉传承而煞费心机，甚至也影响了民间社会的宗法家族乃至"异族"政权、民族部落对这一"国族"的乐此不疲的"攀附"。正是在多民族国家的观念

---

[1]　参见刘正寅：《试论中华民族整体观念的形成与发展》，载于《民族研究》2000年第6期，第68~76页。

建构中，由于"夏""夷"二元族群结构的长期存在，因而，无论是主张"汉夷大防"还是"华夷一统"，历代中原王朝都脱离不开对少数民族的"羁縻"之意。即便如此，从实践上看，随着中央王朝和周边少数民族地区联系的加强，中华帝国范围内的各个族群之间的整合以及治理方式的"一体化"则逐渐成为一种必然之势，并最终造就出"中华民族"这一共同称谓。

一、国族建构与异族攀附

在先秦文献中，黄帝只是与伏羲、共工、神农、少暤等并举的诸多古帝王之一。直到战国至汉初，被广泛提及的"始祖"才逐渐归结到黄帝身上。战国时期的齐国器、陈侯因资簋上的"高祖黄帝"之语，便是明证。《国语·鲁语》则出现了以黄帝作为虞、夏、商、周四代帝王家族的共同祖先的较早记录："有虞氏禘黄帝而祖颛顼，郊尧而宗舜；夏后氏禘黄帝而祖颛顼，郊鲧而宗禹；商人禘舜而祖契，郊冥而宗汤；周人禘喾而郊稷，祖文王而宗武王。"黄帝在战国文献中的另一意象则为以战事、征伐平定天下的帝王。如《左传·僖公二十五年》记载，有卜者得"遇黄帝战于阪泉之兆"。《列子·黄帝》记载："黄帝与炎帝战于阪泉之野，帅熊、罴、狼、豹、貙、虎为前驱，雕、鹖、鹰、鸢为旗帜。"《鹖冠子·世兵》中称："上德已衰矣，兵知俱起。黄帝百战，蚩尤七十二，尧伐有唐，禹服有苗……"，等等。

而最常与黄帝相提并论的古帝王是神农和炎帝，或者是神农与炎帝的合二为一。在这些记载中，炎帝（或神农氏）在时间上要早于黄帝，代表较原始、质朴或崩乱的时代。在《国语·周语上》中，黄帝与炎帝又有较特殊的关系：鲧、禹与夏人之后，以及共工、四岳与各姜姓国，"皆黄、炎之后也"。《国语·晋语》中记载："昔少典娶于有蟜氏，生黄帝、炎帝。黄帝以姬水成，炎帝以姜水成。成而异德，故黄帝为姬，炎帝为姜。"从《国语》的这些记载来看，黄帝与炎帝两系的关系有时是分立的、对抗的，有时又是合作的。

无论如何，先秦文献中炎帝与黄帝之间的亲近关系，其述事的寓意之一在于，以炎帝来衬托黄帝的历史意象——以炎帝时天下之崩乱、原始、质朴，以及传说性，衬托出黄帝时期的相对统一、文明、进步与其历史性，强调黄帝作为许多事物与人群"创始者"之意象。黄帝的象征意义是：相对于美好纯朴的古代，他代表一个新的世界之开始。如在《商君书·画策》中，相对于"男耕而食，妇织而衣"的神农世代，黄帝则"作为君臣上下之义，父子兄弟之礼，夫妻妃匹之合，内行刀锯，外用甲兵"。《周易·系辞》中则记述了一个人类文明进化过程；"黄帝、尧、舜"代表"后世圣人"，出现于古代或上古的包牺氏与神农氏之后。在这些文本中，黄帝皆隐喻着文明的开创者之意。《庄子·在宥》中所载"昔者黄帝始以仁义撄人之心"，也是以黄帝来指涉一个新世界的开端。虽然对于老庄这样的道家人士而言，这一开端也是混乱、腐败世界的开始。

战国晚期，随着诸侯兼并及各民族的日趋融合，至秦汉中国的政治统一，以及"华夏"认同的明确化，追寻"共同祖先"逐渐成为证明"天下一家"的现实需求。当其时，随着各地人群在政治与社会文化上的交流，从黄河中下游到长江中下游的"华夏"各部族之间逐渐产生了一体感。于是，以"过去"来诠释当时华夏这个"想象群体"的历史述事，整合上古诸帝王，将各地域、各部族的祖先结合为一个整体，便成为很多学者矢志努力的一个重要目标。在众多诠释中，黄帝逐渐得到一个特殊的地位：主要的征服者；居中制四方；由蒙昧到文明的转折点；各代统治家族的血缘起点；等等。《山海经》甚至把狄、犬、戎、苗等少数民族也列入黄帝的世系。

到了汉代，司马迁在《史记》中以"本纪"为纲，辅之以"表"，以"书""世家""列传"为纬，致力于为华夷族群构筑共同的血缘谱系，而成为如上这些学说的"集大成者"：文明源自一"统"，所有的民族起源于共同祖先——黄帝。在司马迁构筑的华夷共祖这一体系中，"五帝三王，皆祖黄帝"（《论衡·怪奇》）。纵向来看，黄帝以下，为颛顼、帝喾、尧、舜、禹、夏、商、周、秦；横向来看，黄帝子孙除了华夏族群之外，还有秦、楚、吴、越、匈奴、南越、东越、朝鲜、西南夷等蛮夷族群。

《史记》中的这一论述，实际上综合了战国以来华夏知识精英整合上古诸帝王的种种尝试。《史记·五帝本纪》中称黄帝为少典之子，姓公孙，名轩辕。他生于神农氏之末世，曾与炎帝战于阪泉之野，打败炎帝；又率诸侯与蚩尤战于涿鹿，擒杀蚩尤，而得以代神农氏为天子；黄帝在得天下之后，"披山通道，未尝宁居"，他的征途，"东至于海，西至空桐，南至于江，北逐荤粥"；又称黄帝有"土德之瑞，故号黄帝"，等等。"五帝本纪"还记录玄嚣、昌意为黄帝之子，颛顼为黄帝之孙，帝喾为黄帝曾孙，尧为帝喾之子，舜则是颛顼的七世孙。在三代帝王"本纪"中记载，夏禹是黄帝的玄孙，殷契之母是帝喾次妃，周始祖弃之母则是帝喾元妃。而黄帝及其子孙，包括夏、商、周三代王室及其支裔，又是东周华夏诸国王室的祖源。这个帝系成为产生后代帝王的正宗系统。

在《史记》有关黄帝之历史述事中，"历史"不只诠释"血缘"，也诠释其政权与领土的合理性。可以说，在汉初，以黄帝记忆来界定与理解的"华夏"与"中国"其含义是相近的，都蕴含着血缘、政权与领域三者一体之隐喻。相应地，司马迁有关黄帝的"历史"书写，进一步定义与诠释了"华夏"概念。如果以"黄帝记忆"的扩张来思考"华夏化"问题，那么由战国末到司马迁的时代，知识精英们所关心的除了各封君家族外，似乎只是"华夏之域"或"华夏之国"而非"华夏之人"。也就是说，在吴、越、楚、秦等华夏边缘之地，黄帝血脉只及于各地统治家族。此祖源记忆中的政治权力与领域隐喻，强化或改变了各国统治家族原有的对"地"与"人"的政治威权，如此其"地"自然被涵括在华夏之域中，此域中之民最初并非透过"血脉"，而是通过受"教化"，逐渐由"蛮夷戎狄"而成为华夏。至于在华夏的核心地区，似乎在春秋战国时也非所有的民众皆有姓；至少在作为社会记忆的文献书写中，他们此时绝大多数是没有声音的人群，因此，也无由与黄帝牵上血缘关系。

显然，如此"黄帝记忆"中所界定的"华夏"或"中国"之人，与今日所言的"中国人"或"中华民族"，其间自然有相当距离，其距离主要是后者在两种"边缘"上的扩大：其一，在政治地理边缘上，今之"中国人"或"中华民族"比汉代"黄帝之裔"之范围更向外推移。其二，在华夏域内的社会边缘上，今之"中国人"或"中华民族"比汉代"黄帝之裔"之范围更向社会下层扩大。

而推动此两种边缘人群认同变化的主要途径，便是华夏边缘人群对黄帝的"攀附"。据《史记》记载，东周时期在华夏政治地理边缘的"蛮夷戎狄"诸国，其国君也自称是黄帝之裔。如春秋时偏居东南的吴国，按《史记·吴太伯世家》所载："吴太伯，太伯弟仲雍，皆周太王之子，而王季历之兄也……自太伯作吴，五世而武王克殷，封其后为二：其一虞，在中国；其一吴，在夷蛮。"故而，春秋末期的吴王自认为是姬姓之国。《史记·越王勾践世家》记载：越国国君为"禹之苗裔，而夏后帝少康之庶子也"。《史记·秦本纪》记载："秦之先，帝颛顼之苗裔孙……。舜赐姓嬴氏……子孙或在中国，或在夷狄。"如此说来，秦人算是黄帝后裔的姻亲，也曾辅佐黄帝的后裔。《史记·楚世家》记载：楚之先祖出自帝颛顼高阳："高阳者，黄帝之孙，昌意之子也。高阳生称，称生卷章，卷章生重黎……帝喾命曰祝融。……以其弟吴回为重黎后，复居火正，为祝融。吴回生陆终，陆终生子六人，坼剖而产焉。其长一曰昆吾；二曰参胡；三曰彭祖；四曰会人；五曰曹姓；六曰季连，芈姓，楚其后也……。季连生附沮，附沮生穴熊。其后中微，或在中国，或在蛮夷，弗能纪其世。"《史记·楚世家》中除了称魏之始祖毕公高的后代"或在中国，或在夷狄"之外，又说在魏绛为此族之君时，当时的晋公曾用他"和戎、翟"，戎、翟因此亲附于晋。这也显示魏与戎翟可能有较亲近的关系，等等。可见，在东周时期，就已经有华夏边缘族群直接或间接以攀附黄帝来成为华夏了。

司马迁在《史记》中通过承继并发扬一个以英雄圣王为起始的线性历史，以征服者黄帝的英雄征程来描述英雄祖先所居的疆域（空间），以英雄之血胤后裔来凝聚一个认同群体（华夏），这种"黄帝"社会记忆之流传，强化了华夏认同，故而被后世不断重述。到了唐宋时期，由于科举盛行所带来的社会流动，在中国社会各阶层中试图追溯一个荣耀祖先的观念和行为变得日渐流行。在这种风潮中，更多的士族直接或间接地成为黄帝世胄。《新唐书》中对于曾有子弟任官宰相之家族有简单的祖源介绍，其家族源始大多与黄帝直接或间接相关（也有一些则与炎帝相关）。譬如，《新唐书》中称，宰相侯君集之"侯氏"，出自姒姓，为夏后氏之裔（另一说是他们出自姬姓，在东周时"子孙适于他国"）；张氏，"出自姬姓。黄帝子少昊青阳氏第五子挥为弓正，始制弓矢，子孙赐姓张氏"；任姓，"出自黄帝少子禹阳，受封于任"；薛氏，"出自任姓。黄帝孙颛顼少子阳封于任，十二世孙奚仲为夏车正，禹封为薛侯"；傅氏，"出自姬姓，黄帝裔孙大由封于傅邑"；周氏，"出自姬姓。黄帝裔孙后稷"，后稷为周人始祖；吉氏，"出自姞姓。黄帝裔孙伯鯈封于南燕，赐姓曰姞"；祝氏，"出自姬姓。周武王克商，封黄帝之后于祝"；董氏，"出自姬姓，黄帝裔孙有飂叔安，生董父，舜赐姓董氏"（《新唐书·宰相世系表》）；等等。

唐代世家中的"炎帝子孙"亦不少：封氏，"出自姜姓，炎帝裔孙钜为黄帝师，胙土命氏，至夏后氏之世，封父列为诸侯，其地汴州封丘有封父亭，即封父所都"；宇文氏，"神农氏为黄帝所灭，子孙遁居北方。鲜卑俗呼'草'为'俟汾'，以神农有尝草之功，因自号俟汾氏。其后音讹，遂为宇文氏"（《新唐书·宰相世系表》）；等等。这些只是部分直接攀附黄帝（与炎帝）的例子。其他如以姬周之王子，或汉之刘姓宗室为祖源的家族，便间接成为黄帝之后了。可见，唐代士族攀附黄帝（及炎帝）的现象是相当普遍的。

与唐代许多谱系之书是由官修不同，宋代由于任官不再"稽其谱状"，家族系谱书写也便与官府脱了关系，而转入民间私家士人之手。在这些士人所撰写的私修家谱中，许多家族便与"黄帝后裔"直接或间接牵上了血缘关系。但大多数情况下，被攀附的不是"黄帝"，而是一个历史上的名人贵胄。至明代，各家族私家修谱之风大盛，官修《万姓统谱》序言中称："夫天下，家积也，谱可联家，则联天下为一家者，盍以天下之姓谱之。"这便明确显示出以统谱"联天下为一家"的企图。而此序言也将万姓一家之起始，归之于黄帝："考之《世谱》，曰五帝三王，无非出于黄帝之后。"（凌迪知：《万姓统谱·自序》）

如此始于黄帝之"姓氏书"，自然将当时绝大多数的中国家族纳入了黄帝家族之内。正如顾炎武指出："愚尝欲以经传诸书次之。首列黄帝之子，得姓者十二人。次则三代以上之得国受氏，而后人因以为姓者。次则战国以下之见于传记，而今人通谓之姓者。次则三国南北朝以下之见于史者。又次则代北复姓辽金元姓之见于史者。而无所考者，别为一帙……。此则若网之在纲，有条而不紊，而望族五音之纷纷者，皆无所用，岂非反本类族之一大事哉？"（顾炎武：《日知录·姓氏书》）这些"文献系谱"所彰显出的意义在于：在"中国"领域内，得以发声且被认知并能与"中华民族"血脉相连的"族群"，自战国以来由寡而众、由上层而下层逐渐浮现——愈来愈多的社会下层族群单位（家族）得以宣称自己的存在，其存在也被主流社会所认知。由于在历史过程中得姓及相关谱系记忆的家族愈来愈普遍，因而成为黄帝子孙的人群单位在华夏领域内也愈来愈多，且逐渐向社会中、下层扩张。至清末民国初年，在中国社会中、下阶层中，这样的人群单位便无所不在了。①

作为一种独特的文化现象，"攀附"的本质在于，希望借此获得某种身份、利益与保障。在这里，受品评的不是"品位"，而是"起源历史"。如此一来，便有了孰为核心或边缘，孰为主体或分支，孰为征服者或被征服者之后裔的区分。许多华夏家族便由此夸耀自身的优越祖源，并嘲弄或想象他者较低劣的祖源，这种文化心理正是攀附现象得以逐渐蔓延的深层根源。

值得注意的是，这一共同血统的神话，也为夷狄族群所认同。汉晋之末，中国衰微，近于边塞的"五胡"纷纷入居华北。在这些非汉部族中，其上层豪酋大多和汉人经常接触，故而难免在文化上受其影响。《史记·匈奴列传》记载："匈奴，其先祖夏后氏之苗裔也，曰淳维。"匈奴人刘渊据此认为，匈奴与汉本为一家，于是他认刘邦为太祖，所建国家曰汉国，并认为他所建立的汉国政权是"兄亡弟绍"，是继承汉王朝（《魏书·刘聪传》）。后魏的鲜卑部则直接将黄帝作为自己的族源："黄帝以土德王，北俗谓土为托，谓后为跋，故以为氏。"（《魏书·序纪》）鲜卑人慕容皝光建前燕，认为自己是有熊氏（黄帝）之苗裔（《晋书·慕容鬼载记》）。氐人苻洪建立前秦，认为自己是有扈氏（夏启族人）的后裔（《晋书·苻洪载记》）。匈奴人赫连勃勃建立夏政权，宣称自己是大禹之后（《晋书·赫连勃勃载记》）。鲜卑人拓跋珪建立北魏，宣称自己是黄帝的后裔（《魏书·序纪第一》）。鲜卑人宇文觉建立北周，说自己出自炎帝神农氏（《周书·帝纪第一》）。契丹人建辽国，自称为黄帝后裔（《辽史·世表序》），等等。明清时期，在西南地区的少数民族，如羌族、苗族、瑶族、土家、畲族、白族、壮族等，有些土司或大姓家族宣称其祖源为汉人，并借家谱之"姓氏源流"，从而直接或间接与炎、黄之血脉相通，等等。

总的来看，作为中国传统政治文化中的一个独特印记，"共同祖先"的构想尽管出于虚构，却消融了华夷之别，扩大了华夏族的血缘范围，并最终造就了"炎黄子孙"这一共同称谓。

———————

① 参见王明珂：《论攀附：近代炎黄子孙国族建构的古代基础》，载于《中央研究院历史语言研究所集刊》2002年第3期，第583~624页。

二、从羁縻之治到民族"大一统"

在中华多民族国家建构的实践中，由于"夏""夷"二元族群结构的长期存在，因而，无论主张"汉夷大防"还是"华夷一统"，历代中原王朝对于周边少数民族的治理，都脱离不开"羁縻"之意。"羁縻"一词，始见于《史记·司马相如列传》："盖闻天子之于夷狄也，其义羁縻勿绝而已。"唐人司马贞对此作了注释："羁，马络头也。縻，牛缰也。汉官仪'马云羁，牛云縻'。言制四夷如牛马之受羁縻也。"言下之意，中原王朝对边疆民族的控制，如同人牵牛马一样。这一比喻固然不能说不贴切，但尽显鄙薄、粗俗之意。《汉书·郊祀志》有言："方士之候神入海求蓬莱者终无验，公孙卿犹以大人之迹为解。天子犹羁縻不绝，冀遇其真。"唐朝的颜师古对此解释道："羁縻，系联之意。马络头曰羁也。牛靷曰縻。"这一解释体现了"羁縻"所蕴含的笼络之意。事实上，"羁縻"一词在具体使用中，显得更为宽泛、灵活，仅仅保持名义上的"朝贡"联系可称为"羁縻"，通过设置机构进行非直接或直接管理也可以称为"羁縻"。这种含混应用实际上取决于双方现实力量的对比：如果影响力不足，羁縻更意味着"笼络""怀柔"；如果影响力足够强大，则羁縻更接近于"控制""干预"。[1]

历史地看，秦汉的统一，实现了中国从"列国"到"天下"的转变，郡县制成为"大一统"王朝基本的管理方式，但族群差别依然存在。故此，秦朝在管理方式上也就有了郡县的直接统治和作为郡县体制补充的以"典客""典属国""道""外臣邦""臣邦"等为主构成的专门管理"四夷"的统治方式。不过，对于当时更为广阔的北方匈奴区域，秦始皇依然鞭长莫及，只能筑起万里长城以"界中国"（《汉书·西域》），所谓"天设山河，秦筑长城，所以别内外，异殊俗也"（《后汉书·鲜卑传》）。

西汉初年，匈奴势力更为强劲，骚扰不断。为此，汉朝统治者不得不通过"和亲"等手段，实现"南北分治"："长城以北，引弓之国，受令单于；长城以内，冠带之室，朕亦制之。"（《汉书·匈奴传上》）汉武帝时期，大大强化了以郡县为内核、边疆民族为藩属的"大一统"秩序，对于"四夷"，则本着"中国与夷狄有羁縻不绝之义"（《资治通鉴》卷二八，初元三年六月）的原则，视其情况分别采取不同的治理方式，比如，对西南地区监管设立了郡县，但具体管理还需要委任当地族群原有的"君长"等进行（这便是后世土司制度的源头）。然

---

[1] 参见王泉伟：《构想天下秩序：汉代中国的对外战略》，载于《外交评论（外交学院学报）》2016年第3期，第122页。

而，面对匈奴越发严重的侵扰，汉朝虽然先后尝试了和亲、征伐等不同战略，却依然不能纳入臣属秩序，便引用"不臣夷狄"（《白虎通·王者不臣》）原则。按照萧望之的解释："单于非正朔所加，故称敌国，宜待以不臣之礼，位在诸侯王上。外夷稽首称藩，中国让而不臣，此则羁縻之谊，谦亨之福也。"（《汉书·萧望之传》）这一解释默认了西汉王朝对"外夷"未能采取具体的控制，但在外交辞令上并没有放弃作为"天下共主"的宣称，从而在儒家的话语体系中也可以获得其意识形态的合法性。在这一解释框架下，羁縻战略不要求所有的已知世界都纳入中原王朝的统治，而是强调所有建立了正式外交关系的国家都是中国的藩属国，至于难以纳入藩属体系的，则采取"绝而不通"的原则。这一思路虽然在理论上使得天下主义的完美蓝图上打了折扣，但天子的体面则可以得到保全。对此，班固可谓一语洞穿："是故圣王禽兽畜之，不与约誓，不就攻伐；约之则费赂而见欺，攻之则劳师而招寇。其地不可耕而食也，其民不可臣而畜也，是以外而不内，疏而不戚，政教不及其人，正朔不加其国；来则惩而御之，去则备而守之。其慕义而贡献，则接之以礼让，羁縻不绝，使曲在彼，盖圣王制御蛮夷之常道也。"（《汉书·匈奴传下》）

可见，羁縻战略的实施前提是汉朝拥有足够强大的武力，可以有效地抵御任何侵袭。汉武帝兴师远征大宛，西域诸国见识了汉朝的强大武力之后，才开始真正尊重中国。西域都护府的设立，便直接将西域各国纳入了汉朝的统治之下。东汉之后，匈奴衰败，处于汉朝的羽翼之下，长期散居在北方边境。这一时期，匈奴才开始转而仰慕汉朝的文化，并主动加以学习。可见，天下秩序必须建立在强大的实力之上，这便是《盐铁论·险固》中所谓"君子为国，必有不可犯之难"之论。当国力强盛时，扩大天子支配的范围自然是天子德性的体现，符合意识形态的设想；当国力衰微时，适当的战略收缩也可以在"不臣夷狄"理论中找到合适的借口。总之，羁縻战略兼顾了意识形态与现实政治两个方面，为灵活应变留下了很大的空间，统治者可以根据自己的现实需要做出灵活的安排。

在羁縻战略的框架下，汉王朝的天下秩序被大体区分为四个层次：其一，直接统治区。这是天下秩序的中心，汉朝通过委任官吏进行郡县制的直接统治，它基本只适用于农业区域。其二，间接统治区。这一区域汉朝能够建立有效控制，但是无法建立直接统治。比如，西域都护府的设立，便属于此类情形。当时，汉朝在西域驻扎了少量军队，统治当地的 36 个藩属国。藩属国内政高度自主，但在军事与外交方面听从汉朝的指挥。这是典型的帝国支配关系。其三，羁縻区。适用于无法建立统治秩序但又拥有较大影响力的地区，如西汉后期的匈奴、乌孙等国，尽量使之保持友好。这等于在中国自己的防线之外，又建立起一片缓冲区域，减轻边境面临的直接压力，所谓"守中治边"或"守在四夷"。其四，绝域。如果双方根本没有接壤，或者隔着天然险阻导致无法互相进攻，也就没有必要耗费巨大的财富去经营彼此的外交关系，"绝而不通"便是最好的选择。如果绝域的国家前来朝贡，中国也会以礼相待，但不会去主动招徕。当然，如上天下秩序的各个层面也不是截然区分的，彼此之间没有太明确的界限。当帝国进一步扩张之后，原来的绝域也可能成为羁縻的对象。反向的转换也会存在，如东汉早期曾放弃对西域的间接统治，而改行羁縻，等等。

羁縻战略的构想为后世提供了一种思考天下战略的思维框架。隋唐重建"大一统"王朝后，及至"贞观、开元之盛，来朝者多也"（《旧唐书·南蛮西南蛮传》）。为了加强对边疆的治理，唐太宗以灭亡东突厥为契机，在边疆朝贡制度地区大规模设立羁縻府州，并将所有非直接统治的地区都称为"羁縻"（《新唐书·地理七下》）。宋代则将"羁縻"更明确地表达为"怀之以恩信，惊之以威武"（《册府元龟》卷73，《外臣部·助国讨伐门序》）的德威并施的方针，使周边"夷狄"与中原王朝始终"羁縻不绝"（《汉书·匈奴传下》）。不过，对于中原王朝而言，怀柔远人耗费巨大而效果有限，过度征伐又得不偿失。最终，帝国的统治者会发现，羁縻战略确实最符合自己的利益。比如，明太祖曾发布"不征"之令，将朝鲜、日本、安南等邻国列为"不征之国"，标志着中国正式放弃以武力将东亚纳入一体统治的努力。这一做法常被视为热衷和平的体现，但究其实，则是"得其地不足以供给，得其民不足以使令"[①]的一种无奈之举。

综观中原王朝邦交关系的发展，随着中央王朝力量的强大，以及与周边民族地区联系的加强，原先的大多数羁縻区（如北方、西北地区的一些游牧民族，南方、西南地区的一些少数民族等，姑且称之为"内藩"）的一个总的发展趋势是：治理方式的"一体化"和族群整合。自汉朝以来，"以厚德怀服四夷，举明义博示远方"（贾谊：《新书·匈奴》）成为历代安抚四夷的主要方针，即通过厚往薄来，建构起朝贡制度，以与"大一统"理想相和睦。[②] 对尚不能直接统治的周边少数民族地区，则"临事制宜，略依其俗"（《后汉书·西羌传》），任用土人土官，"以夷治夷"。唐朝的羁縻府州在使用"土官、土吏"的同时，"流官"的情况即已存在。而"异族"政权在继承中国王朝政治制度的同时，大都程度不同地保留了本民族的政治制度，形成多种制度并存的政治体系，如东晋十六国时代出现过的"胡汉分治"，契丹建国后的"以国制治契丹，以汉制待汉人"（《辽史·百官志》）的"两面官"制。元朝时，主要以"汉法"统治汉等各民族，并于西南地区实施土司制度，即以"土官治土民"："西南夷诸溪洞各置长官司，

---

① 朱元璋：《洪武御制全书》，黄山书社1995年版，第390页。
② 参见程妮娜：《从"天下"到"大一统"——边疆朝贡制度的理论依据与思想特征》，载于《社会科学战线》2016年第1期，第101页。

秩如下州。"(《元史·百官七》）明朝时期，在黄河、长江流域地区，设置郡县进行直接控制；在北方边疆设置军镇，实行军事化管理；在西南边疆遍设土司；在东北、西北的女真、蒙古、藏、维吾尔等民族中设置了"羁縻卫所"，以之镇守要地；而在朝鲜半岛、蒙古高原、西域、东南亚，则实行藩属制度，从而呈现出鲜明的地缘差序与区域分治特征。

不过，土官土司由于得到中央政府的认可与支持，而中央政府又因为鞭长莫及而难以对其实施有效的监管和约束，故而经常出现专权自威、恣意妄为、互相内讧、鱼肉人民乃至拥兵自重等弊端。故从明代起，开始"改土归流"，即裁撤一些土司官员，而以流官代之。到了清初，在西南边疆开始推行"改土归流"，基本实现了直接统治，而在其他边疆地区则实行土流并治或土官的流官化，逐渐向直接统治过渡。而自近代以来在西方列强入侵导致中国诸多藩属国陆续丧失的情况下，清王朝竭尽所能在边疆推行中央集权的行省体制，比如，在西南边疆增设道，这些除了具有内地道的职能外，还被赋予兼管海关事务、中外交涉和防卫边疆等权限；在川西藏区改土归流，进而在西藏进行改省设县的改革；在新疆改建行省，行政体制由军府制下的武官治疆转向与内地一致的文官制度，等等。

可以说，一部中国史，便是在"王者无外"的天下观念下，差序疆域格局内部不断整合转变为"均质疆域"，而不断向外延伸与扩展的历史。[1] 正是在一波一波的边疆内地化浪潮中，"夏""夷"之间差异逐渐缩小，中华文明多元一体的格局渐趋形成，正所谓"古之戎狄，今为中国"（《论衡·宣汉》）。

20世纪初，梁启超通过将"中华"与"民族"结合，首创"中华民族"概念。不过，梁启超对"中华民族"的界定，实际上只是指汉民族，"即普通俗称所谓汉族者"[2]。这种观念在当时具有一定的普遍性。例如，孙中山在革命之初也曾秉持这种观念，他在中国同盟会成立的誓词中，就沿用朱元璋讨伐元朝时的口号——"驱除鞑虏，恢复中华"。在这里，与被称为"鞑虏"的满清政权相对应，"中华"是指汉民族政权。随着辛亥革命后"中华民国"的建立，过多强调满汉矛盾，显然不利于中华民国之建设。于是，孙中山1912年元旦在《中华民国临时大总统宣言书》中首倡"五族共和"："国家之本，在于人民。合汉、满、蒙、回、藏诸地为一国，即合汉、满、蒙、回、藏为一人……是曰民族之统一。"[3] 即便如此，这种以"五族"指代"中华民族"的做法依然具有一定的局限性。直至第一次"国共合作"，孙中山的思想才开始发生转变："现在说五族

---

① 参见赵现海：《中国古代的"天下秩序"与"差序疆域"》，载于《江海学刊》2019年第3期，第171页。

② 梁启超：《饮冰室合集》第三册，中华书局1989年版，第4页。

③ 《孙中山全集》第2卷，中华书局1985年版，第2页。

共和，实在这五族的名词很不恰当。我国国内何止五族呢？我的意思，应该把我们中国所有各族融成一个中华民族。"①

在20世纪三四十年代的抗战烽火中，"中华民族"观念日渐得到普遍认同，而成为中国境内各民族的共同称谓，并成为当时全民抗战的重要精神支柱。1937年，中国共产党在《我们对于民族统一纲领的意见》中明确提出："凡是中华民国领土范围内的所有民族都是中华民族不可缺少的重要组成部分"，"中国有四万万五千万人口，组成中华民族。中华民族包括汉、满、蒙、回、藏、苗、瑶、番、黎、夷等几十个民族"。② 新中国成立之初，"我国是统一的多民族国家"更是被写入宪法。这一理念承接了"民族一统"的传统观念，但通过明确确立境内各民族的平等政治权利而摒弃了传统的"汉夷大防""羁縻之治""大汉族主义"。在实际管理中，人民政府还通过"民族识别"工作，正式确认了56个民族，并创建民族区域自治制度，此后更颁布《中华人民共和国民族区域自治法》，从而为促进民族团结、构建中华民族共同体奠定了坚实的制度基础和法治保障。

正是基于"统一的多民族国家"这一定位，1988年，费孝通提出著名的"多元一体"论："中华民族多元一体格局的形成过程。它的主流是由许许多多分散孤立存在的民族单位，经过接触、混杂、联结和融合，同时也有分裂和消亡，形成一个你来我去、我来你去，我中有你、你中有我，而又各具个性的多元统一体。"③ 在这里，"多元"是指中华民族统一体内部的民族多样、文化多元；"一体"则是指五十多个民族单元共同构成的、在同一国家政权之下的政治统一体。"多元一体"论在强调"一体"的同时承认"多元"，可以说是对中华民族呈现出的现实特征的一个恰切概括。故而，这一理论得到官方的认可。习近平总书记在2014年中央民族工作会议上对此在进行强调的同时，更进一步指明了二者之间的辩证统一关系："我们讲中华民族多元一体格局，一体包含多元，多元组成一体，一体离不开多元，多元也离不开一体，一体是主线和方向，多元是要素和动力，两者辩证统一。"④

问题在于，在当前复杂多变的国际和国内形势下，以统一多民族国家形态存在的中华民族多元一体格局，正面临着一系列内在和外在力量的冲击与压力。这主要表现在：在当今全球化、信息化时代，各个国家、地区在密切合作、互动、交流的同时，相互之间的竞争也日趋激烈，尤其在当下西方霸权主义重新抬头的

---

① 《孙中山全集》第1卷，中华书局1985年版，第394页。
② 白静沅主编：《民族问题文献汇编》，中共中央党校出版社1991年版，第807~808页。
③ 费孝通：《中华民族多元一体格局》，中央民族大学出版社2008年版，第1页。
④ 《中央民族工作会议暨国务院第六次全国民族团结进步表彰大会在北京举行》，载于《人民日报》2014年9月30日。

情势下，各个民族国家要维护生存和发展，要想在国际竞争中立于不败之地，需要竭力整合国家资源和族群力量。面对当下激烈的以中美博弈为核心的国际竞争局势，中华民族所面临的形势尤其严峻。要想在这一场新一轮的国际竞争中获胜，中华民族必须将自身凝聚为一个强有力的有机整体。然而，从现实来看，中华各民族的凝聚程度尽管在长期的交往交流交融过程中已大幅度提升，但内在的凝聚力并不充分。长期以来，"中华民族的'多元'讲得多、讲得实，推进得卓有成效，中华民族的'一体'讲得少、讲得虚，缺乏推动的力量"，"'合'的因素和力量明显弱于'分'的因素和力量"[1]。与此同时，全球化的态势也"为地方自治和新型地方主义创造了需求"[2]，使得"国家在权力体系中的中心地位受到一定程度的动摇"[3]。此外，国内不断推进的城市化和市场化进程，在促使人口、资源流动及配置方式转型的同时，也使得族际格局突破了"大杂居、小聚居"的传统模式。这在加强族际交流的同时，也不可避免会带来一些负面因素，如地方民族主义、宗教势力的滋生，等等。

在这种情势下，为维系多元与一体之间的平衡关系，以中华民族共同体的名义巩固一体性和增强共同性，便成为当下一种必然的选择。以习近平同志为核心的党中央充分认识到，在竞争日趋激烈的全球化时代，中华民族要融入世界、实现民族复兴的伟大梦想，唯有切实强化共同体意识，凝心聚力，共赴时艰。为此，中国共产党在 2014 年 9 月召开的民族工作会议上正式提出"中华民族共同体"的理念，并将此作为民族工作和加强民族团结的大政方针。在 2021 年 8 月 27 日至 28 日召开的中央民族工作会议上，习近平总书记再次强调："必须从中华民族伟大复兴战略高度把握新时代党的民族工作的历史方位，以实现中华民族伟大复兴为出发点和落脚点，统筹谋划和推进新时代党的民族工作。"[4]

对于"中华民族共同体"与"中华民族多元一体格局"这两种理论之间的关系，学界有不同的认识和理解，有诸如"深化论""侧重论""超越论"之说。[5]

---

① 周平：《中华民族：中华现代国家的基石》，载于《政治学研究》2015 年第 4 期，第 27 页。

② ［英］安东尼·吉登斯：《全球时代的民族国家》，郭忠华、何莉君译，载于《中山大学学报》（社会科学版）2008 年第 1 期，第 4 页。

③ 俞可平等：《全球化与国家主权》，社会科学文献出版社 2004 年版，第 40 页。

④ 习近平：《以筑牢中华民族共同体意识为主线，推动新时代党的民族工作高质量发展》，载于《人民日报》2021 年 8 月 29 日。

⑤ "深化论"认为，铸牢中华民族共同体意识"是新的历史条件下'中华民族多元一体格局'理论在民族工作实践中的进一步深化"（朱维群《如何铸牢中华民族共同体意识》，载于《环球时报》2018 年 5 月 3 日）；"侧重论"认为，中华民族共同体在文化和族群意义上是多元的，但在政治上是一体的，应侧重和加强"一体"的建构（关凯《建构中华民族共同体：一种新的文化政治理论》，载于《中央社会主义学院学报》2017 年第 5 期）；"超越论"认为，应在中华民族多元一体格局的基础上，"强化中华民族整体利益和共同利益"（王延中《铸牢中华民族共同体意识建设中华民族共同体》，载于《民族研究》2018 年第 1 期）。

这些理解尽管略有差异，但有一点则是明确的，即"中华民族共同体"并不否认"中华民族多元一体"这一现实格局，而意在强调"共同体"这一属性。"共同体"一词的使用，凸显出一个组织的整体性和有机性，"持久的和真正的共同生活"，"一种生机勃勃的有机体"。① 正如习近平总书记所期望的："坚持共同团结奋斗、共同繁荣发展，促进各民族像石榴籽一样紧紧拥抱在一起，推动中华民族走向包容性更强、凝聚力更大的命运共同体。"② 因此，从对"多元一体"的现实描绘，到对"中华民族共同体"的强烈呼吁，并不是一种简单的概念游戏，而意味着一个明显的认知和内涵转变，凸显了中华民族是一种"同呼吸、共命运"的有机整体，是对"多元一体"论的理论升华和民族理论的又一次重要创新。

现代的民族国家本身就是一个文化与政治的结合，既是历史文化共同体，也是在此基础上形成的国家共同体。③ 历史地看，中华境内各民族经过数千年交流交融交往，以及血与火的洗礼，"共同体"已然成为一种现实存在。这一共同体蕴含着各民族共同开拓的疆域、共同书写的历史、共同创造的文化精神等，进而形成一种休戚相关、荣辱与共的共同体——这构成了中华民族共同体的历史基础。而这一共同体存在的前提，是作为政治主权国家的独立存在。中华人民共和国的成立，标志着中华民族赢得了民族解放和民族独立，为中华民族共同体奠定了政治基础。在中华民族共同体这一大家庭中，随着中央政权统一领导下的民族区域自治制度的确立，各族人民在历史上第一次真正获得了平等的政治权利，结束了旧中国民族压迫、纷争的痛苦历史，开辟出各民族平等、团结、互助、和谐的新局面。这自然就终结了以册封和朝贡为内核的不平等的邦交关系及其"羁縻"之治，也避免了历史上中原王朝与"异族"政权之间的所谓"正统"与"非正统"之争。然而，作为政治统一体的事实，并不意味着这就是一个同质的、均衡的整体。事实上，这一共同体内"多元"民族的存在，各自在历史、地域和文化传统等方面的差异，经济、文化发展上的不平衡，甚至在局部地区还存在一定的矛盾与冲突，等等，这一切都使得民族整体力量的发挥受到一定程度的限制，也使得在制度层面以及管理方式上还不能做到整齐划一的"一体化治理"。因此，增进各民族的共同性，加强团结协作，走向共同性更强、一体化程度更高的共同体，便成为当下中华民族共同体建设的一项

---

① ［德］斐迪南·滕尼斯：《共同体与社会：纯粹社会学的基本概念》，林荣远译，商务印书馆1999年版，第54页。

② 习近平：《以筑牢中华民族共同体意识为主线，推动新时代党的民族工作高质量发展》，载于《人民日报》2021年8月29日。

③ 许纪霖：《现代中国的民族国家认同》，载于《世界经济与政治论坛》2005年第6期，第92页。

重要任务和历史使命。

其一，增进共同体的自觉意识和共同价值诉求。

历史地看，中华民族共同体的形成是一个自然的演化过程。这并非像以往一样简单通过"共同始祖"的血缘臆想所能造就的，而需要经过政治、经济、文化以及情感上的历史沉淀，进而形成一种集体身份的"共识"。从这种意义上讲，中华民族共同体的形成，是各种主客观力量相互作用的一个建构过程。换言之，来自各族人民对团结统一的自主认同，构成了增强中华民族共同体意识的基本动因。在这一进程中，取得价值共识尤其重要。因此，在保持民族文化特色的基础上，以社会主义的核心价值观凝聚人心，持续肃清民族分裂、宗教极端思想流毒，增进各民族的共同价值诉求，便成为当下民族工作的迫切任务和努力方向。而从根本上讲，要取得价值共识，弘扬和维护人民的"主体性"意识尤为关键。人民作为实践的主体，不仅是历史的创造者，更是推动社会变革和进步的决定性力量。社会主义建设要获得持续的卓越，就要坚持"一切要依靠人民"，尊重人民首创精神，不断调动人民群众的积极性、主动性、创造性，实现"全民共建"。当然，民众并非只是实现国家富强的工具，国家的富强更应以实现民众的权益与幸福生活为前提。为此，我们应始终把人民群众的利益作为出发点和归宿，实现"以人民为中心"的"共享发展"。在社会主义民主制度下，公民权利作为政治的终极目的，既是人的基本价值追求，也是社会文明演化进程所不可缺少的力量，国家的一切活动都必须以保障和实现人民权利为根本出发点和立足点。只有切实保障各民族当家作主的权利，增进幸福感和归属感，才能从更深层次上树立各民族对国家的认同，抵御全球化对民族国家神圣性的消解和境外敌对势力宗教的渗透，才能更有效地促使各族人民在社会实践过程中自觉认同于"中华民族共同体"，团结一心，众志成城，形成合力。因此，坚持各民族一律平等，剔除大汉族主义和狭隘的地方民族主义，并充分保证各民族"共同当家作主"，参与国家事务管理，保障各族群众的合法权益。这是实现民族大团结的"题中之义"和基本前提。

其二，实现均衡发展，增进"共同繁荣"。

中华各民族发展在历史进程中，由于历史文化、自然条件、地缘位置等诸多因素的影响，主体民族与少数民族经济发展的非均衡性、二元结构特征比较明显。中华人民共和国成立之后尤其是改革开放以来，实施了一系列针对民族地区的扶助开发规划，包括西部大开发战略、沿边开放规划、兴边富民工程、对口援助计划等。这些虽然极大推动了民族地区的发展，但是，民族二元结构的格局依然没有得到深度矫正。习近平总书记将此概括为五个"并存"："改革开放和社会主义市场经济带来的机遇和挑战并存，民族地区经济加快发展和发展低水平并存，国家对民族地区支持力度持续加大和民族地区基本公共服务能力建设仍然薄弱并存，各民族交往交流交融趋势增强和涉及民族因素的矛盾纠纷上升并存，反对民族分裂、宗教极端、暴力恐怖斗争成效显著和局部地区暴力恐怖活动活跃多发并存。"① 为此，加快实现经济发展上的基本平衡和共同发展，打造各民族相互依存、荣辱与共、休戚相关的经济利益共同体，便成为民族工作的迫切任务。在这一进程中，我们要正确认识和处理好增进共同性与包容差异性二者之间的辩证关系：一方面，要充分保障和实现各民族的具体利益，增进各民族的交往、交流与交融，推动民族地区加快现代化建设步伐，最终促使各民族走向"共同繁荣"；另一方面，更为重要的是，要引导各民族始终把中华民族利益放在首位，做到本民族意识服从和服务于中华民族共同体意识，坚决维护国家主权和国家安全、自觉维护祖国统一。这是建构中华民族共同体的基本宗旨。

其三，完善民族治理模式，提升民族事务治理的现代化水平。

中华民族作为国族的整体性和各民族多元共存的现状，是当前历史阶段必须正视和接受的基本事实。为此，我们应实现民族区域自治和中央统筹的有机结合，即在中央统一领导下、在遵守国家法律和执行国家大政方针的前提下，实现民族地区内部事务的自决、自治。在此基础上，逐渐走向"一体化治理"，这是建设中华民族共同体建设的必由之路。在当下民族治理模式中，存在如下几种状况亟需得到改进：首先，中国共产党在新中国成立之初曾参照历史上中原王朝的"民族精英绥靖"模式，即通过把民族精英分子吸纳到主流政治生活，通过精英的率先垂范，实施民族事务的治理。这一模式在一段时间内曾经也很有效。然而，随着当下民族社会分化与社会分层，这种模式已经不足以满足民族个体性的利益期待和民族权利集体性诉求的真实表达。因此，当前民族事务治理模式应更注重民族事务治理的民意基础，向多元共治型转化，以真正体现"人民当家作主"和"协商民主"的治理精神。其次，长期所实施的"民族关爱的情感型治理模式"，虽然曾从深层次上推动了少数民族的政治认同，但也出现一定程度的偏离和缺憾，一些地方政府混淆了民族问题与社会问题、民族问题与法治问题的边界，导致民族情感对法治精神的遮蔽。因此，当前民族事务治理应更加凸显良法、善治的意义，更加强调以法治保障民族团结。此外，当下对于民族地区的涉民族宗教的群体性事件，地方政府往往实施"应急式"的危机治理，要么强力寻求局面之掌控，要么无原则息事宁人，而忽视了从根源上化解民族利益紧张和关系紧张，导致"越维稳，越不稳"的治理怪圈。因此，当前民族事务的治理应实

① 《中央民族工作会议暨国务院第六次全国民族团结进步表彰大会在北京举行》，载于《人民日报》2014 年 9 月 30 日。

现从"应急性"治理到"前瞻性"治理的转向，从源头上切断风险滋生和蔓延的可能性，[1] 等等。

其四，积极打造"幸福家园"的生活共同体。

从社会生活层面看，对于中华民族共同体的认同，体现在各族人民日常的共同生活实践中。正如习近平总书记 2019 年 9 月 27 日在全国民族团结进步表彰大会上的讲话中指出的："各民族之所以团结融合，多元之所以聚为一体，源自各民族文化上的兼收并蓄、经济上的相互依存、情感上的相互亲近，源自中华民族追求团结统一的内生动力。正因为如此，中华文明才具有无与伦比的包容性和吸纳力，才可久可大、根深叶茂。"[2] 从现实来看，自改革开放以来，各民族进入跨区域大流动的活跃期，这意味着一种生存空间位移和生活境遇改换，使得大杂居、小聚居、交错杂居的生活格局更为凸显。然而，在这一过程中，由于户籍制度的掣肘、国语交流的障碍以及宗教习俗等因素，使得一些少数民族普遍遭遇到了一种明显的社会排斥，出现了生存边缘化和异域融入的难题。对此，民族工作应逐步拆除户籍制度等制度藩篱，消除文化隔阂和心理戒备，以更加包容的心态，实现对民族流动人口"以人为本"的管理。这需要不断推进公共服务均等化，注重多元公共文化服务的建设，建构一种相互尊重、彼此包容的文化氛围和和谐幸福的生活家园，[3] 从而为中华民族共同体的建构打造出一个坚实的社会基础。

显然，要消除中华各民族单位的差异、不平衡、矛盾，增进"共同性"和"一体化"，还需要一个长期的历史过程。实践证明，只有坚持中国共产党的领导，才能实现中华民族的大团结，才能实现各民族的凝聚、发展和繁荣。这是由党的性质和宗旨决定的。无产阶级政党所领导的"无产阶级的运动是绝大多数人的、为绝大多数人谋利益的独立的运动"，[4] 它比历史上其他任何政党都要接近人民主权的真谛。为此，我们要始终坚持党的领导，不断增强各族群众对伟大祖国、中华民族、中华文化、中国共产党和中国特色社会主义的认同，大力推进中华民族共有精神家园的建设，促使各民族人心归聚、精神相依。这是实现中华民族共同体的根本保证。

① 参见朱碧波、王砚蒙：《论中国边疆治理的体系转型与能力重构》，载于《湖南师范大学社会科学学报》2014 年第 6 期，第 33～34 页。
② 《习近平谈治国理政》第三卷，人民出版社 2020 年版，第 299 页。
③ 张会龙：《论我国民族互嵌格局的历史流变与当代建构》，载于《思想战线》2015 年第 6 期，第 19 页。
④ 《马克思恩格斯选集》第 1 卷，人民出版社 2012 年版，第 411 页。

传统中国之治的历史与逻辑

第三节　天下主义的当代重塑

　　中国传统天下主义的观念构造，经过长时期的凝练和提粹，逐渐成为"大一统"秩序处理外部关系的基本原则和方针。然而，随着近代以来资本主义和西方文明的强势推进，国家主权意识和平等外交观念日渐渗透，传统天下观念最终实现了从传统向现代的转型。经过一个多世纪的复杂演绎，当人们终于也认识到了西方文明所蕴藏着的自私自利的资本逻辑及其强权政治给发展中国家乃至全人类带来了巨大的负面效应之时，也就有了今日中国对建构"人类命运共同体"的强烈呼吁。

一、"天下主义"的式微

　　在中国传统天下主义的观念构造和羁縻之治下，在"内藩"地区逐渐走向治理一体化和实现民族融合的同时，在部分羁縻区（如西域的一些地区、安南、朝鲜、日本等，姑且称之为"外藩"），则逐渐发展为宗藩体制。

　　历史地看，汉朝初年，封建宗藩与郡县并存，故汉初之藩属，实为内藩（方国）和外藩（北方游牧民族和东夷南蛮以及西域、朝鲜、日本等）并存。汉景帝平定七国之乱后，内藩、方国逐渐消失。汉武帝北击匈奴、南征南越、东击朝鲜、荡平西南夷，建立起以汉朝为中心，周边的西域、匈奴、朝鲜、日本等藩属接受汉王朝的册封，并向汉王朝朝贡。不过，两汉时期的周边藩属并不具有宗藩体制的制度性规范，即并非向中国王朝称臣的臣属关系。

　　魏晋南北朝时期，由于匈奴、鲜卑、羯、氐、羌等北方游牧民族南下，以汉族为中心的中原王朝被迫南迁。北魏和南朝宋、齐、梁、陈等政权，皆以华夏文化的正统自居，并继续维系以南北朝政权为中心的宗藩体制，但是，由于儒家的"大一统"王朝已经荡然无存，周边藩属如高句丽、新罗、百济等几乎同时向南、北朝政权朝贡，并接受册封，从而形成东亚史上的多元朝贡关系。

　　以"大一统"为基础、以华夏文明为中心的宗藩体制的全面确立，是从隋唐时期开始的。隋炀帝时期，打通丝绸之路，重新经略西域。西域诸国以及东突厥可汗开始向隋朝朝贡称臣；隋朝为了西北安全，亦置四方馆负责管理朝贡事务。大唐帝国崛起后，声教远被，威加海内。据统计，盛唐时期，与中国建立朝贡关系者多达"七十余番"①。唐太宗作为天下华夷共主，被尊称为"天可汗"（《新唐书·地理志》）。此外，唐朝还在西南、西北诸番设置羁縻府州，实行"以夷制夷"政策，既保障唐朝边境安全，又维护和协调周边朝贡国的安全。不论是羁縻府州，还是海外藩属，唐朝均采用恩威并济的抚御方略，以维护周边安全，实现"天子守在四夷"的目标。当然，对于虽向唐朝称臣但不接受唐朝正朔、历法的海外蛮夷诸国，唐朝仅以藩属国视之，双方关系只是单纯的朝贡关系，而不具有政治上的臣属意义。

宋辽金元时期，东亚宗藩体制及其安全结构发生了重要变化。随着宋朝丧失东亚国际安全秩序的主导权，宋朝与辽金蒙古以及西域、大理、高丽、日本等政权成为对等的国家间关系。《宋史》也因此开启了《外国传》编撰的先河。辽金元先后崛起为东亚国际秩序的战略中心，并与高丽、安南、西亚等周边国家建立宗藩体制，从而先后形成以辽、金、元为中心的东亚国际安全结构。

明清时期，以华夏文化为中心的宗藩体制重新得以恢复和确立，但周边国家中与中国保留宗藩关系的臣属国只有朝鲜、安南和琉球三国。虽有大量朝贡国向明清王朝朝贡，亦接受明清皇帝的封号，但其中的大多数与中国王朝的关系并不具有政治臣属的性质，而仅限于朝贡贸易的经济往来。

可以说，这种宗藩体系"既顾全了'大一统'的政治理念，又照顾到中国无法将东亚纳入一体统治的政治实际，使中国人在理想与现实之间找到一个切合点。同时，面对中国实力的威慑和朝贡贸易的利益；以及在儒家文化基础上形成的心理认同，名义上的从属关系对东亚各国来说也是容易接受的"②。然而，在天下主义的框架下，中原王朝难以与"夷狄"确立起平等的交往意识。而儒者也常常会被意识形态的冲动所蒙蔽，无视双方真正的实力对比，往往从"仁者无敌"等道德角度出发，盲目地贬低对方的力量，强调自身的优势，极力反对建立与维持平等关系。不过，不可否认的是，元朝通过武力征服除日本之外的东亚所有地区这一事实本身，不仅很难看成是传统"华夷观"的实现，甚至可以看成是以"中国"为主导将"四海"纳入一体的传统政治理想的破灭。因此，不难理解，为了维护天下体系的荣耀，朱元璋即位之初，就迫不及待地遣使西域及日本、朝鲜诸国，"劝谕招徕"。永乐年间，陈诚三使中亚，郑和六下西洋，目的都是"宣教化于海外诸蕃国"（《明成祖御制南京弘仁普济天妃宫碑》）。

清代初叶，随着世界范围内资本主义和西方文明的强势推进，国家主权意识和平等外交观念的日渐渗透，中国人的对外观念开始表现出由传统的王朝国家向

---

① 转引自李云泉：《朝贡制度史论——中国古代对外关系体制研究》，新华出版社 2004 年版，第36 页。

② 杨军：《中国与古代东亚国际体系》，载于《吉林大学社会科学学报》2004 年第 2 期，第 38 页。

近现代主权国家转化的迹象。从康熙到雍正时期，清政府与沙俄先后签订《尼布楚条约》《布连斯奇界约》《恰克图界约》《阿巴哈依界约》，意味着对对方平等主体资格的认定。即便如此，华夷之别的观念依然根深蒂固。例如，乾隆在答复英国公使的通商要求时，声称"天朝物产丰富，无所不有，原不藉外夷之物以通有无"，允许他们前来"懋迁有无"就是一种恩惠（《仁宗睿皇帝实录》卷二〇二）。这种"天朝想象"最终在近代西方列强"坚船利炮"的震撼中梦醒影碎。自鸦片战争以来，在资本主义的强势侵凌之下，清王朝在议界谈判中丧失了大量疆土，使得"理所当然"的华夷秩序无法持续。然而，"泱泱大国"的自满情怀在举国上下依然颇为流行。清王朝将传统的"夷"的帽子便扣在西方入侵者的头上，将所有外国视为藩服，而"聊为羁縻外夷之术"[1]，依然以羁縻之道维护华夏上国的尊严。

第二次鸦片战争之后，中国主权进一步丧失，在中外实力极其悬殊的情况下，清政府只能"按照条约，不使稍有侵越，外敦信睦，而隐示羁縻"[2]。经过这一痛苦的观念转换过程，天朝君臣也终于认识到：中国只是世界许多国家之中的一个，而且必须遵守新的规则（即使有些规则并不合理），并开始认同西方国家的平等地位，"不绳以礼法，不待以藩属"[3]。在此基础上，关于国际法及条约性质，清政府亦有了初步的了解和认识，并开始运用公法处理中外交涉事件，分析不平等条约对中国的损害。此后，"清政府更加重视运用国际法限制条约特权，尤其是对领事裁判权、协定关税、最惠国待遇、传教特权等危害较大的特权，在新订条约中予以取消或限制"[4]。对西方国家而言，这意味着最终使清政府遵从"独立平等的国家之间已确立的惯例"，基本完成了交往体制的"以夷变夏"。

随着宗藩体系的崩溃，主权国家的平等外交观念也得以进一步扩展。根据《马关条约》，清政府承诺放弃对朝鲜的宗主国地位。随后，清政府通过加入国际公约，逐渐以自主的姿态融入国际社会。光绪二十年（1894年），清政府有保留地加入《国际海关税则出版联盟公约》，积极融入国际社会，并更加重视"考究"和利用条约和国际法来维护国家利益。尽管羁縻意识并未彻底抛弃，拒外、畏外和媚外心理并存，但中国外交已出现了新的趋向："中国与各属国之间的关系不再是不平等的朝贡关系，而是主权国家之间的平等关系，朝贡体系最终走向

---

① 齐思和：《筹办夷务始末·道光朝》第4册，中华书局1964年版，第2054～2055页。
② 贾桢：《筹办夷务始末·咸丰朝》第8册，中华书局1979年版，第2674～2675页。
③ 李家骧：《曾国藩全集·书信九》，岳麓书社1994年版，第6462页。
④ 李育民、熊剑峰：《从羁縻之道到条约外交》，载于《湖南师范大学社会科学学报》2012年第1期，第101页。

了末日。"① 梁启超指出,天下一统的观念虽然是崇高的道德,但并不切合中国的实际,在当下,国家才是忠诚的最高点。梁启超认为,中国人最大的问题是中国人没有国家意识,在竞争的世界中,国家是促使文明进步的最高的团体。② 这种由天下观念向"国家"意识的转变,是近代中国人对于世界秩序认识的重大转变。③

从世界范围来看,自《威斯特伐利亚和约》确立了"在国家之上不再有任何更高权威"的主权观念,标志着国际政治、国际关系进入现代政治状态。自新航路开辟和"地理大发现"以来,各个民族与国家之间逐渐从孤立封闭状态走向日益频繁的经济文化交流,资本的扩张本性促使欧洲强国走向海外殖民扩张的道路,并在两次工业革命的助力下,西方文明一跃成为世界文明的主宰者。这也意味着资本主义世界体系的初步形成,由此产生出"西方优越论",即认为西方的历史具有了世界历史意义,西方文明高于、优于其他文明,因而世界文明就是西方文明的世界化,非西方国家和地区所取得的发展和进步都是西方文明扩散的结果,等等。

第二次世界大战之后,随着殖民体系的解体,以民族国家为主体的国际秩序得以形成。然而,在这一进程中,伴随资本主义工业文明的发展和世界市场的扩张,在发达国家和发展中国家之间造成了巨大的不平等。即便在当今全球化时代,这种长期由少数发达国家主导的不公正的国际格局依然得以延续,发达国家通过牢牢占据和控制着全球生产价值链的高端,进而造成全球发展的不平衡。其结果,正如阿玛蒂亚·森(Amartya Sen)指出的,资本主义主导的全球化更关注扩展市场关系领域,使经济、技术在短期内获得了巨大成效,却没有与之匹配的公平的利益分配制度,导致人与人、群体与群体、国家与国家之间的贫富差距愈加严重。④ 不仅如此,利润至上的资本逻辑和无情牺牲弱者的权力争夺,不但不能保证所有国家尤其是最不发达国家获得发展的机会,同时也不能保证所有参与经济全球化的群体获得同等受益的机会。而近年来发达国家民粹主义、贸易保护主义的重新抬头,使得全球性发展矛盾更加突出。这诸多矛盾与冲突不仅使得全球化进程充满诸多不确定性和不稳定性,且引发了一系列全球性问题,诸如资源枯竭、环境污染、气候变暖等生态问题,传染性疾病蔓延、激素滥用、毒品泛

---

① 程尼娜:《羁縻与外交:中国古代王朝内外两种朝贡体系——以古代东北亚地区为中心》,载于《史学集刊》2014年第4期,第27页。

② 梁启超:《饮冰室专集》之四,中华书局1989年版,第17页。

③ 参见干春松:《王道与天下国家——从儒家王道政治重思天下国家观念》,载于《战略与管理》2009年第3/4期合编本。

④ 参见[印]阿玛蒂亚·森、[阿]贝纳多·科利克斯伯格:《以人为本——全球化世界的发展伦理学》,马春文等译,长春出版社2012年版,第3~12页。

滥等人类健康问题，网络安全、科技安全、大规模杀伤性武器及其技术扩散、恐怖主义，等等。

显然，对于这些全球性问题，任何一个国家都不能置身事外。毕竟，全人类存在着许多超越国家界限的利益和目标，且需要通力合作才能解决问题。故此，人们开始反思基于国家和主权原则来解决全人类问题的局限性，而开始思考一种新的共同应对全球风险、保障人类整体安全、实现各国和平与发展的治理体系和秩序建构。"共同体"概念和相关理论的提出，正是当下全球现代性问题频发和危机加剧的时代境况的积极反应。共同体一词最早可溯源至古希腊亚里士多德所提出的"政治共同体"或者"城邦共同体"。在亚里士多德看来，"人是天生的政治动物"，人的自然本性决定了人必然要过城邦生活，并进一步阐明了社会团体建立的宗旨，即"为了完成某些善业"，"而政治上的善即是公正，也就是全体公民的共同利益"。① 在 19 世纪，费迪南·滕尼斯（Ferdinand Tönnies）认为，"共同体"是基于自然意志（如情感、习惯、记忆）而形成的一种社会有机体，"是一种持久的和真正的共同生活"和"一种原始或者天然状态的人的意志的完善的统一体"。② 20 世纪 80 年代以后，随着反对新自由主义思潮的盛行，在西方出现了共同体主义、社群主义和世界主义的分疏，共同体的概念逐渐演变为解决这些问题的一个基本框架。

纵观当今世界格局，尽管主权国家之间的交往日益密切，但是，国际社会并没有一个强权的世界政府来有效维护共同利益。因此，全球公共生活的有效实现，就取决于各民族国家的公共精神、公共意识和公共需求，并按照类似于社会契约论的逻辑理路满足全球层面的合作需求。然而，在国家理性和民族主义的影响下，各国间的关系并未随着共同利益的扩大而趋向于整体性的合作共赢，反而显现出更多的排他性和竞争性。"在当下，虽然国际组织机构日益增多，但由于这些组织机构间职能交叉重叠、目标模糊不清，对解决全球性问题没有明确的职责分工而起不到有效作用。尽管各国也建立了各种形式的双边或多边的合作体系，结果却是以国家集团间的竞争取代了各国间的竞争，这种不稳定的合作体系不仅作用日渐式微，而且造成了更多的全球性问题。"③

惟其如此，才有了 20 世纪 90 年代初的"全球治理"运动的兴起。联合国支持成立"全球治理委员会"，并发表《我们天涯成比邻》报告指出："全球性问题的解决，应成为一个由政府、政府间组织、非政府组织、跨国公司等共同参与

---

① ［古希腊］亚里士多德：《政治学》，吴寿彭译，商务印书馆 1997 年，第 3、第 4 页。
② ［德］费迪南·滕尼斯：《共同体与社会》，林荣远译，商务印书馆 1999 年版，第 3 页。
③ 洪波、赵宬斐：《全球现代性的反思与人类命运共同体的出场》，载于《浙江社会科学》2018 年第 6 期，第 32 页。

和互动的过程，这一过程的重要途径是强化国际规范和国际机制，以形成一个具有机制约束力和道德规范力的、能够解决全球问题的全球机制。"① 自此，国际上各种协调磋商机制非常活跃。然而，问题在于：其一，全球治理应当是多元主体共同参与，但是，当下由发达国家主导下建立的现行治理体系，更加固化了"中心—外围"结构，而无法满足大多数发展中国家的利益诉求。其二，随着国际权力结构的深刻变化，公民社会组织、公民赋权与网络的迅速发展，各主权国家、公民社会和国际组织利益取向、价值理念的多元化，也使得全球治理在基本理念、治理议题、政策选择等方面达成共识的难度日渐加大。其三，当今支撑全球治理制度规则背后的理念，依然是启蒙时代的二元对立思维模式和工具理性，正是这些思维模式和体制安排，造成了当今日趋严重的全球性问题，等等。

二、走向"人类命运共同体"

面对当今各种全球性人类危机的层出不穷的局面和全球治理面临的困境，以习近平同志为主要代表的中国共产党人在充分借鉴中国古老智慧的基础上，基于世界各国利益共生、命运与共的现实境遇，为促进中国对外关系和全人类共同发展，进而提出构建"人类命运共同体"这一"中国方案"。

从中国政府 2011 年《中国的和平发展》白皮书提出要以"命运共同体"的新视角寻求人类共同利益和共同价值的新内涵之日起，"人类命运共同体"理念经过不断完善，如今已基本构筑起"人类命运共同体"的思想体系："平等相待、互商互谅的伙伴关系，公道正义、共建共享的安全格局，开放创新、包容互惠的发展前景，和而不同、兼收并蓄的文明交流，以及尊崇自然、绿色发展的生态体系。"② 概括而言，这一新型天下观的主要内涵有：其一，确立了"全人类面临的共同问题需共同面对"的基本原则，即"世界的前途和命运应该由各国共同掌握，国际规则应该由各国共同书写，全球事务应该由各国共同治理，发展成果应该由各国共同分享"。其二，确立了"引领全球现代性向着增进人类共同利益和人类永续发展的方向推进"的发展目标。其三，提出了具体的实现途径和方式：主权平等，相互尊重，化解对抗，通力合作；克服国家行为在国家间关系上的过度自利性，坚持"并育而不相害"的多样化的现代化模式，强调发展中国家与发达国家获得共同发展；坚持文化发展的多样性；坚持"绿色发展"，保护好

---

① 参见《和谐世界：中国的国际秩序和全球治理观》，http://www.china-europa-forum.net/bdfdoc-1012_zh.html.

② 习近平：《携手构建合作共赢新伙伴 同心打造人类命运共同体——在第七十届联合国大会一般性辩论时的讲话》，载于《人民日报》2015 年 9 月 29 日。

人类赖以生存的地球家园：发展以合作共赢为核心的新型国际关系、坚持国际关系民主化、树立正确的义利观、通过对话协商以和平方式解决国家间的分歧和争端，等等。

"人类命运共同体"理念的价值在于：其一，这一新型理念充分吸收了传统天下观的优秀思想成分，通过"推己及人"的方式来理解文化的多元性。正如习近平所指出的："中华民族历来讲求'天下一家'，主张民胞物与、协和万邦、天下大同，憧憬'大道之行，天下为公'的美好世界。"① 同时，这一理念也超越了传统天下观狭隘的华夏中心主义和不平等的朝贡体系，以及"不臣夷狄"的排斥性观念。其二，这一理念通过呼吁主权平等，建立伙伴关系，推动经济全球化朝着更加开放、包容、普惠、平衡、共赢的方向发展，打破了由资本主义主宰的不公正的世界秩序、西方中心论和霸权主义，坚持相互尊重、平等协商，摒弃冷战思维，树立起人与自然和谐共生的理念，为纠正人类中心主义带来的生态危机指明了方向。其三，这一理念立足于全人类共同的利益和命运，积极关注全人类的和平、安全、发展，以及人与自然和谐共生，将世界视为人类的共同政治空间和共同资源、一个相互依存的共同体，代表了人类社会发展的正确方向。其四，这一理念坚持"和而不同"，体现出普遍性和特殊性的统一：一方面，它坚持人类社会是一个相互依存的共同体，追求自由、平等、民主、法治、公平和正义等人类共同价值，从而有别于排他的爱国主义、民族主义，狭隘的保守主义、民粹主义和孤立主义；另一方面，它又不同于试图超越国家、民族、文化和意识形态的藩篱的世界主义理念，而是正视民族和国家之间的差异，尊重世界文明多样性，坚持求同存异，故而，极显中庸智慧。

可以说，"人类命运共同体"是从主权国家层面和现有国际秩序出发，面对人类当下日渐迫切的诸多全球性问题而提出的一种富有建设性的应对方案，表达出对未来国际秩序的合理诉求和展望。当下全球气候异常等事例充分证明，人类是一个休戚相关的命运共同体，存在着许多超越国家界限的共同利益和目标。故而，这一理念日渐得到世界各国的重视和欢迎。

不过，"人类命运共同体"理念的推行在当下面临诸多的难题：

其一，现代主权国家体系虽然促进了国家的发展，但西方中心主义长期居于世界话语的中心。尤其是当下由美国领导的全球政治权力体系、全球资本与市场体系和全球话语市场体系，加深了对其他国家的政治霸权、经济支配和知识霸权，构成了对世界的深层支配，使得世界成为只是被滥用和掠夺的公共资源。

---

① 习近平：《携手构建合作共赢新伙伴 同心打造人类命运共同体——在第七十届联合国大会一般性辩论时的讲话》，载于《人民日报》2015年9月29日。

其二，尽管世界趋同的趋势不断加强，但以维护本国利益为宗旨的保护主义文化又重新抬头，由此文化的冲突与碰撞愈加凸显，从而深深阻碍着全球化发展的进程。这种冲突和斗争会不断涌现，有时候会表现得相当激烈。而现代政治的对抗逻辑所倡导的"霸权体系治下的和平"策略，无法阻止新兴力量取而代之，且引起反抗或不合作而导致体系解构；"实力均势"总是很快在竞争中被打破，且存在着铤而走险的战争可能性，即使达到"确保互相摧毁"的均势，也无法阻止变相的战争（经济斗争、金融斗争和文化冲突等）的发生。①

其三，更为重要的是，尽管国际经济体系已经全球化，非政府和超国家民间组织与个人在全球治理中发挥着越来越重要的作用，但是，民族国家的体系结构依然是短期内无法逾越的屏障。在可以预料的将来，世界政治结构还是以民族国家为基础，民族国家和民族国家间组织仍然一直会是全球治理的最重要主体。而国家主体背后所隐藏的民族国家利益、文化传统、基本制度、价值观念，与全球治理整体性、公共性及其全球利益之间，存在着必然的冲突，并将是长期的。虽然在试图解决国际冲突和维护世界和平方面，联合国组织取得了相当多的成就，但它只是为各国进行谈判和讨价还价提供了一种公共协商空间，而没有高于主权国家的政治权力，自然也无力阻止帝国主义集团对世界的支配。尤其在当下，技术的无节制发展将成为人类生存的最大危机和发展风险，而现有国际组织又无法阻止这种非理性的行为，等等。

无数事实充分证明，当下的人类社会已然是一个充满诸种不确定性和极大风险的社会。现代科学已能够得知，"人类社会的进化一般并不能找到最好的可能解，而仅仅能找到某种对于生存是充分好的满意解。在整个进化过程中，只有局部极小值才是可以从经验上对其进化生存价值进行评价的。在告别了自然界和人类史上的某些显赫的先知以后，唯一给我们的情感留下的，也许是危险的混沌涨落，其方向难以预料，由随机涨落引起，全局的优化是没有的，全局的收益函数也是没有的，全局的选择函数同样是没有的，其他简化的进化策略仍然是没有的，发生的只是一系列的接近分叉点的不稳定性。"② 可以说，"在当今越来越具有复杂化和不确定的时代环境中，危机常常会出人意料地不期而至，哪怕是一点小小的失误也往往会酿成意想不到的灾难性后果。"③ 因此，面对当下人类所面临的"迫在眉睫"的各种全球性人类危机，我们惟有树立起"人类命运共同体"

① 赵汀阳：《天下观与新天下体系》，载于《中央社会主义学院学报》2019 年第 2 期，第 75 页。
② 参见 ［德］克劳斯·迈因策尔：《复杂性中的思维》，曾国屏译，中央编译出版社 1999 年版，第 138 页。
③ 彭新武：《进化管理学：复杂、动态下的管理思维与方法》，中国社会科学出版社 2005 年版，第 254～255 页。

的共同意识，否则，别无出路。

当务之急，我们需要确立一套现实性的行动方案。全球性的人类事务，自然需要一种超越国家主权和国家利益的权力机构并赋予其充分的权威。但是，当下的国际事务仍然属于现代主权国家的"国际游戏"。既如此，我们只能依托于联合国及各种国际组织，在各大力量中心之间建立起一个相互制约的力量框架和多边的行为方式来展开密切合作和积极行动，以切实维护和推动由各种政府和众多国际组织共同参与的全球治理运动。

显然，"行动"的前提是"共识"。否则，就如前联合国教科文组织总干事拉兹洛所领导的国际一般进化论研究小组在其研究报告《决定命运的选择：21世纪的生存抉择》中所曾警示我们的：人类在文化、价值观念和意识中的"内部局限性"，会引发系统的"分叉"（指复杂系统进化的突变性质），从而使人类乃至整个生态系统在尚未到达"地球的极限"之前而崩溃。这种"内部局限性"主要表现为：（1）经济的盲点和生态的短视。各国政府通常都不愿执行那些削弱本国民族工业竞争力和生产力的政策，却宁愿容忍由化肥、有毒废弃物的堆积和放射性引起的环境退化。造成这些扭曲行为的一个重要理论根源，就是盛行于今的新古典主义经济学——设想了一个确定性的、技术乐观主义的和资源有高度替代性的世界，而忽视了一个资源有限且日趋枯竭的世界在供应方面的紧张情况。结果，国民生产总值和其他常规经济指标掩盖了长期成本，增强了人们对一个无限的自然资源基地的幻想。（2）部门的条块分割。当今的普遍现实是，政府似乎可以把财政与贸易分割开来，把国防与发展分割开来，把社会公正与环境退化分割开来；政府各部门往往缺乏必要的合作，甚至还进行直接的竞争。其结果，非但没有把各种力量联合起来，反而坚持要求扩大各自的领地并小心翼翼加以维护，激烈地争夺可以获得的资金。（3）恐龙综合征。恐龙的灭绝是由于它对环境变化的感觉极为迟钝，目前人类也在某种程度上患了"恐龙综合征"：公众的绝大多数，甚至相当一部分政治家、企业家和知识分子，对正在剧变的自然环境和社会环境传来的种种信号充耳不闻，安于现状，在觉察环境变化并随之改变自身行为方面惰性十足、冥顽不灵，等等。在这种观念和行为模式下，当今世界中的政治、种族和宗教冲突，社会和经济不公正以及环境恶化等交织和汇聚在一起，很可能以大规模的生态灾难的形式爆发出来，而直接威胁到人类的生存或至少引起文明的停滞和倒退，因此，摆在我们面前的是一种决定命运的选择。①

---

① 参见［美］拉兹洛：《决定命运的选择：21世纪的生存抉择》，李吟波等译，生活·读书·新知三联书店1997年版，第27~28页。

321

　　不幸的是，由于民族主义的各种"孤立"行为，使得全球团结依然面临诸多的困难。因此，我们需要进一步致力于真正的对话，超越利益与观念的藩篱，保持开放及理性沟通，增强文化承认与多元团结，谋求最大程度的共识。否则，可能会导致更严重的灾难。拉兹洛说得好："作为人类大家庭的成员，我们有责任促使世界各国张扬人类精神的卓越性，超越利益与观念的藩篱，保持开放、自我质疑及理性沟通，增加团结、友爱、洞察力和理解，谋求最大程度的共识，从而促使人类继续朝更高形式和更高层次的合作和统一发展。"①

---

　　① 参见［美］拉兹洛：《决定命运的选择：21 世纪的生存抉择》，李吟波等译，生活·读书·新知三联书店 1997 年版，前言。

参考文献

（一）中国古代典籍

[1]《春秋公羊传》，黄铭、曾亦译注，中华书局 2022 年版。

[2]《春秋谷梁传》，顾馨、徐明校注，辽宁教育出版社 1997 年版。

[3]《春秋左传注》，杨伯峻译注，中华书局 1981 年版。

[4]《尔雅译注》，胡奇光、方环海译注，上海古籍出版社 2004 年版。

[5]《管子校注》，黎翔凤撰，梁运华整理，中华书局 2009 年版。

[6]《国语集解》，徐元诰撰，中华书局 2002 年版。

[7]《黄帝四经》，熊春锦注解，中国言实出版社 2012 年版。

[8]《礼记集解》，孙希旦撰，沈啸寰、王星贤点校，中华书局 1989 年版。

[9]《论语译注》，杨伯峻译注，中华书局 1980 年版。

[10]《马王堆汉墓帛书：经法》，马王堆汉墓帛书整理小组编，文物出版社 1976 年版。

[11]《墨子间诂》，孙诒让著，孙启治校，中华书局 2021 年版。

[12]《商君书锥指》，蒋礼鸿译注，中华书局 1986 年版。

[13]《尚书》，王世舜、王翠叶译注，中华书局 2012 年版。

[14]《慎子集校集注》，许富宏校注，中华书局 2022 年版。

[15]《诗经今注》，高亨译注，上海古籍出版社 1980 年版。

[16]《睡虎地秦墓竹简》，睡虎地秦墓竹简整理小组编，文物出版社 1978 年版。

[17]《荀子集解》，王先谦撰，沈啸寰、王星贤点校，中华书局 1988 年版。

[18]《晏子春秋校注》，张纯一撰，梁运华点校，中华书局 2019 年版。

[19]《逸周书汇校集注》，黄怀信等撰，上海古籍出版社 2007 年版。

[20]《周易古经今注》，高亨译注，中华书局 1984 年版。

[21]《周易正义》，王弼、韩康伯注，上海古籍出版社 1990 年版。

［22］《庄子集释》，郭庆藩撰，王孝鱼点校，中华书局 2016 年版。

［23］班固：《汉书》，中华书局 2007 年版。

［24］班固等：《白虎通疏证》，陈立注疏，吴则虞注解，中华书局 2019 年版。

［25］曾纪泽：《曾纪泽日记》，岳麓书社 1998 年版。

［26］陈亮：《陈亮集》，中华书局 1987 年版。

［27］陈寿：《三国志》，裴松之注，中华书局 2005 年版。

［28］程颢、程颐：《二程集》，王孝鱼点校，中华书局 2004 年版。

［29］崔寔、仲长统：《政论·昌言》，孙启治译注，中华书局 2021 年版。

［30］董仲舒：《春秋繁露义证》，苏舆撰，钟哲点校，中华书局 1992 年版。

［31］杜佑：《通典》，王文锦等点校，中华书局 1988 年版。

［32］范晔：《后汉书》，李贤等注，中华书局 2000 年版。

［33］房玄龄等：《晋书》，吴士鉴、刘承干注，中华书局 2008 年版。

［34］葛洪：《抱朴子外篇》，张松辉、张景译注，中华书局 2022 年版。

［35］顾炎武：《顾亭林诗文集》，中华书局 2008 年版。

［36］归有光：《震川先生集》，周本淳校点，上海古籍出版社 2007 年版。

［37］郭象：《南华真经注疏》，成玄英疏，曹础基、黄兰发点校，中华书局 1998 年版。

［38］韩非子：《韩非子》，高华平等译注，中华书局 2010 年版。

［39］韩愈：《韩昌黎文集校注》，马其昶校注，马茂元整理，上海古籍出版社 1986 年版。

［40］恒宽：《盐铁论校注》，王利器译注，中华书局 1992 年版。

［41］洪迈：《容斋随笔》，孔凡礼点校，中华书局 2015 年版。

［42］胡宏：《胡宏集》，中华书局 1987 年版。

［43］黄淮、杨士奇编：《历代名臣奏议》，上海古籍出版社 2012 年版。

［44］黄石公：《六韬·三略译注》，唐书文译注，上海古籍出版社 2006 年版。

［45］黄宗羲：《黄宗羲全集》，吴光编，浙江古籍出版社 2012 年版。

［46］嵇康：《嵇康集注》，戴明扬校注，中华书局 2014 年版。

［47］贾谊：《新书校注》，阎振益、钟夏校注，中华书局 2000 年版。

［48］贾桢等整理：《筹办夷务始末（咸丰朝）》，中华书局 1979 年版。

［49］焦循：《孟子正义》，沈文倬点校，中华书局 2021 年版。

［50］老子：《老子》，汤漳平、王朝华译注，中华书局 2022 年版。

［51］李百药：《北齐书》，中华书局 1972 年版。

［52］李昉：《太平御览》，河北教育出版社 1994 年版。

［53］李焘：《续资治通鉴长编》，上海师范大学古籍整理研究所、华东师范

大学古籍整理研究所点校，中华书局 2004 年版。

[54] 李延寿：《北史》，中华书局 1974 年版。

[55] 李延寿：《南史》，中华书局 1975 年版。

[56] 李贽：《焚书》，张建业译注，中华书局 2022 年版。

[57] 列子：《列子译注》，严北溟、严捷译注，上海古籍出版社 2016 年版。

[58] 令狐德棻：《周书》，中华书局 1971 年版。

[59] 刘安：《淮南子》，陈广忠译注，中华书局 2023 年版。

[60] 刘向：《说苑》，王天海、杨秀岚译注，中华书局 2022 年版。

[61] 刘向：《战国策》，上海古籍出版社 1985 年版。

[62] 刘勰：《文心雕龙注释》，周振甫注，人民出版社 1981 年版。

[63] 刘昫等：《旧唐书》，中华书局 1975 年版。

[64] 刘义庆：《世说新语》，刘孝标注，徐传武校点，上海古籍出版社 2013 年版。

[65] 柳宗元：《柳宗元集》，吴文治等点校，中华书局 1979 年版。

[66] 陆贾：《新语校注》，王利器校注，中华书局 1986 年版。

[67] 吕不韦：《吕氏春秋新校释》，陈奇猷校释，上海古籍出版社 2002 年版。

[68] 马端临：《文献通考》，中华书局 2006 年版。

[69] 欧阳修：《新五代史》，中华书局 2015 年版。

[70] 欧阳修等：《新唐书》，中华书局 1975 年版。

[71] 钱玄等：《周礼》，王华宝译注，岳麓书社 2001 年版。

[72] 阮籍：《阮籍集校注》，陈伯君校注，中华书局 1987 年版。

[73] 沈约：《宋书》，丁福林译注，中华书局 2018 年版。

[74] 司马光：《资治通鉴》，沈志华、张宏儒编，中华书局 2019 年版。

[75] 司马迁：《史记》，韩兆琦译注，中华书局 2010 年版。

[76] 宋濂等：《元史》，中华书局 1976 年版。

[77] 孙武：《孙子兵法》，陈曦译注，中华书局 2011 年版。

[78] 唐甄：《潜书》，吴泽民注解，中华书局 2009 年版。

[79] 脱脱：《金史》，中华书局 1975 年版。

[80] 脱脱：《辽史》，中华书局 1974 年版。

[81] 脱脱等：《宋史》，中华书局 1985 年版。

[82] 王弼：《王弼集校释》，楼宇烈校释，中华书局 2009 年版。

[83] 王定保：《唐摭言》，上海古籍出版社 1978 年版。

[84] 王夫之：《船山全书》，岳麓书社 2011 年版。

[85] 王夫之：《读通鉴论》，尤学工等译注，中华书局 2022 年版。

[86] 王符:《潜夫论》,马世年译注,中华书局 2022 年版。

[87] 王溥:《唐会要》,中华书局 1955 年版。

[88] 王溥:《五代会要》,中华书局 1998 年版。

[89] 王通:《中说校注》,张沛校注,中华书局 2022 年版。

[90] 魏收:《魏书》,唐长孺点校,中华书局 2018 年版。

[91] 魏征:《隋书》,中华书局 1997 年版。

[92] 文子:《文子义疏》,王利器疏,中华书局 2021 年版。

[93] 吴兢:《贞观政要》,骈宇骞注释,中华书局 2022 年版。

[94] 萧统:《文选》,李善注,中华书局 1977 年版。

[95] 萧子显:《南齐书》,王仲荦点校,中华书局 2017 年版。

[96] 徐松:《宋会要辑稿》,中华书局 1957 年版。

[97] 徐天麟:《东汉会要》,上海古籍出版社 2006 年版。

[98] 徐天麟:《西汉会要》,上海古籍出版社 2012 年版。

[99] 许慎:《说文解字注》,段玉裁注,中华书局 2013 年版。

[100] 薛居正:《旧五代史》,中华书局 2015 年版。

[101] 荀悦:《申鉴》,上海古籍出版社 1990 年版。

[102] 严可均:《全后汉文》,商务印书馆 1999 年版。

[103] 严可均:《全上古三代秦汉三国六朝文》,上海古籍出版社 2009 年版。

[104] 姚思廉:《陈书》,中华书局 2021 年版。

[105] 姚思廉:《梁书》,卢振华、王仲荦点校,中华书局 2020 年版。

[106] 叶适:《叶适别集》,刘公纯等点校,中华书局 1961 年版。

[107] 雍正:《大义觉迷录》,张万钧、薛予生编译,中国城市出版社 1999 年版。

[108] 俞正燮:《癸巳类稿》,辽宁教育出版社 2001 年版。

[109] 湛若水:《春秋正传》,广西师范大学出版社 2015 年版。

[110] 张居正:《张居正集》,荆楚书社 1987 年版。

[111] 张廷玉等:《明史》,中华书局 1974 年版。

[112] 张载:《张载集》,章锡琛点校,中华书局 2012 年版。

[113] 长孙无忌:《唐律疏议提要》,岳纯之点校,上海古籍出版社 2013 年版。

[114] 赵翼:《陔余丛考》,栾保群校点,中华书局 2019 年版。

[115] 郑玄:《礼记正义》,孔颖达正义,吕友仁整理,上海古籍出版社 2008 年版。

[116] 周敦颐:《周子通书》,徐洪兴导读,上海古籍出版社 2000 年版。

[117] 朱熹：《四书集注》，岳麓书社 2004 年版。

[118] 朱熹：《朱熹集》，四川教育出版社 1996 年版。

[119] 朱熹：《朱子语类》，黎靖德编，王星贤注解，中华书局 1986 年版。

（二）中国近现代著作

[1] 白钢：《中国政治制度通史》，人民出版社 1996 年版。

[2] 白奚：《稷下学研究——中国古代的思想自由与百家争鸣》，生活·读书·新知三联书店 1998 年版。

[3] 蔡方鹿：《中华道统思想发展史》，四川人民出版社 2003 年版。

[4] 蔡尚思：《十家论墨》，上海人民出版社 2004 年版。

[5] 蔡元培：《蔡元培文选》，张汝伦编，上海远东出版社 2012 年版。

[6] 晁福林：《夏商西周社会史》，北京师范大学出版社 2010 年版。

[7] 陈独秀：《陈独秀著作选》，上海人民出版社 1993 年版。

[8] 陈梦家：《殷墟卜辞综述》，中华书局 1992 年版。

[9] 陈启云：《中国古代思想文化的历史论析》，北京大学出版社 2001 年版。

[10] 陈天华：《陈天华集》，湖南人民出版社 2011 年版。

[11] 陈寅恪：《隋唐制度渊源略论稿》，生活·读书·新知三联书店 2001 年版。

[12]《邓小平文选》，人民出版社 1994 年版。

[13] 杜维明：《现代精神与儒家传统》，生活·读书·新知三联书店 1997 年版。

[14] 杜正胜：《编户齐民：传统政治社会结构之形成》，联经出版事业公司 1990 年版。

[15] 范文澜：《中国通史》，人民出版社 1978 年版。

[16] 方克立：《现代新儒学与中国现代化》，天津人民出版社 1997 年版。

[17] 费孝通：《乡土中国》，上海人民出版社 2013 年版。

[18] 费孝通：《中华民族多元一体格局》，中央民族学院出版社 1989 年版。

[19] 冯尔康：《中国古代的宗族和祠堂》，商务印书馆，2013 年版。

[20] 冯天瑜：《封建考论》，武汉大学出版社 2004 年版。

[21] 冯天瑜：《人文论衡》，武汉出版社 1997 年版。

[22] 冯友兰：《三松堂全集》，河南人民出版社 1986 年版。

[23] 干春松：《制度化儒家及其解体》，中国人民大学出版社 2003 年版。

[24] 高敏：《云梦秦简初探》，河南人民出版社 1981 年版。

[25] 葛荃：《权力宰制理性——士人、传统政治文化与中国社会》，南开大

学出版社 2003 年版。

[26] 龚自珍：《龚自珍全集》，上海人民出版社 1975 年版。

[27] 龚自珍：《龚自珍诗文选注》，江苏人民出版社 1976 年版。

[28] 顾颉刚：《汉代学术史略》，人民出版社 2008 年版。

[29] 顾颉刚：《秦汉的方士和儒生》，上海古籍出版社 2005 年版。

[30] 顾銮斋：《西方宪政史》，人民出版社 2013 年版。

[31] 顾涛：《汉唐礼制因革谱》，上海书店出版社 2018 年版。

[32] 郭宝钧：《中国青铜器时代》，生活·读书·新知三联书店 1963 年版。

[33] 郭沫若：《青铜时代》，人民出版社 1954 年版。

[34] 郭沫若：《十批判书》，河北教育出版社 2000 年版。

[35] 何勤华：《西方法学史》，中国政法大学出版社 2000 年版。

[36] 何兆武：《西方哲学精神》，清华大学出版社 2002 年版。

[37] 胡适：《容忍与自由——胡适演讲录》，京华出版社 2006 年版。

[38] 胡适：《中国哲学史大纲》，东方出版社 1996 年版。

[39] .黄仁宇：《赫逊河畔谈中国历史》，生活·读书·新知三联书店 1992
年版。

[40] 黄仁宇：《中国大历史》，生活·读书·新知三联书店 2007 年版。

[41] 黄炎培：《八十年来》，文史资料出版社 1982 年版。

[42] 纪宝成：《中国古代治国要论》，中国人民大学出版社 2004 年版。

[43] 金春峰：《汉代思想史》，中国社会科学出版社 2006 年版。

[44] 金观涛、刘青峰：《兴盛与危机——论中国社会超稳定结构》，法律出
版社 2011 年版。

[45] 金耀基：《中国民本思想史》，法律出版社 2008 年版。

[46] 金耀基：《中国社会与文化》，牛津大学出版社 1992 年版。

[47] 康有为：《康有为全集》，上海古籍出版社 1992 年版。

[48] 李家骥：《吕氏春秋通论》，岳麓书社 1995 年版。

[49] 李景林：《教化的哲学》，黑龙江人民出版社 2006 年版。

[50] 李零：《丧家狗——我读论语》，山西人民出版社 2007 年版。

[51] 李申：《中国儒教史》，上海人民出版社 2005 年版。

[52] 李世愉：《清代土司制度论考》，中国社会科学出版社 1998 年版。

[53] 李学勤：《中国古代文明与国家形成研究》，云南人民出版社 1997 年版。

[54] 李泽厚：《中国古代思想史论》，人民出版社 1986 年版。

[55] 李泽厚：《中国近代思想史论》，安徽文艺出版社 1994 年版。

[56] 梁启超：《饮冰室合集》，中华书局 1989 年版。

[57] 梁漱溟：《中国文化要义》，上海人民出版社 2011 年版。

[58] 梁治平：《法辩——中国法的过去、现在与未来》，中国政法大学出版社 2002 年版。

[59] 梁治平：《法律的文化解释》，生活·读书·新知三联书店 1994 年版。

[60] 梁治平：《寻求自然秩序中的和谐——中国传统法律文化研究》，上海人民出版社 1991 年版。

[61] 林剑鸣：《秦汉史》，上海人民出版社 1989 年版。

[62] 刘军宁：《北大传统与近代中国：自由主义的先声》，中国人事出版社 1998 年版。

[63] 刘小枫：《儒教与民族国家》，华夏出版社 2007 年版。

[64] 刘泽华：《中国的王权主义》，上海人民出版社 2000 年版。

[65] 刘泽华：《中国政治思想史集》（全三册），人民出版社 2008 年版。

[66] 刘泽华：《中国传统政治哲学与社会整合》，中国社会科学出版社 2000 年版。

[67]《鲁迅全集》，人民文学出版社 1981 年版。

[68] 吕思勉：《中国制度史》，上海教育出版社 2001 年版。

[69]《毛泽东文集》，人民出版社 1999 年版。

[70] 牟宗三：《历史哲学》，广西师范大学出版社 2007 年版。

[71] 牟宗三：《政道与治道》，广西师范大学出版社 2006 年版。

[72] 彭新武：《进化管理学：复杂、动态环境下的管理思维与方法》，中国社会科学出版社 2005 年版。

[73] 彭新武：《中国古代治国要略》，人民出版社 2018 年版。

[74] 彭新武：《复杂性思维与社会发展》，中国人民大学出版社 2003 年版。

[75] 皮锡瑞：《经学历史》，中华书局 2004 年版。

[76] 钱穆：《国史大纲》，商务印书馆 1996 年版。

[77] 钱穆：《国史新论》，生活·读书·新知三联书店 2001 年版。

[78] 钱穆：《两汉经学今古文平议》，商务印书馆 2001 年版。

[79] 钱穆：《中国近三百年学术史》，商务印书馆 1997 年版。

[80] 钱宗范：《周代宗法制度研究》，广西师范大学出版社 1989 年版。

[81] 秦晖：《传统十论——本土社会的制度、文化及其变革》，复旦大学出版社 2011 年版。

[82] 裘锡圭：《古代文史研究新探》，江苏古籍出版社 1992 年版。

[83] 瞿同祖：《中国法律与中国社会》，中华书局 1981 年版。

[84] 苏秉琦：《中华文明起源新探》，人民出版社 2013 年版。

［85］苏力：《法治及其本土资源》，北京大学出版社 2015 年版。

［86］《孙中山文集》，团结出版社 1997 年版。

［87］《孙中山选集》，人民出版社 2011 年版。

［88］谭嗣同：《谭嗣同全集》，中华书局 1981 年版。

［89］汤用彤：《魏晋玄学论稿》，上海古籍出版社 2001 年版。

［90］汪习根：《发展、人权与法治研究——新发展理念与中国发展权保障暨联合国〈发展权利宣言〉通过三十周年纪念》，武汉大学出版社 2017 年版。

［91］王德昭：《清代科举制度研究》，中华书局 1984 年版。

［92］王国维：《观堂集林》，中华书局 2004 年版。

［93］王晖：《商周制度文化比较研究》，人民出版社 2000 年版。

［94］王铁崖主编：《中外旧约章汇编》第 1 册，生活·读书·新知三联书店 1959 年版。

［95］王亚南：《中国官僚政治研究》，中国社会科学出版社 1981 年版。

［96］王元化：《文学沉思录》，上海文艺出版社 1996 年版。

［97］韦政通：《儒家与现代中国》，台湾东大图书股份有限公司 1991 年版。

［98］韦政通：《中国思想史》，上海书店出版社 2003 年版。

［99］魏源：《魏源集》，中华书局 1976 年版。

［100］武树臣：《中国法律文化大写意》，北京大学出版社 2011 年版。

［101］《习近平谈治国理政》第一卷，外文出版社 2014 年版。

［102］《习近平谈治国理政》第二卷，外文出版社 2017 年版。

［103］《习近平谈治国理政》第三卷，外文出版社 2020 年版。

［104］肖公权：《中国政治思想史》，辽宁教育出版社 1998 年版。

［105］熊铁基：《秦汉新道家》，上海人民出版社 2001 年版。

［106］熊月之：《中国近代民主思想史》，上海社会科学院出版社 2002 年版。

［107］徐复观：《徐复观文集》，湖北人民出版社 2002 年版。

［108］徐扬杰：《中国家族制度史》，人民出版社 1992 年版。

［109］许倬云：《西周史》，生活·读书·新知三联书店 1993 年版。

［110］许倬云：《中国文化与世界文化》，贵州人民出版社 1991 年版。

［111］严复：《严复集》，王栻主编，中华书局 1986 年版。

［112］阎步克：《士大夫政治演生史稿》，北京大学出版社 1996 年版。

［113］阎步克：《宗法制度》，社会科学文献出版社 1994 年版。

［114］杨度：《杨度集》，湖南人民出版社 2009 年版。

［115］杨庆中：《周易经传研究》，商务印书馆 2005 年版。

［116］于迎春：《秦汉士史》，北京大学出版社 2000 年版。

［117］余敦康：《东汉末年的社会批判思潮》，人民出版社 1985 年版。

［118］余明光：《黄帝四经与黄老思想》，黑龙江人民出版社 1989 年版。

［119］余英时：《中国思想传统及其现代变迁》，广西师范大学出版社 2004 年版。

［120］余英时：《历史与思想》，联经出版事业公司 1976 年版。

［121］余英时：《士与中国文化》，上海人民出版社 1987 年版。

［122］余英时：《中国思想传统的现代诠释》，江苏人民出版社 1998 年版。

［123］张光直：《中国青铜时代》，生活·读书·新知三联书店 1983 年版。

［124］张舜徽：《周秦道论发微》，中华书局 1982 年版。

［125］张仲礼：《中国绅士》，上海社会科学院出版社 1991 年版。

［126］章太炎：《国学讲演录》，华东师范大学出版社 1995 年版。

［127］章太炎：《章太炎政论选集》，中华书局 1977 年版。

［128］赵汀阳：《天下的当代性：世界秩序的实践与想象》，中信出版社 2016 年版。

［129］郑家栋：《断裂中的传统》，中国社会科学出版社 2001 年版。

［130］邹容：《革命军》，华夏出版社 2002 年版。

（三）西方著作

［1］［澳］欧文·E.休斯：《公共管理导论》，彭和平译，中国人民大学出版社 2001 年版。

［2］［巴西］R.M.昂格尔：《现代社会中的法律》，吴玉章、周汉华译，中国政法大学出版社 1994 年版。

［3］［德］阿图尔·考夫曼：《后现代法哲学》，米健译，法律出版社 2003 年版。

［4］［德］斐迪南·滕尼斯：《共同体与社会》，林荣远译，商务印书馆 1999 年版。

［5］［德］黑格尔：《法哲学原理》，范扬、张企泰译，商务印书馆 1961 年版。

［6］［德］黑格尔：《历史哲学》，王造时译，上海书店出版社 2006 年版。

［7］［德］卡西尔：《国家的神话》，范进译，华夏出版社 2003 年版。

［8］［德］马克斯·韦伯：《经济与社会》，林荣远译，商务印书馆 1997 年版。

［9］［德］马克斯·韦伯：《儒教与道教》，王荣芬译，商务印书馆 1997 年版。

［10］［德］马克斯·韦伯：《新教伦理与资本主义精神》，于晓等译，陕西师范大学出版社 2006 年版。

［11］［德］尤尔根·哈贝马斯：《公共领域的结构转型》，曹卫东等译，学

林出版社 1999 年版。

[12] [法] 古斯塔夫·勒庞:《乌合之众》,冯克利译,中央编译出版社 2005 年版。

[13] [法] 卢梭:《社会契约论》,何兆武译,商务印书馆 2003 年版。

[14] [法] 孟德斯鸠:《论法的精神》,许明龙译,商务印书馆 2012 年版。

[15] [法] 托克维尔:《论美国的民主》,董果良译,商务印书馆 1991 年版。

[16] [古罗马] 西塞罗:《论共和国》,王焕生译,中国政法大学出版社 1997 年版。

[17] [古希腊] 柏拉图:《法律篇》,何勤华等译,上海人民出版社 2001 年版。

[18] [古希腊] 柏拉图:《理想国》,郭斌和译,商务印书馆 1986 年版。

[19] [古希腊] 色诺芬:《回忆苏格拉底》,吴永泉译,商务印书馆 2001 年版。

[20] [古希腊] 亚里士多德:《政治学》,吴寿彭译,商务印书馆 1997 年版。

[21] [美] 昂格尔:《现代社会中的法律》,吴玉章、周汉华译,中国政法大学出版社 1994 年版。

[22] [美] 伯尔曼:《法律与革命——西方法律传统的形成》,贺卫方等译,中国大百科全书出版社 1993 年版。

[23] [美] 伯尔曼:《法律与宗教》,梁治平译,中国政法大学出版社 2003 年版。

[24] [美] 博登海默:《法理学——法律哲学与法律方法》,邓正来译,中国政法大学出版社 1998 年版。

[25] [美] 彼得·圣吉:《第五项修炼:学习型组织的艺术与实务》,郭进隆译,生活·读书·新知三联书店 1998 年版。

[26] [美] 戴维·奥斯本,[美] 特德·盖布勒:《改革政府——企业家精神如何改革着公共部门》,周敦仁译,上海译文出版社 2013 年版。

[27] [美] 丹尼尔·贝尔:《资本主义文化矛盾》,赵一凡等译,生活·读书·新知三联书店 1989 年版。

[28] [美] 丹尼尔·耶金、[英] 约瑟夫·斯坦尼斯罗:《制高点——重建现代世界的政府与市场之争》,段宏等译,外文出版社 2000 年版。

[29] [美] 邓尔麟:《钱穆与七房桥世界》,蓝桦译,社会科学文献出版社 1998 年版。

[30] [美] 菲利普·李·拉尔夫等:《世界文明史》,赵丰等译,商务印书馆 1998 年版。

传统中国之治的历史与逻辑

［31］［美］弗里德曼：《法律制度》，李琼英、林欣译，中国政法大学出版社 1994 年版。

［32］［美］费正清：《中国：传统与变迁》，张沛译，世界知识出版社 2002 年版。

［33］［美］富勒：《法律的道德性》，郑戈译，商务印书馆 2005 年版。

［34］［美］汉密尔顿等：《联邦党人文集》，程逢如等译，商务印书馆 1980 年版。

［35］［美］科恩：《论民主》，聂崇信、朱秀贤译，商务印书馆 1988 年版。

［36］［美］拉兹洛：《决定命运的选择：21 世纪的生存抉择》，李吟波等译，生活·读书·新知三联书店 1997 年版。

［37］［美］路易斯·亨利·摩尔根：《古代社会》，杨东莼等译，商务印书馆 1977 年版。

［38］［美］罗尔斯：《正义论》，何怀宏等译，中国社会科学出版社 1988 年版。

［39］［美］罗纳德·德沃金：《认真对待权利》，信春鹰、吴玉章译，生活·读书·新知三联书店 2008 年版。

［40］［美］罗斯科·庞德：《通过法律的社会控制·法律的任务》，沈宗灵、董世忠译，商务印书馆 1984 年版。

［41］［美］米尔顿·弗里德曼：《资本主义与自由》，张瑞玉译，商务印书馆 2004 年版。

［42］［美］乔治·弗雷德里克森：《公共行政的精神》，张成福等译，中国人民大学出版社 2003 年版。

［43］［美］塞缪尔·亨廷顿：《变化社会中的政治秩序》，王冠华等译，上海人民出版社 2008 年版。

［44］［美］塞缪尔·亨廷顿：《文明的冲突与世界秩序的重建》，周琪等译，新华出版社 1999 年版。

［45］［美］魏特夫：《东方专制主义》，徐式谷等译，中国社会科学出版社 1989 年版。

［46］［美］文森特·奥斯特罗姆：《美国公共行政的思想危机》，毛寿龙译，生活·读书·新知三联书店 1999 年版。

［47］［美］约瑟夫·列文森：《儒教中国及其现代命运》，郑大华、任菁译，中国社会科学出版社 2000 年版。

［48］［美］珍妮特·V. 登哈特、［美］罗伯特·B. 登哈特：《新公共服务：服务而不是掌舵》，丁煌译，中国人民大学出版社 2004 年版。

［49］［意］托马斯·阿奎纳：《阿奎那政治著作选》，马清槐译，商务印书馆 1963 年版。

［50］［印］阿玛蒂亚·森、［阿根廷］贝纳多·科利克斯伯格：《以人为本：全球化世界的发展伦理学》，马春文、李俊江译，长春出版社 2012 年版。

［51］［英］安东尼·吉登斯：《第三条道路——社会民主主义的复兴》，郑戈译，北京大学出版社 2000 年版。

［52］［英］弗里德里希·冯·哈耶克：《致命的自负：社会主义的谬误》，冯克利等译，中国社会科学出版社 2000 年版。

［53］［英］弗里德里希·冯·哈耶克：《通往奴役之路》，王明毅、冯兴元译，中国社会科学出版社 1997 年版。

［54］［英］弗里德利希·冯·哈耶克：《法律、立法与自由》，邓正来等译，中国大百科全书出版社 2000 年版。

［55］［英］卡尔·波普尔：《开放社会及其敌人》，郑一明译，中国社会科学出版社 1999 年版。

［56］［英］洛克：《政府论》，瞿菊农、叶启芳译，商务印书馆 1982 年版。

［57］［英］休谟：《休谟政治论文选》，张若衡译，商务印书馆 2010 年版。

［58］［英］甄克思：《社会通诠》，严复译，商务印书馆 1981 年版。

［59］Behn，Robert：Rethinking Democratic Accountability. Washington，DC：Bookings Institution，2001.

［60］Randall Peerenboom：China's Long March Toward Rule of Law. Cambridge：Cambridge University Press，2002.

［61］世界银行编著：《1997 年世界发展报告：变革世界中的政府》，蔡秋生译，中国财政经济出版社 1997 年版。

（四）报刊论文

［1］安剑泉：《从〈唐律疏议〉看中华法系的宗法性》，载于《商丘师范学院学报》2015 年第 2 期。

［2］陈国灿、吴锡标：《陈亮的反理学思想和"朱陈之辩"》，载于《浙江学刊》2009 年第 6 期。

［3］程妮娜：《从"天下"到"大一统"——边疆朝贡制度的理论依据与思想特征》，载于《社会科学战线》2016 年第 1 期。

［4］程尼娜：《羁縻与外交：中国古代王朝内外两种朝贡体系——以古代东北亚地区》，载于《史学集刊》2014 年第 7 期。

［5］储昭华：《庄子生死观的政治哲学解读》，载于《华中师范大学学报

（人文社会科学版）》2015 年第 1 期。

[6] 褚斌杰、章必功：《〈诗经〉中的周代天命观及其发展变化》，载于《北京大学学报（哲学社会科学版）》1983 年第 6 期。

[7] 邓建鹏：《私有制与所有权？——古代中国土地权利状态的法理分析》，载于《中外法学》2005 年第 2 期。

[8] 丁煌：《寻求公平与效率的协调与统一——评西方新公共行政学的价值追求》，载于《中国行政管理》1998 年第 12 期。

[9] 杜成安、高桂荣：《分封制的发展与方国分封制——中国古代史新论之四》，载于《辽宁师专学报（社会科学版）》2000 年第 4 期。

[10] 干春松：《王道与天下国家——从儒家王道政治重思天下国家观念》，载于《战略与管理》2009 年第 3/4 期合编本。

[11] 高晨阳：《论王弼自然与名教之辨的基本义蕴及理路》，载于《孔子研究》1997 年第 3 期。

[12] 高鸿钧：《现代法治的困境及其出路》，载于《法学研究》2003 年第 2 期。

[13] 顾颉刚：《汉代学术史略》，人民出版社 2008 年版，第 58 页。

[14] 韩东育：《徂徕学派与法家的"人情论"》，载于《日本学刊》2002 年第 5 期。

[15] 何芳川：《"华夷秩序"论》，载于《北京大学学报》1998 年第 6 期。

[16] 何卓恩：《"民本"与"民主"之间的晚清"民权"观念》，载于《贵州社会科学》2012 年第 1 期。

[17] 洪波、赵宬斐：《全球现代性的反思与人类命运共同体的出场》，载于《浙江社会科学》2018 年第 6 期。

[18] 胡新生：《先秦政治思想史上的道义与功利之争》，载于《文史哲》2017 年第 3 期。

[19] 黄阿明：《朱元璋的悲剧：明初的制度设计与现实的严重背离》，载于《探索与争鸣》2007 年第 2 期。

[20] 江贻隆、陆建华：《韩非之礼学》，载于《江汉论坛》2006 年第 1 期。

[21] 晋文：《论经学与汉代"受命"论的诠释》，载于《学海》2008 年第 4 期。

[22] 孔德立：《关于墨子"非儒"与孟子"辟墨"》，载于《北京师范大学学报》2009 年第 6 期。

[23] 黎尔平：《从国家主权到人民主权：三十年来中国主权与人权互动关系研究》，载于《学术界》2012 年第 9 期。

[24] 李斌:《"儒表法里"的新制度主义阐释——中国传统君主专制制度分析》,载于《安庆师范学院学报(社会科学版)》2011年第9期。

[25] 李大明:《〈史记·循吏列传〉与历代正史〈循(良)吏传〉的设置》,载于《中华文化论坛》2013年第8期。

[26] 李国娟:《试论孔孟荀对礼制合法性基础的构建》,载于《晋阳学刊》2009年第3期。

[27] 李海平:《论基本权利对社会公权力主体的直接效力》,载于《政治与法律》2018年第10期。

[28] 李零:《重见"七十子"》,载于《读书》2002年第4期。

[29] 李育民、熊剑峰:《从羁縻之道到条约外交》,载于《湖南师范大学社会科学学报》2012年第1期。

[30] 李振宏:《秦至清皇权专制社会说的思想史论证》,载于《清华大学学报(哲学社会科学版)》2016年第4期。

[31] 刘若男:《春秋战国公私观念的内在矛盾》,载于《太原师范学院学报》2008年第6期。

[32] 刘泽华:《春秋战国的"立公灭私"观念与社会整合》(上),载于《南开学报》2003年第4期。

[33] 刘泽华:《春秋战国的"立公灭私"观念与社会整合》(下),载于《南开学报》2003年第5期。

[34] 刘泽华:《从"天王圣明论"说"权力神圣观"》,载于《炎黄春秋》2011年第6期。

[35] 刘泽华:《分层研究社会形态兼论王权支配社会》,载于《历史研究》2000年第2期。

[36] 刘泽华:《论中国古代的亦主亦奴社会人格》,载于《南开学报》1999年第5期。

[37] 刘正寅:《试论中华民族整体观念的形成与发展》,载于《民族研究》2000年第6期。

[38] 罗伯特·B.丹哈特、珍妮特·V.丹哈特:《新公共服务:服务而非掌舵》,载于《中国行政管理》2002年第10期。

[39] 马卫东:《春秋公族政治述论》,载于《社会科学辑刊》2009年第5期。

[40] 马长山:《法治的平衡取向与渐进主义法治道路》,载于《法学研究》2008年第7期。

[41] 宁可:《中国封建社会的专制主义中央集权制度》,载于《文史哲》2009年第1期。

[42] 彭新武、周亚：《论韩非的"理性官僚制"——兼与韦伯理论的比较》，载于《管子学刊》2024年第1期。

[43] 彭新武：《"百代皆秦政"的历史逻辑辨析》，载于《中国人民大学学报》2023年第6期。

[44] 彭新武：《先秦法家的治国理念及其现代性》，载于《孔子研究》2023年第1期。

[45] 彭新武：《"人民主体"的价值定位及其制度安排》，载于《光明日报》2022年12月5日。

[46] 彭新武：《中华民族共同体的历史溯源与当代建构》，载于《政治学研究》2022年第4期。

[47] 彭新武：《"分封"与"郡县"之辨的复杂意蕴》，载于《河北大学学报》（哲学社会科学版）2022年第3期。

[48] 彭新武：《"王霸杂用"的思维理路与历史反思》，载于《中国人民大学学报》2022年第1期。

[49] 彭新武：《传统社会治理规范的现代审视》，载于《河北大学学报》（哲学社会科学版）2021年第1期。

[50] 彭新武：《论当代组织观的变革》，载于《中国人民大学学报》2019年第4期。

[51] 彭新武：《论循吏与时代精神》，载于《政治学研究》2015年第5期。

[52] 彭新武：《从官僚制到后官僚制——当代公共组织范式的嬗变》，载于《哲学研究》2010年第5期。

[53] 彭新武：《论盐铁会议的四重逻辑》，载于《哲学动态》2016年第6期。

[54] 彭新武：《社会主义民主行政的系统建构》，载于《北京行政学院学报》2009年第4期。

[55] 彭新武：《试论现代管理理论中的"二元对立"问题》，载于《中国人民大学学报》2009年第3期。

[56] 彭新武：《贤人之治：价值与流弊》，载于《山西大学学报（哲学社会科学版）》2016年第2期。

[57] 齐春风：《论金朝华夷观的演化》，载于《社会科学辑刊》2002年6期。

[58] 秦晖：《中国经济史上的怪圈："抑兼并"与"不抑兼并"》，载于《战略与管理》1997年第4期。

[59] 沈毅：《"家""国"关联的历史社会学分析——兼论"差序格局"的宏观建构》，载于《社会学研究》2008年第6期。

[60] 盛洪：《盐铁论：两千年前"国进民退"大辩论》，载于《南方都市

报》2010 年 1 月 10 日。

[61] 宋德金：《正统观与金代文化》，载于《历史研究》1990 年第 1 期。

[62] 王健：《事功精神：秦兴亡史的文化阐释》，载于《江海学刊》2002 年第 2 期。

[63] 王明珂：《论攀附：近代炎黄子孙国族建构的古代基础》，载于《中央研究院历史语言研究所集刊》2002 年第 3 期。

[64] 王泉伟：《构想天下秩序：汉代中国的对外战略》，载于《外交评论（外交学院学报）》2016 年第 5 期。

[65] 王志玲：《论中国古代循吏的行政特点》，载于《中州学刊》2011 年第 4 期。

[66] 魏天安：《宋代市易法的经营模式》，载于《中国社会经济史研究》2007 年第 2 期。

[67] 魏志江：《宗藩体制：东亚传统国际安全体制析论》，载于《现代国际关系》2014 年第 4 期。

[68] 魏志学：《民主宪政：转型期中国法治进路的模式选择》，载于《中国司法》2005 年第 8 期。

[69] 习近平：《坚持、完善和发展中国特色社会主义国家制度与法律制度》，载于《求是》2019 年第 23 期。

[70] 习近平：《携手构建合作共赢新伙伴 同心打造人类命运共同体——在第七十届联合国大会一般性辩论时的讲话》，载于《人民日报》2015 年 9 月 29 日。

[71] 萧功秦：《华夏国家起源新论——从"猴山结构"到中央集权国家》，载于《文史哲》2016 年第 5 期。

[72] 徐昌强：《试论王安石变法与张居正改革成效不同之原因》，载于《荆州师专学报》1998 年第 3 期。

[73] 徐大同、高建：《试论中国传统政治文化的基础与特征》，载于《天津社会科学》1987 年第 10 期。

[74] 徐难于：《天命信仰嬗变视野中的孔子天命思想》，载于《四川大学学报（哲学社会科学版）》2009 年第 5 期。

[75] 杨军：《中国与古代东亚国际体系》，载于《吉林大学社会科学学报》2004 年第 3 期。

[76] 易中天：《王安石变法为什么事与愿违》，人民网 2006 年 8 月 2 日。

[77] 尹志华：《试论北宋老学中的"无为"与"有为"之辨》，载于《社会科学研究》2005 年第 5 期。

［78］尤瓦尔·赫拉利：《冠状病毒之后的世界》，载于《金融时报》2020年3月20日。

［79］鱼宏亮：《明清之际封建与郡县之辨再探：权力、利益与道德之间》，载于《文史哲》2018年第5期。

［80］袁刚：《秦朝专制官僚政体的确立和政府机构的设置》，载于《郑州轻工业学院学报（社会科学版）》2003年第2期。

［81］张分田：《关于深化民本思想研究的若干思考》，载于《江西社会科学》2004年第1期。

［82］张康之、张乾友：《现代民主理论的兴起及其演进历程——从人民主权到表达民主再到协商民主》，载于《中国人民大学学报》2011年第5期。

［83］张康之：《韦伯官僚制合理性设计的悖论》，载于《江苏社会科学》2001年第2期。

［84］张亮：《当代中国权利本位思想之发展与意义检视》，载于《广西社会科学》2010年第4期。

［85］张雯、彭新武：《盐铁官营：流变与反思》，载于《求索》2017年第4期。

［86］张星久：《国家结构形式问题上的一种道德理想主义表达》，载于《政治学研究》2008年第5期。

［87］赵汀阳：《天下观与新天下体系》，载于《中央社会主义学院学报》2019年第2期。

［88］赵汀阳：《天下体系的一个简要表述》，载于《世界经济与政治》2008年第10期。

［89］赵现海：《中国古代的"天下秩序"与"差序疆域"》，载于《江海学刊》2019年第5期。

后 记

　　本书是笔者于 2018 年所获得的教育部哲学社会科学研究重大课题攻关项目《我国古代治国理念研究》的最终研究成果。经过多次加工、修改，最终得以如期完成。

　　本项目在申报过程中，曾得到中国人民大学的肖群忠教授、罗安宪教授，以及河北大学的李振纲教授、胥仕元教授和李宏亮教授等多位同道的鼎力支持。在此，表示衷心感谢！

　　项目在研究过程中，笔者的硕士生和博士生在搜集资料、注释校对、英文翻译等方面，曾给予我莫大的帮助，他们是：尚华星、周玉乔、卢欣、丁浩、卢锐、赵龙龙、周亚、郭相茹、赵芳菲、代鹏程、常鑫元、马越、马鹤林，等。在此，一并谨致谢忱！

　　项目在结项和出版过程中，匿名评审专家以及经济科学出版社的责任编辑都曾提出过诸多中肯的建议、意见，这在很大程度上弥补了笔者自身存在的诸多偏颇和不足。对此表示感谢！

　　最后，热切期待广大读者的批评意见。

彭新武

二零二四年夏

北京

教育部哲学社会科学研究重大课题攻关项目
成果出版列表

序号	书 名	首席专家
1	《马克思主义基础理论若干重大问题研究》	陈先达
2	《马克思主义理论学科体系建构与建设研究》	张雷声
3	《马克思主义整体性研究》	逄锦聚
4	《改革开放以来马克思主义在中国的发展》	顾钰民
5	《新时期 新探索 新征程 ——当代资本主义国家共产党的理论与实践研究》	聂运麟
6	《坚持马克思主义在意识形态领域指导地位研究》	陈先达
7	《当代资本主义新变化的批判性解读》	唐正东
8	《当代中国人精神生活研究》	童世骏
9	《弘扬与培育民族精神研究》	杨叔子
10	《当代科学哲学的发展趋势》	郭贵春
11	《服务型政府建设规律研究》	朱光磊
12	《地方政府改革与深化行政管理体制改革研究》	沈荣华
13	《面向知识表示与推理的自然语言逻辑》	鞠实儿
14	《当代宗教冲突与对话研究》	张志刚
15	《马克思主义文艺理论中国化研究》	朱立元
16	《历史题材文学创作重大问题研究》	童庆炳
17	《现代中西高校公共艺术教育比较研究》	曾繁仁
18	《西方文论中国化与中国文论建设》	王一川
19	《中华民族音乐文化的国际传播与推广》	王耀华
20	《楚地出土戰國簡册［十四種]》	陈 伟
21	《近代中国的知识与制度转型》	桑 兵
22	《中国抗战在世界反法西斯战争中的历史地位》	胡德坤
23	《近代以来日本对华认识及其行动选择研究》	杨栋梁
24	《京津冀都市圈的崛起与中国经济发展》	周立群
25	《金融市场全球化下的中国监管体系研究》	曹凤岐
26	《中国市场经济发展研究》	刘 伟
27	《全球经济调整中的中国经济增长与宏观调控体系研究》	黄 达
28	《中国特大都市圈与世界制造业中心研究》	李廉水

序号	书　名	首席专家
29	《中国产业竞争力研究》	赵彦云
30	《东北老工业基地资源型城市发展可持续产业问题研究》	宋冬林
31	《转型时期消费需求升级与产业发展研究》	臧旭恒
32	《中国金融国际化中的风险防范与金融安全研究》	刘锡良
33	《全球新型金融危机与中国的外汇储备战略》	陈雨露
34	《全球金融危机与新常态下的中国产业发展》	段文斌
35	《中国民营经济制度创新与发展》	李维安
36	《中国现代服务经济理论与发展战略研究》	陈　宪
37	《中国转型期的社会风险及公共危机管理研究》	丁烈云
38	《人文社会科学研究成果评价体系研究》	刘大椿
39	《中国工业化、城镇化进程中的农村土地问题研究》	曲福田
40	《中国农村社区建设研究》	项继权
41	《东北老工业基地改造与振兴研究》	程　伟
42	《全面建设小康社会进程中的我国就业发展战略研究》	曾湘泉
43	《自主创新战略与国际竞争力研究》	吴贵生
44	《转轨经济中的反行政性垄断与促进竞争政策研究》	于良春
45	《面向公共服务的电子政务管理体系研究》	孙宝文
46	《产权理论比较与中国产权制度变革》	黄少安
47	《中国企业集团成长与重组研究》	蓝海林
48	《我国资源、环境、人口与经济承载能力研究》	邱　东
49	《"病有所医"——目标、路径与战略选择》	高建民
50	《税收对国民收入分配调控作用研究》	郭庆旺
51	《多党合作与中国共产党执政能力建设研究》	周淑真
52	《规范收入分配秩序研究》	杨灿明
53	《中国社会转型中的政府治理模式研究》	娄成武
54	《中国加入区域经济一体化研究》	黄卫平
55	《金融体制改革和货币问题研究》	王广谦
56	《人民币均衡汇率问题研究》	姜波克
57	《我国土地制度与社会经济协调发展研究》	黄祖辉
58	《南水北调工程与中部地区经济社会可持续发展研究》	杨云彦
59	《产业集聚与区域经济协调发展研究》	王　珺

序号	书　名	首席专家
60	《我国货币政策体系与传导机制研究》	刘　伟
61	《我国民法典体系问题研究》	王利明
62	《中国司法制度的基础理论问题研究》	陈光中
63	《多元化纠纷解决机制与和谐社会的构建》	范　愉
64	《中国和平发展的重大前沿国际法律问题研究》	曾令良
65	《中国法制现代化的理论与实践》	徐显明
66	《农村土地问题立法研究》	陈小君
67	《知识产权制度变革与发展研究》	吴汉东
68	《中国能源安全若干法律与政策问题研究》	黄　进
69	《城乡统筹视角下我国城乡双向商贸流通体系研究》	任保平
70	《产权强度、土地流转与农民权益保护》	罗必良
71	《我国建设用地总量控制与差别化管理政策研究》	欧名豪
72	《矿产资源有偿使用制度与生态补偿机制》	李国平
73	《巨灾风险管理制度创新研究》	卓　志
74	《国有资产法律保护机制研究》	李曙光
75	《中国与全球油气资源重点区域合作研究》	王　震
76	《可持续发展的中国新型农村社会养老保险制度研究》	邓大松
77	《农民工权益保护理论与实践研究》	刘林平
78	《大学生就业创业教育研究》	杨晓慧
79	《新能源与可再生能源法律与政策研究》	李艳芳
80	《中国海外投资的风险防范与管控体系研究》	陈菲琼
81	《生活质量的指标构建与现状评价》	周长城
82	《中国公民人文素质研究》	石亚军
83	《城市化进程中的重大社会问题及其对策研究》	李　强
84	《中国农村与农民问题前沿研究》	徐　勇
85	《西部开发中的人口流动与族际交往研究》	马　戎
86	《现代农业发展战略研究》	周应恒
87	《综合交通运输体系研究——认知与建构》	荣朝和
88	《中国独生子女问题研究》	风笑天
89	《我国粮食安全保障体系研究》	胡小平
90	《我国食品安全风险防控研究》	王　硕

序号	书　名	首席专家
91	《城市新移民问题及其对策研究》	周大鸣
92	《新农村建设与城镇化推进中农村教育布局调整研究》	史宁中
93	《农村公共产品供给与农村和谐社会建设》	王国华
94	《中国大城市户籍制度改革研究》	彭希哲
95	《国家惠农政策的成效评价与完善研究》	邓大才
96	《以民主促进和谐——和谐社会构建中的基层民主政治建设研究》	徐　勇
97	《城市文化与国家治理——当代中国城市建设理论内涵与发展模式建构》	皇甫晓涛
98	《中国边疆治理研究》	周　平
99	《边疆多民族地区构建社会主义和谐社会研究》	张先亮
100	《新疆民族文化、民族心理与社会长治久安》	高静文
101	《中国大众媒介的传播效果与公信力研究》	喻国明
102	《媒介素养：理念、认知、参与》	陆　晔
103	《创新型国家的知识信息服务体系研究》	胡昌平
104	《数字信息资源规划、管理与利用研究》	马费成
105	《新闻传媒发展与建构和谐社会关系研究》	罗以澄
106	《数字传播技术与媒体产业发展研究》	黄升民
107	《互联网等新媒体对社会舆论影响与利用研究》	谢新洲
108	《网络舆论监测与安全研究》	黄永林
109	《中国文化产业发展战略论》	胡惠林
110	《20世纪中国古代文化经典在域外的传播与影响研究》	张西平
111	《国际传播的理论、现状和发展趋势研究》	吴　飞
112	《教育投入、资源配置与人力资本收益》	闵维方
113	《创新人才与教育创新研究》	林崇德
114	《中国农村教育发展指标体系研究》	袁桂林
115	《高校思想政治理论课程建设研究》	顾海良
116	《网络思想政治教育研究》	张再兴
117	《高校招生考试制度改革研究》	刘海峰
118	《基础教育改革与中国教育学理论重建研究》	叶　澜
119	《我国研究生教育结构调整问题研究》	袁本涛 王传毅
120	《公共财政框架下公共教育财政制度研究》	王善迈

序号	书 名	首席专家
121	《农民工子女问题研究》	袁振国
122	《当代大学生诚信制度建设及加强大学生思想政治工作研究》	黄蓉生
123	《从失衡走向平衡：素质教育课程评价体系研究》	钟启泉 崔允漷
124	《构建城乡一体化的教育体制机制研究》	李 玲
125	《高校思想政治理论课教育教学质量监测体系研究》	张耀灿
126	《处境不利儿童的心理发展现状与教育对策研究》	申继亮
127	《学习过程与机制研究》	莫 雷
128	《青少年心理健康素质调查研究》	沈德立
129	《灾后中小学生心理疏导研究》	林崇德
130	《民族地区教育优先发展研究》	张诗亚
131	《WTO主要成员贸易政策体系与对策研究》	张汉林
132	《中国和平发展的国际环境分析》	叶自成
133	《冷战时期美国重大外交政策案例研究》	沈志华
134	《新时期中非合作关系研究》	刘鸿武
135	《我国的地缘政治及其战略研究》	倪世雄
136	《中国海洋发展战略研究》	徐祥民
137	《深化医药卫生体制改革研究》	孟庆跃
138	《华侨华人在中国软实力建设中的作用研究》	黄 平
139	《我国地方法制建设理论与实践研究》	葛洪义
140	《城市化理论重构与城市化战略研究》	张鸿雁
141	《境外宗教渗透论》	段德智
142	《中部崛起过程中的新型工业化研究》	陈晓红
143	《农村社会保障制度研究》	赵 曼
144	《中国艺术学学科体系建设研究》	黄会林
145	《人工耳蜗术后儿童康复教育的原理与方法》	黄昭鸣
146	《我国少数民族音乐资源的保护与开发研究》	樊祖荫
147	《中国道德文化的传统理念与现代践行研究》	李建华
148	《低碳经济转型下的中国碳排放权交易体系》	齐绍洲
149	《中国东北亚战略与政策研究》	刘清才
150	《促进经济发展方式转变的地方财税体制改革研究》	钟晓敏
151	《中国—东盟区域经济一体化》	范祚军

序号	书 名	首席专家
152	《非传统安全合作与中俄关系》	冯绍雷
153	《外资并购与我国产业安全研究》	李善民
154	《近代汉字术语的生成演变与中西日文化互动研究》	冯天瑜
155	《新时期加强社会组织建设研究》	李友梅
156	《民办学校分类管理政策研究》	周海涛
157	《我国城市住房制度改革研究》	高 波
158	《新媒体环境下的危机传播及舆论引导研究》	喻国明
159	《法治国家建设中的司法判例制度研究》	何家弘
160	《中国女性高层次人才发展规律及发展对策研究》	佟 新
161	《国际金融中心法制环境研究》	周仲飞
162	《居民收入占国民收入比重统计指标体系研究》	刘 扬
163	《中国历代边疆治理研究》	程妮娜
164	《性别视角下的中国文学与文化》	乔以钢
165	《我国公共财政风险评估及其防范对策研究》	吴俊培
166	《中国历代民歌史论》	陈书录
167	《大学生村官成长成才机制研究》	马抗美
168	《完善学校突发事件应急管理机制研究》	马怀德
169	《秦简牍整理与研究》	陈 伟
170	《出土简帛与古史再建》	李学勤
171	《民间借贷与非法集资风险防范的法律机制研究》	岳彩申
172	《新时期社会治安防控体系建设研究》	宫志刚
173	《加快发展我国生产服务业研究》	李江帆
174	《基本公共服务均等化研究》	张贤明
175	《职业教育质量评价体系研究》	周志刚
176	《中国大学校长管理专业化研究》	宣 勇
177	《"两型社会"建设标准及指标体系研究》	陈晓红
178	《中国与中亚地区国家关系研究》	潘志平
179	《保障我国海上通道安全研究》	吕 靖
180	《世界主要国家安全体制机制研究》	刘胜湘
181	《中国流动人口的城市逐梦》	杨菊华
182	《建设人口均衡型社会研究》	刘渝琳
183	《农产品流通体系建设的机制创新与政策体系研究》	夏春玉

序号	书　名	首席专家
184	《区域经济一体化中府际合作的法律问题研究》	石佑启
185	《城乡劳动力平等就业研究》	姚先国
186	《20 世纪朱子学研究精华集成——从学术思想史的视角》	乐爱国
187	《拔尖创新人才成长规律与培养模式研究》	林崇德
188	《生态文明制度建设研究》	陈晓红
189	《我国城镇住房保障体系及运行机制研究》	虞晓芬
190	《中国战略性新兴产业国际化战略研究》	汪　涛
191	《证据科学论纲》	张保生
192	《要素成本上升背景下我国外贸中长期发展趋势研究》	黄建忠
193	《中国历代长城研究》	段清波
194	《当代技术哲学的发展趋势研究》	吴国林
195	《20 世纪中国社会思潮研究》	高瑞泉
196	《中国社会保障制度整合与体系完善重大问题研究》	丁建定
197	《民族地区特殊类型贫困与反贫困研究》	李俊杰
198	《扩大消费需求的长效机制研究》	臧旭恒
199	《我国土地出让制度改革及收益共享机制研究》	石晓平
200	《高等学校分类体系及其设置标准研究》	史秋衡
201	《全面加强学校德育体系建设研究》	杜时忠
202	《生态环境公益诉讼机制研究》	颜运秋
203	《科学研究与高等教育深度融合的知识创新体系建设研究》	杜德斌
204	《女性高层次人才成长规律与发展对策研究》	罗瑾琏
205	《岳麓秦简与秦代法律制度研究》	陈松长
206	《民办教育分类管理政策实施跟踪与评估研究》	周海涛
207	《建立城乡统一的建设用地市场研究》	张安录
208	《迈向高质量发展的经济结构转变研究》	郭熙保
209	《中国社会福利理论与制度构建——以适度普惠社会福利制度为例》	彭华民
210	《提高教育系统廉政文化建设实效性和针对性研究》	罗国振
211	《毒品成瘾及其复吸行为——心理学的研究视角》	沈模卫
212	《英语世界的中国文学译介与研究》	曹顺庆
213	《建立公开规范的住房公积金制度研究》	王先柱

序号	书　名	首席专家
214	《现代归纳逻辑理论及其应用研究》	何向东
215	《时代变迁、技术扩散与教育变革：信息化教育的理论与实践探索》	杨　浩
216	《城镇化进程中新生代农民工职业教育与社会融合问题研究》	褚宏启 薛二勇
217	《我国先进制造业发展战略研究》	唐晓华
218	《融合与修正：跨文化交流的逻辑与认知研究》	鞠实儿
219	《中国新生代农民工收入状况与消费行为研究》	金晓彤
220	《高校少数民族应用型人才培养模式综合改革研究》	张学敏
221	《中国的立法体制研究》	陈　俊
222	《教师社会经济地位问题：现实与选择》	劳凯声
223	《中国现代职业教育质量保障体系研究》	赵志群
224	《欧洲农村城镇化进程及其借鉴意义》	刘景华
225	《国际金融危机后全球需求结构变化及其对中国的影响》	陈万灵
226	《创新法治人才培养机制》	杜承铭
227	《法治中国建设背景下警察权研究》	余凌云
228	《高校财务管理创新与财务风险防范机制研究》	徐明稚
229	《义务教育学校布局问题研究》	雷万鹏
230	《高校党员领导干部清正、党政领导班子清廉的长效机制研究》	汪　曋
231	《二十国集团与全球经济治理研究》	黄茂兴
232	《高校内部权力运行制约与监督体系研究》	张德祥
233	《职业教育办学模式改革研究》	石伟平
234	《职业教育现代学徒制理论研究与实践探索》	徐国庆
235	《全球化背景下国际秩序重构与中国国家安全战略研究》	张汉林
236	《进一步扩大服务业开放的模式和路径研究》	申明浩
237	《自然资源管理体制研究》	宋马林
238	《高考改革试点方案跟踪与评估研究》	钟秉林
239	《全面提高党的建设科学化水平》	齐卫平
240	《"绿色化"的重大意义及实现途径研究》	张俊飚
241	《利率市场化背景下的金融风险研究》	田利辉
242	《经济全球化背景下中国反垄断战略研究》	王先林

序号	书　名	首席专家
243	《中华文化的跨文化阐释与对外传播研究》	李庆本
244	《世界一流大学和一流学科评价体系与推进战略》	王战军
245	《新常态下中国经济运行机制的变革与中国宏观调控模式重构研究》	袁晓玲
246	《推进21世纪海上丝绸之路建设研究》	梁　颖
247	《现代大学治理结构中的纪律建设、德治礼序和权力配置协调机制研究》	周作宇
248	《渐进式延迟退休政策的社会经济效应研究》	席　恒
249	《经济发展新常态下我国货币政策体系建设研究》	潘　敏
250	《推动智库建设健康发展研究》	李　刚
251	《农业转移人口市民化转型：理论与中国经验》	潘泽泉
252	《电子商务发展趋势及对国内外贸易发展的影响机制研究》	孙宝文
253	《创新专业学位研究生培养模式研究》	贺克斌
254	《医患信任关系建设的社会心理机制研究》	汪新建
255	《司法管理体制改革基础理论研究》	徐汉明
256	《建构立体形式反腐败体系研究》	徐玉生
257	《重大突发事件社会舆情演化规律及应对策略研究》	傅昌波
258	《中国社会需求变化与学位授予体系发展前瞻研究》	姚　云
259	《非营利性民办学校办学模式创新研究》	周海涛
260	《基于"零废弃"的城市生活垃圾管理政策研究》	褚祝杰
261	《城镇化背景下我国义务教育改革和发展机制研究》	邬志辉
262	《中国满族语言文字保护抢救口述史》	刘厚生
263	《构建公平合理的国际气候治理体系研究》	薄　燕
264	《新时代治国理政方略研究》	刘焕明
265	《新时代高校党的领导体制机制研究》	黄建军
266	《东亚国家语言中汉字词汇使用现状研究》	施建军
267	《中国传统道德文化的现代阐释和实践路径研究》	吴根友
268	《创新社会治理体制与社会和谐稳定长效机制研究》	金太军
269	《文艺评论价值体系的理论建设与实践研究》	刘俐俐
270	《新形势下弘扬爱国主义重大理论和现实问题研究》	王泽应

序号	书　名	首席专家
271	《我国高校"双一流"建设推进机制与成效评估研究》	刘念才
272	《中国特色社会主义监督体系的理论与实践》	过　勇
273	《中国软实力建设与发展战略》	骆郁廷
274	《坚持和加强党的全面领导研究》	张世飞
275	《面向2035我国高校哲学社会科学整体发展战略研究》	任少波
276	《中国古代曲乐乐谱今译》	刘崇德
277	《民营企业参与"一带一路"国际产能合作战略研究》	陈衍泰
278	《网络空间全球治理体系的建构》	崔保国
279	《汉语国际教育视野下的中国文化教材与数据库建设研究》	于小植
280	《新型政商关系研究》	陈寿灿
281	《完善社会救助制度研究》	慈勤英
282	《太行山和吕梁山抗战文献整理与研究》	岳谦厚
283	《清代稀见科举文献研究》	陈维昭
284	《协同创新的理论、机制与政策研究》	朱桂龙
285	《数据驱动的公共安全风险治理》	沙勇忠
286	《黔西北濒危彝族钞本文献整理和研究》	张学立
287	《我国高素质幼儿园园长队伍建设研究》	缴润凯
288	《我国债券市场建立市场化法制化风险防范体系研究》	冯　果
289	《流动人口管理和服务对策研究》	关信平
290	《企业环境责任与政府环境责任协同机制研究》	胡宗义
291	《多重外部约束下我国融入国际价值链分工战略研究》	张为付
292	《政府债务预算管理与绩效评价》	金荣学
293	《推进以保障和改善民生为重点的社会体制改革研究》	范明林
294	《中国传统村落价值体系与异地扶贫搬迁中的传统村落保护研究》	郝　平
295	《大病保险创新发展的模式与路径》	田文华
296	《教育与经济发展：理论探索与实证分析》	杜育红
297	《宏观经济整体和微观产品服务质量"双提高"机制研究》	程　虹
298	《构建清洁低碳、安全高效的能源体系政策与机制研究》	牛东晓
299	《水生态补偿机制研究》	王清军
300	《系统观视阈的新时代中国式现代化》	汪青松
301	《资本市场的系统性风险测度与防范体系构建研究》	陈守东

序号	书 名	首席专家
302	《加快建立多主体供给、多渠道保障、租购并举的住房制度研究》	虞晓芬
303	《中国经济潜在增速的测算与展望研究》	卢盛荣
304	《决策咨询制度与中国特色新型智库建设研究》	郑永年
305	《中国特色人权观和人权理论研究》	刘志刚
306	《新时期中国海洋战略研究》	徐祥民
307	《发达国家再工业化对中国制造转型升级的影响及对策研究》	刘建江
308	《新时代教育工作目标研究》	卢黎歌
309	《传统中国之治的历史与逻辑》	彭新武
	……